학교도서관을 사랑한 사람들

전국학교도서관모임 20년의 여정

학교도서관을 사랑한 사람들

전국학교도서관모임 20년의 여정

초판 1쇄 2021년 3월 3일

글쓴이 | 전국학교도서관모임
펴낸곳 | 도서출판 단비
펴낸이 | 김준연
편집 | 최유정
등록 | 2003년 3월 24일(제2012-000149호)
주소 | 경기도 고양시 일산서구 고양대로 724-17, 304동 2503호(일산동, 산들마을)
전화 | 02-322-0268
팩스 | 02-322-0271
전자우편 | rainwelcome@hanmail.net

ISBN 979-11-6350-039-1 03020
값 18,000원

학교도서관을 사랑한 사람들

전국학교도서관모임 20년의 여정

전국학교도서관모임 지음

단비
danbi

사진으로 본 전국학교도서관모임 20년

책과 도서관, 함께하는 행복한 얼굴

전국운영위원회 회의는
학교도서실에서, 식당에서
숙소에서, 대학강의실에서
전교조 사무실에서
그리고 주민센터 회의실에서
전국을 돌아다니며 열었다.

전국교직원노동조합
참교육실천대회 학교도서관분과
모이고
발표하고
함께 듣고
다양한 체험활동을 하고
토론하고
끝으로
지역모임 소개를 하면서
정도 나누었다.

전국 참교육 실천대회
학교도서관분과

전국학교도서관모임 직무연수

학교도서관에 대해 배우고자 하는 열정이
선생님들을 모이게 하였다.
선생님들은 열심히 연수를 받고
즐겁게 모둠활동을 하고
활동 결과를 진지하게 발표하였다.

전국학교도서관모임이 기억하고 싶은 일들

2005년, 2008년 사서교사 배치 촉구 결의대회

2007년 전국학교도서관담당교사모임
    사무실 집들이

2008년 간행물윤리대상 수상

2011년 학교도서관 정상화 집회

2011년 전국학교도서관담당교사모임
    10주년 기념 정책토론회

학도넷 심포지엄과 후원의 밤, 주최 독서강연

출판캠프 행사준비와 사전 교사모임

차례

4장 전국학교도서관모임과 함께 걷는 사람들

여는 글

이 책은 학교도서관을 사랑하는 사람들이 어떠한 사랑을 했는지를 풀어놓은 이야기이자 학교도서관의 기록입니다. 사랑하는 사람들에겐 공통점이 있습니다. 힘찬 에너지죠. 그래서 사랑은 숨길 수가 없다고 합니다. 각자의 이유로 사랑했지만 그 모습들은 다 눈부십니다.

책 속에서 계속 등장하는 분들은 학교도서관을 찾아오는 사람을 맞이한 귀중한 마중물이셨습니다. 그 마중물들은 깊은 샘물을 퍼 올립니다. 그분들은 펌프 위로 솟는 차갑고 풍성한 물이 다시 마중물이 되어 저 깊이 있는 물들과 소통하게 만들었지요. 물방울은 구슬이 되어 2002년 제1회 '전교조 참교육실천대회'에서 묶였습니다. 그리고 20년을 함께 걸어왔고 앞으로도 함께할 겁니다. 그 구슬들은 오랜 인고의 시간들을 견딘 진주였고, 그 진주들은 〈전국학교도서관모임〉에서 찬란하고 아름다운 모습을 드러내기 시작합니다. 그 영롱함의 중심인 진주는 이 책에 글을 쓴 사람들이고, 아직 풀어 내지 않았지만 각자의 위치에서 진주가 되어 가고 있는 사람들입니다. 함께했을 때 더 나은 결과와 배움이 있다는 것을 경험한 우리들은 모두 기꺼이 마중물이 되고자 합니다. 저 역시 이곳에서의 20년이, 제 교육활동의 원천이고, 제 인생의 우물이며, 제 미래의 거울입니다.

올해는 전국의 학교도서관 관련 교사들이 근무지인 지역에서 모임을 조직하고 전국학교도서관모임으로 뭉친 20년이 되는 해입니다. 학교도서관을 사랑하며 걸어온 20년을 정리하는 글들을 모아 보니 그야말로 학교도서관에서 있는 힘을 다해 노력한 기록이었습니다.

1장 전국학교도서관모임이 걸어온 길은 처음 마중물 역할을 한 분들의 힘찬 기록입니다. 2장 지역모임이 걸어온 길은 전국에서 학교도서관 활동을 하시던 분들이 합류해서 지역 단위로 활동한 기록들입니다. 3장 전국학교도서관모임과 함께한 사람들은 마중물 역할을 해주신 분들과 그 마중물로 깊은 곳에서 끌어져 올려와, 세상과 소통한 분들의 이야기입니다. 잠자는 도서관을 깨우고 도서부 아이들을 이곳에서 키우신 선생님 몇 분은 퇴직을 하실 정도로 세월이 흘렀습니다. 하지만 그분들은 자문위원으로 또는 회원으로 우리 모임과 함께하십니다. 그 선생님 손에 이끌려 학교도서관 행사에 참여하고, 학교도서관에서 성장한 학생 중에는 사서교사가 되어 학교도서관을 꾸리고 지역모임에서 함께하시기도 합니다. 4장 전국학교도서관모임과 함께 걷는 사람들은 학교도서관이 학교에 머물지 않고 사회와 가정과 함께했음을, 그 연대로 더 나은 사회를 만들었음을 짚어 주고 격려해 주신 글입니다.

마을엔 공공도서관, 학교엔 학교도서관, 곳곳에 작은 도서관이 20년 전보다는 비교도 안 될 정도로 많아졌지만 여전히 도서관을 찾는 사람들에겐 갈증이 있습니다. 학교도서관이 학교의 중심이어야 한다는 당연함이, 낯설었던 시절에 그래도 여기까지 학교도서관을 자리 잡게 한 사람들의 이야기를 모아 보는 것에 의미를 두고 이 기록들을 세상에 내놓기로 했습니다.

　'꼭 책이어야 하는가?' 이 질문이 아주 오래전부터 그리고 여전히 유효한 질문으로 우리 주변에 맴돌고 있지만 책의 개념이 확장되고 읽는 방법은 다양화되었다 해서 그 중요성이 가려질 수는 없습니다. 도리어 그 책들의 보고인 도서관은 장소를 뛰어넘어 우리 삶과 더 가까이에 있습니다. 마을의 어린이도서관에서 '북스타트'를 경험하고 공공도서관에서 뛰어놀던 아이들이 학교를 다니기 시작하면 가장 편안한 공간인 학교도서관에서, 함께 생각을 키우고 성장해야 합니다. 교과서 이외의 책들에서 다양한 생각을 접하고, 함께 생각하는 힘을 길러 공교육의 평등성이 꽃피우고, 민주시민 교육이 실천되어야 합니다.

　학교도서관의 책이 그리고 공간이 긴 호흡의 수업을 지원하는 곳으로 자리 잡도록 이미 판을 벌인 선생님들의 이야기와 그 판이 어떤 배경에서 나왔는지를 아는 것은, 다시 말해 학교도서관의 20년 역사를 안다는 것은 지금 우리 교육이 나가야 할 방향을 잡아 가는 중요한 방향키일 수 있습니다. 늘어나는 학교도서관 식구들이 바른 방향키를 잡은 이 배에 함께 승선하시길 기대합니다. 그리고 새로운 도착점을 향해 다시 치열하게 고민하기를 기원합니다. 그렇다면 때론 만나야 하는 거센 파도에 잠시 쉬어 갈 수는 있어도 퇴보하는 일은 다시 반복되지 않으리라 생각합니다.

　전국학교도서관모임의 20주년 행사를 기획하고 진두지휘하시는 이성희 선생님, 모든 글에서 빠지지 않고 등장하는 학교도서관의 대부 이덕주 선생님, 도서관을 사랑하도록 열정을 불러일으키시는 에너지의 원천 백화현 선생님, 우리 모임의 초대 대표이셨던 류주형 선생님. 일일이 열거하자면 끝이 없을 선생님들을 대신하여 2021년에 20살이 되는 전국학교도서관모임의 현재 대표를 맡고 있다는 이유로 제가 이 글을 쓰게 되었습니다.

　20주년 기념행사를 주관한 연구소 박정해 선생님, 출판국을 맡아 어려운 상황에도 일을 마무리해 주신 오향옥 선생님, 이 책이 나오기까지 원고를 모으고, 편집하고, 수정하신 임가희·박현진 선생님, 함께해서 행복한 우리의 모습을 영상으로 담아 주시는 주상태 선생님, 그리고 이 책의 의미를 알아봐 주시고 세상에 내놓으시는 단비의 모든 분들께 진심으로 감사의 마음을 전합니다. 코로나19라는 예상치 못한 사태에 모든 행사는 스톱되었지만 이 책을 발판으로 다시 시동을 걸고, 새로운 시대에 걸맞은 학교도서관으로 거듭날 준비를 하겠습니다.

2021년 20주년을 축하하며
현재 대표 강애라 씀

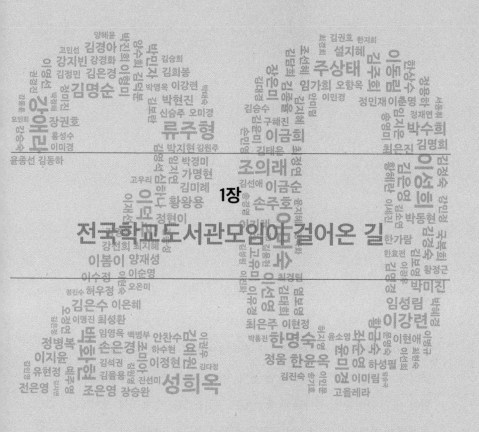

1장

전국학교도서관모임이 걸어온 길

학교도서관,
희망을 꿈꾸다

:

이성희

여정의 시작

　어둑한 학교 낡은 건물의 구석진 곳에 문이 잠긴 채 먼지 속에서 고즈
넉하게 세월을 함께하던 10여 년 전의 학교도서관! 누군가 쌓인 먼지를
털어 내고 아이들을 하나둘씩 불러오고 썰렁한 그곳에 온기를 불어넣기
시작하자 마법처럼 도서관이 변하기 시작하였습니다. 어느 날엔 도서관
이 새 단장을 하고, 어느 날엔 도서관에 새 책이 늘어나고 그러다가 도
서관에 와자지껄 아이들이 몰려들면서 이제 학교도서관은 아이들이 숨

쉬고 먹고 노는 것처럼 삶의 한 중심에서 살아 움직이는 공간이 되었습니다. 그곳엔 살아 있는 공간 도서관을 말없이 꾸리고 지켜 온 도서관 담당 선생님의 숨은 노고와 열정 그리고 희망이 있었습니다.

_ 김명순, 인천 부광중 국어교사

10년 전 전국학교도서관모임 10주년 회지에 실린 글이다. 그 뒤로부터 다시 10년이 지났다. 2020년, 다시 20년 전의 기억으로 돌아가는 길이 녹록지 않다. 가지고 있는 자료들을 정리한다. 있는 것보다 없어진 것이 더 많다. 그러다 보니 많은 부분 기억에 의존하게 된다. 놓친 것도 있으리라 생각된다. 모임의 역사를 글로 남긴다는 것은 부담스런 일이기도 하다. 누가 될까 두렵다. 그래도 20년을 맞이한 지금, 부족하나마 20년의 추억, 기쁨, 설렘 등에 대한 기록이 필요함을 알기에 조심스레 추억으로의 여정을 시작하고자 한다.

책으로의 유혹

2001년 3월 KBS에서 특집으로 방영된 다큐멘터리가 있다. 〈그들은 책을 읽었다〉(1부), 〈책으로의 유혹〉(2부) 두 편이다. 그 당시 해마다 학년 초가 되면 신입생들과 함께 도서관 이용 교육의 첫 단추로 활용되는 단골 메뉴였다. 개인적으로는 볼 때마다 충격과 부러움에 휩싸이게 되었고, 아이들 역시 나와 같은 비슷한 감정을 느끼곤 했다. 엄청나게 크고 아름다운 건물, 거대한 도서관 공간을 가득 메운 사람들, 수많은 장서, 분주하게 움직이는 수십 명의 전문 사서들, 길거리 곳곳에 비치되어 있는 도서수거함. 다큐멘터리를 보고 난 후 아이들이 쓴 짤막한 글에는 놀라움과 부러움이 여실히 묻어 났었다. 미국뿐 아니라, 시내 곳곳에 350여 개의 공공도서관이 설치되어 있는 일본, 마을 전체가 아예 서점인 영국의 헤이온와이 책 마을까지, 일찍부터 여러 나라들은 국민들을 책으로 유혹하기 위한 노력을 아끼지 않았다. 좋은 책은 우리의 삶을 끊임없이 반성하게 하고, 삶에 대한 통찰력을 얻게 하여 지혜로운 인간이 될 수 있게 해 주며, 자신의 삶을 질적으로 성숙시키고 인간의 근본적인 문제를 해결하기 위한 안내자가 되기도 한다. 따라서 책을 통해 내면을 닦고 가꿔 온 사람이라면 세상이 어떻게 변화해도 중심을 잃지 않고 주체적인 삶을 살아갈 수 있다. 우리가 시대를 불문하고 어느 때나 책을 읽어야 하는 본질적 이유가 바로 여기에 있다. 잘 갖춰진 독서 환경을 바탕으로, 어려서부터 '책'을 통해 삶을 채워 나갈 수 있었던 사람들, 그들은 부러움의 대상이었다.

운명적인 만남, 그 아름다운 기억의 시작

1999년에 개봉되었던 영화 중에 〈여고괴담〉이 있다. 공포영화였는데 귀신이 나오는 장소가 학교도서관이어서 인상 깊었다. 학교가 원체 공포와 애증의 공간이었던 탓에 별의별 괴담이 학교에 만연했던 시절이었다. 화장실, 미술실, 과학실, 무용실, 교무실, 음악실, 강당 그리고 도서관까지. 귀신들이 자주 출몰했던, 그들의 놀이터로 지목되었던 장소들이다. 그동안 학교도서관은 많은 변화가 있었다. 하지만

2000년 이전만 하더라도 학교도서관이 없거나 또 설령 있다손 치더라도 제대로 운영이 되는 학교도서관은 많지 않았다. 대부분은 소수의 아이들이 이용하는 독서실이거나, 협소하고 어두컴컴하여 자기 의지로는 절대로 가고 싶지 않은 그런 곳이었다. 오죽했으면 영화 속에서 귀신이 나오는 장소가 학교도서관이었을까.

1999년 3월, 나는 11년간의 꽤나 긴 대학 생활을 마치고 인천에 있는 부광고등학교에서 첫 교직 생활을 시작한다. 사람에게는 평생에 있어 세 번의 기회가 온다고 한다. 학교도서관을 만난 것은 그 기회 중 하나이다. 운명이다. 아이들과, 동료교사들과 함께 학교도서관을 만든다. 모든 것이 어설프기만 하다. 막막했다. 학교도서관 관련 책을 찾아보고 그 당시 운영이 잘되고 있는 학교도서관을 찾아다닌다. 많은 도움을 받는다. 먼지를 털고 서가를 배치하고 책을 꽂는다. 학교도서관에서의 행복한 만남이 시작되었다.

2000년 4월, 인천 중앙도서관에서 학교도서관 담당교사 연수가 열린다. 학교도서관 운영사례 강의 요청을 받는다. 연수가 끝난 뒤 모임 제안을 한다. 그 자리에서 초·중등 도서관 담당교사 15명이 뜻을 모은다. 그렇게 시작된 모임이 인천에서 만들어진 '학교도서관을 사랑하는 사람들'이다. 학교도서관이 생소하던 그때, 학교도서관이 우리 교육의 희망임을 눈치챈 사람들이 있었다. 박미자, 함유숙, 황현정, 박혜정, 안명숙, 도성훈, 이강련. 참 그리운 이름들이다. 일주일이 멀다 하고 모였다. 도서관 운영사례를 공유하고 사서교사 이덕주, 송기호 선생님 등을 초대해서 보다 전문적인 공부를 하기도 한다. 아름다운 연대가 시작된다. 꿈을 나누기 위해 연수를 준비한다. 학교도서관 살리기 인천시민모임을 만든다. 인천도서부연합을 준비한다. 문학기행을 연합으로 간다. 때론 힘들고 외로웠지만 꿈이 있었기에, 함께했었기에 행복했던 기억이다.

먼저 깨어 있던 사람들이 있었다. 국어교사 허병두 선생님, 사서교사 서경은, 송기호, 이덕주 선생님. 2000년 이전, 많은 사람들이 눈길 주지 않았던 학교도서관의 매력에 푹 빠져 있던 사람들이다. 지금의 학교도서관이 있게 한 씨앗과도 같은 사람들이다. 2000년 이전 학교도서관 운동이 일부 깨어 있는 선각자들의 운동이었다면, 2000년 이후의 학교도서관 운동은 이전과는 다른 형태로 나타나기 시작한다. 밀레니엄 시대의 첫해인 2000년, 학교도서관의 매력에 푹 빠진 학교도서관 담당교사들을 중심으로 지역모임이 만들어지고 다양한 활동을 전개하기 시작한다. 혼자만의 고민에서 더 나아가 함께 대안과 실천을 모색하는 모임들이 활동을 시작한 것이다. 인천 지역의 '학교도서관을 사랑하는 사람들'과 국어교사인 박홍진 선생님을 대표로 하는 '대구학교도서관연구회' 등이 그러한 모임들이다.

2000년 10월, 다른 지역에서도 같은 꿈을 간직한 사람들이 있음을 알게 된다. '학교도서관'이 매개가 되어 아름다운 관계가 맺어진다. 먼 길 마다하지 않고 달려간다. 모임은 주로 서울에서 이루어졌고 몇 번의 진솔하고 깊은 만남이 이루어진다. 서로 같은 꿈을 꾸고 있음을 알게 된다. 서로에 대한 믿음은 깊어져만 간다. 만남은 결실이 된다. 지역을 뛰어넘는 모임을 만드는 것으로 마음이 모아진다. 이름을 정한다. 소통할 수 있는 인터넷상의 공간을 만든다. 이덕주 선생님이 인터넷상의 소통 공간을 만들기로 한다. 2000년 12월 24일, 포털사이트인 다음카페에 '학교도서관을 살리는 교사들'이란 이름의 온라인 소통 공간이 만들어진다. 물방울이 모여 물결을 이루고, 물결이 모여 도도히 흐르는 강물이 되듯이 학교에서 변방으로 치부되었던 학교도서관에 작은 변화가 일어나기 시작한다.

학교도서관을 살리는 교사들, 전국학교도서관교사모임에 대해서는 참 할 말이 많다. 내가 처음 만든 창립멤버 중의 한 사람이고 내가 카페 개설자였고 그러니 어찌 할 말이 많지 않겠는가? 학교도서관에 대한 자료를 구하는 사람들, 특히 전문교육도 안 받았는데 어느 날 갑자기 학교도서관을 담당하라는 명을 받고 헤매는 교사들을 도와주기 위한 카페를 만들었다. 그런데 학교도서관에서 교육 희망을 발견하고 자발적으로 도서관을 더 잘 운영하기 위해 애쓰는 신기한 교사들을 만났다. 그 사람들이 바로 류주형, 백병부, 이성희, 백화현 등등의 선생님들이셨다. 각기 시작은 달라도 우리는 학교도서관이란 공감대에서 만났다.

_이덕주, 송곡여고 사서교사

다음카페는 처음에 학교도서관 정보를 서로 공유하기 위해 만들어졌다. 자료가 모인다. 정보가 쌓인다. 관계망이 만들어진다. 곳곳에 흩어져 있던 보석 같은 사람들이 서로의 존재를 알게 된다. 학교도서관을 매개로 선한 연대가 만들어진다.

만남은 인연이 되고 인연은 역사가 된다

　사직동 어린이도서관 안에 있는 전교조 서울지부 사무실에서 6시에 이덕주, 류주형, 이성희, 최경희 모임. 전교조 서울지부 사무실로 가는 도중에 폭설이 내렸습니다. 3월의 눈은 서설이라던가? 많이 내리는 눈에 교통 대란이 걱정되면서도 봄눈과 즐거이 동행하며 앞서거니 뒤서거니. 경복궁역에서 이성희 선생님도 만나고 보니 반가움이 더했고요. 눈(?)물이 앞을 가려 찾는데 고생도 했지만 이덕주 선생님의 우렁찬 목소리 덕분에 무사히 도착했습니다. 사무실에 들어서는데 가스레인지 위에서 끓고 있는 순댓국에 '눈물'은 순식간에 마르고 허기가 마구 몰려오더군요. 장시간의 열띤 토론은 갑작스레 찾아온 추위를 녹이기에 충분했습니다. 7시 가까이에 시작한 토론이 10시 반이 넘어서야 끝났으니까. 다음카페에서가 아닌 그날의 모임에서는 말 그대로 난상토론과 함께 훈훈한 체온이 느껴지는 오프모임의 장점을 실감했다고나 할까? 이덕주 선생님은 그 모임이 순댓국과 라면을 함께 먹은 데서 이미 충분한 가치가 있다고 하셨는데 순댓국, 라면을 보글보글 끓게 한 것은 가스레인지가 아니라 그 자리에 모인 분들이 품고 있는 학교도서관 사랑의 순수하고 열정적인 마음이 아니었을까요? 정말 즐거운 하루였습니다. 다음에는 더 많은 분들을 오프모임에서 보고 싶어요.

_ 최경희, 서울 상계고 사서교사

　2001년 3월 3일, 서울 사직동 전교조 서울지부 사무실에서 모였다. 그날은 봄눈이 내렸다. 장시간의 토론이 이루어진다. 대표를 뽑고 일꾼들을 세운다. 모임 대표로 류주형 선생님, 총무는 백병부 선생님, 카페 관리는 이덕주 선생님, 그리고 연수는 내가 담당하기로 역할을 나눈다. 설렘이 감돈다. 의욕이 넘친다. 그해 5월 류주형, 이덕주, 백병부, 장승완 선생님과 함께 '학교도서관 진흥법' 초안을 검토하며 우리 모임 첫 연수를 준비하기로 한다.

2001년 7월 25일부터 2박 3일간, 서울 정독도서관에서 여름연수를 진행한다. 전국학교도서관모임에서 준비한 첫 번째 연수였다. 설렘과 긴장감이 교차한다. 정독도서관에서 개최된 여름연수는 〈한겨레신문〉에 기사로 실리기도 하였다. 요즘 같으면 학교도서관 연수가 중앙일간지에 기사화될 만큼 큰 이슈가 되지 못한다. 그만큼 당시로써는 도서관을 담당하고 있는 교사들이 학교도서관 활성화를 위해서 연수를 마련하고 목소리를 낸다는 것 자체가 흔한 일이 아니었다.

이 연수의 중심에는 '학교도서관을 살리는 교사들'이라는 모임이 자리 잡고 있다. 이 단체는 지난해 12월 발족됐다. 대표인 류주형 교사(서울 중대부중)는 "학교도서관은 학교 공교육 정상화의 밑거름이다. 그런데 정보가 부족한 일선 교사들이 어떻게 운영할지 몰라 막막해하는 경우가 많아 조금이라도 도움을 주기 위해 뜻있는 교사들이 모였다."고 말했다.

교사들이 이런 모임을 만든 데에는 갈수록 열악해지고 있는 학교도서관의 처지를 더 이상 외면할 수 없다는 절박함이 크게 작용했다. 그만큼 우리 학교도서관의 모습은 초라하다. 지난해 학교도서관 수는 8,060개로 전년보다 700개 줄었다. 초등학생 1인당 장서 수는 3.7권으로 4년 만에 겨우 1권 늘었다. 서가에는 세로쓰기 책과 89년 맞춤법 개정 이전 책들이 버젓이 꽂혀 있다. 박물관에 가면 딱 어울릴 전집·문고류 들로 자리를 차지하고 있다. 사서교사는 찾아보기 힘들다. 전국의 학교에 120명 정도에 불과하고, 서울 사립중학교의 경우 정식 사서교사는 단 1명도 없다.

교육청에서는 학교도서관을 위해 학교 경상운영비의 5~7%를 쓰라고 '권장'한다. 하지만 이는 말 그대로 권장일 뿐이다. 그렇게 해도 그만, 안 해도 그만이다. 그나마 학교도서관을 위해 경상운영비를 투자하더라도 서가 등 시설비에 쓰다 보면 책을 사는 돈은 미비하다. '학교도서관을 살리는 교사들'의 서울 대표인 장승환 백석중 교사는 "강서 지역 학교는 대개 연평균 500만 원 정도 예산이 책정되는데, 200~300만 원 정도에 불과한 학교도 적지 않다."고 말했다. 그래서 보다 못해 도서관 담당교사들이 나서게 됐다. '이제는 학교도서관을 살려야 한다.'는 것이다. 먼저 도서관 운영에 활기를 불어 넣는 작업을 펼쳤다. 인터넷 홈페이지(http://cafe.daum.net/libte)를 개설해 학교도서관 운영에 필요한 자료를 올리고, 지역별 게시판을 통해 정보를 활발히 나누고 있다.

_〈한겨레신문〉, 문상호 기자(2001. 7. 30.)

이 연수에 참가하셨던 선생님들이 남긴 글들을 보면 연수의 뜨거운 열기를 다시금 느낄 수가 있다. 20년이 다 된 지금, 아직도 그 뜨거웠던 2001년 여름의 벅찬 감동을 잊을 수가 없다.

참 좋은 연수, 연수의 매력은 참 좋은 선생님들과의 참 좋은 인연을 맺는 일이 아닌가 싶습니다. 저에게 참 좋은 인연의 끈을 놓아 준 많은 선생님들께 감사드립니다. 보따리에 들고 온 것이 많습니다. 마음속에도 보따리가 가득! 들었습니다. 이 보따리에 거미줄이 쳐지지 않게 자주 뭐가 있나 끌러 보고 들여다보고 만져 봐야겠습니다. 학교도서관을 살리는 교사들 모임 연수는 친정어머니 같습니다. 시어머니 같은 학교에서 친정어머니가 싸 주신 보따리를 그득 풀어놓으며 자랑해야겠습니다!

_조윤정, 서울 명일중학교 국어교사

2001년 여름 정독도서관. '아이들에게 책을 읽히고 싶다.'는 열망 하나로 십진분류가 뭔지도 모르는 사람이 덜렁 도서관을 맡고 보니 굽이굽이 넘어야 할 산이 많고도 많았다. 답답하고 궁금한 마음에 정독도서관에서 '학교도서관 연수'가 있다 하여 재빨리 신청을 했더랬다. 연수 받은 내용이 무엇이었는지는 잘 생각나지 않지만 그때 연수장을 휩싸고 돌던 뜨겁고 순수한 기운은 지금도 또렷이 기억할 수 있을 만큼 힘이 있고 신선했었다. 그래서 연수 끝 무렵에 '우리와 함께 도서관모임을 하고 싶은 분은 신청해 달라.'는 운영진의 권유 한마디에 두 번 생각할 것도 없이 '함께하고 싶다.'라고 써 내 버렸다. 그러나 그때 이 모임의 회원이 겨우 넷뿐인 데다 모든 회원이 운영위원인 줄은 꿈에도 몰랐다. 류주형·이덕주·이성희·백병부 선생님! 그들은 그렇게 무에서 유를 만들어 내고 있었고 힘차게 날갯짓을 시작하고 있었다. 나는 그러한 그들에게 한눈에 반해 버렸고, 함께 2002년 제1회 전교조 참실대회 학교도서관분과 내용을 준비하게 되었던 것이다.

_백화현, 서울 난우중학교 국어교사

전국학교도서관모임에서 준비한 여름연수는 외부 지원 없이 연수생들의 자비로 진행되었다. 강원, 인천, 서울, 청주, 대구, 경남 거제도, 전남 해남 등 전국 곳곳에서 90여 분의 선생님들이 연수에 참여하였다. 심지어 대구에서 오신 선생님은 아이를 맡길 데가 없어 초등학교 1학년 아이와 함께 연수에 참가하기도 하였다. 학교도서관에 대한 열정을 가지고 있는 많은 선생님들을 만날 수 있었다. 많은 선생님이 연수에 대한 감사 인사를 주셨다. 사실 우리가 준비한 것보다 더 많은 것들을 돌려받은 연수였다. 같은 고민을 하는 사람들이 있다는 것은 그것만으로도 큰 힘과 위안이 된다. 연수 이후 연수를 준비한 임원진들은 더 많은 책임감을 갖게 된다.

물방울 모여 바다에 이르는 긴 여정

2002년 1월, 목원대학교에서 전국교직원노동조합(전교조)이 주최하는 제1회 전국참교육실천대회가 열린다. 전국학교도서관모임은 전교조 소속 학교도서관분과로 참여하게 된다. 전국에서 학교도서관을 사랑하는 사람들이 모인다. 뜻을 같이하는 사람들을 만나게 된다. 참으로 선한 사람들의 연대이다. 물 만난 고기처럼, 그리움에 들뜬 견우와 직녀처럼 짧지만 긴 2박 3일 동안 우리는 서로를 확인한다. '학교도서관'에 제대로 미친 사람들임을 서로 알아챈다. 참 행복하고 소중한 기억들이다.

전국참교육실천대회(참실대회) 발표 주제들을 보면 그 당시 학교도서관을 주제로 한 다양한 문제의식을 엿볼 수 있다. 제1회 대회의 관심사는 학교도서관 만들기, 학교도서관 운영, 도서부 활동, 독서교육 등이었다. 목원대학교에서 열린 참실대회에서 대구의 박홍진, 홍성수 선생님을 만나게 되고 경북의 유일한 사서교사인 이재선 선생님을 만나게 된다. 그리고 강원의 한명숙, 김을용 선생님을 만날 수 있었고 이분들은 전국학교도서관모임의 성장에 큰 힘이 되어 주셨다.

2002년 1월, 전교조 참교육실천대회가 대전의 목원대학교에서 열렸다. 학교도서관분과에 홍천지회 몇몇 교사들이 참가했고 그것이 작은 시작이었다. 이후 지속적인 모임, 더불어 함께 책 읽기, 자율연수와 독서기행, 학교도서관과 지역연합행사 추진하기, 전국연수 개최하기, 도서관 리모델링하기 등…. 2010년엔 출판문화체험캠프, 작가와 함께 대관령 옛길걷기 등을 지역연합행사로 추진하여 감자골 청소년독서문화를 새롭게 모색하는 계기가 되었다. 현재는 동해·원주·홍천·춘천 등 지역별로, 초·중등별로, 또 사서교사들 모임체를 각각 꾸리고 자발적인 독서모임과 협의를 통한 학교도서관 모임을 해 나가고 있다.

_ 강원모임

전국학교도서관 담당교사 서울모임은 전국 참실대회와 함께 시작하고 성장해 왔다. 2002년 제1회 전국 참실대회 학교도서관분과에서 만난 서울 지역 7명의 국어교사가 도서관 운영에 대한 고민과 실천사례를 함께 나누기 위해 모임을 결성한 것이 그 시작이다. 처음에는 도서관 운영에 대한 실무적인 정보를 교환하는 데 중점을 두었지만 점차 도서관을 찾아오는 아이들에게 어떤 책을 읽힐 것인가에 대한 고민을 하게 되었다.

_ 서울모임

　역사는 밤에 만들어지듯 숙소인 유성 대온장 호텔에서는 밤마다 각 지역에서 오신 선생님들과 함께하는 '한밤의' 지역모임이 열렸다. 유비와 관우, 장비가 도원결의를 하듯 이 시간을 통해 현재의 지역모임이 만들어졌다. 목원대에서 열린 참실대회에 참가했던 서울 선생님들이 작당을 하여 2002년에는 서울 지역모임도 만들어진다.

　매년 참실대회를 거치면서 새로운 얼굴들이 나타나고 전국모임과 지역모임의 주축으로 성장해 갔다. 경북에서 오미경, 황정근, 한가람, 정미진, 김용현 선생님을 비롯한 사서교사들이 나타났고, 인천의 이강련, 이미숙, 김영석 선생님, 전북의 성희옥, 최성환 선생님, 전남의 김종율, 장효경 선생님, 경남의 손은경, 조의래, 이동림, 최경림, 하수현, 황혜란 선생님, 경기의 염보영, 이선영 선생님, 부산의 김보영, 윤지혜 선생님, 강원의 이현애 선생님, 서울의 강애라, 김정숙, 박정해, 송경영 선생님, 제주의 고유미, 고을레라 선생님, 충북의 손민영, 이영선 선생님 등이 그들이다. 이분들 외에도 자문위원으로 참가해 주셨던 김종성, 송기호, 조미아, 정진수, 황금숙 같은 교수님들도 우리 모임을 살찌우게 해 주셨다.

　참실대회를 함께한 수많은 학교도서관 친구들, 참 소중한 인연들이다. 참실대회를 통해 학교도서관운동은 물방울이 모여 물결을 이루고, 물결이 모여 강이 되어 바다로 흐르듯, 전국 곳곳으로 그 꿈을 펼쳐 나가기 시작한다. 수도권을 중심으로 이어졌던 관계망은 참실대회를 매개로 전국으로 확대되어 간다. 참실대회는 2021년 1월이면 20회를 맞이하게 된다. 전국학교도서관모임의 역사는 참실대회의 역사와 그 궤를 함께하고 있다.

학교도서관이 인연이 되어 맺어진 사람들의 선한 연대

서울, 인천, 대구지역의 학교도서관 담당교사를 중심으로 학교도서관은 학교에서 독서교육과 모든 교과의 교육활동을 지원할 수 있는 기반이 되어야 한다는 인식하에 2000년 12월 전국학교도서관모임을 만든다. 회원은 학교도서관 담당교사뿐만 아니라 사서교사, 사서, 도서부, 학부모, 출판인 등 학교도서관에 관심이 있는 분들이 함께하고 있다. 온라인 회원은 현재 35,000여 명이 넘는다. 현재 강원, 경남, 경북, 대구, 부산, 서울, 인천, 전남, 전북, 충북, 제주 등 11개 지역에 지역모임이 있으며, 초등과 중등의 권장도서연구모임, 책놀이연구모임 등 다양한 연구모임들이 활동을 하고 있다.

전국학교도서관모임은 온라인상에 두 개의 누리집을 함께 운영하고 있다. 공식누리집(http://schoollibrary.eduhope.net)과 다음카페(http://cafe.daum.net/libte)이다. 홈페이지나 카페에 방문하면 전국모임 및 각 지역에서 하는 활동들을 한눈에 볼 수 있다. 다양한 정보를 얻을 수도 있고 다양한 행사에 참여할 수도 있다. 전국학교도서관모임은 전국모임, 지역모임이 따로 또 같이 다양한 활동을 하고 있다. 이 활동들은 교사들과 함께, 이웃단체들과 함께, 청소년들과 함께하는 독서문화 활동 영역으로 나눌 수 있다.

교사들과 함께한 아름다운 추억

신규 때 이 모임을 만나고, 모임의 다양한 사람들을 만나면서 가슴속에 작은 열정을 심었고 도서관의 따뜻함을 느꼈습니다. 한걸음 더 도약하고 싶은 지금, 다시 모임이 떠올랐습니다. 도서관이 희망임을 가르쳐 준 모임, 참 감사합니다.

_ 하수현, 경남 사서교사

2001년 7월 25일부터 2박 3일간 진행한 서울 정독도서관에서의 여름연수가 시작이었다. 2020년, 연수는 해를 거듭하면서 새로운 모습으로 변화해 간다. 처음에는 전국에 있는 도서관 담당교사나 사서교사를 대상으로 연수를 진행한다. 신규교사 대상 연수는 전국모임 집행부에서 준비를 했고, 전국단위 직무연수는 지역모임에서 돌아가며 연수를 준비하고 진행했다. 지역모임은 연수를 준비하면서 더욱 탄탄해지고 전국모임과의 유대는 커져만 간다. 지역모임이 자리를 잡아 가면서 대규모 연수보다는 지역 단위의 소규모 연수로 출판, 보드게임, 책놀이, 서평 연수 등 주제별 심화연수로 변화해 간다. 연수를 통해 많은 사람들이 힘을 받는다. 그리고 그 힘은 전국모임, 지역모임 일꾼으로 모아진다. 그리고 실질적인 학교도서관의 변화로 이어진다. 2005년 9월에는 영역을 해외로 넓혀 중국 연변 조선족 자치주 교장, 교사, 학부모들을 대상으로 학교도서관 운영 연수를 진행했다.

학교도서관, 독서교육을 주제로 한 연구활동도 빼놓을 수 없다. 교육부 지원으로 〈학교도서관 활용수업 매뉴얼〉을 제작해서 학교에 보급했다. 문화관광부 아르떼의 지원 사업으로 '문화예술과 학교도서관' 이름으로 자료집을 펴냈으며, 교육과학기술부와 함께 독서동아리, 책쓰기 운영 매뉴얼을 제작하였다. 한국간행물윤리위원회의 지원을 받아 〈1318 행복한 책 읽기〉라는 청소년 독서프로그램을 제작하여 전국 학교에 배포하였다.

또한 학교도서관 관련 각종 매체 및 도서를 발간하고 있다. 학교도서관 운영 매뉴얼을 담은 DVD를 2년마다 제작했다. 『학교도서관, 희망을 꿈꾸다』, 『학교 도서관에서 책 읽기』, 『유럽 도서관에서 길을 묻다』, 『즐거운 북아트 교실』, 『북미 학교도서관을 가다』, 『콩닥콩닥 신명 나는 책놀이』, 『책으로 행복한 북적북적 책놀이』, 『초등 한 학기 한 권 읽기』 등 전국모임과 지역모임에서 학교도서관, 독서교육 관련 단행본을 다수 출판하였다. 학교도서관문화운동네트워크와 함께 학교도서관 백서를 발간하기도 한다.

2007년 4월 10일, '학교도서관, 희망을 꿈꾸다'라는 제목으로 책을 발간한다. 기존의 책들이 학교도서관 운영 관련 이론서에 가까웠다면, 이 책은 학교도서관 운영에 관한 구체적인 사례가 담긴 실용서다. 전국학교도서관모임 이름으로 출판한 첫 번째 책이기도 하다. 김희봉, 류주형, 박미진, 손은경, 염보영, 이선영, 이성희, 이현애, 최은주, 하수현 등 이렇게 전국에서 모인 10명의 교사들이 책을 준비했다. 처음이다 보니 모든 것이 서툴렀다. 그 서투름을 열정과 동료에 대한 믿음으로 극복해 갔다. 경기도 사서교사인 염보영 선생님이 전체 편집 책임을 맡아서 일을 했다. 지금도 염보영 선생님의 그때 그 모습이 눈에 선하다. 특유의 철저함과 열정, 그리고 책임감. 지금 이 지면을 빌려 감사의 마음을 전한다. 책의 인세는 전액 모임에 기부한다. 인세는 전국학교도서관모임의 종잣돈이 되어, 각종 연수 및 도서관 문화활동에 쓰이고 있다. 전국학교도서관 지역모임에서도 출판활동은 활발히 전개되고 있다. 서울모임, 인천모임, 경남모임, 강원모임에서 지금도 꾸준히 학교도서관, 독서교육 사례들을 책으로 내고 있다.

이웃단체들과 함께

학교도서관 및 독서교육 단체와 함께 학교도서관 살리기 및 바람직한 독서문화 정착을 위한 활동을 전개하고 있다. 책 읽는 사회 만들기 국민운동과 함께 '희망의 학교도서관 만들기' 사업을 통해 전국에 학교도서관을 만들고 프로그램을 지원했다. 이외에도 학교도서관문화운동네트워크(독서진흥법개정), 아침독서운동추진본부(아침독서 10분 운동), 민주화운동기념사업회(독후감 심사), 아시아인권문화연대(이주노동자를 위한 꼬마도서관 건립지원), 한국간행물윤리위원회(독후감대회, 출판문화캠프), 문학나눔위원회(시낭송축제), 국립어린이청소년도서관(독서공모전, 선생님과 함께하는 독서캠프), 김해시(전국청소년 인문학 읽기대회), 추모연대(역사와 삶, 독서대회) 등과 함께 활동을 하고 있다. 도서문화재단 '씨앗'과는 청소년 독서동아리 지원 사업 '책톡!900'을 함께 기획했으며, 현재는 모임 활동가들이 중심이 되어 독서동아리활동을 활발하게 펼치고 있다. 여러 활동 중에 가장 기억에 남는 것은 아시아인권문화연대와 함께한 우리나라 최초의 이주노동자를 위한 꼬마도서관 건립 지원 사업이다. 공간을 꾸미고, 책을 구입했으며 분류체계와 운영체계를 만들었다. 필요로 하는 곳이 있으면 어디든 달려가서 제 역할을 하기 위해 최선을 다했다. 또한 충북 제천에서 열린 '2006년 희망의 학교도서관 만들기 워크숍'도 기억에 남는다. 이 워크숍은 아이들과 책, 그리고 도서관을 고민하는 사람들이 한자리에 모여 학교도서관 운영에 대한 전문적인 지식과 실제 사례를 나누는 의미 있는 자리였다.

'학교도서관, 사람, 그리고 책'을 주제로 한 이날 워크숍에는 '희망의 학교도서관' 지원 대상 학교 교장, 교사, 학부모 등 97명이 참여해 학교도서관 운영에 대한 지혜를 나눴다. 참석자들은 그동안 학교도서관을 운영하고 학생들의 독서교육을 맡아 온 전문가들로부터 책 읽기 교육과 도서관 운영의 노하우를 배울 수 있었다.

이성희 인천 예일고 교사는 자신의 경험에 바탕을 둔 학교도서관 운영 방법을 조목조목 알려줬다. 개관 기념행사와 함께 책을 빌려 가는 학생에게 사탕 나눠 주기, 100번째·1000번째 대출자에게 문화상품권 주기, 학교 부근 상점의 협찬을 받아 대출 학생에게 상점 이용권 나눠 주기 등 학생들을 도서관으로 '유인'하는 재미있는 사례를 제시해 교사들의 관심을 끌었다. 그는 '모두 읽어요, 날마다 읽어요, 좋아하는 책을 읽어요, 그냥 읽기만 해요.' 등을 구호로 내걸고 여러 학교에서 진행 중인 아침독서운동에 대한 학생들의 반응도 소개했다. '아침 독서가 내 생활을 완전히 바꿨다.', '독서는 컴퓨터 게임이나 텔레비전, 만화와는 비교할 수 없는 넓고 깊은 지식과 감상의 바다를 일깨워 줬다.', '사고, 지식, 글쓰기, 특히 집중력이 뛰어나게 발전되었음을 확연히 알 수 있었다.' 등등.

김경숙 학교도서관문화살림 대표는 학부모에 초점을 맞췄다. 김 대표는 "학교도서관은 우리 아이들과 책을 차별 없이 평등하게 이어 줄 수 있는 곳이자 따뜻한 가슴, 시간, 관심, 재능을 이웃의 아이들에게 나눠 줄 수 있는 자원봉사의 장"이라고 학부모들의 도서관 운영 참여에 의미를 부여했다. 그는 학부모들에게 도서관 문 열기, 아이들 따뜻이 맞아 주기, 책 읽어 주기 등 잘 할 수 있는 일부터 하다 보면 차츰 전문적인 지식과 운영 노하우도 알게 된다며 학부모들이 느끼는 부담감을 덜어 주기도 했다.

이어 조월례 어린이도서연구회 상임이사의 '마음을 살찌우는 책 읽기', 조의래 경남 창원 성주초 교사의 '그림책 바로 읽기', 정재연 서울 효제초 사서교사의 '학교도서관 운영사례' 등도 참가자들에게 실무적인 도움을 줬다. 충북 보은 속리산 수정초등학교 조철호 교장은 밤 10시까지 도서관 문을 여는 '밤에도 열린 학교' 사례를 발표하기도 했다. 특히 이날 워크숍에는 전국학교도서관모임 교사 23명이 참여해 모둠 토론을 이끌며 경험을 나눴다. 이 모임에서는 62명의 사서교사들이 '희망의 작은 도서관' 선정 학교에 대해 멘토 구실을 하게 되는 '학교도서관 만들기 지원단'을 구성하기도 했다. 새벽까지 모둠 토론이 이어질 정도로 도서관 운영에 대한 교사와 학부모들의 열의는 높았지만 워크숍을 마치고 돌아가는 발걸음이 가볍지만은 않았다. 한 교사는 "사서교사 없이 도서관을 제대로 운영할 수 있을지 걱정"이라며 "책과 도서관이 아이들 교육에 중요하다고 여긴다면 정부나 지방자치단체가 도서관 운영 지원에 적극 나서야 한다."
고 말했다.

_ 〈한겨레신문〉, 권복기 기자(2006. 11. 7.)

청소년과 함께하는 독서문화활동

제가 이 모임을 처음 만난 건 2009년 여름독서캠프였습니다. 많은 선생
님들이 아이들과의 캠프를 위해 한여름을 바치는 모습을 보며 감동을 받
았습니다. 그리고 저도 그 모임에 들어와 이렇게 도서관 일을 하고 있게
되었네요. 생각해 보면 행복하고 즐거운 일입니다.

_ 이지혜, 서울 혜화여고 사서교사

청소년 독서문화진흥을 위해 국립어린이청소년도서관의 지원을
받아 방학 중에 전국 청소년을 대상으로 한 독서캠프를 개최했다. 또
한 국립어린이청소년도서관과 함께 청소년 독서문화프로그램을 함
께 기획하고 진행했다. 한국출판문화산업진흥원(한국간행물윤리위원
회)과 함께 청소년 출판문화캠프도 함께 진행했다. 김해시와 함께하
는 '전국 청소년 인문학 읽기대회'는 현재까지 함께 진행해 오고 있으
며, 전라북도교육청, 강원도교육청, 경기도교육청, 충청북도교육청, 인
천시교육청 등으로 확대되어 새로운 청소년 독서문화를 만들어 가고
있다. 여러 활동 중에 가장 기억에 남은 것은 독서캠프다. 독서캠프는
전국에 있는 학생들과 함께했는데, 2박 3일 동안 학교도서관에서 이
루어지는 다양한 독서활동을 맛볼 수 있게 프로그램이 기획되었다.

매번 100여 명의 학생들과 40여 명의 교사들이 참여했다. 독서캠프에서 했던 독서문화프로그램은 이후 전국으로 퍼져 나가면서 학교에서의 즐겁고 행복한 독서문화를 만들어 가게 된다. 부산 지역에서 활동하는 임가희 선생님은 선생님과 함께하는 독서캠프에 참가했던 도서부 학생이었다. 이후 사서교사의 길을 걷고 있다. 독서캠프에서 만났던 수많은 인연들이 필연이 되어 다시 만나게 된다.

여는 마당이 열리는 경민대학 창업궁전 10층 대연회장. 교사 놀이동아리 '가위바위보'의 진행으로 즐거운 공동체 놀이가 시작되었다. 처음 만난 어색함을 뒤로하고 옆에 있는 짝과 함께 이름 빙고게임 등을 통해 서로를 조금씩 알아 가기 시작한다. 신나는 음악에 맞추어 춤을 출 때에는 처음에는 어디 숨을 데 없나 이리저리 눈치를 살피던 1318책벌레들이 리듬에 맞추어 자신의 몸을 친구들에게 내맡기기 시작한다. 함께 춤도 추고, 고무줄게임으로 서로의 머리를 묶어 주며 그 모습이 재미나다며 깔깔대며 웃기도 했다. 중화고 서미선 선생님의 머리에 앙증맞게 묶인 고무줄 숫자만큼 그 웃음소리는 커져만 간다. 공동체 놀이를 통해 어느새 처음 만난 우리는 하나가 되어 가고 있었다.

『남한산성』, 『자전거 여행』 등 인상적인 작품을 써 오신 소설가 김훈 작가님과의 만남, 출판의 전 과정을 꼼꼼하게 설명해 주신 김흥식 선생님의 강연, 파주출판도시 탐방, 국립어린이청소년도서관에서 진행한 1318도서관 추적놀이, 정호승 시인 & 이금이 작가님과의 대화, 독서캠프 문화제 등 다양한 활동들을 진행하며 함께 웃고 또 웃으며 즐거운 시간을 보냈다. 그 행복했던 모든 순간들은 어느새 추억이 되어 가슴속에 고이 간직되었다.

어느새 겨울독서캠프 마지막 날이다. 경민대학에서의 마지막 아침을 뒤로하고 대학로로 가는 차에 몸을 맡긴다. 헤어짐이 너무나도 아쉬운 마지막 날! 대학로에 위치한 소극장에서 연극 강풀의 〈순정만화〉를 관람하였다. 연극 공연장을 비롯한 거의 모든 문화시설이 서울에 집중되어 있는 우리네 현실에서 전국 곳곳에서 모인 1318책벌레들의 연극 관람은 그들에게 소중한 기회이자 추억이었다. 배우들의 연기에 함께 눈물을 흘리기도 했고 함께 깔깔대며 웃기도 했다.

1318책벌레들은 점심을 먹고 대학로 마로니에 공원으로 갔다. 제법 쌀쌀한 마로니에 공원에는 인적이 드물었다. 짐을 내려놓고 책 한 권씩 들고 나섰다. 공원 안에는 사람이 없어서 사람들이 많은 지하철 출구로 이동을 했다. 꽹과리 소리가 울렸다. 1318책벌레들이 거리로 쏟아져 나온다. 삼삼오오 모여서 책을 읽는 모둠, 지나가는 사람들에게 다가가 책을 읽어 주는 모둠, 대한민국을 외치며 퍼포먼스를 펼치는 모둠 등. 1318책벌레들의 개성만큼 책을 주제로 한 다양한 플래시몹이 대학로에서 펼쳐졌다. 부끄러움은 잠시, 10분 동안의 일탈은 우리에게 많은 즐거움을 주었다.

행복한 기억이다. 전국단위의 독서캠프는 처음으로 하는 것이고 또 기존에 했던 것이 아니라 프로그램 하나하나를 새롭게 만드느라 많이 힘들기도 했다. 독서캠프를 함께 기획하고 준비하며 진행했던 선생님들이 없었다면 불가능한 일이었다. 다시 한번 감사와 존경의 마음을 전한다. 또한 부족함이 많았던 '2008 선생님과 함께하는 겨울독서캠프'를 더 없이 아름답게 만들어 준 1318책벌레 친구들에게도 고맙고, 함께해서 행복했다는 말을 전하고 싶다. 여러분들과 함께 꿈을 꿀 수 있어서 즐겁고 행복했다고.

_ 2008 겨울독서캠프 후기 중에서

우리 교육의 오래된 미래, 학교도서관

10년이면 강산이 변한다고 한다. 강산이 두 번이나 변할 시간이다. 21세기는 속도의 시대이다. 새로운 물결이 이전에 풍미했던 물결을 밀어내는 데 그리 오랜 시간이 걸리지 않는다. 지난 시기엔 10년 걸릴 변화가 지금은 3년이면 된다 한다. 속도감 있는 시대 변화의 흐름 속에서도 쉽게 잘 변하지 않는 공간이 있다. 바로 우리 학교다. 19세기의 교실에서 20세기의 교사들이 21세기의 아이들을 가르치고 있다는 학교에 대한 날카롭지만 가슴이 아픈 풍자는 아직도 많은 부분 우리 교육 현실에서 유효하다. 학교도서관도 그 예외는 아니다. 영화 〈여고괴담〉에서 귀신이 나오는 장소로 그려질 만큼 학교도서관은 학교에서 가장 외진 곳에 위치한 낡고 허름한 공간이었다. 일부 학교에서는 도서관이 아닌 독서실의 기능을 하는 자습실이 되기도 하였다. 이제는 옛날 추억으로만 회자되지만 불과 2000년대 바로 직전만 하더라도 학교도서관은 귀신이 나올 법한 음침한 장소였다. 학교도서관의 눈부실 만한 변화는 현재진행형이다.

학교도서관은 아이들의 자유로운 책 읽기와 배움이 이루어지는 공간이다. 학교도서관에서만큼은 학생, 교사, 학부모 들이 다 같이 평등한 관계가 된다. 그 누구도 학교도서관에서의 자유로운 책 읽기와 배움을 방해할 수는 없다. 학교도서관에서 학생과 교사는 새로운 관계를 맺는다. 학교도서관에서 이루어지는 다양한 문화행사들을 통해서 학생과 교사는 서로에게 새로운 모습을 발견하게 된다. 독서캠프, 독서토론, 저자와의 대화, 도서관 문화제, 문학기행 등 학교도서관행사에 참여하는 학생들의 모습에서 교사들은 교실에서의 수동적이고 무기력한 학생들의 모습이 아닌 활기차게 살아 숨 쉬는, 다양한 가능성이 듬뿍 담긴, 존재감이 빛나는 학생들의 모습을 발견하게 된다. 학생들과 책을 매개로한 소통과 나눔이 있기에 가능한 일이다. 학생들 또한 통제자로서의 교사가 아닌 진정한 조력자, 친구로서의 교사의 모습을 발견하게 되고 꾹 닫혔던 마음의 문을 열게된다. 학교도서관은 학생과 교사 간의 소통과 나눔이 있는 행복한 공간이다.

학교도서관은 운동장, 매점과 더불어 학교 안에서 아이들이 자유와 해방감을 느낄 수 있는 몇 안 되는 공간 중 하나이다. 계속되는 수업과 과제, 그리고 학원에 치여 제대로 쉬고 뛰어놀 시간도 없는 아이들이 학교도서관에서만큼은 자기가 읽고 싶은 책을 마음껏 읽고 관심 분야를 살펴보며 '해야 할 것'이 아닌 '하고 싶은 것'에 대해 마음껏 상상의 나래를 펼칠 수 있다. 학교도서관은 아이들에게 쉼터와 놀이터가 되기도 하고 꿈을 찾아가는 꿈 자람터가 되기도 한다. 책을 뒤적이며 평소에 궁금해하던 것을 해결하고 때론 새로운 분야에 관심을 갖기 시작한다. 이런 경험들을 통해서 조금씩 자신의 미래에 대한 밑그림을 그려 나간다. 학교도서관을 이용하는 아이들의 표정을 살펴보자. 수업시간에 따분해하고 까불던 녀석들이 진지하게 책을 읽고 때론 심각한 표정으로 친구들과 토론을 벌이기도 한다. 진지한 자세로 자기가 하고 싶은 일을 하는 아이들의 모습은 아름답기 그지 없다.

여행자들 사이에 전해지는 얘기가 있다. 그 나라의 과거를 보고자 하면 박물관에, 현재를 보고자 하면 시장에, 미래를 보고자 하면 도서관에 가 보라는 것이다. 이 말이 의미하는 것처럼, 도서관은 한 나라의 미래를 예측할 수 있는 바로미터이다. 학교도서관은 아이들을 어려서부터 책과 가깝게 해 주고, 배움이 일어나게 하는 공간이다. 학교도서관은 그 안에 있는 수많은 자료만큼, 그리고 그것을 이용하는 학생과 교사의 수만큼 무한한 가능성을 가진 공간이다. 그 가능성을 경험하기 위해서는 시간이 필요하다. 날이 갈수록 눈빛을 빛내는 아이들, 어려워하던 책도 거뜬히 읽어 내는 모습, 그리고 그 아이들과의 배움과 돌봄을 매개로 새로운 관계 맺음이 일어나는 그 순간 학교도서관은 더없이 즐겁고(Delight) 유쾌하며(Delicious) 소중한(Dear) 공간으로 탈바꿈할 것이다. 아이들의 아름다운 미래를 가꾸는 일만큼 우리의 가슴을 뛰게 하는 것은 없다.

우리가 걸어가면 길이 된다

혼자서 꾸는 꿈은 한갓 꿈에 지나지 않지만 여럿이 함께 꾸는 꿈은 현실이 된다. 20년의 꿈, 참 아름답고 소중한 꿈이다. 그 꿈을 함께 현실로 만들어 간, 스스로 길이 되는 삶을 살아간 분들의 이름을 적

어 본다. 전국학교도서관모임의 활동가로, 또 자문교수로, 이웃 단체
로 함께한 분들이다. 참 귀하고 소중한 인연이다.

가명현, 강경화, 강동훈, 강민정, 강승숙, 강애라, 강전희, 강지빈, 고민선,
고우리, 고유미, 고을레라, 국복희, 구혜진, 권경진, 김경숙, 김경아, 김권호,
김다정, 김담희, 김대경, 김덕분, 김동하, 김명순, 김명희, 김미례, 김보란,
김보영, 김석권, 김선애, 김소연, 김성원, 김승수, 김승희, 김영경, 김영석,
김영주, 김예원, 김용현, 김원영, 김원주, 김윤미, 김은경, 김은수, 김은영,
김은정, 김을용, 김인영, 김정민, 김정숙, 김종율, 김주희, 김지연, 김지혜,
김진숙, 김종성, 김태은, 김태희, 김희봉, 류주형, 모민희, 문명숙, 박경미,
박동현, 박미진, 박민자, 박수희, 박영옥, 박정해, 박지현, 박진희, 박현진,
박태숙, 박혜경, 박홍진, 백병부, 백화현, 서동휘, 설지혜, 성희옥, 손민영,
손은경, 손주호, 송경영, 신승주, 송기호, 송영미, 심하나, 안미림, 안찬수,
양수희, 양재성, 양혜윤, 염보영, 예주영, 오덕진, 오미경, 오은미, 오정연,
오향옥, 유현정, 윤미경, 윤소영, 윤종선, 윤지혜, 이강련, 이권우, 이금순,
이금희, 이덕주, 이동림, 이명진, 이미경, 이미림, 이미숙, 이민경, 이병규,
이봄이, 이선영, 이선희, 이성희, 이세진, 이수정, 이순영, 이영선, 이유경,
이은혜, 이인문, 이장우, 이재선, 이정현, 이지윤, 이지혜, 이진화, 이춘명,
이현숙, 이현애, 이현정, 이형미, 임가희, 임성림, 임승국, 임영옥, 임지연,
임지은, 장권호, 장승완, 장은미, 전은영, 정국화, 정미진, 정민재, 정병복,
정용하, 정움, 정재연, 정진수, 정현이, 조미아, 조선혜, 조은영, 조의래,
좌순영, 주상태, 진선미, 최경림, 최경희, 최성환, 최은주, 최은진, 최정연,
최지혜, 최현숙, 하성필, 하수현, 한가람, 한명숙, 한상수, 한윤옥, 한지희,

한효전, 허우정, 허지영, 홍성수, 황금숙, 황왕용, 황정근, 황혜란

많은 사람들이 학교도서관에서 함께 꿈을 꾸었으면 한다. 그 꿈이 현실이 되는 순간 우리 교육의 '오래된 미래'는 더욱 가까워지리라 믿는다. 우리 교육의 오래된 미래를 찾아가는 아름다운 사람들의 선한 연대 '전국학교도서관모임'. 이 아름다운 길을, 지난 20년을 함께했던 사랑하는 벗들과 더 오래오래 걸어가고 싶다.

사서교사가 몸으로 쓰는
학교도서관 운동사

이덕주 l 송곡여자고등학교

내가 생각하는 교육 운동은 주어진 직업적 책무를 넘어서서 그 이상의 활동을 하는 것이다. 예를 들면, 교과교사가 당연히 해야 할 수업을 넘어서 학교도서관을 만들고 운영하거나, 사서교사가 자신의 기본적 역할을 넘어선 그 이상의 교육활동을 할 때, 나는 그것을 교육운동이라 정의한다.

이 기록은 1993년 서울의 송곡여고라는 사립학교에 사서교사로 발령받은 이덕주가 학교도서관의 중심에서 나름의 철학을 갖고 교육운동에 집중했던 한 시기를 정리한 것이다. 이 기록은 이덕주 개인의 경험과 한계가 있을 수밖에 없지만, 그 당시의 객관적 사실에 최대한 충실하고자 했음을 미리 밝혀 둔다.

학교도서관을 후퇴시킨 사서교사 배치에 대한 시행령
- 잃어버린 사서교사 배치기준의 교훈을 잊지 말자

1987년, 민주화운동의 흐름 속에서 1963년에 제정되어 단 한 번의 부분 개정도 없던 도서관법이 전면 개정된다. 그 시행령의 하나로 학교도서관에 대한 직원의 배치기준이 마련된다.* 난 이 소식을 당시 도서관법 개정 운동을 했던 문헌정보학과 친구로부터 들었다. 내가 학교도서관 사서교사를 꿈꾸고 있음을 기억했던 친구가 전해 준 것이다. 그러나 막상 시행령을 찾아보니 학교도서관의 사서교사 배치 시행령은 무척이나 실망스러웠다. 유예 기간이 무려 10년이었다.**

---

* 도서관법 [시행 1988. 3. 1.] [법률 제3972호, 1987. 11. 28. 전부개정]
** 도서관법시행령 제12506호(1988년 8월 16일 공포 및 시행)
별표2. 사서직원 사서교사 및 실기교사(사서)의 배치 기준
| 학교도서관 |
1. 국민학교에는 36학급미만인 경우 사서교사·겸임사서교사(사서교사 자격증을 소지하고 학급이나 교과수업을 담당하는 교사를 말한다. 이하 같다) 또는 실기교사(사서) 중 1인을 두며, 36학급 이상인 경우 사서교사 1인을 두거나 겸임사서교사와 실기교사(사서) 각 1인을 둔다.
2. 중학교와 고등학교에는 24학급 미만인 경우 사서교사 1인을 두거나 겸임사서교사와 실기교사(사서) 각 1인을 두며, 24학급 이상인 경우 사서교사 2인을 두거나 사서교사와 겸임사서교사 각 1인 또는 사서교사와 실기교사(사서) 각 1인을 둔다.
부칙
제4조 (도서관의 시설·자료 및 사서직원 배치 등에 관한 경과조치) 이 영 시행 당시 별표1에 의한 도서관 종류별 시설 및 자료 기준과 별표2에 의한 사서직원·사서교사 및 실기교사(사서)의 배치 기준에 미달하는 도서관은 이 영 시행일로부터 10년 이내에 당해 기준에 적합하도록 보완하여야 한다.

하지만 내 선택은 옳았구나, 준비하면 언젠가는 사서교사가 될 수 있겠다는 희망에 한 단계 더 다가갈 수는 있었다.

2020년, 아직도 우리의 운동은 1988년 당시를 회복하지 못하고 있다. 당시 시행령은 규모가 있는 학교에는 사서교사를 2인까지 둔다는 규정이 있었다. 이 조항은 도서관법이 도서관독서문화진흥법으로 전면 개정되는 상황에서도 도서관독서문화진흥법 시행령에 학교도서관 전문 직원에 대한 배치기준을 계속 유효하도록 남겨 놓았었다.* 그러나 학교도서관의 인력 배치를 규정한 근거 조항은 결국 새로운 도서관법(2007년 1월 1일 시행)으로 개정될 때 완전히 사라지고 만다. 도서관계가 적극 환영했던 도서관법이 만들어지면서 오히려 이 조항이 없어지고 만 것이다. 그리고 더 중요한 것은 그 후 학교도서관진흥법이나 대학도서관진흥법이 만들어졌지만, 그 당시 인력 배치기준에는 한참이나 미달된 수준이라는 것이다. 당시 교육부의 학교도서관 업무 담당자는 이 조항을 없애는 것을 추진했고, 이후 학교도서관진흥법에서는 사서교사가 아닌 사서 배치 조항이나 학생 수 1500명당 1명이라는 황당한 기준을 만들게 된다. 과거보다 훨씬 퇴보한 부끄러운 사서교사 배치기준의 역사가 바로 이 조항의 삭제에서부터 시작되

* 부칙 〈대통령령 제14339호, 1994. 7. 23.〉 부칙 보기
제1조 (시행일) 이 영은 1994년 7월 25일부터 시행한다.
제2조 (다른 법령의 폐지) ①도서관진흥법시행령은 이를 폐지한다.
②제1항의 규정에 의하여 폐지되는 대통령령 제13342호 도서관진흥법시행령 부칙 제2조의 규정에 의하여 폐지된 도서관법시행령(이하 "종전의 도서관법시행령"이라 한다)의 별표2 중 대학도서관과 학교도서관에 관한 사항은 다른 대통령령에서 이에 관하여 정할 때까지 그 효력을 갖는다.

었다.

　도서관계의 방치 속에서 도서관법 개정을 추진했던 한국도서관협회나 단체들은 주로 공공도서관에 관심이 많았지 학교도서관엔 관심이 없었다. 그래서 학교도서관에 필요한 조항이 어떻게 없어지는지, 끝까지 챙기고 있어야 할 조항은 무엇인지 무지했던 것 같다. 게다가 학교도서관계 당사자들은 이런 정책 결정 과정에서 소외되어 있었다. 물론 학교도서관 운동 주체들도 당시 무엇이 중요한지 잘 몰랐고, 도서관법은 교육 관련 법이 아니어서 그다지 중요하게 생각지도 않았다. 교육법 시행령 안에 들어가야만 학교에 구속력이 있고 중요한 것이라고 생각했었던 것이다. 이런 생각이 학교도서관계에 만연했던 잘못된 인식 중의 하나였다. 그래서 결국 학교도서관계는 1988년 도서관법 개정 당시의 학교도서관 사서교사 배치기준을 잃어버렸다. 지금은 학교도서관진흥법이 있다고 하지만 그래도 도서관법이 중요하다. 학교도서관의 주요 업무는 모두 도서관법에 규정되어 있다. 교원노조도 교총도 중요하지만 한국도서관협회라는 존재도 무시할 수 없다. 학교도서관의 사서교사들이 한국도서관협회의 사무국장을 역임했던 시절도 있었는데, 이 당시의 한국도서관협회는 한국공공도서관협회라고 해도 무방할 정도였다. 이래서 한국도서관협회에 사서교사들의 적극적인 참여와 발언이 필요하고, 한 학교에 사서교사를 2명까지 둘 수 있었던 1988년의 시행령을 잃어버린 역사를 잊지 말고 기억해야만 한다.

1993년 사립학교 임용, 그러나 막막하던 그때

나는 1993년에 서울 지역 사립고등학교인 송곡여고에 사서교사로 임용되었다. 학교도서관의 특징은 일반적으로 선임자가 학교에 같이 근무하지 않는다는 것이다. 즉 학교 내에 학교도서관 업무와 관련하여 물어볼 사람이 없는 것이다. 그래서 사서교사들은 다른 학교의 사서교사들하고라도 교류하면서 정보를 공유해야만 한다. 그러나 서울 지역에 수소문을 해 보아도 그런 모임은 없었고 관련 책조차도 없었다. 기존에 나와 있던 『학교도서관 경영론』 등은 원칙과 방향 제시는 좋았지만 원론적 이야기들뿐이었다. 그래서 서점에 가거나 대학도서관에 가면 학교도서관 관련 정보나 도서를 습관적으로 찾아보았다.

그러던 차에 우연히 『열린교육과 학교도서관』이란 책을 만났다. 숭문고등학교 국어교사 허병두 선생님이 쓴 이 책은 나에게 한 줄기 빛이기도 했고 부끄러움이기도 했다. 이 책을 본 나는 단숨에 다 읽으면서 사서 자격증은커녕 사서 업무에 관한 교육도 받아 본 적이 없는 국어교사 허병두 선생님이 갖고 계신 학교도서관에 대한 애정과 열정에 놀랐다. 나는 바로 연락을 드리고 정기적으로 만나며 정보 교류를 시작했다. 그러면서 학교에는 제2의 허병두, 제3의 허병두 선생님 같은 분들이 있다는 것을 알게 되었다. 그런데 그 선생님들은 오히려 나를 보면서 '오로지 도서관만 전담하는 사서교사가 있다니!' 하면서 깜짝 놀랐다. 그분들은 학교도서관을 국어교사가 돌아가면서 맡는 일로 으레 생각하고 있었다. 그분들에겐 수업 없이 도서관만을 전담하고, 도서관에 대해서 전문적인 이론과 실기 능력을 갖춘 내가 이상적인 도서관 운영자 모델이었던 것이다.

『열린교육과 학교도서관』이란 책에는 허병두 선생님으로 대표되는 도서관 담당교사들이 있다. 이들은 억지로 학교도서관 업무를 떠맡는 것이 아니라, 도서관의 매력에 빠져서 도서관 업무를 자청하는 교사들이다. 이들은 기본적인 사서 업무도 모르지만, 학교의 도서관이 제대로 운영되어야 독서교육을 제대로 할 수 있다는 일념으로 도서관을 만들고 운영하기를 자청한다. 난 이분들을 만날 때마다 부끄러움과 함께 도전과 자극을 받았다. 특히 이분들이 이렇게 열심히 하면 학교엔 사서교사가 필요 없겠다는 생각을 하기도 했다. 다행히도 이런 교사들은 백에 한 분 정도로 특이한 분들이셨고, 대개의 학교에서는 '도서관 업무'를 한 해만 억지로 맡고 또 다른 후배 교사에게 떠넘겨야 할 기피 업무라고 인식하는 것이 일반적인 상황이었다.

『열린교육과 학교도서관』이란 책은 당시 교육계에 학교도서관의 존재와 중요성을 설득력 있게 알리는 큰 역할을 한다. 그때까지의 도서관계 문서는 도서관계도 제대로 설득하지 못하는 우리들만의 문서였다. 즉 학교도서관이 우리 학교와 교육에 중요하다면 바로 교사나 교장을 독자로 염두에 두고 써야 할 것 아닌가? 도서관계엔 그런 문서가 없었다. 주로 도서관인들에게 학교도서관이 학교의 심장이라고 설득하는 그런 글들뿐이었다. 이 책의 의미는 비로소 교육계의 사람들에게 학교도서관의 존재와 필요성을 각인시켜 준 책이었다. 어쩌면 이 책은 대한민국 중등학교에 가장 많은 비중을 차지하는 평범한 국어교사 입장에서 쓰여졌기에 다른 교사들을 더 잘 설득할 수 있었다고도 본다. 이 책의 존재감으로 이후 허병두 선생님은 교육계에서 학교도서관을 대변하는 중요한 인물로 주목받고 교육개혁위원, 심지어 대통령 소속 도서관정보정책위원으로도 활동하게 된다.

사서교사로서의 길을 계속 가야만 하는가?
- 동명여고, 진명여고, 동덕여고 도서관을 찾아서

송곡여고에 발령받은 1993년부터 1995년까지 나는 3년간 교실 한 칸의 도서관을 운영하는 사서교사였다. '도대체 교실 한 칸의 도서관에서 무엇을 어떻게 하지?'라는 암울함 속에서도 기본적인 틀을 잡아갈 무렵, 나는 계속 이 길을 갈지 아니면 다른 길을 가야 할지 선택의 기로에 서 있었다. 당시에는 어떤 사서교사모임이나 연구 단체의 공문이나 연락조차 없었다. 각자의 학교에서 개별적으로 알아서 할 일을 해야 할 뿐이었다. 내가 지금 고민하는 일이 맞는 것인지? 사서교사로서 살아가는 내 인생이 어떻게 될지? 막막하기만 했다. 학교도서관에 대한 마지막 희망을 잡아 보기 위해서, 아니면 이곳을 미련 없이 떠나기 위해서라도 나는 선배 사서교사들의 학교를 방문해 보기로 했다.

어쩌면 나의 20년 후 미래의 모습을 보고 싶었던 것도 같다. 그리고 지금은 답답하고 진전이 없어 보이는 시간이지만, 선배 사서교사들의 모습에서 희망을 본다면 이 길을 더 가 보리라는 희망을 품고 있었던 것이다. 그러나 희망이 보이지 않는다면 과감히 이 길을 접고, 나도 공공도서관이나 대학도서관 등으로 가야겠다고, 더 이상 학교도서관에 연연하지 않겠다는 다짐도 있었던 것이다.

　세 학교 모두 대학 동문 선배님들이 근무하고 있거나 근무했던 도서관이었다. 대학교 학과 동문회 주소록을 보고 근무처를 찾아내었다. 그 당시엔 사서교사들에 대한 정보 자체가 없었다. 찾아보니 공립학교에 근무하시는 선배님들도 계셨지만, 나도 사립학교에 근무하니 사립학교를 찾아가 보는 것이 좋겠다고 생각했다.

　첫 번째로 방문했던 동명여고의 김병옥 선생님은 그동안 내가 의아해했던 퍼즐의 한 조각을 맞추게 해 주셨고, 사서교사모임에서 내가 무슨 일을 해야 할지 감을 잡게 해 주셨다. 그리고 친구들이 근무하던 대학도서관을 막연히 동경하던 나의 마음도 깨끗하게 정리해 주셨다. 나의 동경이던 대학도서관은 급여나 근무 조건이 좋을 수는 있어도, 관장을 사서 직원이 아닌 교수가 하는 시스템이기에 바람직하지 않다는 것이었다. 대학도서관엔 아직도 사서교수 제도는 없기에 사서 직원으로는 부장까지 진급하는 것이 최고이고, 사서 분야에 대해서는 전문성이 떨어지는 교수들을 도서관장으로 모시면서 근무해야 하는 것이 대학도서관 사서들의 말년 모습이라고 말씀해 주셨다. 이것은 지금 그분의 동기들이 겪는 현실이기도 했다. 그러니 규모가 작고 근무 조건이 여의치 않더라도 독자적으로 관장 역할을 할 수 있는 학교도서관이 나이 들수록 자신의 전문성을 더 잘 발휘할 수 있다는 체험의 말씀을 해 주셨다.

　그리고 김병옥 선생님은 본인이 1980년대 서울시 사서교사연구회의 마지막 총무임을 고백하셨다. 또한 그 모임을 끝낸 것도 본인이었다는 것도 말씀해 주셨다. 그러면서 서울 지역 사서교사모임이

1980년대에는 어떻게 운영이 되었는지 당시에 냈던 회보와 임원진 명단 등을 공유해 주셨다. 당시 총무로서 모임이 잘 돌아갈 수 있도록 노력하지 않고, 모임을 멈춘 이유에 대해서도 들려주셨다. 그 이야기의 핵심은 명예 자리싸움으로 변질된 연구회 선배 사서교사들에 대한 불신과 실망감이었다. 그래도 만약 내가 사서교사연구회 모임을 하고 싶다면 다시 시작해 보라시면서 회보, 직인 등을 나에게 주셨다.

김병옥 선생님과의 만남을 통해 나는 사서교사들의 모임이 있었음을, 그 명맥이 지금은 몇 년간이나 단절되어 있음을, 그러나 아무도 다시 시작하지 않고 있는 상황임을 알게 되었다. 나는 당시의 기록들과 선생님께서 알려 주신 실패로부터 배운 교훈을 마음속에 간직하고 서울 지역 사서교사모임을 다시 만들기로 마음먹는다. 김병옥 선생님은 내가 다시 사서교사모임을 구성한다면 사서교사 과정을 대학에서 제대로 전공한 사람들 위주로 모임을 구성하고 운영해야 한다고 알려 주셨다. 당시 김병옥 선생님보다 선배인 사서교사분들은 이미 다른 교과교사였다가 국립중앙도서관의 단기 자격연수나 사서교육원 과정으로 사서교사 자격증을 취득하시다 보니 학교도서관과 사서교사에 대해서 다른 생각들도 있었다는 것이다. 이분들도 포용하면서 가야 하지만 학교도서관과 사서교사에 대한 철학을 잘 갖고 있는 교사들이 중심을 잡고 휘둘리지 말아야 한다는 것이었다. 이런 원칙은 지금도 매우 유효하다고 본다. 운동 주체들이 중심을 잃지 않고 방향을 잘 잡아야만 하는 것이다. 사람이 많아지고 조직이 커질수록 사서교사의 구성이 다양할수록 방향을 잘 잡아야 할 것이다. 사서교사들은 비교적 단일한 양성과정과 동질성을 갖고 있지만, 그래도 치열한 내부 토론을 통해서 교육 운동의 흐름을 잡고 학교도서관의 방향성을 잘 모색해 나가야 한다.

두 번째 방문했던 진명여고의 이정은 선생님은 오랜 풍파를 겪으시며 현실의 변화 발전 가능성에 대해서는 다소 냉소적이셨으나, 학교도서관을 정통 사서교사답게 꼼꼼히 끌어 오신 흔적들을 보여 주셨다. 100년이 넘는 고서들을 보존 처리하여 보관하는 모습, 독후감 발표대회를 주관하여 학생들과 소통하고 독서에 대한 소중함을 교내에 불러일으키는 모습. 특히 독후감발표대회에 대한 충격과 도전은 내가 송곡여고에서 독후감발표대회를 주도적으로 기획할 수 있도록 계기를 만들어 주셨고 많은 아이디어도 떠오르게 해 주셨다. 이정은 선생님은 현실의 근무 상황과 여건에 대해서 만족해하시지는 않았으나, 당시 애송이 사서교사인 내가 볼 때는 충분히 멋있는 선배 사서교사였다.

세 번째 방문한 학교인 동덕여고에선 사서교사를 하시게 된 계기나 과정 자체가 드라마였고 입지전적이었던 활달한 성격의 이숙희 선생님을 만났다. 이숙희 선생님은 학교도서관 사서교사로 활동하고 계심을 매우 자랑스럽게 여기시며, 선생님들 간의 독서모임, 학생들을 위한 독서교육 프로그램 등을 소개해 주셨다. 도서관도 나름 규모가 있었고 무엇보다 평소 독서모임을 하는 교사들이 읽은 책을 학교도서관에 기증해 주고, 퇴직하는 교사들이 퇴직 기념으로 도서구입비를 따로 기탁하셨다. 게다가 동창회에서도 도서구입비를 기탁하여 일년 도서구입비가 넘치는 모습은 더욱 감동이었다. 특히 이숙희 선생님은 다른 교사 자격증을 갖고 계신 상태에서 단기 과정으로 사서교사 교육을 이수하셨음에도, 학교도서관을 통해서 아이들에게 책을 서비스하는 능력, 학생뿐만 아니라 교사들과의 협업력도 뛰어나셨다. 어떤 과정으로 사서교사가 되는지보다 현재 어떤 마음과 어떤 철학으로 근무하는지가 더 중요함을 일깨워 주셨다.

10년~20년 차 정도 되시는 사서교사가 근무하는 세 개의 학교도서관을 둘러본 내 소감은 사서교사로 나이 들어 간다는 것이 나의 여러 가능한 인생살이 중에서 꽤 괜찮은 선택지라는 결론이었다. 학교에서 차지하는 위상과 역할이 다들 분명하셨고, 다른 교사들에게 열등감을 가지거나 하시지도 않으셨으며, 나름의 철학을 갖고 주체적으로 도서관을 운영하고 계셨다. 20년 후에는 선배님 때보다 학교도서관에 대한 일반적 인식도 더 유리해질 것이고, 선배님들께 소중한 노하우를 전달받기도 했으니, 나는 내가 근무하는 학교에서 더 잘할 수 있으리라는 자신감도 생겨났다. 그리고 이 길, 학교도서관과 함께하는 사서교사의 길을 계속 가기로 했다.

이 길을 가기로 했으니 이젠 혼자 갈 수 없었다

이 길을 함께 갈 동지들을 만들어야 했다. 사서교사들로 구성된 교육청에서 인정받는 모임을 만들어야겠다는 생각을 했다. 각 학교에 계신 사서교사들을 찾아 나섰다. 이미 기존의 사서교사들끼리는 공식적인 모임만 없을 뿐이지 기존의 네트워크가 있어서 굴비 엮듯이 선생님들의 연락망을 정리할 수 있었다. 특히, 공립학교에는 최근에 발령받은 공주대학교 문헌정보교육과 사서교사들이 있어서 큰 힘이 되었다. 선배 사서교사들은 도서관학과가 설치되어 있던 주요 대학별로 골고루 계셨지만, 이화여대와 숙명여대 출신의 사서교사들이 막강하게 자리 잡고 계셨다. 이미 그 당시에 두 개 층의 학교도서관을 운영하고 계셨던 숙명여고의 박희 선생님을 회장님으로 모셔서 모임의 중심으로 삼았다. 더 나이 드신 선배 사서교사들도 계셨지만 젊은 사서교사들의 모임 구성을 묵묵히 지지해 주시고 여러 방면으로 후원을 해 주셨다. 자발적인 연구모임을 가진 이후에는 정식으로 각 학교에 공문도 보내고 좀 더 공식적인 모임을 가질 수 있도록 교육청에 연구모임으로 등록하기로 했다. 서울시교육청을 찾아가는 것에는 덜컥 겁이 나기도 했었다. 그러나 대선배 사서교사들이 함께해 주셨고 공립학교에 계셨던 이경희 선생님이 함께 가서 힘을 보태 주셨다. 이 과정에서 서울시교육청의 선배 사서교사들이 자율학습 감독 근무에 대한 반대 서명을 해서 문제 제기를 하는 등 당시로선 파격적인 활동을 했던 것도 알게 되었다. 만약 그렇지 않았더라면 지금도 사서교사는 자율학습 감독을 하고 있었을지도 모를 일이다.

1996년, 서울중등학교도서관교육연구회가 이런 과정을 거쳐 만들어졌고, 1988년 이후에 멈추었던 서울 지역 사서교사모임이 8년 만에 복원되어 서울시교육청 최초로 사서교사모임이 정식 등록되었다. 그 전에는 주로 한국도서관협회 산하의 사서교사모임으로만 활동하는 한계가 있었다. 1997년 1월에는 국립중앙도서관에서 개최한 사서교사 연수를 계기로 서울을 넘어 전국적인 조직체인 한국학교도서관협의회가 결성된다.

도서관 담당교사들의 지속적인 연수와 만남의 시작

학교도서관에 대한 배움의 열기는 사서교사들 내부에 논란을 야기하기도 한다. 학교도서관 업무에 대한 연수를, 사서교사들에 대한 연수를, 일반 교사들에게 개방하는 것에 대해서 거부감을 갖는 사서교사들이 있었다. 어찌 보면 당연한 일이었다. 하지만 사서교사 숫자는 너무 적었고 사서교사만을 대상으로 한 연수는 확장성이 없었다. 그런가 하면 사서교사가 아닌 도서관 담당교사들의 배움의 열기는 뜨거웠다. 이분들은 최소한의 도서관 분류나 운영에 대한 지식도 없이 열정 하나만으로 KORMARC 형식을 따르지도 않는 도서관리 프로그램을 직접 제작하거나, 도서 대여점 관리 프로그램 등을 얻어서 도서관 전산화도 자생적으로 추진하였다.

나는 도서관 담당교사들에게도 연수의 일부 정원을 배정하여 사서교사의 동지를 교육계에 만들 필요가 있다고 보았다. 도서관계나 사서교사들이 사서교사를 배치해 달라고 하는 소리는 너무나 작았고 수십 년 동안 무시당해 왔다. 이제는 운동의 방향을 학교도서관의 수혜자들인 학생, 학부모, 교사 들이 요구하도록 해야 된다고 보았다. 학교도서관 운동의 주체는 누가 되어야 할까? 사서교사라고 한다면 너무나 작고 작은 주체였다. 도서관계라고 한다면 이미 30년간 그 역할을 안 한 것은 아니었으나 변화와 성과는 미미했다.

이런 고민을 하고 있을 때, 당시 김현철 전국사서협회 회장이 학교도서관 문제의 해결 방법에 대해서 부산대 문정포럼에서 발표하신 〈학교도서관은 죽었는가?〉라는 글을 읽게 되었다. 이 글의 요점은 30년간 되풀이해 온 도서관계식 운동 방법, 즉 학교도서관의 문제점을 밝혀 교육부에 문제 해결을 촉구하는 방식을 반복해서는 문제를 해결할 수 없고, 학교도서관 수요자들이 직접 나서서 학교도서관 문제의 해결을 요구하게 하라는 것이었다. 그중 일부를 인용해 보겠다.

법이 있게 만드는 그 원천으로 돌아가야 한다. 학교도서관이 교육에 필요한 기관이라는 사실을 국민들이 인식하는 것이다. 어떻게 인식시킬 것인가? 그것은 너무 막연하고 힘든 일처럼 보인다. '어떻게 할 것인가.'에 대한 단순한 예를 들자면 국민학교마다 구성되어 있는 학부모들의 모임인 '자모회'를 어떻게 활용할 것인가를 고민해야 하고, 학교생활의 커다란 기둥인 교사들을 공공도서관의 독서회원으로 가입시키는 노력을 해야 하고 그들의 지지를 얻어야 한다. 당장 국민학생들에게 부과되어 있는 탐구생활을 들여다보자. 거기에 어떤 과제들이 주어져 있고, 그 과제들이 어떻게 해결되기를 학수고대하고 있는가? 탐구생활을 분석하고 거기에 맞는 자료가 무엇인지를 조사하고 준비해야 한다. 그것이 우리의 실천언어요, 힘이며, 무기가 될 것이다. 그 외 여러 가지 방법론이 나올 수 있으나, 지금 여기서 말하고자 하는 것은 우리가 처해 있는 학교도서관 문제는 학교도서관에 사서교사를 배치해야 하고, 자료는 이런 식으로 배치해야 한다는 '선언적 진술'이나 더 나아가 선진국에서는 이렇게 하고 있으니 우리도 이렇게 해야만 한다는 '상식의 부언'이 아닌 것이다. 학교도서관에 대한 건강 진단은 이미 30년 전에 실시되었고 우리는 그 병명도 알고 있다. 그동안 그 병은 점점 더 악화되었는데 또 건강 진단을 실시하자는 말인가. 이제 무슨 약을 어떻게 쓰고, 어디를 잘라 내고 하는 치료방법에 초점을 맞추어야 한다. 어떻게 싸울 것인가에 집중되어져야 한다.*

나는 이 문서를 뼈저리게 읽었고 그 이후에도 수십 번 반복해서 읽었다. 더 이상 도서관인들끼리 모여서 우리만이 보는 간행물에 학교도서관에 대해서 쓰고 우리끼리만 모여서 서명을 하여 정부에 전달하는 방식의 문제점! 그러니까 수십 년 동안 이 모양 이 꼴이고, 도서관계가 무시되어 왔다는 점을 뼈아프게 이해했다.

그리고 도서관 운동 특히 학교도서관 운동의 주체는 사서교사보다 도서관을 이용하는 학생, 교사, 학부모 즉 시민들이 되어야 한다고 생각했다. 그래서 나는 학교도서관 살리기 시민연대를 생각했고 전국에 200명밖에 안 되는 사서교사들을 조직하기보다 학부모들이, 학생들이, 일반 교사들이, 학교도서관에 사서교사를 배치해 달라고 요구해야만 이 운동은 성공할 가능성이 있다고 보았다. 그래서 학교도서관계는 학교도서관 살리기 국민연대가 있었고, 학교도서관문화운동네트워크가 있었고, 사서교사가 아닌 일반 교사들이 많이 소속된 전국학교도서관담당교사모임(현재의 전국학교도서관모임)이 있었던 것이다.

---

* 김현철, 학교도서관 문제 어떻게 접근할 것인가? 1994. 12. 2. 부산대학교 문헌정보학과 문정포럼.

도서관인이 아닌 시민들에게 학교도서관을 설득하라
- 외환 위기 속에서 시작된 학교도서관 캠페인

나는 도서관계*에도 글을 썼지만, 위와 같은 생각으로 우리교육,**
함께 여는 국어교육*** 등에 학교도서관에 대한 글을 기고하면서 학
교도서관에 대한 일반 교사들의 인식을 깨우고 저변을 넓혀 나가고
자 했다. 그러나 그런 글들은 특정 교사들만 읽는 글이었고, 일반 시
민들에겐 어떻게 다가가야 하는지 여전히 고민이었다.

그러던 차에 1997년 12월 한국은 외환 위기 IMF사태를 맞게
된다. 도서관계에서도, 특히 기업 자료실 도서관들을 중심으로 많은
실업자들이 발생한다. 1998년 마침 한국학교도서관협의회와 한겨레
신문사는 학교도서관 살리기 캠페인을 대대적으로 펼친다. 당시 일간
지에서 학교도서관 문제만이 아니라 대안과 소식을 매주 전했던 한
겨레신문의 기사 제목만 나열해 보고자 한다. 서울시 교육청 출입 기
자였던 〈한겨레신문〉 황석연 기자는 LG그룹의 후원으로 서울시 교육

---

* 이덕주, 학교도서관의 현실적 매력, 도서관문화(통권305호), 1997년 4호, 한국도서관협회.
30~42p.
** 이덕주, 학교도서관과 결혼한 사서교사의 대모 - 숙명여고 사서교사 박희, 중등우리교육
1996. 3. 28~31p.
이덕주, 수업 개선 위한 정보센터 - 어느 사서교사의 도서관 일기, 중등우리교육, 1996. 4.
44~47p.
이덕주, 학교 전산화는 도서관 전산화부터, 중등우리교육, 1996. 7. 28~31p.
*** 편집국, 전담사서교사의 도서관운영사례, 함께 여는 국어교육, 1995. 6. 50~61p.
이덕주, 영어과 한 선생, 이번 학기에 국어 좀 가르치죠?, 함께 여는 국어교육, 1999. 가을호,
192~210p.

청과 교육 개혁 캠페인 지면을 만들었다. 그 교육 개혁 캠페인 지면의
상당 부분을 학교도서관과 학교도서관에서 파생된 학교와 교육의 변
화에 초점을 맞추는 기획 기사로 채웠다. 중앙 일간지가 도서관에 대
한 기획 캠페인을 가장 지속적으로 실시한 전무후무한 예로 기록될
것이다.

◎ 공들인 열린 도서관 우리들의 '쉼터' / '학생이 주인' 숭문고 도서관 1998/08/28
◎ 케케 먼지 도서관을 열어 젖히자 / 신간은 없고 세로쓰기 허섭책 1998/08/28
◎ 학교도서관 이렇게…현장 목소리 / '책씨름' 할 멍석 깔렸나요? 1998/09/10
◎ 학교도서관 만들기 언제든 도와 드려요 / 전산화 작업 등 최대한 지원 1998/09/24
◎ 도서관 싣고온 '가을 산타' / 등촌초등교 '등마루 도서실' 활짝 1998/09/24
◎ 학교도서관 만들어 주세요 / 출판사·컴퓨터 업체 적극 동참 1998/10/01
◎ 학교도서관 문열기(학교도서관을 살리자:1) 1998/10/08
◎ '학교도서관 살리기' 열기 확산 1998/10/08
◎ 공간과 시설(학교도서관을 살리자:2) 1998/10/15
◎ 예산(학교도서관을 살리자:3) 1998/10/22
◎ 도서 선정과 구입(학교도서관을 살리자:4) 1998/11/04
◎ 지혜의 창고에 양식을! / 사회의 책을 학교로 1998/11/04
◎ 우리, 함께 해 봐요 / 사회의 책을 학교로 1998/11/11
◎ 도서분류와 정리(학교도서관을 살리자:5) 1998/11/11
◎ '도서관 운영교육' 교사들 참가 열기 / 예년보다 서너 배 신청 1998/11/18
◎ 전산화(학교도서관을 살리자:6) 1998/11/18
◎ 운영방법:1(학교도서관을 살리자:7) 1998/11/25
◎ 인천·대전·전북 교육청 '책 모으기 운동' 동참 1998/12/02
◎ 어떤 책을 읽어야 하나요? 1998/12/02
◎ 운영방법:2(학교도서관을 살리자:8) 1998/12/02
◎ 멀티미디어 도서관(학교도서관을 살리자:9) 1998/12/09
◎ 학부모들 팔 걷고 나섰다 / 서울시 학운위 회장단 1998/12/16
◎ 도서관 활용수업(학교도서관을 살리자:10·끝) 1998/12/16

◎ 독서교육·도서관 활용 모범사례 / 대구교육청·광주교육청 1998/12/23

◎ '책 캠페인' 걸어온 길 / 도서관전산화 11곳 단장 1998/12/30

◎ 서울 중산고 '책 모으기 운동' / 뜻이 있는 곳에 길이… 1998/12/30

◎ 25~30일 학교도서관 활성화 연수 1999/01/13

◎ 도서관 꾸미기 모든 것 / 실무지식 정보 한눈에 1999/01/20

◎ 학교도서관 연수 학부모 참여 열기 1999/01/20

◎ 도서관 서가에 '희망'을 채웁시다 1999/01/27

◎ 낡은 책 폐기하고 새 책 수혈을 1999/02/03

◎ 책 모아 도서관 꾸미기 '새물결 운동' 1999/02/03

◎ 개학, 도서관 꾸미기 힘찬 시동 1999/02/10

◎ 교사 학생 동문 정성 모아 4000권 비치 / 울산여고 도서관 1999/02/24

◎ 학교당국 지원 속 '전인교육 중심' 우뚝 / 이화여고 도서관 1999/03/03

◎ 학교도서관에서 공공근로를 / 지자체, 교육청, 학교 유기적 연계 1999/03/10

◎ 21세기 아이들 / 인천 임학중 도서관꾸미기 1999/03/31

◎ 숭문고 도서반 '책누리'의 보람 / 도서관 운영사례 모은 책 '정보화시대' 1999/04/07

◎ 도서관 사서 파견사업 / 희망학교 지원자 몰려 1999/04/07

◎ 교과-사서교사 공동수업 / 가르치는 교사가 아니라 '도와주는 교사' 송곡여고 도서관 1999/11/12

◎ 책 보다 지치면 누워 자도 어떠랴 / 서울 숭문고 학생들에게 도서관은 정보의 보고이자 쉼터다 2000/09/30

◎ 좋은 학교도서관 운동 경기지역NGO 2000/09/30

◎ [즐거운 학교/재미있는 수업]제1부(7) 학교도서관-교사들이 살린다 2001/07/30

◎ [즐거운학교/재미있는 수업]제1부(8) 학교도서관 살리기-학생들도 나섰다 2001/08/06

◎ [즐거운 학교/재미있는 수업]제1부(9) 학교도서관 모범사례 / 안양 신성중·고등학교 도서관은 아이들한테 '행복한' 공간 2001/08/13

◎ [즐거운 학교/재미있는 수업](10) 학교도서관 살리기-학부모 팔 걷었다 2001/08/20

◎ [즐거운 학교/재미있는 수업](11) 학교도서관의 미래-서울 동구여상의 학교도서관 2001/08/27

이런 일간지의 지속적인 캠페인 기사는 학교도서관에 대한 문제의식과 필요성을 전 국민적으로 공감하게 만드는 계기가 되었다. 또 정치권을 움직이게 하는 여론을 형성하는 데 큰 역할을 했다고 본다.

실업 극복 운동의 일환으로 학교도서관에 사서 보조원 파견 사업 실시

이런 성과로 1999년 한국학교도서관협의회는 실업 극복 국민 운동으로부터 4억 원이 넘는· 재정을 지원받아 서울시 교육청의 약 100개 학교에 사서 파견 사업을 실시한다. 이때 약 100명의 사서에게 지급된 인건비는 월 기준 약 50만 원에 불과했다. 최저임금 수준의 급여와 아무런 기반이 없는 학교에 나가서 책의 먼지를 털고 전산화를 했던 약 100명의 사서는 실제적인 학교도서관 운동의 시작이었다. 이분들은 오늘날의 학교도서관을 있게 한 진정한 운동가들이고 개척자들이었다. 이 일은 향후 학교도서관계에 사서교사만이 아닌 사서라는 직종이 자리를 잡게 되는 계기로 평가가 되어, 이 일이 학교도서관 운동에 미친 긍정적인 영향들이 제대로 인정받지 못한 측면이 있다. 당시 시민단체가 민간 재정으로 공교육을 정상화하기 위해 쏟은 노력들은 교육청이나 당국에 큰 충격을 주기도 했다. 학교의 도서관이 그저 이름뿐이고 얼마나 방치되어 있었는지 드러나게 하여 학부모와 일반 교사들에게도 신선한 충격이 되었고, 이후 학교도서관 운동과 정책 수립에 큰 밑거름이 되었다. 이때의 활동은 좀 더 자세히 기록되고 평가될 필요가 있다. 사서 파견 사업은 서울만이 아니라 경기도 광주 등에서 자생적이면서도 동시다발적으로 벌어진다.

도서관 담당교사들의 지속적인 연수와 조직의 시작

이와 더불어 일회성이 아닌 지속적으로 학교도서관 업무를 자청하는 교사들이 생겨나고, 전산화 프로그램을 도입하여 도서관을 정상적으로 운영하고 싶어 하는 도서관 담당교사들이 당시 서울중등학교도서관연구회의 자율연수 등에 꾸준히 신청을 한다.

"이렇게 선생님들이 많이 몰릴 줄은 전혀 예상하지 못했습니다. 예년에 비해 3~4배 정도의 선생님들이 신청해 절반 가량을 돌려보냈는데도 막무가내로 찾아왔습니다." 이날 열린 학교도서관 전산화 프로그램 교육을 주최한 서울중등학교도서관교육연구회의 이덕주 송곡여고 사서교사는 일선 학교에서 도서관 운영에 대한 인식이 바뀌고 있다며 연신 놀라움을 감추지 못했다.

이 연구회는 해마다 서너 차례 학교도서관 운영에 관한 교사교육 프로그램을 열어 왔다. 그동안은 20여 명을 채우기 힘들었다. 하지만 40명을 정원으로 한 이번 교육에서는 일찌감치 정원이 넘쳤다. 더는 신청을 받지 않으려 해도 무려 100명 이상이 몰려들어 교육 참가를 '로비'했다. 서울뿐만 아니라 강원도 등 지방 소재 학교 교사들도 참가를 신청했다.

이덕주 교사는 "교육개혁에 따라 독서교육을 위한 학교도서관의 필요성이 구체적으로 각인되는 상황에서 〈한겨레〉가 제안한 학교도서관 살리기 운동이 그 불을 붙인 것 같다."고 말했다. 특히 지난 교육까지는 개별 교사 차원의 참가였으나 이번에는 학교장의 적극적인 권유로 참가한 교사가 절반이다. 학교도서관 살리기의 관건인 일선 학교장 사이에서도 이

제 도서관 운영의 인식이 번지고 있다는 증거다.[*]

학교도서관 살리기 국민연대 창립과 미온적인 도서관 정책

2000년, 드디어 정치인들이 움직이기 시작한다. 2000년 5월 당시 민주통합당 김영환 국회의원의 주선으로 학교도서관 관련 시민단체를 거국적으로 구성한다. 김영환 의원의 부인인 전은주 씨가 안산에서 학교도서관 살리기 운동을 추진한 인연이 작용한 것이다. 나는 당시 이병기 사서교사 등과 함께 이 실무 작업에 참여한다. 당시 김영환 의원의 보좌관이었던 성종대 보좌관과 1년 내내 회의를 하면서 학교도서관 살리기 도서관인 연합, 전교조, 교총, 한교조, 참교육학부모회, 인간교육실현학부모연대 등 철학과 지향성이 다양한 여러 단체와 학교도서관 살리기라는 이름으로 사람들을 모으는 일을 했다. 당시 전교조 위원장이었던 이수호 선생님이 기꺼이 참여해 주셨고 나머지 대표분들도 조찬 회의 등에 참석해 주시면서 조직의 틀을 갖추었다. 드디어 2000년 11월 30일 학교도서관 살리기 국민연대 창립대회를 교육부 장관을 비롯한 많은 정치인들을 모시고 국회에서 거행했다. 전교조 이수호 위원장이 서울시 교육위원을 할 때, 당시 유인종 서울특별시 교육감에게 학교기본운영비의 5%를 도서구입 및 도서관운영비로 사용하라는 강력한 회계 지침을 내리도록 적극적으로 압박했었다. 이것은 전국학교도서관모임이 전교조의 한 분과로 활동했기에

---

[*] 정의길, '도서관 운영 교육' 교사들 참가 열기/예년보다 서너 배 신청 1998. 11. 18.

당연한 참여이기도 했다. 이렇게 학교도서관 살리기 국민연대가 창립되고 정치인들이 참여하자 드디어 정부 관료들이 움직여서 무엇이라도 내놓으려고 하는 모습을 보였다. 이런 맥락에서 나온 것이 2002년 학교도서관종합발전방안이다. 해마다 약 600억의 예산을 5개년 동안 투자해서 학교도서관을 리모델링한다는 것이었다. 우리는 사서교사 전문 인력 배치가 우선이라고 주장했으나 사서교사 전문 인력 배치는 매우 미미하게 진행되었을 뿐이다. 사서교사나 책임감 있는 도서관 담당교사가 있는 학교는 학교도서관 리모델링이 어느 정도 효율적으로 진행되었으나, 대부분의 학교에서는 그야말로 대충 진행되는 결과를 가져오고 만다.

사서교사들만의 정보 공유를 넘어
〈학교도서관을 살리는 교사들〉 다음카페 개설

나는 서울 지역 사서교사모임의 총무를 후배 사서교사인 이승길 선생님께 맡기고, 도서관 담당교사 모임을 조직하기 위해 구심점이 되어 줄 인터넷상의 카페를 개설한다. 2000년 크리스마스 전날 학교도서관의 자료를 쉽게 보관하고 공유하기 위해서 다음에 〈학교도서관을 살리는 교사들〉이란 카페를 개설하고, 자료실에 하드디스크와 그 당시 플로피디스크에 있는 자료들을 열심히 올렸다. 이 카페가 지금의 전국학교도서관모임(http://cafe.daum.net/libte)이 만들어진 배경이다. 이 카페가 당시의 도서관 담당교사, 사서교사, 사서 들의 정보 공유 마당이 되기도 하고, 학교도서관 모임들의 플랫폼이 되기도 한다. 이 카페를 통해서 자료를 공유하고 모임을 준비하면서 2002년 전교조 제1회 전국참실대회 때부터 학교도서관분과 모임을 따로 준비하게 된다.

도서관계 최초의 광화문 집회

유력 정치인들이 후원하고 주요한 시민단체들이 참여하는 〈학교도서관 살리기 국민연대〉라는 조직의 힘은 학교도서관 진흥 계획을 이끌어 내기는 했다. 그러나 사서교사 배치에서만큼은 그 영향력이 매우 미미했다. 이후 대표자 중심 조직이었던 〈학교도서관 살리기 국민연대〉는 큰 영향력을 발휘하지 못하고 사실상 활동을 중단하게 된다.

학교도서관에 관한 시민단체의 공백을 느낀 사람들이, 특히 안승문 선생님 등의 제안으로 여러 차례 준비모임을 하면서 학부모, 출판인, 교사 등과 함께 〈학교도서관문화운동네트워크〉라는 조직을 새로 만들게 된다. 이런 시도는 쉽지 않았다. 도서관계 그 누구도 감히 시위나 집회를 해 볼 엄두를 내 보지 못했었다. 전국학교도서관모임은 전교조 참교육실천위원회 학교도서관분과로 활동했다. 전국학교도서관모임이 움직인다는 것은 전국교직원노동조합의 참여를 의미했다. 얌전했던 도서관계에 비하여 전교조 교사들은 집회와 시위에 관한 많은 경험이 있었다. 집회 신고부터 마이크와 음향 설치, 연단 마련까지 전문가들의 도움을 받으면서 집회를 준비했고 각 대학의 교수님들, 지방에 사는 현직 사서교사들도 조퇴를 하거나 연가를 내어 집회에 참여했다.

2005년 9월 30일, 마침 비는 내리고 떨리는 마음으로 광화문 정부종합청사 후문에서 구호를 외치며 집회를 진행했다. 정말 이 집회 때문이었을까? 기적 같은 일이 일어났다. 그해에도 사서교사 티오 0명이라던 소문이 사서교사 티오 214명을 새롭게 배정한다는 발표로 바뀌었고, 실제로는 그해에 154명의 사서교사를 채용한다는 공고가 났다. 이제 새로운 세대의 사서교사들이, 그동안 그토록 요청했던 사서교사들이 대규모로 채용되게 된 것이다. 비로소 이 운동을 주도적으로 해 나갈 새로운 주체들이 들어오게 된 것이다. 이것은 지금까지의 모든 활동이 누적된 결과이고, 양적 축적의 결정체인 것이다.

그날의 집회 이후 사서교사들이 해마다 대규모로 채용되고 있다. 한 해 200명이란 숫자는 절대적으론 작아 보여도 전반적인 학생수 감소와 교사 정원 감축, 사서교사 양성 규모를 고려하면 사실 매우 의미 있는 숫자이다. 신규로 채용되는 사서교사들은 선배 사서교사들이 어떤 노력을 했었는지, 도서관계만이 아니라 전교조 교사들이 학교도서관을 어떻게 사랑하면서 학교도서관의 개선과 사서교사 채용을 요구했었는지, 어떤 언론사가 어떤 기사를 기획해서 보도했었는지, 얼마나 열악한 조건에서 사서들이 학교도서관을 만들기 위해서 일을 했었는지, 도서관 명예 사서 활동을 했던 학부모님들이 어떤 시민단체를 만들고 사서교사 배치를 주장해 주었는지, 오늘날 그 한 자리가 있기까지 과거에 어떤 노력을 했던 것인지를 제대로 알고, 오래오래 기억해 주길 바란다. 그렇게 되면 자연스럽게 내가 이 자리에 있는 이유와 해야만 하는 일들을 알게 될 것이다. 이는 도서관인들만의 운동이라기보다 교육개혁 운동, 학생들을 살리는 시민운동 차원에서 지금의 사서교사, 전담 인력은 배치되고 있는 것이다. 특히 사서교사들, 도서관을 담당했던 교사들, 독서 운동가들, 월 3,000원씩 회비를 내 주었던 많은 비정규직 사서들이 함께했던 전국학교도서관모임은 학교도서관운영 정상화와 지금의 사서교사 배치에 어떤 도서관계 단체에 못지않은 큰 공헌을 해 왔다고 자부한다. 지금은 전교조 안에 사서교사 위원회가 상설위원회로 따로 만들어졌고 전국 사서교사 노조도 따로 있지만, 전국학교도서관모임이 걸어온 길을 제대로 알고, 이 모임 안에서도 뜻을 함께할 소중한 동지를 만나 새 길도 함께 걸어 나갈 수 있기를 바란다.

2장
지역모임이 걸어온 길

강원도의 힘,
여럿이 함께 꾸는 꿈

:

한명숙 | 봄내중학교

강원모임, 움트다

2002년 1월, 전국교직원노동조합이 주최한 제1회 전국참교육실천대회가 목원대학교에서 열렸다. 이때 '학교도서관분과' 마당도 처음 열렸는데 당시 나는 다리를 다쳐 불편한 상황인데도 참교육실천위원회 학교도서관분과가 첫 깃발을 올리는 그 자리에 마음이 쏠려 얼어붙은 눈길을 헤치고 참석하였다. 학교도서관 운동의 큰 기둥이신 류주형, 백화현, 이성희, 이덕주 선생님 등을 만나고 이후 독서교육에 매진하게 된 전환점의 2박 3일이었다.

전국참교육실천대회를 마치고 돌아와 새 학기가 되자마자 강원도에서는 처음으로 홍천 양덕중학교에서 학교도서관 리모델링사업을 시작하게 되었다. 그 즈음 디지털도서관, 전자도서관이라는 낯선 이름 대신, 아이들이 사랑방처럼 맨발로 드나드는 쾌적한 마루에 수업과 쉼터의 공간을 조성하고 책을 사랑하자는 의미로 '책사랑 도서관'이라 이름 지었다. 교정 뒤뜰에 조성한 학교 숲을 '해들숲'이라 이름 짓고 '어울못' 연못가와 전나무 숲에 나무의자를 둘러 마련한 숲속 독서교실에서 틈만 나면 야외수업을 하곤 했다.

한편으로는 홍천 지역을 중심으로 중고등학교의 도서관, 독서교육 담당교사 모임을 꾸렸다. 2003년, 중고등학생을 위한 청소년 권장도서 100권을 염두에 두며 우선 교사들이 직접 책을 읽고 검토하는 독서모임을 이끌었다. 10여 명 교사들이 동참하여 지속적인 정례 모임으로 함께 책을 읽고 독서교육 실천을 모색하고, 자발적으로 도서관 운영 경험을 나누다 보니 어느 결에 우리는 단단한 모임체가 되었고 이는 강원모임의 씨앗을 움트게 했다. 청소년 권장도서 함께 읽기에서 출발한 우리의 독서토론모임은 전교조 홍천지회 교사들을 포함하여 2006년 겨울까지도 지속적으로 이어졌는데, 심지어 성탄절 전야에도 열띤 토론(?)에 집중하느라 자정을 넘어 귀가하다 보니 가족들의 지탄을 받기도 했었다. 몇 년간 우리들이 함께 읽은 다양한 주제의 독서토론과 성실한 발제와 함께 나눈 생각들은 〈나는 왜 너가 아니고 나인가〉-홍천·인제 독서통신(서현숙 선생님 편집) 발행으로 활동의 흔적을 고스란히 남겼다.(2007년 1월, 17호 발행), 2007년 홍천지역 10여 년의 삶을 정리하고 나는 춘천으로 인사발령이 났다. 이후에도 홍천 지역 독서토론모임은 꾸준히 이어졌으며, 당시 30대 교사들의 아기였던 자녀들이 자라나 어린이가 되어 어린이 독서모임까지 꾸려지기도 했다.

교사들의 꾸준한 책 읽기와 생각 나눔은 독서교육에 자신감을 갖게 했고, 비전과 방법을 수시로 공유하고 격려하며 다독이는 만남의 장이 되었다. 교사들의 책 읽기는 학교 현장의 학생들에게도 자연스럽게 스며들었고, 중고생이 함께 읽는 월별 애송시 목록을 공동 개발하여 공유하기도 했는데, 훗날 홍천군 내 중고생들이 매달 같은 시를 읊조리며 버스 통학을 했다는 후일담을 들려주기도 했다.

홍천 지역 국어교사들의 청소년 권장도서 읽기모임이 학교도서관 담당 교사들의 연결고리가 되었고, 도서관 운동과 아울러 지속적인 책 읽기를 모색하고, 마침내 파울로 프레이리의 『교사론』을 읽으면서 '집단적 책 읽기'와 '집단적 실천'에 대해 자각하면서 지역 독서토론모임의 발판을 마련하였다. 이에 국어교사만이 아니라 홍천 지역 교사들을 함께 만날 수 있는 모임을 정례화시키고, 그것이 오늘날에 이르는 정기적인 독서토론모임이 되었다.

_ 김정민 선생님, 2007 강원지부 참실대회 발표원고

나에게 '독서토론모임' 5년의 세월은 내 삶의 변화, 성장, 성공과 실패를 보여 주는 거울이 되었다. 괜찮은 국어교사가 되겠다는 소박한 열망에서 출발한 독서토론모임 속에서 어설프지만 나름대로 스스로에게 임무를

부여해 보기도 했고, 아이들과 더불어 삶을 가꾸는 교육노동자로서의 주체성뿐만 아니라 개인적 삶과 교육노동의 조화를 꿈꾸며 내 의식과 신념을 갈고닦는 수많은 단련의 시간들이었다.

무엇보다 함께한 교사들에게서 느끼는 존재감은 여태까지의 삶도 그랬지만 앞으로의 삶 속에서 '나'를 '우리'로 이끌어 줄 가장 소중한 힘이 되었다. 함께 책을 읽으며 자주 '함께 마음이 불편해'하면서 가슴 깊이 새겨진 동지애는 이젠 외면하고 살 수 없는 사랑이 되어 버렸고, 의지할 수 있고 편히 쉴 수 있는 든든한 그루터기가 되었다. 독서토론모임은 나의 일상이고, 함께한 동지들은 또 다른 '나'이자, '우리'인 것이다.

_ 서현숙 선생님, 2006 강원지부 참실대회 발표원고

강원 홍천, 인제 지역을 중심으로 다져진 강원모임은 해마다 전국 각지의 참교육실천대회에 함께 참석하여 전국모임 선생님들의 열띤 강연을 듣고 의지를 다지며 힘을 받곤 했다. 더불어 지역답사를 겸하여 직접 선진 학교도서관, 공공도서관 등을 탐방하고 문화유적지를 답사하며 긴밀한 모임체가 되었다. 전남의 땅끝마을, 김남주 시인 생가, 경주답사, 전북 원광대 참실대회 때는 달빛답사를 조직하여 한밤중에 미륵사지와 왕궁리 오층탑을 돌며 신동엽 시인의 「금강」을 떠올리기도 했고, 제주대 참실대회 후엔 서귀포 기적의도서관에 함께 누워 눈 덮인 한라산을 하염없이 바라봤던 추억도 함께했다.

지속적인 교사들의 책 읽기와 연수, 참교육실천대회 동참과 독서문화체험은 척박했던 강원 지역에도 학교도서관 담당교사모임의 싹을 틔웠다.

강원모임, 잎이 나다

2006년 1월, 제5회 참교육실천대회가 춘천의 강원대학교에서 열렸다. 전국 대회를 함께 준비하고 지원하며 강원모임은 더욱 단단한 연대의 끈으로 묶일 수 있었다. 급기야는 그해 여름, 학교도서관분과 전국여름연수를 원주 치악산 자연학습원에서 개최했고, 강원모임 일꾼들이 주체가 되어 2박 3일 동안 행사를 준비하고 운영하면서 모임체는 더욱 강고하게 자리매김할 수 있었다. 당시 전국 집행부의 지원과 무엇보다 류주형, 이덕주, 백화현, 이성희 선생님들의 힘찬 강연은 강원 지역 교사들의 가슴에 불을 지폈다. 아기 엄마 연수생들을 위해 탁아방을 설치하고 유치원위원회 교사들의 도움을 받았다. 지역의 토속농산물을 간식과 먹거리로 제공하여 갓 따 온 강원도 옥수수, 햇감자, 치악산 복숭아는 전국에서 달려온 선생님들께 두고두고 맛있게 기억되기도 했다. 그해 때마침 강원도에 신규 사서교사 3명(이현애, 정재연, 오은미 선생님)이 발령, 모임의 초대로 기꺼이 함께해 준 사서교사들과 함께 연수를 진행하면서 강원모임의 여린 싹은 비로소 파릇한 잎을 피우기 시작했다.

학교에서 도서관이 아름다운 만남을 가능하게 하는 곳이라는 믿음.
도서관이 자신을 돌아보고, 자신을 지켜 나갈 힘을 얻고,
세상과의 진지한 대화를 할 수 있는 곳이라는 믿음.
이러한 믿음과 관심을 지니신 선생님을 모십니다.
오셔서 행복한 책 읽기 교육에 대하여,

따뜻한 도서관 만들기에 대하여,

도서관이 선생님의 삶에 얼마나 큰 보람인지에 대하여,

함께 머리를 맞대고 생각과 열정을 나누고 싶습니다.

부디 오셔서 행복한 연수 되옵소서.

_ 2006년 학교도서관분과 전국여름연수 초대장에서

2003년~2006년 강원 지역에서도 점진적인 학교도서관 리모델링 사업을 중심으로 공간 조성에 힘을 모았다. 2006년 가을엔 춘천 봉의중 '글마을도서관(김을용 선생님 추진)'이 도시형 학교도서관으로 교실 4칸 규모의 공간 구성을, 홍천 동화중 '글빛나래도서관(한명숙 추진)'이 농촌형 학교도서관으로 2.5칸 규모의 새로운 학교도서관 공간을 일궈 내며 이후 지역 내 학교도서관 리모델링 사업에도 많은 영향을 주었다. 특히, 동화중 글빛나래도서관은 문화 소외 지역이었던 산골의 지역주민들에게까지 학교도서관을 개방하여 아침 7시부터 저녁 9시까지(교사들의 퇴근 시간 이후는 주민들이 자발적으로 도서관지기가 되어 관리하며 마을의 사랑방처럼 이용했다. 부모들은 마을회의도 하고, 아이들은 끼리끼리 모여 과제를 하고, 영화를 보는 휴식의 공간이 되었다.) 아이들과 부모, 주민들이 자유롭게 드나들며 이용하였다. 매달 추진한 작가와의 만남, 다채로운 도서관문화체험은 온 마을의 축제로 어린이부터 할머니, 할아버지까지 모여 즐겁게 행사에 참여하셨다. 돌이켜 보면 동화 같은 마을의 동화 같은 학교에서 동화 같은 이야기를 만들어 갔던 동화중 글빛나래도서관 시절이었다.

2007년 1월, 다시 강원도 원주 상지대학교에서 제6회 전국참교육

강원 학교도서관 희망 지도(2007)

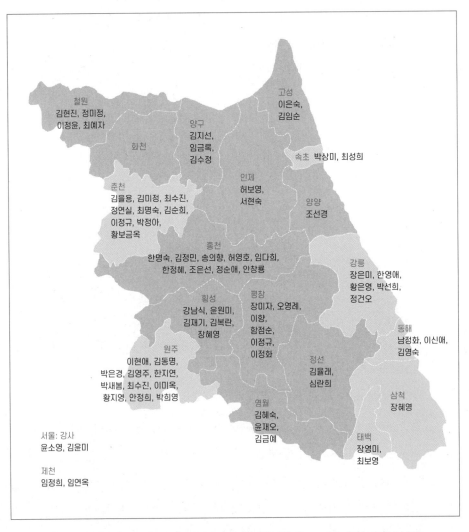

철원
김현진, 정미정,
이정윤, 최예자

고성
이은숙,
김임순

양구
김지선,
임금록,
김수정

화천

속초 박상미, 최성희

춘천
김을용, 김미정, 최수진,
정연실, 최명숙, 김순희,
이정규, 박정아,
황보금옥

인제
허보영,
서현숙

양양
조선경

홍천
한명숙, 김정민, 송의향, 허영호, 임다희,
한정혜, 조은선, 정순애, 안창룡

강릉
장은미, 한영애,
황은영, 박선희,
정건오

횡성
강남식, 윤원미,
김재기, 김복란,
장혜영

평창
장미자, 오영례,
이향,
함점순,
이정규,
이정화

동해
남정화, 이신애,
김영숙

원주
이현애, 김동명,
박은경, 김영주, 한지연,
박새봄, 최수진, 이미옥,
황지영, 안정희, 박희영

정선
김율래,
심란희

삼척
장혜영

서울: 강사
윤소영, 김윤미

영월
김혜숙,
윤재오,
김금예

태백
장영미,
최보영

제천
임정희, 임연옥

이 지도는 2007. 3. 24. 전교조 강원지부가 주최한 '강원 지역 학교도서관 담당교사 연수'에 참
가한 분들과 학교도서관 담당교사 강원 지역모임 회원을 통합하여 강원도 18개 시군 지역별로
표시한 것이다. 학교도서관을 희망으로 일궈 갈 한 분 한 분 소중하고 아름다운 선생님들이 강
원도 곳곳에서 한 점이 되었다.

2장 지역모임이 걸어온 길

실천대회가 열렸다. 더욱 많은 강원도 교사들이 참실대회 학교도서관분과에 참여할 수 있었고, 이후 홍천, 인제 중심의 모임은 춘천, 원주, 속초, 강릉 지역까지 확산되었다. 2007년 전국참실대회장에서 강원모임 2대 대표로 김을용 선생님이 추대되었고, 바야흐로 강원 지역은 '학교도서관이 희망이다.'라는 믿음으로 뭉쳐 자발적인 자율연수를 통해 만남과 연대의 장을 확산하였다.

강원모임, 꽃피다

강원도 지역 환경은 실제로 교사들의 생활권인 춘천권역, 원주권역, 강릉권역을 중심으로 교류하다 보니 한계가 있다. 그럼에도 교사들은 각자의 학교와 지역에서 묵묵히 학교도서관지기를 자처하며 독서교육의 길을 열어 나가고 있다. 강릉·속초·동해·삼척에서 강은준, 이신애, 심재천 사서교사 들의 열정적인 실천이 중심을 이루었고, 원주에서는 이현애 사서교사와 담당교사들이, 홍천에서는 서현숙, 허보영 교사가 홍천여고 독서동아리 학생들의 빛나는 실천 사례를 일궈 냈다.

아래 정리한 글은 춘천지역을 중심으로 펼쳤던 지난 10여 년의 발자취이다.

지역모임의 실천적 연대, 교사 독서아카데미

책 읽기는 교육의 시작이고 끝이 될 수 있는 양면성과 보편성을 가지고 있다. 책 읽는 교사의 실천적인 모습은 교사 스스로의 자양분이 되어 자신감 있는 교사로 우뚝 설 수 있게 해 줄 것이며, 이러한 교사의 영향은 고스란히 학생들에게 전해져 학생들의 책 읽기도 자연스럽게 이루어질 것이다.

교사들이 먼저 능동적인 학습망인 책모임을 만들고 그 속에서 삶의 에너지와 지혜를 주고받으며 공동체적인 리듬으로 지속적인 실천과 나눔의 장을 열어 가는 것은, 책 읽기의 당위성과 시대적 책임감을 떠나 학교 현장의 소통 부재를 극복할 수 있는 지름길이다. 교사들의 책 읽기 실천은 갈수록 개별화, 파편화되어 가고 있는 교사들의 삶을 상호 격려, 화합, 성찰하는 계기가 될 것이며 책 읽는 학교 문화를 일구는 디딤돌이 될 수 있다. 책을 매개로 소통, 공감하는 건강한 학교 문화를 만들고 나아가 자신의 삶, 사회까지 건강하게 만들 수 있다.

2011년~2020년 현재, 춘천 지역에서는 교사들의 자발적인 연수로 '책 읽기+강연+토론+인문답사'의 실천적인 '교사 독서아카데미 강좌 토론' 활동을 이어 오고 있다. 이는 각 학교별, 지역별 교사 책모임의 기반을 마련하고 나아가 청소년 독서동아리활동과 춘천 청소년 독서 아카데미활동을 조직하고 추진하는 원동력이 되고 있다.

2011년, 춘천에서 60여 명의 교사를 중심으로 시작된 독서아카데미 강좌는 2012년 춘천권역에서 80명, 2013년 85명, 2014년 130명, 2015년 교사 156명과 학부모 독서동아리 및 시민 등 매회 170여 명이 참가하는 자율적인 연수로 확산되었다. 이후 2016년부터 강원교육연수원 직무연수로 등록하여 운영하며 2019년까지 매년 80여 명 교사들이 참가하고 있다. 2020년은 코로나 감염병 상황으로 참가인원을 제한하여 40명이 참석, 주제별 책 읽기와 강연과 질의응답 등이 꾸준히 이어지며 진행되고 있다. 춘천을 중심으로 인근 지역인 화천, 홍천, 양구, 인제, 철원에서까지 참가한 교사들이 매달 정기적으로 모여 교육, 철학, 생태, 환경, 음악, 미술, 언론, 경제, 역사, 고전 등 다양한 주제로 책 읽기를 함께하고 저자를 초청, 월례 강연을 개최하여 '내가 그은 밑줄'과 소감 발표, 강연과 질의응답 등으로 책 읽기의 깊이와 폭을 넓혀 갔다. 온라인 카페를 개설하여 자유롭게 독후소감, 강연소감 등을 공유하며 소통과 나눔의 장을 마련하기도 했다.

때로는 독서아카데미 강좌에 참여한 40여 개 학교 현장의 생생한 소식과 교육 현안들에 대한 진지한 고민과 모색의 장이 되기도 했으며, 지역사회 현안들에 대해 관심을 갖고 연대하는 만남이 되기도 했다. 봄가을에는 역사문화생태 답사 현장을 몸과 마음으로 만나며 새로운 독서문화체험의 기회를 갖기도 했다. 교사들의 이러한 실천적 책 읽기는 인문학적 소양을 넓혀 교사로서의 자존감과 자기 성찰의 발판이 되었다. 독서평론가 이권우가 말했듯이 교사들의 '진정한 책 읽기는 고통의 공부'이다. 책 읽기를 통한 돌이킬 수 없는 변화란 때론 고통스럽게, 때로는 아프게 우리 삶이 진동할 때야 비로소 기대할 수 있다. 책 읽기를 통해 교사부터 우리 안에 이미 내재되어 있는 온갖 가치와 이념, 경험과 체험, 지식과 정보를 비우는 공부를 했다. 기존에 관례처럼 습관적으로, 수동적으로 움직였던 삶을 떨쳐 내고 내 안의 고정 관념들을 빼내는 공부부터 반복적이고 지속적으로 실천하고자 했다. 교사와 부모가 책 읽기를 통해 이런 공부를 일상적으로 할 때 그 공부는 자녀나 학생들에게 희망이 될 수 있다고 믿었다.

소통 공감 나눔, 독서문화 인문체험 답사

학교별, 지역별, 초중등 연합 등 다양한 형태의 교사 독서동아리는 독서아카데미 강좌의 밑돌이 되었다. 동시에 매달 전체가 모여 다양한 생각을 나누며 깊이 있게 진행하는 독서아카데미 강좌는 다시 독서동아리활동의 든든한 활력소가 되었다.

교사의 실천적인 책 읽기 없이 독서교육이 제대로 이루어질 수는 없다. 교사가 먼저 책을 읽고 책의 가치를 몸으로 경험했을 때 자신 있게 아이들을 책으로 잘 이끌 수 있음은 너무도 당연한 일이다. 학교도서관 활용수업의 활성화를 위해서도 교사들의 책 읽기 모임은 절실히 요구된다. 하여 책 읽는 학교 문화를 일구고자 하는 교사들의 책모임은 현재진행형으로 지속되고 있다. 학교별, 지역별 다양한 교사 독서동아리에 참여하는 교사들은 직접 체험한 책 읽기의 삶을 나누기 위해 청소년 독서동아리를 조직하게 되었고, 독서동아리 담당교사들을 중심으로 독서문화 인문체험 답사활동을 진행하며 더욱 긴밀한 협의체가 이루어졌다.

10여 년의 세월 동안 틈틈이 함께 걷고 생각을 나누며 온몸으로 인문답사를 체험했던 곳은 경남 통영과 지심도, 연대도, 전북 김제 지평선도서관과 아리랑문학관, 정읍, 고창군 동학농민전쟁 전적지 일대, 충남 공주, 부여 신동엽문학관과 미륵사지 일대, 충북 노근리 평화공원과 정지용문학관, 홍명희 생가터, 군산사적지와 남원, 구례 일대와 지리산, 광주 5·18민주묘역과 오월길 그리고 울릉도 바닷길 답사까지 30여 명 교사들이 함께 역사와 문화, 삶의 흔적을 찾아 뚜벅뚜벅 길을 걸었다.

즐거운 책놀이, 북스타트 자율연수

그밖에 2013년부터 5년여 동안은 해마다 겨울방학 1월에 책 읽는 사회문화재단의 지원을 받아 북스타트 책날개 연수에 초중고 교사 80여 명이 참석하여 많은 도움을 받았다. 전국모임 집행부인 백화현, 이덕주, 이성희, 조의래 선생님께서 강사 활동에 적극 결합하여 강원 모임의 확산에 실질적인 지원을 했다. 한편, 강원도 영동 지역에서는 사서교사들을 중심으로 활발한 네트워크를 구축하고 〈책놀이를 활용한 도서관 이용교육 및 수업방안〉(2018) 자료집을 강원 지역 독자적으로 개발하여 보급하기도 했다.

2017년 2월엔 강원도교육청과 함께 '강원 모두 함께 독서토론 연수'를 춘천-원주-강릉 지역별 릴레이 연수로 추진하며 많은 교사들의 동참을 이끌어 냈다. 특히 비경쟁 상호협력토론 방식의 독서토론 활동 워크숍을 강원모임 활동가들이 도맡아 진행하며 참가 교사들의 관심을 촉발했다.

아이들과 함께 꿈꾸기, 청소년독서아카데미

교사들의 인문학책 읽기와 깊이 있는 강좌, 답사 현장과의 만남은 학교에서 아이들의 삶과 다시 만났다. 교육은 마주보기가 아니라 가르치는 사람의 뒤에서 일어나는 것이라고 했던가. 교사와 학생의 물리적 만남이 아니라 교사가 사는 모습을 뒤에서 느끼면서 닮아 가려고 하는 아이들 삶의 만남, 이렇듯 삶과 삶이 만날 때 감동이 생기고, 비로소 교육이 가능하게 된다.

2012년 춘천권역 춘천, 홍천, 인제, 양구, 철원 등 20개 중·고등학교에서 50여 개의 청소년 독서동아리가 조직되었다. 교사 독서아카데미에 참가하는 독서동아리 선생님들의 의지가 아이들을 움직였다. 책 읽기를 통한 교사 자신의 변화를 아이들과 나누고자 하는 실천적 움직임이었다. 더불어 '책읽는사회문화재단'의 적극적인 후원이 활동의 든든한 받침이 되었다. 전국의 영유아, 초등학생까지 발전한 북스타트 운동의 의미를 청소년층까지 확산하여 '청소년 북스타트' 독서운동의 단초를 마련하는 활동이기도 했다.

그해 11월, 청소년독서아카데미 마지막 강좌인 7강은 학교별 독서동아리 대표팀들이 함께한 북콘서트로 진행했다. 청소년들의 발랄한 북댄스와 노래, 악기연주와 연극, 시낭송과 입체낭독 등에 힘입어 지도교사들과 학부모 독서동아리도 한 무대를 장식하여 아이들을 격려했다. 교육공동체 모두가 참여하는 독서 나눔 북콘서트 행사를 기획하여 그동안의 독서동아리활동과 독서아카데미 월례강좌를 총화해 내며 각 동아리별로 실천한 사례들을 서로 나누고 공유하며, 상호 소통하고 격려하는 책축제의 마당이었다.

북콘서트를 마치고 500여 명의 청소년들이 춘천 시내 중앙로인 명동 거리로 쏟아져 나와 사전에 약속한 징소리를 신호로 독서플래시몹을 펼쳤는데, 주말 오후 시민들과 관광객들의 눈길을 사로잡았다. 독서플래시몹 체험은 참가자들의 자긍심을 드높이고, 주변의 시민들에게도 독서 홍보 효과를 거두었다. 아이들은 스스로 거리에서 펼친 각양각색의 독서 동작을 통한 집단적 체험을 오래도록 큰 감동으로 기억하여 이후로도 마지막 강좌가 끝나면 명동시내 독서플래시몹이 2015년까지 지속되었다. 2015년 나는 다시 인제군으로 발령이 났다.

덕분에 인제 지역 교사들과 새로운 만남이 이루어졌고, 인제군 중고 10개교 전체가 참여하는 청소년 독서아카데미 강좌가 인제에서도 진행되었다.

학교별 상황에 따라 다양한 형태의 책모임이 만들어졌다. 학년별 모임, 학급별 모임, 동네별 모임, 혹은 독서취향이 비슷한 아이들끼리 삼삼오오 모였다. 교사의 간섭을 최소화하고, 자율적으로 모임 주기, 읽을 책 등을 정하여 학교도서관을 중심으로 책모임을 갖되, 학교별로 펼치는 독서캠프-도서관에서 하룻밤 행사, 저자와의 만남, 독서기행 등 독서 행사에 동아리 학생들이 주도적으로 참여하도록 했다. 매달 청소년 독서아카데미 강좌와 지역연합 독서기행, 연합 독서캠프 등의 다함께 펼치는 독서체험활동을 병행해 나가면서 행사의 진행 과정을 학교별, 동아리별로 상호 소통하며 스스로 준비하고 보완할 수 있도록 하면서, 서로의 모습에서 배우며 힘을 얻는 계기가 되도록 했다. 지도교사는 울타리 역할을 하며, 최소한의 조언을 해 주거나 소박한 간식을 챙겨 주고 지켜봐 주는 역할만으로도 아이들에게는 따듯한 격려가 되었다. 교사의 간섭과 부담을 최소화하며 청소년들의 자율적인 책 읽기 활동을 독려했다.

교사들은 매달 청소년 독서아카데미 강좌에 독서동아리 아이들을 인솔하여 참가했는데 매회 400여 명의 청소년들이 책을 읽고 춘천교육문화관 대강당에 빼곡하게 모여들었다. 다른 학교에서 같은 책을 더불어 읽고 참가한 학생들의 열기와 질문하는 모습에서, 저자와의 만남을 이끌고 진행하는 모습을 보며 아이들 스스로 배움과 나눔의 시간이 되었음을 알 수 있었다. 여름방학 동안에는 학교별로 독서동아리들이 모여 다양한 독서캠프를 열기도 하고, 저자초청강연회를 열고, 독서문화기행 체험을 하고, 때로는 다른 여러 학교와 연합하여 독서기행을 다녀오는 등 서로의 활동을 나누고 연대하며 더욱 큰 독서공동체를 키워 갔다.

독서동아리 연합 인문학독서토론캠프

2013년, 강원도교육청이 주관하여 고교생 인문학독서토론캠프를 처음 시작했다. 책읽는사회문화재단과 김해시가 주관하는 '전국 청소년 인문학읽기대회'를 강원도 모형으로 발전시킨 비경쟁 상호협력토론 방식 '만남의 길-공감의 길-소통의 길'이 80여 명의 고등학생을 대상으로 3년 동안 추진되었다.

강원도교육청 독서토론지원단으로 활동하던 강원모임의 집행부들은 김해 전국대회 참관을 다녀와서 강원 인문학독서토론캠프 방향을 수립하며 다음의 두 가지 지향점을 두었다.

1. 독서는 깨달음이고 변화이고 나아가 창조 행위다. 깨달음과 변화, 창조행위인 독서는 경쟁의 논리가 아니라 협동의 과정에서 심화, 확산된다. 그러므로 정독을 통해 자신이 가진 생각의 힘을 끌어내고 다른 사람과의 토론을 통해 한 권의 책을 그리고 저자를 존중하는 방식의 책 읽기를 지향한다.

2. 승패를 가리는 토론대회가 아닌 참가한 구성원들이 같은 책을 읽고 거기서 질문을 만들어 내고, 그 질문에 대하여 대답하는 다른 사람의 발언을 경청하고 그 질문에서 또 다른 질문을 만들어 내면서 생각을 더욱

깊고 넓게 하는 과정을 되풀이하다 보면 자연스럽게 토론이 경쟁이 아닌 협력의 과정으로 나아간다. 함께 어울려 생각을 나누는 과정을 소중히 하는 토론 방식을 지향한다.

2016~2017년 춘천, 원주, 강릉 권역별로 희망 학교가 예산을 집행하며 독서 한마당 형식으로 이루어지기도 했다. 독서토론캠프의 본질적인 맥이 끊기는 듯했으나, 2017년 춘천 지역모임이 주관하여 중학생 20개 팀을 대상으로 더욱 확장된 인문학독서토론캠프를 진행했다. 네 분의 저자를 모시고 비경쟁 상호협력 독서토론활동과 자작나무숲 시낭송체험, 별자리관측체험, 플루트 연주회 등 다채로운 인문학체험활동을 접목하며 1박 2일 동안 알찬 인문독서캠프가 진행되었다.

2018년 강원모임 집행부가 캠프 운영진으로 적극 결합하여 도교육청은 야심 차게 3회에 걸친 인문학독서토론캠프를 추진했다. 1회 고등학생 60명, 2회 중학생 60명, 3회 교사 60명 대상으로 한 같은 방식의 캠프였다. 참가한 청소년과 교사들은 팀별 독서동아리활동을 통해 '함께 읽기'와 '질문 만들기' 활동(만남의 길), 밀도 있는 '저자와의 만남'을 통한 '새로운 질문 만들기' 활동(공감의 길), 새로운 질문을 자리 이동하며 다양한 '생각 나누기' 활동(소통의 길) 등의 비경쟁 상호협력토론 활동을 통해 생각이 확장되어 가는 소중한 체험을 하였다. 혼자서 책을 읽을 때는 미처 생각지 못했던 것들에 대해 다른 사람들과 이야기를 나누며 새롭게 깨닫기도 하고, 같은 책을 읽었지만 서로 다른 생각을 나누고 소통하며 타인에 대해, 세상에 대해 이해하는 법을 배우게 되었다. 비경쟁 상호협력토론 활동은 자유롭고 격의 없는 편안한 책대화로 공감과 소통의 전체 토론 과정 속에서 승자와 패자를 가르지 않는, 1등을 뽑지 않는 협력적 사고를 바탕으로 진정한 우정의 공동체를 경험하게 하며, 이를 통해 사고의 확장과 심화의 즐거움을 느끼도록 하였다.

0416 머무르다, 마주하다, 느리게 읽다

2016년 4월 16일. 춘천 지역모임 교사들이 특별한 도서관 하룻밤 행사, '머무르다, 마주하다, 느리게 읽다'를 열었다. 저녁 8시, 무려 40여 명의 교사와 부모들이 효자동 좁은 골목 안 '담작은도서관'에 모여들었다.

1부는 세월호 참사를 추모하며 '기억, 그리고 그리움'이라는 주제로 그림책 함께 읽기와 8명의 교사들이 리코더 중주 선율과 노래로 '천 개의 바람이 되어'를 들려주고, 참가자들이 미리 선택한 세월호 참사를 기억하는 시, 소설, 산문 등 글의 한 대목 혹은, 추모수업을 하며 아이들이 쓴 엽서글을 낭독하고 경청하며 함께 흐느끼고 공감하는 시간이었다. 학부모 책모임의 우쿨렐레 연주에 맞춰 '진실은 침몰하지 않는다' 노래를 함께 부르고 아픔을 서로 다독여 기억하며 마음을 모았다.

2부는 영화 함께 읽기 시간이었다. 케냐의 84세 '마루게' 할아버지의 실화를 담은 〈The First Grader〉(저스틴 채드윅 감독)은 한밤중 도서관 하룻밤의 또 다른 체험이었다. "교육은 과거로부터 배우며, 과거가 있었기에 지금도 있다."는 마루게 할아버지의 말씀은 큰 울림을 주며, 그의 존재 자체가 살아 있는 역사로 다가오게 했다. 케냐의 독립을 위해 싸워 왔던 고통스럽고 아픈 과거를 잊지 않기 위해 평생 동안 그의 손목에 차고 있는 수감팔찌는 어쩌면 그가 마침내 글을 읽고 쓰게 되어 아이들에게 들려주고자 하는 평생을 바쳐 추구해 온 고귀한 가치의 증거이기도 했다.

3부는 몰입독서의 시간이었다. 각자 도서관의 마음에 드는 공간에 자리를 잡았다. 삶의 현장에서 교사, 부모라는 역할이 앞서 미루어 왔던 읽고 싶었던 책과 자신만의 오롯한 만남의 시간이었다. 새벽이 밝아 올 때, 우리는 각자 읽은 책을 서로 소개하고, 은은한 라일락향기가 도서관 뜨락을 가득 채운 봄밤의 체험에 대해서도 이야기를 나누었다. 같은 공간에서의 특별한 도서관 체험이 만남, 연대, 깊은 사색과 성찰로 이어지는 소중한 시간이었음을 이야기했다. 세월호 참사 추모 만남이 바탕이 되어, 2017년 5월에는 '윤동주 시인 탄생 100주년 기념 교육공동체 북콘서트' 행사를 열 수 있었다.

교육공동체 북콘서트, 독서활동 연대의 꽃

청소년, 교사, 학부모와 함께하는 책 읽기 실천과 공감의 장이 되도록 교육공동체가 함께하는 독서체험 행사를 별도로 추진했다.

춘천 지역에서 시도했던 2012년 학생의 날 기념 교육공동체 북콘서트는 내부적으로는 독서동아리를 기반으로, 외형적으로는 독서아카데미 월례 강좌를 중심으로 펼쳤던 교사 및 청소년의 독서활동이 상호 소통하고 나누며 공감을 이끌어 내는 총화의 장으로서 매우 의미 있고 효과적인 독서활동이었다. 개인적인 독서활동이 나아가 친구

관계, 사제관계, 가족관계, 사회관계 등으로 발전하여 독서를 통한 소통, 공감, 나눔, 배움, 연대 의식을 일깨운 독서체험이 새로운 독서 문화로 자리 잡게 하는 계기가 되었다.

2017년, 춘천 지역 초중고 학생독서동아리와 교사, 학부모 독서동아리 200여 명이 함께 모여 깊은 울림의 시간을 경험했다. '윤동주 시인 탄생 100주년'을 기념하며 5월 30일 강원 시청자미디어센터에서 '하늘과 바람과 별과 詩, 윤동주를 노래하다'라는 주제 아래, 유·초·중·고 학생, 학부모, 교사 들이 함께 시와 노래, 음악과 몸짓, 낭송과 낭독, 초대시인(김선우, 박준 시인) 좌담과 영상자료 감상을 함께하며 '교육공동체 시낭송 인문학콘서트'를 펼쳤다.

故 임다희 선생님을 가슴에 묻고

지난 20년 동안 강원 지역 학교도서관모임의 중심에는 3대 지역대표 이현애 선생님에 이어, 4대 지역대표를 맡았던 임다희 선생님이 있다. 춘천여고 '꿈너머꿈 학교도서관'은 전국 어디에 내놓아도 손색없는 교실 8칸 규모의 아름다운 도서관인데 바로 이 공간을 조성하고 운영했던 용감무쌍한 독서교육의 실천가였다. 오랜 세월 입시중심의 인문계고등학교 칸막이 정독실 도서관 분위기를 걷어 내고 온 힘을 기울여 학교도서관의 진정한 모델을 보여 주었다. 학교도서관에 쏟았던 열정이 너무 깊었던가, 2020년 가을 햇살도 고운 날 멀고 먼 하늘길로 떠났다. 투병 1년 만이었다.

이십 년 전, 눈이 펑펑 내리는 저녁 홍천중앙시장 길모퉁이에서 씩씩하게 걸어오는 그녀의 모습이 보인다. 청소년독서아카데미를 총괄

진행하며 당차던 그 모습도 보인다. 강원 고교생 인문학토론 캠프를 이끌고, 교사 인문독서 캠프를 함께 진행하며 진지하게 질문을 이끌어 내는 모습도 보인다. 무려 2년에 걸쳐 문학작품을 들고 강원도 곳곳을 답사하고 『가고 싶은 길_강원도 문학기행 봄 여름 가을 겨울』을 단행본으로 출판하며 가 보지 못한 길

임다희 선생님

이 가 본 길이 되는 동안 우리의 삶도 깊어졌다고 고백하던 모습도 보인다. 2019년 여름에는 강원 지역 곳곳의 학교도서관을 돌면서 학교도서관 공간 구성 컨설팅을 함께하고, 태백정선 지역을 마치고 귀가길에 잠시 들렀던 수마노탑 아래 초록나무 한 그루로 빛나던 모습도 보인다. 투병 중인 어느 봄날, 산책길에 유정의 생강나무 꽃 가지 사이로 맑고 환한 웃음을 터트리던 모습도 보인다. 그녀가 눈감기 직전, 『학교도서관 리모델링』 책이 출판되어 춘천여고 도서관 구축 분투기가 실린 걸 보고 무척이나 좋아했던 모습도 보인다. 지금도 보인다. 돌아서는 삶의 곳곳에, 강원학교도서관모임이 함께했던 모든 자리마다에 임다희 선생님은 늘, 함께하고 있다.

하늘이 이 세상을 내일 적에 그가 가장 귀해하고 사랑하는 것들은 모두
가난하고 외롭고 높고 쓸쓸하니 그리고 언제나 넘치는 사랑과 슬픔 속

에 살도록 만드신 것이다.

초생달과 바구지꽃과 짝새와 당나귀가 그러하듯이

그리고 또 '프랑시쓰 쨈'과 도연명과 '라이넬 마리아 릴케'가 그러하듯이

_ 백석, 〈흰 바람벽이 있어〉 중에서

강원모임, 단단한 열매를 위하여

백두대간을 넘나드는 강원도의 지리적, 공간적 거리는 심리적 거리까지 느끼게 한다. 실제로 교사들의 교육활동도 생활권을 중심으로 춘천권역, 원주권역, 강릉권역을 중심으로 교류하고 있다. 학교도서관 모임 역시, 세 권역의 생활권을 중심으로 긴밀한 협의체를 갖고 운영됨이 바람직하다.

2006년 고작 3명의 사서교사 발령으로 시작했던 강원 지역에 2020년 현재 52명의 사서교사와 100여 명의 사서, 도서관실무사 그리고 독서교육 담당교사들이 함께 학교도서관을 운영하고 있다. 춘천 권이 독서동아리를 기반으로 한 교사 독서아카데미와 청소년 독서아카데미, 책톡!900독서클럽 초·중·고 33팀, 200여 명 학생들의 지속적인 활동을 중심으로 담당교사와 사서교사, 사서, 도서관실무사 모임이 연대하고 있다. 원주권은 사서교사와 담당교사의 연합체, 강릉권은 사서교사들이 중심이 되어 활발한 연구모임을 하고 있는데 국어교과연구회가 함께하면 더욱 좋겠다. 권역별 모임체가 지역의 특성을 고려한 독서교육을 지속적으로 펼치면서 필요에 따라 도 단위 모임으로 확장되기도 하면 더욱 좋겠다.

교육 현장에서 우리 아이들이 희망을 느낄 때는 오로지 교사나 부모의 삶이 그들의 마음을 움직일 때뿐이다. 그래서 교사와 부모 자신들의 존재 자체가 바로 교육의 희망이며, 우리 아이들의 희망이다. 아무리 현실이 어렵더라도 지금의 현실 조건에서 교사가, 부모가 반 발짝이라도 앞서서 살아가며 보여 주는 다른 삶의 가능성을 경험한 아이들은 앞으로 어떤 환경에 처하더라도 삶에 대한 자신감을 잃지 않고 헤쳐 나가리라 믿는다.

교사가 책을 읽는 또 다른 이유는 바로 교사의 존재가 아이들의 희망일 수 있게 하기 위함이다. 아침 독서시간, 조·종례시간에 교사가 들고 들어간 한 권의 책이, 아이들에게 읽어 주는 한 단락의 내용이 아이들을 변화시킬 수 있다. 책 읽기를 통해 타인의 고통을 상상하는 진정한 힘을 키우고, 청소년기에 성찰해야 할 자신의 삶의 주제들을 탐구하고 소통하는 힘을 키워 가도록 교사는 존재 그 자체로 보여 주어야 하리라.

2020년 코로나 일상화 시대, '교육 불가능의 시대'라는 위기감 속에서도 지속적인 책 읽기를 통한 새로운 상상력은 더욱 많은 청소년들이 온라인 공간 안에서도 쉼 없이 질문하고 생각을 나누며 힘을 얻는 장을 열어 갔다. 돌이켜 보면 어려운 상황에서도 교사 독서동아리와 교사 독서아카데미의 지속적인 실천은 교사의 정체성을 바로 세우고, 청소년독서동아리를 꾸려 냈다. 나아가 더욱 소중한 연대의 힘으로 청소년독서아카데미와 연합 독서기행, 연합 독서토론캠프 등 다양한 독서체험활동의 기반이 되었고 교육공동체 북콘서트의 새로운 체험 마당을 이끌어 냈다. 단위 학교의 여건이 허락되지 않아, 도서관 담당교사의 과중한 업무로 혼자서는 쉽게 펼칠 수 없었던 다양한 독서문화체험활동을 지역연합활동으로 함께 펼치며 효율적인 기획과 추진력, 예산 절감의 효과도 거두었다. 무엇보다 아이들은 연대의 시공간 안에서 더불어 나누며 배우는 소중한 체험을 통해 서로가 격려하고 성장하는 계기를 만들어 갔다.

공교육의 심장부로서 학교도서관의 역할과 책임을 다시금 절감하게 된다. 학교도서관은 다양한 독서문화체험과 교수학습활동의 심장부로, 책을 매개로 한 진정한 소통과 나눔을 통해 학생, 교사, 학부모 간의 새로운 관계맺음의 공간으로 거듭나야 한다. 나아가 학교도서관을 중심으로 다양한 독서동아리모임이 더욱 발전적으로 이루어져야 한다. 동료교사끼리, 교사와 학생이 사제동행으로, 때로는 교사와 학부모가, 부모와 자녀가 함께 책을 읽는 독서문화가 널리 조성되어야 한다.

그리하여, 혼자가 아닌 여럿이 함께 꾸는 꿈은 급기야 현실이 되어 우리 아이들이 살아갈 다음 세대쯤에는 작가 보르헤스가 상상했던 '도서관이라는 낙원'이 이 땅에도 곳곳에 펼쳐지리라 믿는다.

경남 학·생·사·모
뭐 했노?

:
:

이동림 l 진해남산초등학교

새 떼 그리고 가슴 벅찬 만남

2006년 1월 17일 새벽, 14명의 새 떼(?)는 설렘과 기대를 안고 전교조 경남지부 전세 버스를 타고 전국참교육실천대회가 열리는 강원대학이 있는 춘천으로 향했다. 아름다운 도시 춘천에 대한 동경심도 있었지만 전국에서 모여드는 학교도서관 담당교사들을 만날 기대감에 우리들의 마음은 한껏 부풀어 있었다. 학교도서관분과에 14명의 조합원이 대거 참석해서 버스를 타고 같이 가는 다른 조합원들로부터 놀라움과 부러움을 한 몸에 받았다. 6시간이 넘게 차를 타고 가면서 쉴 새 없이 이야기하고 신나게 웃으며 힘든 줄 모르고 강원도 춘천으로 달려갔다.

강원대학에 도착하여 버스에서 내리니 남쪽 지방에서는 자주 볼수 없는 소복하게 쌓인 눈과 뺨을 스치는 차가운 바람이 우리를 맞았다. 매년 전국참교육실천대회를 할 때마다 차가운 바람과 소복한 눈을 만나게 될 것을 그때는 몰랐었다. 학교도서관분과 강의실에 찾아가니 낯익은 백화현, 류주형, 이덕주, 이성희, 한명숙 선생님께서 우리를 환영해 주셨고, 처음 만나지만 학교도서관을 사랑하는 선생님들께서도 무척 반갑게 맞아 주셨다. 경남에서 온 14명이 들이닥친 강의실은 책상을 놓을 자리가 없을 만큼 학교도서관인들로 가득했다. 백화현 선생님께서 함박웃음을 지으시며 우리들 한 명 한 명을 챙겨주셨는데 무슨 말씀을 하셨는지 생각나지 않지만 우리를 진심으로 환영하고 무척 좋아하셨다는 느낌은 남아 있다. 그 이후로 백화현 선생님의 한 명 한 명 보살피며 그 존재를 귀하게 여기는 행동을 어느새 따라 하고 있는 나를 발견하게 되었다. 그리고 족적을 따라가고 싶은 아름다운 분이 여러 명이나 있는 전국학교도서관모임을 지금까지 사랑하고 있다. 강원대학의 캠퍼스는 영하의 날씨였지만 학교도서관분과 강의실은 후끈후끈 뜨거웠던 기억이 아직도 선명하다.

1월 18일 조의래 선생님이 학교도서관을 생각하는 사람들의 모임(학생사모)을 '전국학교도서관모임'에 공식적으로 소개하는 발표를 했다. 조의래 선생님의 발표 내용 중에 함께 참석한 14명의 경남선생님들을 새 떼 사진으로 보여 주며 모두에게 큰 웃음을 주었고 그 시

2장 지역모임이 걸어온 길

간 이후 '경남선생님=새 떼'로 불리었다. 짧은 시간에 그저 좋아서 함께했던 모임, 연수 등을 진지하게 그리고 재미있게 보여 주었다. 우리들도 발표내용을 전혀 몰랐기에 공감하고 뿌듯해하며 큰 감동을 받았다. 다른 지역의 선생님들은 조의래 선생님의 잘생김과 멋진 발표에 놀라움과 감동을 먹은 것 같았다.

그날 그렇게 '학생사모'는 '전국학교도서관모임'에 당당히 합류하게 되었고, '전국학교도서관모임'의 '경남 지역모임'으로 함께할 것을 약속했다. 14명의 경남선생님들에게는 가슴이 벅찬 시간이었다. 특히 손은경 선생님은 이전에 전국참교육실천대회나 전국연수를 할 때마다 혼자 참석하면서 느꼈던 외로움을 날려 버렸을 것이다. 한명숙 선생님께서는 그때 전국참교육실천대회 후기에 이렇게 써 놓으셨다.

특히 경남모임 샘들이 2년 전, 나 홀로 새 한 마리가 거대한 철새 떼

(?) 무리를 이루어 멀리 북방의 강원도까지 날아오신 힘에 놀람과 감동!
2006년 전국연수까지 기꺼이 개최하시겠다는 결연한 의지에 감사와 박수.

그 이후로 전국참교육실천대회가 열리면 어김없이 경남의 새 떼는
우르르 몰려다녔다.

아름다운 도시 춘천에서 참실과 참술로 보낸 2박 3일은 '사람이 꽃
보다 아름답다.'는 노래 가사를 실감하는 행복한 시간이었다. 15살 학
생사모와 20살 전국학교도서관모임은 꼭 만나야 할 운명이었으며 자
연스럽게 한 몸이 되었다.

어쩌다 우연히 마음 뜨거운 사람이 만나서 만든 학생사모

2002년 월드컵으로 온 나라가 뜨거웠을 때 경남 창원 성주초등학
교에는 어쩌다가 우연히 좋은 선생님들이 모여들었다. 아이들을 좋아
하고 참교육을 하고자 하는 선생님들이 재미난 일을 도모하면서 즐
겁고 행복한 학교생활을 했다. 어린이날에 어린이들과 신나게 놀기 행
사를 함께 기획하고 준비하고 진행하면서 마음이 뜨거운 사람들이
자연스럽게 자주 이야기를 나누고 토론을 벌이곤 했었다. 그들이 바
로 명석하고 다정다감한 조의래 선생님, 꼼꼼하게 챙기고 정리하는
최경림 선생님, 묵묵히 새로운 아이디어를 제공해 주는 권영복 선생
님, 예술적 감수성이 넘치는 조은영 선생님, 그리고 큰 언니로 넉넉한
품을 가진 이동림 선생님이다. 아이들이 행복한 교육활동은 무엇일
지 고민하며 치열하게 이야기하고 참교육을 실천하면서 동료애를 느

졌다. 교육에 희망이 보여서 교사로서 자부심이 샘솟는 소중한 시간이었다.

그렇게 어울려 지내면서 성주초등학교를 떠나야 하는 시간은 점점 다가오고 있었다. 헤어질 수밖에 없음을 몹시 안타까워하다가 일반 교사들이 선호하지 않는 작은 학교를 하나 접수하여 참교육을 실현해 보자는 이야기도 나누곤 했었다. 그러다가 학교 하나를 바꾸는 것보다 여러 개의 학교를 바꾸는 것이 더 큰 의미가 있다고 생각들을 정리했다. 각자 흩어져서 정기적으로 만나면서 공부하는 모임을 만들자는 결론을 냈다. 모두 대찬성이었다. 모임을 할 선생님들이 각각 개성이 넘치는데 공통점을 찾아보니 책을 좋아한다는 것을 발견하게 되었다. 그래서 독서모임으로 하자고 했다. 그리고 2005년 당시 학교도서관 현대화 사업이 시작되어 학교도서관이 큰 변화를 예고하고 있었다. 우리들은 각자 다른 학교로 옮기게 되면 학교도서관과 독서교육업무를 신청하여 학교도서관을 새롭게 바꾸어 내는 역할을 하자고 약속했다.

그리고 모임을 조직하기 위한 구체적인 작업을 시작했다. '모임 이름을 무엇으로 지을 것인가?', '모임의 정신에 어떤 내용을 담을 것인가', '우리가 할 일은 무엇인가?'에 대한 이야기를 의논하여 정했다가 다음 날 고쳤다가, 더 좋은 생각이 나면 또 수정하고…. 그러는 가운데 놀라운 소식을 접하게 되었다. 김해에서 근무하는 손은경 선생님이 학교도서관을 새롭게 바꾸고 독서교육을 열정적으로 하고 있으며 전국학교도서관모임에 참석을 하고 있다는 것이었다. 너무너무 반갑고 기쁜 소식이었다. 우리와 같이 학교도서관과 독서교육에 관심을 가진 선생님들이 전국에 있다는 것이 몹시 든든하고 빨리 만나고 싶다는 생각이 간절했다. 그리고 초등교사 중심의 조직을 확대하기 위해 중학교 교사들도 합류하였다. 야무지고 딱 부러지는 김은수 선생님과 따뜻하고 편안한 감성을 지닌 이금희 선생님이 함께하면서 모임은 점점 풍성해졌다.

2005년 6월 30일 자율적인 독서연구회인 '학교도서관을 생각하는 사람들의 모임'을 결성하였다. 창원 성주초등학교에서 공식적인 첫 회의를 개최하여 전체적인 방향을 점검하고, 사업내용을 승인하였으며, 정관의 기초를 확정하고 독서교육연구와 실천을 병행하기로 하였다. 초대 대표로 조의래 선생님을 추대하였다. 창원, 김해지역을 중심으로 학교도서관의 내실화와 독서교육의 활성화를 위한 공부모임의 필요성에 공감하였고, 독서교육관련 연수를 준비하고 동료교사들과 나눔으로써 함께 성장의 기쁨을 나누자고 약속했다. 그래서 격주 금요일에 저녁 6시부터 8시까지 2시간씩 연수회, 토론회, 강연회, 수련회, 일꾼대회 등의 형식으로 회원들은 공부를 차근차근 해 나갔다.

그리고 학생사모가 만들어지고 지금까지 활동을 하는 데 아낌없는 지원과 격려를 해 주신 분이 있다. 당시 박종훈 경남교육위원(현재 경상남도 교육감)과 양재한 교수(창원문성대학교 문헌정보과)이다. 박종훈 교육감은 2002년 경상남도 교육위원에 출마할 때부터 학교도서관 활성화에 관심이 많았고 교육위원 당선 후에는 경남의 학교도서관 발전과 독서교육 활성화에 힘쓰면서 학교 현장에서 실천하는 교사모임의 필요성을 알고 있었다. 학생사모가 탄생하자 모임의 든든한 자문위원이 되어 주셨다. 박종훈 경상남도 교육감은 2014년 교육감이

된 이후 경상남도교육정책에 학교도서관과 독서교육을 중요하게 반영하고 있다.

무엇보다 반갑고 다행스러운 일은 경남에도 학교도서관 전문가인 사서교사가 배치되고 있다는 것이다. 2004년부터 양지우, 전은영, 하수현, 김희봉, 황혜란, 노지숙 사서교사 등등 귀하고 소중한 분들이 경남의 학교도서관을 제대로 운영하게 된 것이다.

사람을 소중하게 여기며 변화를 꿈꾸는 학생사모의 정신

학생사모의 정신은 우리 모임 존재 의미라 고민하고 토론하면서 만들어 갔다. 미국의 선진도서관을 탐방했던 조의래 선생님이 기본 내용을 만들어 와서 토론을 통해 내용을 다듬어 갔다. 1960년대 학교도서관의 전성기를 누렸던 경남에서 다시 학교도서관을 활성화해 보고 싶은 열망도 있었다. 학교에서 못다 한 토론은 2차의 자리에서 소주와 함께 가열차게 이어 갔다. 창립총회를 앞두고 우리는 모두가 합의하는 모임의 정신을 완성하게 되었다.

〈학교도서관을 생각하는 사람들의 모임〉(학생사모)은 이 땅의 모든 아이들이 좋은 책을 마음껏 읽으면서 자라날 수 있도록 하기 위해서, 학교도서관의 내실화와 독서교육의 활성화를 위해 다양한 실천 운동을 펼치는 사람들의 모임이다.

〈학교도서관을 생각하는 사람들의 모임〉에서 하는 실천 운동은 크게 3가지로 '학교도서관 운동'이고, '독서교육 운동'이며, 학교와 지역사회를 위한 '문화 운동'이기도 하다.

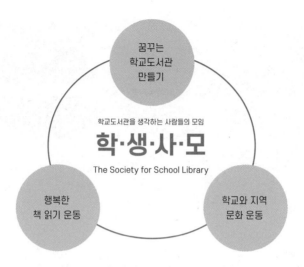

<학교도서관을 생각하는 사람들의 모임>은 학생들이 좋은 책을 마음껏 읽으면서 자신의 꿈을 키우고, 서로 믿고 더불어 나누는 삶을 살아갈 주체로 아름답게 자라기를 바라는 교사가 나서서 학생과 학부모들의 참여 속에서, 도서관의 중요성에 공감하고 책을 사랑하는 모든 분들이 참여하고 교류하는 연대의 장이다.

<학교도서관을 생각하는 사람들의 모임>은 학생들이 도서관 이용과 책 읽기의 주체로서, 자신들의 수준에 맞추어 학교도서관 활성화를 위해 힘쓰고, 스스로 독서 운동을 펼쳐 가도록 도움을 주게 될 것이며, 학생들은 학교도서관을 생각하는 사람들의 모임을 통해 참여와 가치를 바탕으로 하는 실천 운동과 민주주의 가치를 배우게 될 것이다. 모임의 명칭을 '학교도서관을 생각하는 사람들의 모임'으로 정한 이유는 누구나 학교도서관과 책 읽기에 관심만 있으면 참여할 수 있는 '사람 중심'의 조직을 하자는 의미이기 때문이다. 학생사모의 정

신은 어려운 일이 생겼을 때 모임이 흔들리지 않게 다잡아 주었고, 새로운 변화를 시도할 때는 방향을 제시해 주기도 했다. 15년이 지난 지금에도 학·생·사·모의 정신은 변함없이 계속 이어지고 있다.

학·생·사·모의 활동 모습은 다음카페(http://cafe.daum.net/peopleforlibrary)에서 볼 수 있다.

'학생사모'는 15년 동안에 뭐 했노?

꾸준히 공부하고 알게 된 것은 여기저기 나누었지

학생사모의 정신을 구현하고 학교도서관의 내실화와 독서교육의 활성화를 위해 2006년부터 공부하는 소모임이 운영되어 왔다. 도서관활용수업 소모임(초등·중등)과 그림책 소모임으로 시작하여, 북아트 소모임, 책놀이 소모임, 초등도서목록 소모임, 독서토론 소모임, 사서교사모임 등으로 점점 영역을 넓혀 갔다. 그림책 소모임은 김해, 창원, 진해, 마산, 거제, 밀양 지역으로 확대되기도 했고 북아트 소모임은 김해와 창원 그리고 양산에서 운영되기도 했다.

소모임 공부는 원칙을 세워 놓고 초심을 잃지 않으려는 노력을 하고 있다. 공부모임의 원칙은 그리 어려운 점은 없으나 인내심이 필요하다. 첫째, 평생 공부한다. 둘째, 매주 공부한다. 셋째, 배운 것을 동료교사와 학생들에게 나눈다. 넷째, 더불어 공부한 것을 개인의 성과로 만들지 않는다. (승진에 활용하지 않는다. 그런데 우려했던 일이 벌어졌다. 공들여서 제작한 그림책활용수업 프로그램의 내용을 그대로 베껴서 연구실적대회에서 1등급을 받은 선생님이 나중에 발각이 되었다. 활동 내용뿐만 아니라 아이들의 반응까지도 그대로 써서 우리들을 충격에 빠뜨렸다. 자신의 글을 도둑맞은 선생님은 나중에 글을 훔쳐 간 선생님으로부터 사과를 받았지만 큰 상처를 입었다.) 한편으로는 우리가 하는 공부가 수업을 잘해 보고 싶은 선생님들에게 도움을 주거나 관심을 가질 만한 활동을 하고 있다는 생각도 하게 되었다.

1년 사시사철 한결같은 저녁 메뉴인 김밥 혹은 컵라면, 어쩌다 특식을 먹으면서 소모임 공부는 가랑비에 옷 젖듯 우리들의 마음에 스며들었다. 학교가 한창 바쁜 시기에도 모일까 말까 고민하다가 모임을 하게 되면, 미루어 놓고 온 일에 대한 미련이 전혀 남지 않을 정도로 마음이 후련한 시간을 보내기도 한다. 함께 공부하는 동료들의 지혜를 빌리기도 하고 용기와 힘을 얻기도 하는 신비한 체험을 하기도 한다. 학교 동료나 학생, 학부모로부터 상처를 받았을 때는 소모임 동료들의 위로가 마음을 풀어 주기도 한다. 책을 통한 지식공부와 삶을 통한 인생공부를 하는 곳이 소모임이다. 소모임을 통해 학생사모 회원은 성장하고 성숙해 가고 있다.

2006년 8개의 소모임(초등·중등 도서관활용수업 소모임, 김해·창원·진해 그림책 소모임, 김해·창원 북아트 소모임, 사서교사)에서 80여 명의 선생님이 공부를 시작했다. 2012년에는 소모임의 최고점을 찍었다. 13개의 소모임에서 120여 명의 회원이 공부를 하고 온라인 회원은 500명이 넘기도 했었다. 한 사람이 두세 곳의 모임에 참가하는 경우도 가끔 있기도 했다. 2020년에는 코로나19로 정상적인 모임을 할 수는 없었지만 학년초에 소모임을 하겠다고 계획한 소모임은 9개(초등·중등 도서관활용수업 소모임, 김해그림책+책놀이 소모임, 마산그림책 소모임, 진해+창원 그림책 소모임, 밀양그림책 소모임, 창녕독서토론 소모임, 서평쓰기 소모임, 사서교사 소모임)이며 회원은 124명이었다.

학생사모의 소모임 활동에는 좀 특별한 구석이 있다. 학생사모의 정체성을 꿋꿋이 지키고 있는 모임인 '초등도서관활용수업 소모임'과 '중등도서관활용수업 소모임'은 초창기 회원들이 아주 끈끈한 동지애로 뭉쳐져 있다. 초창기 회원이 변심하여 나가는 경우가 거의 없고 신규회원을 소수만 받고 있다는 믿거나 말거나 하는 비화도 있다. 그래서 가족보다도 더 끈끈한 애정으로 뭉쳐 있다. 학교도서관과 독서교육에 대한 방향성을 놓치지 않고 세월이 흐르면서 변화를 모색하는 핵심 소모임이다.

그림책 소모임의 내력은 변화무쌍하다. 그림책이 워낙 매력적이라 그림책을 공부하고 싶은 교사가 참 많았다. 최초의 그림책 소모임은 '김해그림책 소모임'인데 매주 목요일 저녁, 김해외동초등학교에서 시작되었다. 그림책 이론서를 읽고 소개된 그림책을 찾아보면서 그림책

의 세계로 빠져들었다. 그림책 공부가 조금씩 깊어지면서 그림을 다양하게 해석하는 즐거움을 느꼈다. 조금씩 학급 아이들과 그림책을 읽고 시도해 보았던 독서수업 결과를 소개하기도 했다. 그림책에 매료된 선생님들이 점점 늘어나서 회원이 많아지고 모임이 분리되기 시작했다. 김해 그림책에서 공부한 회원이 창원, 진해에서 그림책 소모임을 만들어서 공부하는 즐거움을 느끼기도 했다. 진해 그림책 소모임장이 거제로 전출 가서 거제에도 공부하는 모임을 만들기도 하고, 마산과 밀양에서는 학생사모가 주관하는 연수를 듣고 사람을 모았으니 그림책을 안내해 달라고 해서 강의를 하기도 했다. 그림책의 매력에 푹 빠진 미혼의 선생님들 중에는 결혼과 출산으로 한동안 소모임에 참석하지 못하다가 자녀를 어느 정도 키우고 나서 컴백한 분들도 많다. 마산그림책 소모임은 비슷한 나이 또래의 젊은 엄마 선생님들이 왕성한 활동을 하고 있다.

그리고 그림책 공부와 융합한 '북아트 소모임', '책놀이 소모임' 활동도 활발했다. 책 읽기에 깊이를 더해 가면서 '독서토론 소모임'과 '서평쓰기 소모임'을 통해 다양한 영역의 독서활동을 넓혔다. 특히 '서평쓰기 소모임'은 전국학교도서관모임의 '초등도서목록팀'으로 연구활동에 매진하고 있다.

교사 연수에 혁신과 변화를 주도했지

배움에 대한 의욕에 불타던 초창기에는 정기적인 전체모임을 통해서 전문가를 초청하여 여럿이 함께 배우는 다양한 연수와 강연회를 기획하고 운영했다. 정기모임을 처음에는 격주로 하다가 매월 모임을 하기도 했고 최근에는 분기별로 전체모임을 하고 있다. 소모임을 매주 하게 되니 전체모임은 자연스럽게 횟수를 줄이게 되었다. 나중에는 소모임에서 열심히 배우고 익혀서 알게 된 것을 여러 사람들과 나누기 위해 연수를 운영했다.

학생사모에서 개최하는 연수나 강연회는 항상 인기가 많았고 선생님들의 배움에 대한 갈증을 채워 주는 데 큰 역할을 했다. 연수와 강연회를 준비하는 우리는 항상 최선을 다했다. 우리가 간절하게 배우고 싶은 것은 무엇인지 고민했고, 배우고 싶은 것을 안내해 줄 강사는 전국에서 찾아냈고, 강사를 극진히 대접하고 연수생에게는 쾌적한 환경을 만들어 주고자 큰 부분에서 작은 부분까지 세심하게 고민했다. 그래서 백화현, 이덕주, 이성희, 한상수 선생님께서는 경남에서 처음으로 강연을 하게 되었다. 서울에서 오신 강사들의 강연을 듣고 "역시 전국구 강사는 다르제?"라고 고개를 끄덕이며 점점 안목을 키워 나갔다.

그리고 책에서만 만났던 작가를 직접 만나 보고 싶은 욕심을 냈다. 안도현 시인, 박상률 작가, 서정오 선생님, 안광복 선생님을 만나기 위해 직·간접으로 연락을 하고 강연 섭외를 하는 과정이 쉽지 않았지만 즐겁고 행복하게 준비했다. 정성을 다해서 준비한 강연과 연수는 항상 대만족이었다. 학생사모에서 개최하는 연수와 강연은 수준이 높다는 소문이 경남에서 파다했다. 우리는 어깨에 힘이 팍팍 들어갔다.

그래서 1년에 두 번은 직무연수를 개설하는 것으로 정했다. 학생사모 회원뿐만아니라 학교도서관과 독서교육에 관심이 있는 선생님들과 함께 배움의 시간을 가지고자 했다. 매년 새로운 내용으로 또 다른 형태로 연수에 변화를 주면서 배움과 나눔을 실천했다.

학생사모가 연수로 크게 발돋움하는 계기가 되었던 연수가 있다. 바로 2006년 전국학교도서관모임 여름연수를 경남 지역에서 학생사모가 개최하게 된 것이다. 우리는 너무 기쁘고 흥분되었다. 그래서 연수를 준비하는 1학기 동안 많은 회의와 토론을 하면서 연수과정을 만들어 갔다. 전국 방방곡곡에서 경남으로 오기 때문에 연수 장소가 가장 큰 문제였다. 다행스럽게 KTX가 경남에도 개통을 해서 밀양이 어떨까 하고 보니 부산대학 밀양캠퍼스가 밀양역에서 그리 멀지 않은 곳에 위치해 있었다. 강의실과 기숙사 상황을 확인하기 위해 사전 답사를 가서 꼼꼼하게 챙겨 보고 대학교 직원과 긴밀하게 연락하면서 하나하나 챙겨 나갔다.

규모가 크고 의미 있는 연수를 준비하다 보니 좋은 사람들이 자연스럽게 우리를 도와주는 일도 생겼다. 기숙사 사감님은 연수생들이 기숙사 생활에 불편함이 없도록 살펴 주셨고, 식당의 영양사님은 우리가 연수하는 동안 맛있는 식사와 풍성한 간식을 즐거운 마음으로 준비해 주셨다. 우리가 원하는 식사와 간식과 뒤풀이 음식을 거의 다 들어주었고, 연수생들에게 더 좋은 것을 주려고 최선을 다해 주셨다. 연수 마지막 날 뒤풀이 상차림은 그 영양사님이 계셨기에 가능했다. 생맥주 리필기계를 설치하는 데 반대를 하지 않으셔서 뒤풀이 시간의 흥을 돋우는 데 큰 도움이 되었다. 생맥주를 무한리필로 마시며 연수 마지막 날의 밤을 하얗게 불태웠던 기억이 지금도 생생하다. "학교도서관이 희망이다!"를 외치던 경쾌한 목소리들도 귀에 쟁쟁하다.

2006 전국학교도서관담당교사모임 여름 직무연수
'학교도서관, 사람 그리고 책!'

* 연수 기간: 2006.8.8.(화) ~ 2006.8.11.(금) : 30시간

* 연수 운영: 만남 ⇨ 소통 ⇨ 활용 ⇨ 나눔의 합숙 집중연수

* 연수 방법: 주제 강연 및 세미나, 주제 토의, 학교도서관 운영 및 활용 사례발표, 문학기행

영역	과목		강의내용	시수	강사
학교도서관 만나기	나의 사랑 나의 꿈 학교도서관	초급	학교도서관 현재적 의미와 교양 강좌	2시간	이덕주
		중급	도서관과 인연 맺기		여태전
학교도서관 운영하기	학교도서관 만들기	초급	처음 학교도서관 만들기 (도서관행사, 도서부 운영, 도서관 축제 등)	2시간	이성희
		중급	더 나은 도서관 만나기(발제와 토론)		한명숙
	학교도서관 운영		학교도서관 운영 계획 (장서 관리,학부모 도우미 운영 등)	2시간	염보영
	도서관 환경		도서관환경/교실독서환경 만들기	2시간	전은영 / 손은경
	100문 100답		학교도서관 운영과 활용 - 이럴 때 어떻게 하나요?	자료	전은영
학교도서관 활용하기	학교도서관 활용교육1		학교도서관에서 책 읽기 - 36차시 단계별 독서수업	3시간	백화현
	학교도서관 활용수업	초등	학교도서관 활용수업	2시간	이선영
		중등	학교도서관 활용수업		이효재
	학교도서관 활용교육2	초등	학급에서 독서교육	2시간	여희숙
		중등	학급에서 독서교육		김은수
학교도서관 사랑하기	독서 치료		책으로 마음 치료하기	3시간	최지혜
	글쓰기 교육		일하는 삶, 책, 글쓰기	2시간	윤구병
	그림책 읽기		그림책 바로 읽기	2시간	조의래
	도서관행사 활동		옛 책 만들기와 여러 가지 북아트	2시간	이현애
학교도서관 나누기	문학기행		밀양 연극촌 기행	3시간	문원령
	나눔 시간		지역 나눔, 급별 나눔, 다 함께 나눔	3시간	이동림
합계			교과 과정별 총 이수 시간	30	

연수 내용을 어떻게 구성할 것인지에 대하여 고민도 오랫동안 했다. 2005년까지 전국모임의 여름연수 내용을 면밀하게 분석하여 연수과정을 다듬고 최고의 강사를 찾아냈다. 소모임 공부를 하면서 역량을 키웠던 경남의 선생님들이 강사로 데뷔하는 기회를 주었고, 전국구 강사는 손품과 발품과 말품을 총동원하여 섭외했다. 까맣게 그을린, 목소리 카랑카랑한 윤구병 선생님을 모신 것은 우리에게 행운이었다. 연수 장소가 밀양 시내가 아니라서 학교도서관 방문이 어려운 상황이었다. 그런데 밀양에는 연극촌이 있는데 마침 우리가 연수하는 기간 동안에 연극 관람이 가능하다고 했다. 그래서 연수 마지막 날은 밀양 연극촌에 가서 〈서툰 사람〉이라는 연극을 관람했다. 문학기행을 대신한 연극 관람은 연수생들에게 반응이 아주 좋았다.

연수 내용을 풍성하게 구성하다 보니 연수비가 자꾸 올라갔다. 1인당 145,000원으로는 운영할 수가 없었다. 그래서 내린 특단의 조치는 학생사모 회원이 강사를 하고 받은 강의료를 강제로(?) 지원받아서 겨우 살림살이를 지탱할 수 있었다. 그리고 마침내 2006년 여름 연수 계획을 완성했다.

여름연수 결과는 연수생의 만족도가 아주 높았다. 연수 내용과 진행을 열과 성을 다해서 준비한 여름연수를 3박 4일 동안 같이 지낸 120명의 연수생들은 알아차린 것이다. 진심이 통해서 연수를 준비한 우리들도 연수를 받으러 온 선생님들도 행복한 시간을 함께 보냈다. 연수를 마치고 뒷정리까지 다하고 나서 밀려드는 피로감을 끌어안고는 자체 평가의 시간을 가졌다. 우리가 너무너무 잘해 냈다고 서로 칭찬을 하고 잘난 척을 두루두루 하면서 우리들은 느낄 수 있었다.

2장 지역모임이 걸어온 길

우리가 연수를 준비하고 진행하면서 엄청 성장했다는 것을!

집으로 돌아가면서 방학이 끝날 때까지는 우리 절대로 아는 척하지 말자고 약속을 하고 다짐을 했다. 물론 그 약속이 오래가지는 못했다. 그동안 너무 정이 들어 버렸다.

여름연수의 성공 덕분에 학생사모는 경남교육의 연수에 혁신과 변화를 주도해 갔다. 경남교육연수원과 전교조경남지부에서 주관하는 직무연수의 내용과 초청강사가 달라져 갔다. 학생사모에서 발굴한 전국의 훌륭한 강사들을 섭외하고 학생사모에서 역량을 키운 분이 강사를 하게 되었다. 한 강좌당 시간도 1~2시간에서 3시간으로 늘렸다. 강사로부터 배움의 시간이 1~2시간으로는 부족하여 3시간으로 늘린 것이다. 연수생이 지루할 거라는 예상은 보기 좋게 빗나갔다. 전혀 걱정할 필요가 없었다. 배움의 시간이 길어서 좀 더 집중할 수 있었다며 오히려 만족도가 높았다. 그리고 연수 일정에서 토요일은 제외했었는데 토요일에도 연수를 개설했더니 좋아하는 내용이라 참여를 하는 선생님들이 많이 있었다. 그리고 매주 1~2회 정기적인 소모임활동을 연수로 인정해 주는 연수 지침의 변화도 학생사모의 소모임활동을 건의하여 얻어 낸 결과이기도 하다.

연수를 준비하고 운영하는 데 인정을 받은 학생사모는 2010년 전국학교도서관모임 겨울연수도 밀양에서 다시 한 번 더 진행하였다. 물론 연수는 성공적으로 마쳤다.

그림책 세상의 문을 열었지

2005년 학생사모 회원은 학교도서관과 독서교육을 활성화하기 위해 정기적인 모임을 가지면서 공부를 했다. 학교도서관과 독서교육에 대한 전문적인 지식이 없었으니 말이다. 회원이 근무하는 학교의 도서관에서 매월 2회 문헌정보학과 교수, 경남학교도서관연구회 회장, 기적의도서관 사서, 글쓰기 전문가, 학교도서관 담당자 등을 섭외하여 진지하게 강의를 듣고 열심히 공부했다. 강사가 소개하는 그림책이 너무너무 새롭고 재미있었다. 나도 아이를 키우며 그림책을 시리즈로 사서 읽어 주었는데 그림책이 재미있었던 기억은 『누가 내 머리에 똥 쌌어?』라는 책이 유일했던 것 같다. 그런데 『아름다운 책』, 『책 읽는 두꺼비』, 『이웃사촌』 등의 그림책은 우리에게 신선한 충격이었다. 책을 읽고 싶게 만드는 그림책에 관심이 생기기 시작했다. 『난 무서운 늑대라구!』는 친구들과 함께 책을 읽는 것이 얼마나 행복한지를 재미있게 알려 주는 그림책이었다. 초등학교 교사인 우리들에게 그림책은 뜨거운 관심을 한 몸에 받는 존재였다.

2006년 학생사모 활동 계획에 따라 소모임 공부를 시작하면서 조의래 선생님이 그림책을 공부해 보자고 제안을 했다. 미리 그림책 이론서를 찾아서 읽고는 함께 공부할 책을 추천해 주었다. 『똑똑똑 그림책』으로 그림책 공부를 본격적으로 시작하게 되었다. 그 당시 그림책 이론서 중 화가의 입장에서 그림책을 이야기하고 있어서 그림책의 그림을 공부하는 데 적절한 책이라고 판단하여 이 책을 선택하였다. 그림을 전공한 사람이 전혀 없는 초등학교 교사들에게 『똑똑똑 그림책』의 내용은 처음에는 이해가 잘되지 않았다. 다행스럽게도 조의래 선생님은 그림 전공자는 아니지만 그림 관련한 공부를 미리 하셔서 우리가 이해하기 쉽게 도와주었다.

함께 공부하는 동료들이 책에서 소개한 그림책을 구입하거나 도서관에서 대출해서 그림에 담긴 메시지와 그림의 의미를 알아 가기 시작했다. 공부를 하면 할수록 새로운 그림책을 만나고 새롭게 알게 되는 그림책의 세계에 자꾸자꾸 빠져들어 갔다. 그림책은 우리가 몰랐던 아니 잊고 있었던 아이의 마음을 알아차리게 해 주었다. 그리고 그림책의 그림은 일상에 지친 어른들에게 위로가 되었고, 인간 세상 이야기를 문자보다 강렬하게 보여 주었다. 그림책은 아이가 읽는 책이기도 하지만 어른이 읽어야 할 책이라고 다 같이 입을 모았다. 그림책 공부를 하면 할수록 점점 아이들을 더 잘 이해할 수 있었다.

그림책 공부를 하며 그림책 읽어 주기는 듣는 사람에게 아주 크고 중요한 것을 선물한다는 점을 발견하게 되었다. 내가 혼자서 그림책을 눈으로만 읽거나 누군가에게 그림책을 소리 내어 읽어 줄 때는 몰랐는데, 누군가가 그림책을 읽어 주는 것을 들어 보니 이럴 수가! 그림책의 그림과 사람의 목소리가 심금을 울리는 것이었다.

330쪽에 달하는 『똑똑똑 그림책』을 다 읽고 난 다음에는 『그림책의 이해』 1·2를 공부하기 시작했다. 『그림책의 이해』 1·2는 그림책에 대한 기본이론을 정리한 책이었다. 이 책은 서양 그림책의 역사와 우리나라 그림책의 역사를 알려 주고, 그림책 언어의 특성과 유명한 그림책 작가의 특징을 안내하고 작품도 소개하는 책이었다. 어려웠던 『똑똑똑 그림책』을 읽고 나니까 『그림책의 이해』 1·2는 훨씬 쉽고 재미있게 공부할 수 있었다. 그 이후로 『그림책의 그림읽기』, 『그림책의 모든 것』, 『옛이야기의 발견』, 『그림책 상상 그림책 여행』, 『그림책의 새로운 서사 형식』 등등 그림책과 관련된 책들을 탐험했다. 『까마귀

2장 지역모임이 걸어온 길

소년』,『넉 점 반』,『엄마 마중』,『지각대장 존』등 새로운 그림책을 만날 때마다 기쁘고 놀라워서 점점 더 깊이 공부하게 되었고 다양한 방법으로 표현활동을 하게 되었다.

2006년 경남 밀양에서 열렸던 전국학교도서관모임의 여름연수에서 조의래 선생님의 〈그림책 바로 읽기〉 강의는 전국에서 온 교사들을 그림책의 세계로 빠져들게 하는 중요한 사건이었다.

1. 그림책은 억울합니다. 2. 그림책은 그림책입니다. 3. 그림책의 그림은 읽혀지는 것입니다. 4. 그림책은 창의적 상상력을 자극합니다. 5. 그림책에는 예술과 사회가 있습니다. 6. 우리나라 그림책 현실은 어떠할까요? 7. 현대문학 이론으로 그림책을 본다면 어떨까요? 8. 그림책은 읽어 주는 책입니다. 9. 그림책 바로 읽기를 마무리 하면서

2시간 동안 강의를 듣는 선생님들은 신선한 충격을 받았다. 그림책에 대한 교사들의 편견을 와장창 깨뜨려 주었고 그림책의 매력에 흠뻑 빠져들게 했다. 그림책을 온몸으로 강렬하게 알게 된 선생님들이 전국에서 그림책을 읽고 그림책 공부를 하고 그림책으로 아이들에게 희망과 행복을 나누게 되었다. 이후로 그림책이 초·중·고 독서교육에 매우 유의미하게 활용되고 있으며 수업에도 다양한 방법으로 활용되고 있다. 2009개정교육과정부터는 그림책이 초등학교 국어교과서에도 자리 잡게 되었다. 강백향, 최은희 선생님의 그림책에 대한 뜨거운 관심과 애정으로부터 시작되어 조의래 선생님을 비롯한 학생사모 그림책 소모임 선생님들의 그림책에 대한 열정이 교사, 학생, 학

부모에게 그림책 세상의 문을 활짝 열게 하였다.

학생사모 그림책 소모임(김해, 창원, 진해, 마산, 거제)에서는 그림책을 꾸준히 공부하고 연구해서 2009년에는 경남교육청의 교사연구 공모사업으로 〈그림책으로 열어 가는 학교도서관 활용수업〉이라는 초등학교 학교도서관 활용수업 프로그램을 개발하였다. 2006년부터 그림책 소모임 공부를 해 오던 13명의 선생님들(강동훈, 김근영, 박경미, 어병회, 이동림, 전나영, 정유진, 정지현, 조소영, 조의래, 조화연, 주상연, 최경림)이 쌓아 온 내공을 정리하고 다듬어서 제작하였다. 5개월 동안 매주 토요일 혹은 일요일에 만나서 이야기하고 토론하고 원고를 하나하나 다듬어 갔다. 그림책의 개념, 그림책의 역사, 한국 그림책의 발전, 글과 그림과의 관계 등 그림책에 대한 이론적 배경을 우리 나름대로 정리했다. 그리고 초등학교에서의 그림책(그림책은 누가 읽는가?/ 그림책의 교육적 가치/ 삶의 주체로 자라는 아이들)과 그림책 읽어 주는 방법(그림을 잘 보여 주어야 한다 등 8가지 방법)은 4년간 그림책을 공부하면서 터득한 소중한 경험의 결실이었다. 또한 교과 속 그림책 활용수업 프로그램과 생활 속 그림책 활용수업 프로그램은 초등교사들이 실제로 그림책을 활용하여 수업을 한 다음 내용을 가독성 있게 기록하였다. 5개월 동안 치열하게 그리고 행복하게 작업을 했었다. 그 당시 같이 작업했던 선생님들의 그림책에 대한 애정은 지금도 변함이 없을 것 같다.

힘든 작업을 하면서 우리는 쑥쑥 성장하였고 자신의 소중한 경험을 세상 밖에 조심스럽게 내어놓게 되었다. 전국참교육실천대회, 전국연수, 전국의 교육연수원연수, 경남지부참실대회, 특수분야직무연수,

지역교육청 독서교육연수에 그림책 관련한 강좌가 개설되고 그림책을 열심히 공부했던 몇 분의 선생님들은 강사로 전국을 뛰어다니게 되었다.

2012년 전국 '독서의 해'를 맞아 한국과학창의재단에서 초등학교용 독서교육자료집을 4권 발간하였다. 〈초등학교 1·2학년 독서교육 길라잡이〉, 〈토요 독서 프로그램 자료집〉, 〈학부모 독서교육 자료집〉은 그림책을 활용하여 제작하였다. 경남의 그림책과 책놀이모임, 전북의 그림책모임, 강원도 교사모임이 애써 주었다.

그리고 중·고등학교에서도 그림책을 활용하는 다양한 독서활동 사례가 소개되고 있다. 교사 독서모임에서도 그림책은 버젓이 주인공이 되어서 선생님들의 사랑을 받고 있으며 학부모 독서모임에서 그림책은 공감과 위로와 성찰의 아이콘으로 많은 사랑을 받고 있다.

지역사회에서 독서문화 활동을 했지

독서는 정적인 활동이다. 그래서 독서가 중요함에도 불구하고 책벌레들만 책을 읽는다. 책벌레가 아닌 아이들에게 책 읽기의 즐거움을 느끼게 해 주고자 여름방학 때 독서캠프를 운영했다. 자연과 가까운 곳에서 친구들과 밥을 같이 먹고 잠을 같이 자며, 책을 읽고 다양한 표현활동을 하면서 지내는 독서캠프는 온몸으로 신나게 독서활동을 하는 것이다. 짧은 기간이지만 대자연 속에서 친구와 함께 독서캠프를 하고 나면 그때의 경험은 아이들의 가슴에 오래오래 남아서 책을 사랑하게 될 것이라 생각한다.

2008년 여름 방학 때 함양 산촌유학교육원에서 초·중학생들과 첫

독서캠프를 열었다. 초등학교 저학년, 고학년, 중학생으로 나눠 각각 1박 2일을 진행했다. 첫 독서캠프라서 준비를 많이 하고 최선을 다했고 캠프에 참여한 학생들의 반응도 아주 좋았다. 2009년 여름방학에는 창녕 우포생태교육원에서 독서캠프를 하고, 겨울방학에는 중학생은 안동 이육사문학관을 초등학생은 이원수문학관을 다녀왔다. 문학기행을 다녀오면 아이들은 문학작품과 작가에 대한 마음가짐이 달라진다. 조용히 혼자서 독서를 하는 것도 필요하지만 독서캠프나 문학기행처럼 온몸으로 독서하는 것도 매우 의미가 있다. 독서캠프는 2019년까지 매년 여름방학 때마다 어김없이 운영했다. 문학기행은 초등학생에게 부담이 될 듯하여 중학생만 진행했다. 초등학생 독서캠프는 초등 도서관활용수업 소모임을 중심으로 그림책 소모임과 번갈아 가면서 진행을 하고 있다.

중학생의 독서캠프와 문학기행은 프로그램이 매우 알차다. 김은수, 이금희, 김해선, 안미현, 전주현, 지선경, 백미선, 하정현 선생님께서 책 선정에서부터 독후활동, 식사, 휴식까지 프로그램을 꼼꼼하고 재미있게 준비를 해서 진행한다. 독서캠프와 문학기행은 아이들의 마음을 한 뼘씩 자라게 하는 것 같다.

창원도서관이 주관하고 학생사모가 진행하는 '독서의 밤' 문화행사도 했다. 평일 밤에 '독서의 밤'을 신청한 학교의 도서관에 가서 책을 읽고 책 이야기도 하고 재미있는 놀이도 하면서 특별한 독서문화를 체험하게 한다. 2008년에는 초등 4개 학교, 중등 5개 학교에서 '독서의 밤'을 즐겼다. 2011년에는 김해교육청이 주관하고 학생사모가 진행하는 '도서관추적놀이'를 농산어촌학교를 대상으로 실시하였다. 2017년에는 약 한 달간 이오덕, 권정생, 하이타니 겐지로의 삶과 책을 소개하는 "아이처럼 살다" 특별 전시회를 진행하기도 했다.

공부와 연수를 통해 많은 결과물을 쏟아 냈지

소모임 공부는 우리들을 성장하게 했고, 변화의 주체가 되었다. 함께 공부한 것을 학급에서 아이들과 실천해 보면서 교사로서 즐거움을 맛보았다. 아이들의 행복한 배움에 가만히 있을 교사는 없을 것이다. 아이들의 성장을 보게 되면 교사는 더 재미있고 좋은 수업을 준비한다.

경상남도교육청의 교사연구 공모사업으로 학교도서관활용 프로그램을 개발해 왔다. 2007년 초등은 〈학교도서관에서 재미있게 수업하기〉, 중등은 〈학교도서관에서 신문으로 교과와 문화의 맥락 읽기〉를 제작하였다. 매년 새롭고 다양한 주제를 정하고 5개월 동안 따박따박 연구하고 정리하여 만들어 왔다. 2019년 초등 〈나를 표현하고 서로를 이해하는 교육 연극〉, 중등 〈학교도서관 활용 범교과 학습 주제 독서 프로그램〉까지 13년간 두 권씩 총 26편의 프로그램을 개발해 왔다.

그리고 또 다른 곳에서 연구 결실을 맺었다. '북아트연구모임'에서 5년간 매주 모여 북아트를 공부한 교사들의 삶의 일부이자 아이들의 숨결이 담긴 책 『현직교사와 아이들이 함께 만든 즐거운 북아트 교실』을 출판했다. '북아트연구모임'을 오랫동안 해 오면서 공부와 독서를 신명 나는 놀이처럼 할 수는 없을까? 라는 고민에서 시작하였고 책을 탄생시켰다. 학생사모에서 처음 출판하는 책이라 창원의 성산뷔페에서 출판기념회를 하며 크게 축하했다.

2013년에는 김해의 '책놀이 공부모임'에서 『콩닥콩닥 신명 나는 책놀이』를 출판하였다. '책'을 아이들의 손에 쥐여 주기 위해, 아이들 스스로 책을 읽고 책의 맛을 느끼게 하기 위해 꾸준히 연구하고 실천해 왔다. 필독서나 독후감 위주 혹은 스펙 쌓기 식의 독서가 아닌 '놀이'를 접목해 즐겁고, 신명이 절로 나는 독서활동을 꾸린 결과물이다. 책놀이 선생님들이 아이들과 함께 울고 웃으면서 적용해 본 자료이다. 아이들과 함께 책놀이를 하면서 아이들의 반응, 장단점, 실효성, 적합성, 흥미도, 집중도 등을 분석하여 현장에 유용하다고 판단되는 자료들을 중심으로 구성했다. 그리고 월별 책놀이는 월별 특징에 맞도록 주제를 정하고 주제에 맞는 책을 선정하여 놀이를 할 수 있도록 구성하였다. 어울릴 것 같지 않은 '책'과 '놀이'를 절묘하게 엮어서 새롭고 신나는 독서문화를 펼치는 데 큰 역할을 했다.

최근 2019년에는 2015개정교육과정 국어과에 새롭게 들어온 한 학기 한 권 읽기에 대한 초등선생님들의 갈증을 풀어 주기 위해 『초등 한 학기 한 권 읽기』를 출판했다. 한 학기 한 권 읽기라는 독서방식은 장점과 단점이 존재한다. 경남교육청 독서교육정책에 한 학기 한 권 읽기를 넣을 것인가 뺄 것인가를 두고 치열한 토론을 몇 차례에 걸쳐서 했었다. 강력한 반대가 있었지만 그럼에도 불구하고 장점도 있으니 단점을 보완하면서 실천해 보자고 결론 내렸다. 그래서 그런지 한 학기 한 권 읽기는 매우 조심스럽게 장점을 잘 살리면서 천천히 좋은 방향으로 진행되었다. 국어교과서에 독서수업으로 들어와서 교육과정 속에서 편안하게 독서를 하고 있다. 한 학기 한 권 읽기 수업을 어떻게 해야 할지 막막함을 느끼는 교사들에게 도움을 주고자 책의 선정부터 수업 마무리까지 전 과정을 알기 쉽게 정리했다. 저자인 교사들이 실제로 수업을 해 본 사례를 학년별, 책의 갈래별로 나누어 필요한 내용을 쉽게 찾아볼 수 있도록 구성했으며, '한 학기 한 권 읽기'와 관련해서 교사들이 가장 궁금해하는 점을 10가지 질문과 답으로 정리했다. 함께 읽으면 좋은 책, 참고할 만한 책들의 목록도 수록해 온 작품 읽기나 한 학기 한 권 읽기 수업을 할 때 가장 실용적이고 활용도가 높은 길잡이가 되어 줄 것이다. 학생사모에서 10년 이상 공부를 해 온 강동훈, 김미희, 박경미, 박정윤, 손은경, 손희선, 이동림, 이은숙, 조소영, 조은영, 하인숙 선생님의 소박한 애정이 담긴

책이다.

지치고 힘들었고 아팠지

학생사모가 결성되고 나서 연수와 강연회로 모임이 알려지자 공부를 함께하고 싶다는 선생님들이 많아졌고 공부하는 모임도 늘어났다. 초기 활동가들은 두 군데 혹은 세 군데 모임을 이끌어야 했다. 독서교육활동도 가짓수가 자꾸만 많아졌다. 하지만 우리들에게 주어진 하루 24시간은 결코 늘어나지 않았다. 각자 자기가 맡은 일을 하는데도 시간이 모자랐고 가족만큼이나 자주 만나고 이야기하고 웃고 떠들던 동료들이 전화 통화도 못 할 만큼 바쁘게 살고 있었다. 그러자 브레이크를 거는 동료가 있었다. "우리 천천히 해요."라는 말에 다들 동의하면서 꼬리에 꼬리를 무는 일을 놓지 못하는 상황도 있었다. 저절로 돌아가는 톱니바퀴에 갇혀서 그만두지 못하고 뱅글뱅글 돌아가는 것 같았다. 끈끈했던 동료애는 균열이 가기 시작했고 가장 가까웠던 사람과 소통이 안 되고 소원해져 갔다. 소모임을 이끌던 이끔이의 개인 역량은 점점 강화되고 그 모임 속에서 과도한 일을 하다 보니 소모임 간에 교감도 원활하지 못했다. 전체적인 소통이 잘되지 않으니 개인적인 일로 충돌이 생겨났다. 오해와 불신은 아프고 고통스러운 결과를 가져왔다. 예전으로 돌아갈 수도 없었다. 모두가 상처를 입게 되었고, 우리는 불행한 그 상황을 그대로 받아들여야 했다. 누가 교통정리를 할 수가 없었으므로 시간이 지나면서 각자의 뜻대로 해결했다. 5년이 넘었지만 여전히 흉터는 아프다. 그리고 예전으로 돌아갈 수 없음을 우리는 알고 있다. 산불이 크게 나서 잿더미가 된 강원도의 어느 산에 시간이 흐르면서 자연스럽게 새 생명이 돌아오고 있다는 기사를 본 적이 있다. 우리도 아픈 마음을 애써 치료하려고 하지 않는다. 시간이 더 지나 자연스럽게 치유될 것이라 믿고 있다. 그리고 이제는 천천히 나아가고 있다. 서두르지 않고 욕심내지 않고 재미있게 살아가고 있다.

새롭게 만나는 미래를 위한 준비를 함께해야 한다

학생사모가 전국학교도서관모임과 한 몸이 된 지 15년이 지났다. 그동안 함께 혹은 각자의 자리에서 최선을 다해서 살아온 덕분에 우리가 기대했던 교육 개혁과 변화가 학교의 일상을 조금씩 바꾸고 있다. 학교도서관정책과 독서교육 정책도 조금씩 달라지고 있다.

2020년, 코로나19로 인하여 우리는 새로운 세상을 만나게 되었다. 코로나19 방역 문제로 학교도서관은 개방을 제대로 하지 못했다. 이제는 코로나 이전의 삶의 방식은 과감하게 탈피해야 한다. 코로나 팬데믹 시대에 학교도서관 운영과 독서교육을 어떻게 할 것인가? 하는 고민을 하고 해결방법을 찾아서 미래 교육을 준비를 해야 한다. 학생 사모도 전국학교도서관모임도 집단지성을 발휘하여 최선의 방법을 찾아야 할 것이다. 우리가 꼭 해야 하는 숙제이다.

학교도서관에서 길을 묻다

강애라 | 숭곡중학교

서울모임 시작과 현재

책을 중심에 두고 질문하고 생각하는 모임

20년 전 학교도서관은 굵은 자물쇠로 굳게 닫혀 있었다. 그것도 발길이 잘 닿지 않는 꼭대기 층 구석진 곳에 먼지를 뒤집어쓰고, 심하면 철창으로 덧잠긴 경우도 있었다.

도서관은 시험공부를 하던 곳으로만 인식했던 나에게 학교도서관을 맡아서 전산화 작업을 하라는 업무가 떨어졌다. 고심하던 내 눈에 뜨인 것은 2002년 '제1회 전국참교육실천대회' 학교도서관분과였다. 학교도서관이란 단어조차 낯선 나는 이런 분과가 있다는 것에 희망을 갖고 참석했고, 예상대로 전산화 작업도 마치고 아이들이 편하게 올 수 있는 도서관을 운영하고 계신 분들의 경험담을 듣게 되었다. 물론 나처럼 시작을 위해 참석한 분들이 더 많았다.

그곳에서 나와 같은 고민을 하고 있는 서울 지역 7명의 국어교사 류주형, 백화현, 김정숙, 박혜경, 이현숙, 박정해, 강애라로 서울모임이 시작이 되었다. 그 7명 중 현재 모임에 남아 있는 사람이 나를 포함해서 4명(김정숙, 이현숙, 박정해, 강애라)이고, 류주형, 백화현 선생님은 전국모임 자문위원으로 계신다.

2020년 1월, 순천대에서 실시된 '제19회 참교육실천대회'에도 어김없이 우리 서울모임 선생님들은 모였다. 19년 전 이곳에서 서울모임이 만들어진 이후 전국모임 대표이신 류주형 선생님을 제외하고 6명은 모두 서울모임의 대표를 맡아 2년 또는 그 이상 서울모임을 이끌었다.

서울모임 구성원들은 함께 생각하고 이야기를 나누면서 늘 반 걸음 앞서서 생각하고 실천했다고 생각한다. 꼭 책이어야 하냐는 의심은 책이어야 한다는 확신을 얻기 위한 과정이기도 했고 책을 중심에 두고 하는 모든 교육활동의 방향을 잡는 질문이기도 했다. 융합수업과 프로젝트 수업에 책이 함께 하도록 노력했으며, 회복적 생활지도에 마음을 움직이는 책이 큰 역할을 할 수 있음을 주장했다. 도서관 리모델링을 시작으로, 공간에 대한 인식은 오고 싶은 도서관, 편안한 도서관 만들기를 게을리하지 않았고, 학교 공간의 혁신을 위한 기초를 세웠다. 서유럽, 북미, 북유럽 학교도서관과 공공도서관 탐방은 문

2장 지역모임이 걸어온 길

화로써의 책 읽기와 정보 활용 교육으로의 도서관 그리고 생활 속에서의 도서관을 고민하고 현장에서 녹여 내서 수업으로 구현하려는 노력을 했다.

서울모임은 항상 책을 중심에 놓고 생각했고, 책이 주는 힘을 믿고 실천했다. 많은 사람들이 모임에 합류했다가 개인 사정으로 잠시 쉬기도 하고, 그 쉼이 길어지는 사람도 있지만 언젠가 돌아올 때가 되기를 기다리며 20년 가까이 화요일 격주 모임을 고수한다. 나 역시 큰아이가 지독스런 사춘기를 보내느라 학교도 그만둘 뻔했기에 2년 가까이 모임을 쉰 적이 있다. 하지만 쉬는 동안 한 번도 서울모임을 그만두었다고 생각한 적이 없었다. 언제나 나는 서울모임과 함께했고, 모든 것을 그곳에서 배우고 깨닫고 실천했다. 지금 서울모임 구성원 중에는 육아를 하느라, 결혼을 하고 새살림을 꾸리느라 정기적인 모임에 못 나오는 선생님도 계시고, 오랜 시간 함께했지만 각자의 이유로 쉬고 있는 사람들도 있다. 돌아갈 곳이 있어 그 쉼이 외롭지 않게 우리 모임은 늘 열려 있다. 그래서 비정기적인 연수나 특별한 이벤트에는 쉬고 있는 선생님들이 함께할 수 있는 행사들을 기획한다.

20년이라는 시간을 처음부터 함께한 구성원들은 각자의 아이들이 성장해 결혼을 하는 것도 같이 지켜보고, 구성원 선생님이 결혼을 하고 엄마가 되어 가는 것도 함께했다. 명예퇴직을 하여 새로운 삶을 꾸미는 선생님들도 옆에 있다. 그런가 하면 새내기 선생님들도 꾸준하게 합류하여 다시 그 자리를 자신들의 자리로 만들어 간다.

격주 화요일 모임은 특별한 사유가 없는 한 유지하고, 온라인 카페에서 시작해 시대의 변화에 따라 카톡, 또는 밴드로 변화한 각종 플랫폼을 활용한다. 지금처럼 비상시에는 격주 중 한 번은 온라인 ZOOM으로 오프라인 모임을 최소화하여 병행하고 있다. 한 해의 주요 사업에 대한 1년 단위의 계획은 겨울방학 연수를 1박 2일을 하면서 심도 있게 전원 토의를 거쳐 정한다.

구성원들이 성장하는 모임

과거도 현재도 나의 교육은 학교도서관과 함께한다. 부모로서 내 아이들의 교육도, 교사로서 내가 맡은 아이들의 교육도 다 이곳에서 배워 실천했고 고민했고 토의했고 점검했다. 업무로 도서관을 맡지 않아도 나는 이미 도서관과 함께 교육의 모든 활동을 진행한다. 나로 그치지 않고 나와 함께하는 동료교사들도 학교도서관을 활용하도록 고민한다. 나의 미래 교육도 학교도서관과 함께임은 당연하다.

책과 함께하는 수업을 고민하다 보니 교과 간 융합수업, 프로젝트 수업을 늘 먼저 제안했고 실천할 수 있었다. 외국도서관 탐방은 교육에 대한 많은 생각을 하게 했고, 특히 학교도서관을 이용한 정보화교육의 중요성을 인식해서 내 수업에서 고민했다. 그리고 학교 공간을 고민했다. 편안한 학교도서관을 고민하다 모든 공간의 혁신을 생각하게 되었다. 이처럼 서울모임은 나를 성장시켰고 나처럼 우리 구성원 모두를 배우고 실천하고 협업하는 교사로 만들었다고 생각한다. 서울모임은 미래교육을 앞서서 고민하고 있으며, 매해 새로이 합류하는 선생님들과 더불어 행복한 교육시대를 만들어 갈 행복한 꿈을 꾼다.

서울모임 자료집 출간과 연수진행

아이들에게 읽혔으면 하는 책 100권 선정

2002년 1월 '제1회 참교육실천대회' 학교도서관분과는 전국에서 모인 선생님들과 지역모임을 구성하였고, 서울모임 역시 그 자리에 참여한 7명이 초기 구성원이다. 그 당시에는 대부분 학교도서관을 담당했던 교사들이 참석했기에 전국모임의 명칭도 '전국학교도서관담당교사모임'으로 정했다.

이미 학교도서관을 중심으로 모임이 시작된 타 지역에 비해 서울모임은 그해 처음 결성되었지만 활발한 활동을 했다. 전교조 본부가 입주한 영등포 사무실에서 격주로 모여 학교도서관과 연관된 많은 일을 시작한 이후로 20년이 되어 가는 지금까지 격주로 모이는 것을 중단한 적이 없다. 퇴근 후 구성원 대부분은 1시간도 넘게 걸리는 장소에 모여 처음엔 주로 도서관 운영에 대한 실무적인 정보를 교환하고, 도서관 업무에 대한 이야기를 나누었다. 하소연을 하는 것만으로도 위로와 힘이 되었던 시절도 있었다. 걱정했던 전산화 작업도 공공도서관 지원을 받아 끝내고, 기본적인 도서관 업무도 어렵지만 익혀가면서 각자 맡았던 학교도서관 문이 활짝 열리면서 각자 학교도서관을 방문해서 격려하고 배우기도 하였다.

학교도서관 기본 실무를 익히고 문은 열었지만 찾아오는 아이들에게 어떤 책을 읽힐 것인가에 대한 고민이 되었다. '아이들이 읽으면 좋을 책을 고르고 싶다.'에 합의를 했다. 좋은 책의 기준에 대해서 고민하고, 머리를 맞대 의논하고 토의했다. 막연하고 중구난방이던 생각들이 정리가 되었다. 책은 직접 읽고 정하기로 하고 서로 추천하는 식으로 시작해 추천된 책은 반드시 읽고, 구성원 합의를 거쳐 선정하는 방식으로 진행했다.

100권을 고르느라 살펴본 책은 1,000권도 넘지만 턱없이 부족하다는 생각이 들었다. 하지만 막상 선정하는 과정에서 너무 오래 고민하는 것이 답이 아니라는 생각이 들어 6개월 정도 시간을 들여 100권을 선정하고 난이도에 따라 책을 구분하였다. 중학생 권장도서 100선('얘들아, 책 읽자'-중학생 편, 2003년), 고등학생 권장도서 100선('얘들아, 책 읽자'-고등학생 편, 2004년)을 담은 자료집을 만들어 많은 곳에 공유하고 배포했다. 활발하게 리모델링과 전산화를 거친 학교도서관에서 좋은 책을 확보하는 데 우리 자료집이 도움이 되었다.

자료집을 만드는 과정에서 목록으로 올라오는 책을 함께 읽고 토의하는 것은 나 개인적으로도 엄청난 경험이었다. 혼자 읽는 책은 익숙했지만 함께 읽고 나누는 책 활동이 얼마나 나 자신을 성장하게 하는지 경험하게 되었다. 내 생각에 갇히지 않고 뻗어 나가는 경험, 미처 생각하지 못했던 많은 부분에 대하여 알게 된 점, 다른 사람의 생각을 공유하고 한 걸음 더 나아가는 내 생각을 보게 되었다. 독서교육에 대한 확신을 하게 된 기간이었다. 이런 나처럼 우리 구성원들은 다 알고 있다고 생각하지만 경험하지 않으면 몰랐을 독서의 힘을 나누었던 그 시기가 서울모임의 그 이후 활동의 근간을 이루게 되었다고 생각한다.

아이들에게 읽혔으면 하는 도서목록 100권이 나오고 그 책으로 수업을 한 서울모임 교사들은 다음엔 수업에 대한 고민을 본격적으로 함께했다. 좋은 책을 권해도 독서능력이 떨어져 이보다는 만화나 판타지에만 빠지는 아이들이 많아서 독서능력을 키워 낼 수 있는 체계적인 독서수업 프로그램이 필요함을 깨달았기 때문이다.

서울모임 리더였던 백화현 선생님은 평소 자신의 생각이셨던 책으로 하는 수업을 체계화하고, 모임의 4명이 합류해서 프로젝트로 36차시 단계별 독서수업 프로그램을 실현하였다. 이를 단행본『학교도서관에서 책 읽기』(2005년)로 묶어 냈다. 한 사람의 리더가 얼마나 큰일을 해내는지 모임 구성원이 알게 된 계기였다. 서울모임의 그 후의 단행본 작업들은 이 경험에서 비롯되었다고 생각한다.

서울모임 주관 연수

같은 생각을 하는 사람들이 함께 모여 생각을 나누는 것이 구성원들을 성장하게 함을 경험한 서울모임은 우리가 배운 것들을 나누어야 한다 생각했다. 서울지부 도서관 담당교사 연수(2005년)를 열어 그동안 우리 모임의 연구 성과를 다른 이들과 공유하였다. 그러다가 긴 호흡이 필요한 단계별 독서수업 외에 각양각색인 아이들에게 책에 대한 흥미를 불러일으킬 만한 방법이 뭐가 있을까 고민을 하고 책과 놀이를 접목시키는 방법을 중점적으로 연구하게 되었고, 이 결과를 서울지부 참실연수(2006년), 서울지부 남부지회 참실연수(2007년), 학교도서관 담당교사 직무연수(2007년)로 풀어냈다.

여러 연수 중 가장 기억에 남는 연수를 꼽으라면 2011년 학교도서관 담당교사 및 사서교사 직무연수다. 장소는 명지대학교 용인캠퍼스에서 진행되었고 내용은 혁신학교와 학교도서관이라는 큰 주제를 놓고 이론과 실제를 적절하게 안배하여 프로그램을 진행했다. 도정일 교수의 "문명의 야만을 넘어서", 백병부 교수의 "교육의 불평등을 해소하는 도서관과 협동수업" 및 "혁신학교 교육철학의 이해" 강의를 시작으로, 현장에서 활동하고 계신 선생님들의 생생한 활동 내용을 소개하고 초·중·고 급별 수업에서는 우리 학교도서관을 잘 이끄시는 선생님들의 강의를 듣고 토론하는 시간을 가졌다. 북미도서관 탐방을 통해 느낀 점을 같이 공감하는 시간도 의미 있었다. 느티나무도서관 방문을 통해 훌륭한 도서관 뒤엔 반드시 훌륭한 생각을 가진 사람이 있다는 것을 배우기도 했고, 저자와의 만남 우석훈 씨의 강의는 사서교사에게 많은 힘이 되기도 했다.

또 2015년 여름방학 중대부속고등학교에서 '학교도서관과 미래교육'이라는 타이틀로 실시한 연수 역시 기억에 남는다. 자유학기제에 대한 고민을 나누고 실질적인 방안을 토의했으며, '공간과 예술'을 주제로 한 작가 김진송 씨의 강연도 대단한 이슈가 될 정도로 신선했다.

서울모임이 주관한 매해 연수는 서울모임 구성원을 성장시켰다. 연수를 준비하고 진행하는 과정에서 서로에게 도움이 되는 사람으로 구성원이 성장했고, 각자의 역할 속에서 배움이 진행되었다.

2015년 이후부터는 학교도서관에 사서가 배치되고, 사서와 사서교사를 위한 교육청 단위로 연수가 활발해져 서울모임과 전국모임 자체적으로 여는 전국 규모의 연수의 필요성이 줄어들었다. 반가운 일이고 바람직한 방향이다. 현재 필요에 의해서만 소규모로 지역 단위 연수가 진행되고 있다.

서울모임 해외 도서관 탐방 및 단행본 작업

『유럽 도서관에서 길을 묻다』(2009년)

학교도서관을 중심으로 활발히 이루어진 독서 운동이 인력 문제, '독서인증제', '독서이력철' 등 여러 이슈로 방향을 잃고, 서로 혼란스러워하는 것을 보면서, 이제 학교도서관의 문제를 좀 더 넓은 시각에서 바라봐야 할 필요가 있을 것 같았다. 2008년 우리 모임은 유럽으로 떠났고, 『유럽 도서관에서 길을 묻다』를 내놓았다.

서유럽 탐방을 계획할 때 구성원 중에는 처음 해외로 나가는 사람도 있었을 정도로 탐방에 대한 경험이 없었다. 기회가 되면 책으로 엮어 보자 마음은 먹었지만 준비하는 과정부터 어려움이 많았다. 하지만 어설프게 탐방에 필요한 도움을 어디에서도 구하지 않았다. 어딘가에 도움을 받으면 그곳에 매일 것 같았고, 순수하게 우리 모임 선생님들이 원하는 것에 집중하고 싶어서였다. 경비도 2년 동안 모은 돈에 부족분까지 모두 각자 사비로 준비했다.

처음 탐방 장소로 서유럽을 선택한 이유와 어긋나면 검증을 거치느라 많은 조율이 필요해 지치기도 했다. 준비만 1년 정도 걸렸다. 유럽의 역사부터 공부를 시작했다. 단독 상품으로 기획해 가이드가 함께했지만 일반적인 상품이 아닌 전혀 새로운 탐방지인 도서관과 학교도서관을 가려면 따로 통역이

필요했다. 최대한 목표를 달성하기 위해 경비를 아끼지 않고 현지 통역을 섭외했지만 대부분 현지 통역은 관광 통역으로, 도서관이나 우리가 알고 싶은 독서문화 통역에는 서툴렀다.

특히 문화적 차이를 경험한 건 영국에서의 일이다. 오랜 시간 영국에서 산 교포가 통역을 맡았는데 영국에 와서 박물관을 제치고 도서관을 보려는 우리를 이해하지 못했다. 하지만 우리는 전리품이 가득한 영국박물관에는 그다지 관심이 없었다. 거만하게 영국이 우월하다는 의식을 가지고 우리를 대하는 그 통역을 데리고 영국 국립도서관과 사립 작은 도서관을 탐방하고 질문하여, 우리가 궁금한 것을 알아내는 것은 힘든 일이었다. 스트레스가 쌓였다. 우리의 계획은 매번 수정되어야 할 정도로 현지 상황은 예상과 달랐다. 그래도 초심을 잃지 않고 여건에서 최선을 다했고, 자료를 구해 돌아왔다.

돌아와서 더 많은 공부가 필요했다. 예상하지 못한 많은 어려움은 물론 학교도서관을 제대로 탐방하지 못하고 공공도서관 위주로 탐방했던 점 등, 유럽 문화의 이해 속에 도서관을 살펴봐야 한다는 생각에 검토가 필요했다. 충분한 인터뷰와 탐방이 진행되지 않아 원래 쓰려던 글이 잘 써지질 않았다. 주제를 잡아야 하는데 출판사와의 조율도 어려웠고, 해결해야 할 것들이 산같이 높아 단행본으로 나오는 데 2년도 넘게 걸렸다. 다들 너무 지쳐 단행본 내느라 자칫 모임이 와해되겠다 싶은 순간도 있었다. 『유럽 도서관에서 길을 묻다』는 서유럽 국가의 역사와 문화 속에서 공공도서관의 역할과 의미를, 탐방한 교사의 시각에서 에세이 식으로 엮고 우리의 현실에서 독서의 의미를 짚어 봤다. 하지만 중요한 것은 우리가 왜 여기를 갔고 무엇을 원했는지 놓치지 않으려 했던 것이, 부족한 대로 사람들이 읽고 좋아해 줄 책으로 엮을 수 있었다.

처음 단행본 작업을 함께하며 우리는 참으로 많은 것을 배웠다. 그 중 함께했을 때 분명 더 나은 결과와 배움이 있다는 믿음을 갖게 된 것을 최대의 성과로 꼽고 싶다. 우리가 당면한 문제들을 해결해야 하려면 행동해야 하는데 그 행동을 하게 하는 힘을 서로 얻었다. 가장 중요한 문제가 무엇인지를 함께 고민하고 이를 해결하기 위하여 모임원들이 가진 역량을 최대한 발휘하는 방식을 함께 모색했다. 그 과정에서 우리 모임은 모임원 각각의 역량을 키워 주는 인큐베이터 역할을 했고, 결과물을 널리 전파시켜 사회를 움직이는 '운동'의 역할을 했다고 믿는다.

『북미 학교도서관을 가다』와 『북미 도서관에 끌리다』(2012년)

유럽 탐방을 1년 정도 준비했지만 부딪쳐 보니 공부가 턱없이 부족했다는 것을 알고 있었기에 좀 더 일찍 계획을 세워 2009년 8월 모임부터는 미국 학교도서관 탐방을 준비했다. 일정을 짜다 보니 북미로 집중되어 캐나다가 일정에 들어갔다. 학교도서관을 살펴볼 작정이었기에 우리 교육과정과 미국, 캐나다 자국어 교육과정을 읽고 토의하는 작업을 시작으로 준비가 진행되었다.

또한 미국 역사와 미국 교육 관련 서적을 읽고 발제하여 발표하고 토의하는 형식으로 미국을 알아 가는 과정을 5개월 정도 진행했고, 미국 도서관 관련 논문을 읽고 발제하는 과정을 4개월 정도 했다. 떠나기 전 6개월은 미국 도서관 방문 시 질문할 내용을 정리하고 도서관 용어 등을 공부했다.

정독도서관, 느티나무 도서관 등 우리나라 공공 도서관을 방문하여 우리 공공도서관에 대해서도 알아봤다. 서유럽 탐방 시 구성원이 의외로 우리 공공도서관에 대하여 아

는 것이 별로 없음을 알았기 때문이다. 2010년 12월 14일 정진수 교수님을 초청해서 도서관 전공교수님이 경험한 미국 도서관에 대한 강의 듣고, 구체적인 질문지를 작성하여 질의하는 시간도 가졌다. 교수님은 우리의 열정에 감탄하며 본인이 경험한 많은 정보를 주셨다. 12월부터는 연락된 학교들 홈페이지를 통해 기본정보를 파악했다.

2011년 1월 17일~2011년 1월 31일 방문지로 뉴욕, 워싱턴 DC, 보스턴, 토론토 공공도서관과 지역도서관, 초·중·고 학교도서관을 방문했다. 준비가 충분했던 만큼 미국탐방은 성공적이었다. 통역도 도서관 관련이 있는 사람을 섭외했고, 미국 교포 중에서 이런 일과 관련된 사람이 가이드하도록 기본을 정한 덕분에 우리의 취지를 이해하는 사람이 우리의 열정을 알고 최대한 노력해 줬다.

미리 선정했던 학교는 모두 성공적으로 방문해서 미리 보낸 질문지에 대한 충분한 인터뷰를 했고 틈나는 대로 공공도서관을 탐방해서 자료가 넘쳐 났다. 각자 맡은 학교와 공공도서관 자료를 모아 가벼운 수필식 글쓰기로 원고를 모아 보니 내용이 너무 많았다. 〈도서관

저널)에 공공도서관과 급별 학교도서관을 연재하면서 우리교육 출판 팀과 상의한 결과 한 권에 이 많은 양을 담을 수 없다는 결론이 났다. 봄 연수를 잡아 1박 2일 연수에서 밤샘 토론을 거쳐 공공도서관과 학교도서관을 분리해서 내기로 하고 10개월 정도 원고 작업을 거쳐 두 권의 단행본이 출간되었다.

『북미 학교도서관을 가다』는 인터뷰 요청이 있었던 학교를 방문하고 심층 인터뷰한 내용과 함께 공부한 내용들을 충실하게 엮었다. 특히 정보활용교육에 대한 중요성과 그 실천을 하고 있는 미국 학교도서관의 사례를 다루었고 우리 교육에도 어떻게 접목시킬지 고민했다.

『북미 도서관에 끌리다』는 학교 이외의 공공도서관을 둘러보고 시스템을 살펴본 내용들이 생각보다 많아 학교도서관하고 분리해서 한 권으로 묶었다. 큰 공공도서관은 물론 마을 작은 도서관을 둘러보고 직접 질문하고 현장의 느낌을 살려 자료들을 정리했다.

『아름다운 삶, 아름다운 도서관』(2015년)

두 번의 외국도서관 탐방을 마치고 북미 학교도서관에서 가장 크게 와닿았던 도서관 협력수업을 학교 현장에서 실천하고 점검했던 우리 모임은 해외 탐방을 기획할 때 마지막 기획지인 북유럽 탐방에 대한 고민을 시작했다.

이제 학교 현장에서도 학교도서관이 어느 정도 위상이 높아지고, 활발하게 여러 활동이 진행되고 있으며 협력수업, 융합수업, 프로젝트형 수업의 장으로도 학교도서관이 그 중심에서 역할을 하고 있었고, 북유럽 학교모델에 관해서는 이미 많은 연구가 되었다는 생각에 마지막 탐방지인 북유럽을 꼭 가야 하느냐는 질문을 시작으로 1년 넘게 고민했다.

북유럽 학교는 여러 연구가 있지만 우리도 직접 가서 확인하자, 학교도서관이라는 틀로 묶지 말고 좀 광범위하게 살펴보자, 이번 탐방은 서울모임만으로 국한하지 말고 전국모임 단위로 대상을 열어서 진행해 보자는 합의를 했다.

합의를 한 2013년 서울모임 겨울 M.T.에서 북유럽 탐방을 논의하여 결정하고, 그해 정읍의 기적의도서관, 김제의 지평선학교를 방문(2013년 5월)했다. 강화의 산마을학교 탐방(2013년 8월), 서울에 있는 특색 있는 공공도서관 방문을 수시로 하면서 도서관에 대한 우리 구성원의 생각을 모았다.

북유럽의 역사, 문화, 사회에 대한 전반적인 공부를 2013년 1월에 시작해서 출국하기 전까지 1년 정도 충실하게 진행했다. 스웨덴 올로프 팔메의 일대기를 그린 다큐멘터리를 같이 보고 토론하기도 했고 '정지용 건축전'(현대미술관)을 관람하고 토론했으며, 북유럽 건축 디자인전을 보고 의견을 모아 이번 탐방엔 건축과 공간에 대한 고민도 본

격적으로 해 보자고 했다.

강원 교육청 주관, 춘천교대에서 진행한 '학교혁신 심포지엄'에 서울모임 선생님들이 참가하여 공간 혁신을 이룬 수업 형태에 대한 충격적인 경험도 했다.(2013. 10. 25.~26.) 또 이재식, 안승문 선생님을 모시고 북유럽 전반에 대한 강의 들으며 북유럽에 대한 지식을 넓혀 갔다.(2013. 10.)

2014년 1월 12일~2014년 1월 26일 방문지로 핀란드, 스웨덴, 노르웨이, 덴마크 중·고 학교, 공공도서관, 지역도서관을 방문했다. 외국 도서관 탐방 프로젝트 완결편으로 생각하고 혁신학교 모델인 핀란드와 스웨덴 등 북유럽 학교와 함께 공공도서관을 탐방하고 책임과 돌봄의 교육이 어떤 모습인지 살펴보았다.

북유럽 탐방은 우려와 달리 우리 구성원에게 또 다른 큰 울림을 주었다. 학교도서관의 소중함은 기본으로, 그 기본을 의심하지 않는 그들에게 놀랐고 계속 학교도서관의 중요성을 주장해야 하는 우리 현실에 대한 자각이 있었다.

학교도서관을 좀 더 확장해서 공간과 함께 고민하고 공공도서관과 연계해야 하며, 꼭 책이어야 하냐는 질문은 책을 바탕으로 하고 있는 문화에서는 질문하지 않는 당연한 생각이라는 깨달음도 얻었다.

핀란드에서는 공공도서관의 혁신을, 스웨덴에서는 공간의 혁신을 이룬 도서관을, 노르웨이에서는 기본에 충실한 도서관을, 덴마크에서는 행복을 중시하는 학교도서관을 보았다. 방문 후 각자가 맡은 나라와 도서관에 대한 생각을 나누고, 나라별로 팀별 진행의 단점을 극복하고자 크로스 지원까지 정해 각자가 맡은 나라, 학교, 도서관 자료를 정리하고 〈도서관저널〉에 5부로 탐방기 올리는 작업을 거쳐 (2014. 9.), 2015년 4월 『아름다운 삶, 아름다운 도서관』이 탄생했다.

『아름다운 삶, 아름다운 도서관』은 도서관이 중심이 되었지만 북유럽 전반의 교육철학이 담기도록 구성하고 도서관 공간에 대해서도 많이 언급하였다. 각 나라별로 특성이 뚜렷하여 구분하여 실었으며, 우리 미래교육에 대한 우리 교사들의 고민도 함께 녹여 담으려고 노력했다.

주제가 있는 교사 혁신 동아리

북미 학교도서관 탐방에서 가장 주목한 것은 도서관 협력수업이었다. 도서관 협력수업의 사례를 정리하고 단행본으로 묶는 과정에서 연일 회의를 통해 이것을 우리 학교 현장에서 어떻게 접목시킬지 고민했다. 단행본 작업이 마무리 되던 2012년, 서울시 교육청 주관으로 혁신학교 큰 틀에서 교사 혁신 동아리모임을 지원한다는 소식을 접했다. 서울 전역에 걸쳐 근무하고 있는 우리 구성원은 이미 현재 하고 있는 주제를 좀 더 구체화해서 진행하기로 했다.

그 후 매년 주제를 정해 격주 모임의 중심 과제로 삼았다. 결과물을 묶어 자료집을 내고 '참교육실천대회'에서 발표하기도 했다. 도서관 협력수업의 경우는 각자 자신이 근무하는 학교에서 진행하고 모임에서 발표하기도 했지만 각자 수업에 대한 피드백을 함께하기도 했다.

혁신동아리 사업이 교사 공동체로 명칭이 바뀌고 다양해진 몇 해 전부터는 서울모임이 한 해 사업을 구상할 때, 서울 전역에 근무하는 우리 구성원이 공동체가 되어 진행할 수 있는 가장 당면한 주제를 정한다.

올해의 경우 협력적 수업을 구상하고 그림책과 함께하는 수업을 구상하다가 쓰기로 발전하여 구성원이 쓰기를 경험하면, 수업에서 아이들 글쓰기 지도에 도움이 되지 않겠느냐는 의견이 나왔다. 교사가 직접 쓰기를 경험한다는 것은 아주 중요한 경험이 될 것 같아 합의를 거쳐 올해 교사 공동체 주제로 정했다. 비대면 모임 틈틈이 작가를 모시고 글쓰기의 실제를 진행하고 있다.

서울모임의 방향

사서, 사서교사, 담당교사와 학교도서관

서울모임의 시작은 학교도서관을 담당했던 7명의 국어교사로 시작했지만 사서교사와 함께하고 사서 분들도 많이 합류했다. 지금 현재는 사서교사와 교과교사로만 구성되어 있지만 지금도 모임의 문은 열려 있다. 서울모임도 그렇지만 전국모임 역시 늘 사서교사들이 주축이 되거나 담당교사들을 위한 연수의 자리에서 볼 수 없는 다양한 위치의 도서관 관련자들이 모인다. 좀 어색하긴 해도 서로의 소리를 통해 어떻게 통합해 나아가야 할지 고민하는 자리가 되곤 했다. 특히 겨울 운영위를 실시하는 참교육실천대회 도서관분과에서는 전국 각지에서 활동한 도서관 관련 사업들에 대한 발표사례를 통해 자극을

받고, 각자의 위치와 입장에 따른 견해들을 나누는 자리다. 이 자리
는 늘 자성의 소리가 있다.

어느 해 발표에 경기도 지역 계약직 사서 분들과 나눔의 자리를
만들고 주도한 담당교사의 발표가 있었다. 연수에 참여한 계약직 선
생님들은 가슴에 품고 있던 울분과 답답함을 토로하는 장으로 변하
여 뜨거운 논의가 있었다. 학교도서관이 바람직한 방향으로 가기 위
해선 내가 처한 위치에서 벗어나 다각도의 시각에서 학교도서관을
바라보아야 한다.

동작에서 강남으로 학교를 옮긴 나는 학교도서관에 대한 인식이
낮은 강남지역 중학교의 현실에 경악했다. 리모델링 되어 있는 도서
관은 늘 문이 잠겨 있고, 수서작업도 제대로 이루어지고 있지 않으며,
일단 학교도서관의 필요성에 대한 인식 자체가 없었다. 이곳에서 무
엇을 할 수 있나 고민만 하고 있던 차에 서울 지역도 일선 중학교에
계약직 사서 분들이 배치되었다. 덕분에 외양은 그럴 듯하지만 실제
도서관 책을 활용하는 수업이나 아이들이 즐겨 찾는 공간으론 턱없
이 부족했던, 닫혀 있던 도서관이 열렸다. 그해 2학기 국어수업에 도
서관 협력수업을 구상했다. 사서 분의 리서치 능력에 도움을 받아, 책
꽂이에 있는 책들을 고르고, 토의하고 발표하는 데 많은 도움을 받
았다. 입시교육에 찌들어 있는 학교에서 도서관이 얼마나 중요한지
알려 나가려면 많은 사람들의 노력이 필요하다. 우선은 도서관을 활
용하여 수업을 진행하려는 교과 선생님이 있어야 한다. 그리고 가장
중요한, 그 수업을 같이 상의하고 아이들의 리서치를 도와줄 수 있는
사서교사가 있어야 한다. 그러나 현실은 그런 교과 선생님도 사서교

사도 드물다.

경기도와 다르게 2011년에 와서야 계약직 사서가 배치되었다가 지금은 서울 대부분의 중학교에는 사서 분들이 배치되어 있어 학교도서관이 안정적으로 운영되고 있기는 하다. 그럼에도 학교도서관이 교수 학습의 장으로 그 중요한 역할을 수행하기 위해서는 정식 사서교사가 절실하게 필요하다. 도서관 담당교사로 여러 해를 도서관에서 일을 해 본 나는 정확한 전산화 작업, 수서, 리서치 작업, 정보 활용교육 등 전문가의 도움이 필요하다는 것을 절감했고 그 일은 일반 교과교사가 할 수 없는 일이라는 결론에 도달했다.

우리가 방문한 유럽과 북미 학교도서관에는 대부분 사서교사와 사서 1명 이상이 같이 근무하고 있었다. 학교도서관은 공공도서관과는 구별되는 특성이 분명하게 있고 우리가 방문한 유럽도, 미국도 그 점을 간과하고 있지 않았다. 그러면서도 미국은 말할 것도 없었고 유럽도 공공도서관은 학교도서관과 너무도 긴밀하게 연결되어 있었다. 학교도서관 프로그램이 공공도서관과 연결되어 있어 방과 후엔 인근 지역 공공도서관에서 방과 후 활동도 하고 있었다.

학교도서관은 아이들을 잘 이해하고 교육과정에 대한 이해가 있는 사서교사가 존재해야 한다. 또 그가 전반적인 학교 교육과정 속에서 도서관의 역할을 잘해 나가려면 도서관 운영에 관한 사서 역시 필요하다. 우리에게 너무 요원한 이야기처럼 들리나 학교도서관을 중심으로 뜻이 있는 담당교사, 임용을 준비하는 사서교사, 그리고 현장에 있는 계약직 사서, 그리고 공공도서관 관련 모든 분들이 힘을 합쳐서 학교도서관의 역할과 위상을 고민한다면 불가능한 일이 아니라고 본다.

2장 지역모임이 걸어온 길

지금은 문헌정보학계에서도 공공도서관에서도 학교도서관에 눈을 돌리고 있다고 들었다. 약간의 오해로 불협화음도 존재하지만 도서관이라는 공통점으로 뭉쳐 방향을 잘 잡아 갈 것이라 생각한다.

'한 학기 한 권 읽기'와 학교도서관

학교도서관에는 각 학년에 맞는 좋은 책들이 그 어느 곳보다 많이 구비되어 있다. 이 책들을 읽히고 책과 함께하는 수업을 해야 한다. 비록 오래전이지만 북미 학교 방문 시 일부 학교에서 초등학교 2학년까지는 컴퓨터를 이용한 활동을 금지하고 책 읽는 시간을 확보하고 있는 점이 인상적이었다. 북유럽 학교를 방문했을 때 역시 무엇보다 부러웠던 점은 학교도서관이 아름다웠다는 점이다. 학교도서관에서 가장 편안한 자세로 책을 읽을 수 있도록 환경을 조성하고, 책을 읽어 주는 활동에 공을 들이고 있었다. 부족하지만 이제 우리도 학교도서관이 학교 건물에서 그래도 편안한 공간으로 자리 잡고 있고, 예전보다는 학교에서 책과 함께하는 활동이 다양해졌다고 생각한다. 아침독서, 윤독독서, 도서관 각종 행사 등 많은 독서활동이 학교에 정착한 것은 학교도서관을 사랑하는 모든 사람들이 노력한 덕분이다.

전 국민 독서를 운동 차원에서 펼쳐 나가고 그 성과가 공공도서관에서도 나타날 즈음 학교에서도 모든 교과에서 각 교과와 관련된 온전한 한 권의 책을 읽히는 전 교과 독서활동이 활발했다. 그러자 독서를 입시와 연결하려는 움직임이 있었고 부작용을 최소화하는 노력에 많은 독서 운동가는 힘을 쏟아야 했다. 그러면서 아직은 교과수준 성취기준이 있는 우리나라는 교육과정에 독서교육이 들어와야 한다는 움직임이 일고, 꾸준한 독서 운동을 펼친 사람들에 의해 2015년 교육과정에서 국어과가 '한 학기 한 권 읽기'로 그 시작을 했다.

활발해져 가는 전 교과 독서에 자칫 국어과로 독서를 한정하는 것이 아니냐는 우려도 있었지만 2015년개정교육과정 교과서 집필에 참여하면서 교육과정과 성취기준이 절대적인 우리 교육현실에서는 일단 독서가 교육과정에 명시됨으로 인해 얻는 효과가 있다는 점을 인정해야 했다. 성취기준을 통합하고 지식 위주가 아닌 사고 위주의 수업이 가능하도록 긴 시간을 확보해서 학교도서관과 함께 각자 한 권의 책을 읽도록 안내해야 한다. 여기에서 한 권은 최소 한 권으로 부담을 줄여 주어 무리 없이 전 국어교사가 선두에서 실천하게 하고자 함이다. 함께 읽기도 좋고 각자 읽고 싶은 책을 읽어도 좋다. 함께 읽는다면 함께 활동하기가 좀 수월하고 각자가 읽는다면 각자 읽은 책을 통해 더 다양한 책을 친구들과 공유해서 좋다. 이젠 '교과서 나가기도 바쁜데, 아이들이 집중을 안 해서, 책이 없어서, 시험 진도 나가기도 어려운데.' 이런 말들이 통하지 않게 되었다.

하지만 여전히 수업에서 좋은 책과 아이들이 만나는 데는 어려움이 존재한다. 지금은 코로나19로 온라인 수업이 진행되는 초유의 사태이다. 이런 비상시에 공공도서관과 학교도서관이 어떤 역할을 해야 할지 고민의 방향을 다양하게 해야 할 때이다. 이번 학기 온라인 수업에서 현재 근무하는 학교는 아침독서를 실시하였다. 작년부터 독서교육을 구상하고 개방식 도서관을 꾸미면서 계획했던 일이 코로나19로 인해 무산될 뻔했지만 온라인 플랫폼을 활용하여 진행하게 된 것이다. 독서교육의 중요성을 생각한다면 교육방법은 온라인 수업에서도 얼마든지 존재할 것이라 생각한다.

이제 2022년개정교육과정은 전염병 시대에 부응하는 온라인 오프라인 블렌디드 수업을 고민하고 있다. 정보가 넘쳐 나는 가상공간 학습장 역시 활자를 읽어 내는 능력뿐 아니라 생각하는 힘을 기르는 독서교육이 결코 소홀히 되어서는 안 된다. 이 시점에 이제까지 펼쳐 온 독서 운동을 온라인에 어떤 식으로 녹여 내서 실천할지 서울모임 동지들과 힘차게 고민하고 있다.

인천 지역모임 이야기

꿈을 꾸게 하는
낯선 길 위의 여행

김영석 ㅣ 연화중학교

도서관의 문을 열며 맡는 오래된 책 향에서 행복을 느끼는 사람들, 누군가 발견해 주기를 기다리며 제자리를 지키고 있는 보석 같은 책을 발견하는 기쁨을 아는 사람들, 재미있게 읽은 책을 권하고 함께 책 이야기를 나누면 퇴근 시간이 지나도 아깝지 않은 사람들, 내가 알고 있는 독서교육 방법을 거리낌 없이 나누고 따라 하고 그 경험을 나누며 웃는 사람들. 그런 사람들이 모여 정을 나누고 마음을 나누며 독서교육의 철학을 지키고 있는 곳. 바로 학교도서관을 사랑하는 사람들 인천모임입니다.

학교도서관을 사랑하는 사람들 인천모임은 인천중앙도서관에서 학교도서관을 처음 맡는 담당자들을 위한 연수에서 이성희 선생님이 강의를 맡았고, 그 자리에 참석한 10여 명의 초·중·고등학교 선생님들(박혜성, 박미자, 안명숙, 황현정, 이성희, 전윤주, 김대영, 차의진, 이진선, 황영선)이 만든 모임에서 시작되었습니다. 2000년 4월에 첫 모임을 했으니, 올해로 20년을 맞이했습니다. 돌이켜 보면 학도사는 처음 모임부터 학교도서관에 있는 '사람'을 중심으로 모든 일을 시작했습니다. 그리고 그 모든 시작엔 이성희 선생님이 있습니다. 행사 전 끝이 없는 마라톤 회의, 행사 진행을 위한 수십 개의 역할 분담, 새벽까지 이어지는 평가회 등 함께하는 사람에 대한 애정이 없다면, 도서관과 독서교육에 대한 열정이 없다면 결코 20년 동안 이어 오기 힘든 과정이었습니다. 이성희 선생님을 비롯한 모든 학도사 선생님뿐 아니라 학교도서관을 살리는 운동에 함께한 시민단체(인천YMCA, 참교육학부모회 인천지부, 해반문화사랑회)가 연대하고 협력해 지금의 학도사를 있게 했습니다. 그 당시 학교에서는 원하는 책을 찾아 읽는 기본적인 것조차 쉽지 않았습니다. 신간 대신 먼지 쌓인 오래된 책뿐이고 그마저도 늘 닫혀 있던 학교도서관을 모든 학교에 만들고 그 학교도서관이 학교교육의 중심에 있게 하기까지 20여 년이 걸렸습니다. 이미숙 선생님은 당시 학교도 입학 전인 딸 지효를 데리고 모임을 다녔습니다. 선생님의 존재를 모를 때, 학도사의 모든 선생님은 지효의 언니, 오빠였었죠. 사자오빠, 기린오빠, 토끼오빠, 호랑이오빠… 중에 이성희 선생님만 유일하게 별명이 없었다고 합니다. 학도사의 모든 시작점에서 깃발을 들고 앞으로 나가시느라 지효와 놀아 줄 시간이 없었기 때문입니다. 비록 이성희 선생님은 별명을 갖지 못했지만, 그 덕에 학도사는 오래 이어지고 있습니다.

학도사에서 가장 먼저 한 일은 문학기행과 문학캠프입니다. 이성희 선생님의 첫 부임지인 부광고 도서부 학생들을 중심으로 선생님과 함께하는 문학기행을 시작했고, 8년간 작가와 이야기가 있는 곳이면 전국 어디든 다녔습니다. 또한 공공도서관과 시민단체와 협력해 인천의 여러 문화공간(북구도서관, 구월동 중앙공원, 부평 문화의 거리 등)에서 다양한 독서행사를 도서관 문화제로 2011년까지 진행했습니다. 2008년 이후에는 시와 음악을 사랑하는 이강련 선생님의 시낭송축제 기획을 시작으로 2015년까지 시로 감성을 나누었으며, 현재는 인천을 배경으로 하는 작품이나 인천 출신 작가의 작품을 읽고 인천문학지도를 만들고 있습니다.

학교도서관을 사랑하는 사람들은 꿈이 있습니다. 지식과 정보가 가득한 학교도서관에서 학생들이 제대로 된 꿈을 발견하고, 그 꿈을 찾아가도록 돕고 싶습니다. 또 학교도서관을 사랑하는 사람들은 믿고 있습니다. 교육은 성적으로 줄 세우기식 경쟁교육이 아니라, 다른 사람과 함께할 줄 아는 '사람'을 만드는 것이라고. 독서는 인간답게 사는 것에 대한 고민과 성찰을 하는 가장 좋은 방법입니다. 그러므로 학교교육의 중심에는 학교도서관이 있어야 합니다. '책 읽는 학생들로 가득 찬 학교'를 만들기 위해서 오늘도 학교도서관을 사랑하는 사람들은 모여서 이야기합니다.

2장 지역모임이 걸어온 길

스무 살, 아름다웠던 모습 그대로 (선생님과 함께하는 문학캠프)

선생님과 함께하는 문학캠프는 당시의 전형적인 수학여행처럼 교사의 인솔 아래 학생들의 형식적인 탐방이 아닌 교사와 학생이 함께 만들어 가는 여행이었습니다. 지역을 방문해서 그곳에서 글을 쓰는 작가님과 밥도 먹고, 노래도 부르고, 이야기도 듣는 활동부터 지역에서 유명한 판소리나 아리랑을 배우거나 민요를 채록하는 등 삶을 나누는 활동까지 교사와 학생이 처음부터 끝까지 모든 활동을 함께하며 온몸으로 배우는 활동이었습니다. 아마도 학도사 20년의 가장 큰 추억은 문학기행과 문학캠프가 아닐까 싶습니다.

2000년 11월 김용택 시인을 찾아 전북 임실의 진메마을 탐방으로 학도사의 문학기행은 시작합니다. 이 시기는 학도사의 출발점이 된 시기이며, 도서관이 학교의 중심이라 믿으며 함께하고자 했던 우리의 바람들을 구현한 시기라고 할 수 있습니다. 본격적으로 2002년부터 인천 도서부연합이 만들어지고 꽤 큰 규모의 문학기행을 시작했습니다. 뜻을 함께한 교사들이 주축이 되어 각 학교도서관의 도서부원들과 공공도서관 그리고 시민단체가 함께하면서 청소년들의 문학적 경험을 확산시켜 주는 체험의 장으로 발전시켰습니다. 그래서 2002년부터 2007년까지는 여름방학과 겨울방학 일 년에 두 번씩 문학캠프를 준비하고 틈틈이 짧은 당일코스의 문학기행까지 아주 바쁜 시기였습니다.

강원도, 지리산, 경북 안동, 충남 부여, 전북 고창 등 전국을 돌아다니며 수많은 작가와 시인, 그리고 문학관을 둘러보았습니다. 장소는 가능하면 현존하는 작가의 작품과 관련된 곳으로 정했습니다. 작가를 직접 만나 이야기하는 것만으로도 한 권의 책을 읽는 것 이상의 의미가 있기 때문입니다. 2박 3일 일정이라면 첫째 날은 각 학교 학생들이 어색함을 떨치고 친해지기 위해 공동체 놀이를 하고, 모둠별로 활동 내용을 정합니다. 당시만 해도 여러 학교가 연합해서 활동을 하는 것이 낯설었기 때문에 참여한 학생과 교사 모두 첫째 날 공동체 놀이 시간을 가장 기다렸습니다. 둘째 날은 전날 정한 모둠별로 각기 다른 미션을 수행하고 밤에 모여 문화제의 형식으로 공유하는 시간을 가졌습니다. 이때 시인이나 소설가가 직접 방문해 작가와의 만남 시간을 갖고 낭송을 하거나 발표를 합니다. 모든 활동의 주체가 학생이고 선생님이 함께하는 이 모델은 훗날 숙박을 하며 하나의 문학적 주제로 문화제를 만들기도 하는 단위 학교 내 문학캠프의 모델이 되기도 합니다. 이에 관한 자세한 내용은 『학교도서관 문화를 꿈꾸다』에 정리해 놓았습니다. 그리고 2007년 즈음부터는 체험의 장소를 인천으로 돌리는 시기가 되었으며, 그것은 지금 학도사가 진행하는 인천문학지도 만들기의 시작점이 되기도 합니다.

문학기행과 문학캠프는 학도사를 지금까지 있게 한 이유이자 원동력입니다. 학도사에서의 경험으로 이미숙 선생님이 서운중학교 학생들을 데리고 강원도 문학기행을 갔을 때의 일입니다. 설악산에 오르기 전 박그림 대표와 만나 이야기하는 시간이 있었습니다. 박 대표는 산이나 유명한 사찰이면 어디서나 볼 수 있는 돌탑에 대한 새로운 이야기를 들려주었습니다. 박그림 대표의 말에 의하면 돌탑은 자연을 휘손하는 아주 간단한 방법이라고 합니다. 자연은 그 자리에 있어야 할 것이 그 자리에 있을 때 훼손되지 않습니다. 작은 돌 하나도 그 자리가 아닌 인위적인 이동이 있으면 그것이 연쇄적으로 주변 나무와 흙에, 산 전체에, 그리고 자연 전체에 영향을 끼칠 수 있다고 합니다. 그래서 설악산에는 밤마다 돌탑을 무너뜨리는 관리자가 따로 있습니다. 누군가의 소원을 무너뜨리는 것이 아니라 있는 그대로의 자연을 지키기 위함인 것입니다. 학도사의 문학캠프와 문학기행은 어쩌면 시시때때로 돌탑을 무너뜨리는 일이 아니었나 싶습니다. 살아 숨 쉬는 문학을 견고하게 짜인 독서교육의 틀에 가두고, 문제의 정답이 작품이 전하는 진리라고 믿고 싶은 인위적인 돌탑을. 정답을 정해 놓고 짜 맞추는 것이 아니라 작가가 작품을 썼던 곳, 작가가 살아 숨 쉬고 있는 곳에 가서 직접 보고 듣고 느끼는 것이 진정 문학을 아는 것이라고 생각합니다. 저마다의 경험과 생각에 따라 있는 그대로의 문학을 이해하고 내면화하는 것을 문학캠프를 통해 함께 배웠습니다.

'도서관 문화제'와 '청소년 시낭송축제'

청소년 문화존-도서관 문화제

도서관 문화제는 학교도서관이 막 문을 열기 시작한 시기인 2002년에 아이들이 학교도서관이나 책과 가까워졌으면 하는 마음으로 청소년 문화를 만들기 위해 시작하게 되었습니다. 도서관이 흥미로운 공간임을 알게 하고, 스스로 청소년 문화를 만들어 나가길 바라는 마음에서 주로 공공도서관과 시민단체, YMCA의 협조로 지역

축제 규모의 책축제를 여는 것입니다. 도서부 학생들이 부스를 기획하고 진행하지만, 광장에서 이루어지는 문화제는 사실 시민단체의 도움도 컸습니다. 2002년과 2003년에는 북구도서관에서 2005년에는 가천길대학 지성관에서 2006년에는 구월동 중앙공원에서 2009년과 2011년에는 부평 문화의 거리 등 인천의 다양한 장소에서 시민과 함께했으니 지역 축제 활성화에도 일정 부분 역할을 하지 않았나 싶습니다.

도서관 문화제의 중심에는 인천 도서부연합모임이 있습니다. 인천 도서부연합모임은 2002년 인천 관내 2~30개의 학교 도서부원들이 모여서 만든 모임으로 총회를 하고 일 년의 사업을 계획하고 집행하기 위해 이성희 선생님이 일구고, 김영석·윤종선 선생님이 이어 나간 연합모임입니다. 2000년대 초반엔 사서 또는 사서교사가 없었고, 담당교사 역시 이름만 있는 경우가 많아서 문을 닫은 학교도서관이 많았습니다. 도서부 학생들 스스로 도서관을 꾸려 갈 수 있게 매년 2월 기본적인 도서관 업무와 관련된 내용의 연수를 열고, 주도적으로 각 부분에서 역할을 할 수 있게 만든 것입니다. 도서부연합모임을 통해 학교도서관의 중심에 학생이 있고, 학생이 만들어 가는 학교도서관은 모든 것을 해낼 수 있다는 것을 알게 되었습니다.

도서관 문화제 역시 도서부 학생들이 주체가 되어 매년 새로운 주제로 부스를 구성하였으며 학생들의 지적 욕구를 충족해 주는 공간이자 생활 공간으로서의 학교도서관의 중요성을 학생들은 물론 지역사회와 학부모님에게도 알릴 수 있었습니다. 2002년부터 2009년까지 도서관 문화제의 부제를 보면 다음과 같습니다.

2002년(1회) 얘들아! 우리 도서관으로 놀러 가자

2003년(2회) 평화의 삶, 아름다운 생명

2004년(3회) 나눔으로 따뜻한 세상 만들기

2005년(4회) 얘들아, 학교도서관으로 놀러 가자!

2006년(5회) '책'과 만나 이루는 평등한 세상 엮어 가기

2007년(6회) '책'으로 나누는 사랑 – 책으로 고마움을 전하자

2008년(7회) 달콤한 책 도시, 인천을 만나다! 책, 인천에 빠지다

2009년(8회) 전통과 독서의 만남

　도서관 문화제의 행사를 기획하는 데 원칙은 3가지였습니다. '보고 즐기는 행사에서 참여하는 행사까지'가 첫 번째 원칙이고, '청소년이 주인 되는 문화제'와 '책과 삶, 그 아름다운 결합을 이루는 문화제'가 두 번째와 세 번째 원칙이었습니다. 그래서 유난히 아이들 혹은 지역 주민, 학부모님들이 참여할 수 있는 활동이 많았습니다.

　2002년 제1회 도서관 문화제는 전시 마당(책 엽서전, 강추! 베스트10, 만나고 싶은 주인공5, 사진 전시회, 만나고픈 주인공과 함께 사진을)과 참여 마당(독서퀴즈대회, 책제목 다행시 짓기, 독서공책 경연대회, e-book 경연대회, 책 속 보물찾기, 책도장 배우기 교실)으로 나눠 운영하였으며 2003년부터는 여는 마당(인천 도서부연합 해오름식), 전시 마당(이라크 사진전 추가), 참여 마당(책갈피 만들기 추가), 닫는 마당(등장인물 코스프레, 참여 마당 우수자 표창, 독서 문화상 표창, 문학기행 안내, 폐회 선언 및 결의문 낭독)으로 진행하였습니다. 특히 2004년에는 전시 마당에서 '나의 자랑 학교도서관'이

라는 코너를 넣어서 각 학교별 도서관을 소개하는 공간을 만들기도 했으며 참여 마당에서는 '책 경매전'이 추가되기도 했습니다.

2005년 제4회 도서관 문화제부터는 '도서관 문화제를 통한 다양한 청소년 문화 만들기', '도서관, 책과 친해지기', '학생과 교사, 학부모가 자발적으로 참여하고 함께 만들어 가는 문화제', '책과 삶, 그 아름다운 결합을 이루는 문화제'를 목적으로 기획하였으며 여는 마당의 공연으로 '우리가 만든 도서관 영화, 학교도서관 멋짱 사진 콘테스트, 도서관 홍보 또는 독서권장 포스터, 영화 패러디전'을 선보였고, 참여 마당의 행사도 '독서 심리테스트, 책과 요리와의 만남, 보드북 카페, 아시아 문화 체험' 등 다채로운 활동으로 진행했습니다.

무엇보다 2007년 제6회 도서관 문화제에서는 행사 마당을 '가족', '친구', '사제', '연인'이라는 부스별 주제를 만들고 각각 『엄마 힘들 땐 울어도 괜찮아』, 『얼굴 빨개지는 아이』, 『나는 선생님이 좋아요』, 『사랑 사랑 내 사랑아』 도서를 활용한 체험 및 이벤트를 구성하여 진행하는 특별기획을 선보이기도 했습니다.

이는 학도사 선생님들과 도서부 연합 학생들의 열정과 노력이 고스란히 쏟아진 활동이었습니다. 이렇게 이뤄진 도서관 문화제는 우리 아이들에게 도서관이 단순히 도서 대출의 공간뿐만 아니라 자기 학습의 공간이자 다양한 문화 체험의 장이 될 수 있음을 경험하게 한 활동이었습니다. 처음에는 학도사 선생님을 주축으로 문화제 내용이 구성되었지만, 한 해 한 해 거듭할수록 각 학교 도서부 학생들이 주축이 되어 여러 마당의 내용이 구성되었습니다. 그리하여 도서와 영상이 결합하는 즐거움도 맛보았으며 도서와 문화 체험이 어우러져 우리의 전통문화는 물론 아시아의 문화를 체험하는 경험도 함께하였습니다. 이러한 즐거움은 책을 읽는 즐거움으로 이어지며 아이들의 독서 의욕을 높이는 데도 긍정적 영향을 미쳤습니다. 그리고 지역사회의 독서활동과 도서관의 의미 및 역할에 대한 공감대를 넓히고 도서관의 중요성을 환기하였으며 프로그램이나 그 진행에 참여했던 도서부 학생들은 책 읽는 문화 형성의 주체자로서 자부심과 지역 친구들과 함께 책 읽는 문화 전파 프로젝트를 완성했다는 자긍심 또한 고취할 수 있었습니다.

시로 만나는 우리들의 이야기-청소년 시낭송축제

2008년 한국예술위원회 문화나눔국에서 주최한 '전국 시낭송축제 지원 사업'에 인천의 몇 학교가 응모하여 교내 시낭송축제를 열었습니다. 그 행사에 참여했던 교사들이 인천 지역 청소년들에게 시낭송축제 문화를 접할 기회를 주고자 인천 청소년 시낭송축제를 제안하였습니다. 이에 학도사 모임에선 한국 도서관협회의 지원을 받아 '2010 인천 청소년 시낭송축제'를 개최하게 되었습니다.

2010년 영화공간 주안에서 시작한 첫 번째 시낭송축제는 '시로 만나는 우리들의 이야기 - 시 읽기 멋대로, 맛대로, 맘대로'라는 주제로 함민복 시인을 초대해 11개의 중·고등학교에서 참여했습니다. 시인의 시낭송과 학생들의 시낭송, 공연으로 나누어 3부로 진행했는데, 시를 노래와 연극으로 만드는 등 학생들은 시 한 편을 다양한 방식으로 표현했습니다. 주로 학도사 선생님이 근무하는 학교의 국어교과 시간에 시 수업에서 낭송, 영상 제작, 그림 그리기, 애니메이션 만들기, 연극 공연 등으로 표현하고 난 뒤 축제에 참여하는 방식이었기 때문에 시낭송축제에 참여한 학교의 학생들은 수업의 다채로움부터 행사를 스스로 만들어 가는 뿌듯함까지 얻을 수 있었습니다. 2010년을 시작으로 2015까지 진행된 '인천 청소년 시낭송축제'는 2012년에서는 대한극장에서 2015년에는 인하대에서 진행하였는데, 이 역시 학생들이 주인공이었다는 자체가 의미 있는 활동이었습니다.

학도사에서 진행한 문학기행과 문학캠프, 도서관 문화제와 시낭송축제 모두 책과 사람을 만나는 다양한 방식입니다. 그 중심에 학교도서관과 학생이 있었고, 교사와 시민단체와 공공도서관은 책과 학생을 이어 주는 징검다리가 되었습니다. 학생, 교사, 학부모가 학교도서관에서 자유롭게 책을 읽고, 모두가 평등하고 안전함을 느끼며 낯선 길도 기꺼이 동행해서 새로운 꿈을 꿀 수 있는 시간이었습니다. 푸른 바다가 고래를 위하여 푸르다는 정호승 시인의 시처럼 학교도서관과 함께하는 모든 '사람'을 위해 학도사는 기꺼이 푸른 바다가 되어 푸르게 푸르게 익어 갔습니다.

학도사의 오늘, 책과 함께 걷는 문학지도 만들기

학도사는 2019년부터 인천을 배경으로 한 문학작품으로 인천문학지도를 함께 만들고 있습니다. 2007년 인천 문학기행에서 오정희의 『중국인 거리』와 김중미의 『괭이부리말 아이들』로 만들었던 동인천 일대의 문학탐방코스를 이어 보자는 박진희 선생님의 추진력으로 시작되었다고 볼 수 있습니다. 10년도 훨씬 넘는 시간 동안 인천문학과 관련된 활동은 멈춰 있었습니다. 그 이후의 작품을 발견해서 삶의 반경 안에서 문학을 느끼고, 일상에서 그 너머를 상상하는, 마을에서 할 수 있는 인문학적 경험을 학생들과 공유하는 것이 인천모임이 문학지도를 만들게 된 이유입니다.

인천 배경 혹은 인천 출신 작가의 작품을 찾아 두세 권씩 맡아서 읽고 난 후 소감을 나눌 때 빠지지 않는 이야기가 있었습니다. 인천을 배경으로 한 작품은 하나같이 어둡다는 것. 인천은 문학작품에서 가난한 도시, 범죄 도시, 고달픈 삶을 껴안은 도시의 모습이었습니다. 학생들과 함께 읽고 지도를 만들고, 여행을 떠나기에 적절한 작품을 선정하는 것부터 쉽지 않았습니다. 우선 인천에 살며 작품활동을 하시는 김중미 작가와 함민복 시인으로부터 출발했습니다. 그래서 첫 번째 장소는 강화입니다.

▷ 강화 문학길 (김중미, 『모두 깜언』/함민복, 『말랑말랑한 힘』)
딸기책방 → 대한성공회 강화성당 → 조양방직 → 1928 고택 → 산문마을길 → 책방 시점

김중미 작가의 『모두 깜언』에서 주인공이 돌아다녔던 강화 읍내에서 출발해 실제 소설의 배경 마을인 산문마을을 거쳐 함민복 시인을 만날 수 있는 책방까지 둘러보았습니다. 소설 속 장소에서 작품을 낭송하기도 하고, 시인의 마음으로 강화 곳곳을 느꼈습니다. 책 두 권으로 연결한 강화의 공간들은 단순한 여행지가 아니라 문학을 느낄 수 있는 새로운 공간으로 탄생했습니다.

▷ 동인천 문학길 I (양진채, 『변사기담』)

　도원역 → 맥코넬 주택 → 배다리 성냥마을박물관 → 용동권번 계단 →
애관극장 → 수문통 → 제물포고 운동장 → 제물포 구락부 → 북성포구

▷ 동인천 문학길 II (김탁환, 『뱅크』 I, II, III)

　인천서점 → 창고거리 → 대불호텔 → 은행거리 → 일본영사관(현 중구
청) → 청일조계지 경계계단 → 팟알

　두 번째 장소는 동인천입니다. 1900년대 초 우리나라의 혼란스러
움은 인천의 개항장 일대가 고스란히 기억하고 있습니다. 그래서 그
곳을 배경으로 한 소설은 꽤 많습니다. 그중 첫 번째는 인천에서 활
발한 활동을 하고 있는 양진채 작가의 『변사기담』 속 장소를 작가와
함께 둘러보는 코스입니다. 그곳엔 개화기에 개항장 일대에 살았던
조선사람부터 서양인, 그리고 일본인의 흔적이 곳곳에 있었습니다.
그리고 일제강점기의 아픔까지 볼 수 있는 소설인 만큼 소설 속 장소
이면서 역사의 현장이자 지금까지도 이야깃거리가 많은 공간이었습
니다. 다음으로 선택한 작품은 김탁환 작가의 『뱅크』입니다. 이 작품
역시 김탁환 작가가 오랜 시간 개항장 일대에 머물면서 집필해서인지
은행거리에만 서도 소설 속 장면이 떠오를 만큼 공간이 살아 움직이
게 합니다.

▷ 부평 문학길 (김민재, 『동재네 식구들』)

　인광교회 → 새마을금고 → 카톨릭 음악원 → 동재네 식구들 배경거리

→ 동재네 공장 → 달팽이도서관

세 번째 장소는 웹툰『동재네 식구들』과 관련된 부평공동묘지 일
대입니다. 작은 공장이 밀집한 이 동네는 외국인 노동자들이 많은 준
공업지역입니다. 웹툰은 이곳에서 서로에게 상처를 주기도 하고, 서로
의 힘이 되기도 하는 사람 사는 이야기가 인상적인데, 골목길이 웹툰
에 그대로 들어가 있다고 해도 될 정도로 표현력이 뛰어납니다. 함께
일하는 사람을 식구로 생각하는 작가의 시선은 학도사의 20년과 닮
아 있습니다.

이 외에도 김금희 작가를 포함한 젊은 작가들이 인천의 모습을 담
은 작품을 많이 쓰고 있기 때문에 문학지도는 계속 추가될 예정입
니다. 문학지도 만들기는 문학기행의 새로운 버전이라고 볼 수 있습
니다. 인천 안에서 더 깊이 들어가 보려고 하는 시도와 우리 사는 마
을을 학생들과 함께 작품으로 느끼고 싶은 마음으로 계속 진행하고
있습니다. 이는 작품을 읽고, 함께 인천을 누비며 살아온 공간을 다
시 보게 되고 작품을 다시 읽는 경험을 하게 합니다. 문학관이 있는,
혹은 교과서에 나오는 작가가 아니더라도 같은 공간에서 현재를 살아
가는 이들의 문장으로 일상의 공간을 문학의 공간으로 바꾸는 힘은
분명 우리의 일상을 풍요롭게 해 줄 것이라 믿습니다.

책과 사람이 만나는 그곳, 학도사

낯선 길로의 여행은 꿈을 꾸게 합니다. 학도사의 20년 여행길은 그

래서 꿈길입니다. #거리에서#객주#나마스테… 학도사 온라인 까페 닉네임도 떠남과 만남을 향해 있습니다. 학도사는 지난 20년간 '거리에서' 떠도는 '객주'처럼 끊임없이 사람들에게 손을 내밀고, 수없이 '나마스테'를 외치며, '단순무식'하게 걸어왔습니다. 학교도서관에서 무엇을 해야 할지 모르는 사람부터 학교도서관 운동에 대해 아직 망설이는 사람까지 모두 함께 가자고 먼저 손을 내밀었습니다.

학도사는 문학기행, 문학캠프 외에도 책과 사람이 모이면 일상적으로 문화기행을 떠났습니다. 몇 학교가 모여 아이들과 인문학기행을 떠나기도 하고, 갑자기 배낭 하나, 텐트 하나 짊어지고 교사들끼리 모여 훌쩍 떠나기도 했습니다. 그리고 분기마다 있는 전국학교도서관모임 전국운영위원모임은 또 다른 여행의 기회가 되었습니다. 부산에서 전국운영위원모임을 하면 부산 문화기행이 되는 것입니다. 부산의 보수동 헌책방을 기웃거리다 우연히 들어간 캘리그래피 전시회에서 설빙이라는 글씨를 쓴 작가를 만나기도 하고, 광주의 5·18묘역 언저리에서 발을 모아 전두환 민박기념비를 밟기도 했습니다. 서울, 군산, 담양, 전주, 광주, 부산 그렇게 학도사의 전국문화기행은 계속 이어지고 있습니다.

꿈을 담고 흐르는 강은 가지 않습니다.
늘 꿈을 모르는 사람들에게 꿈을 보여 주기 때문에 가지 않습니다.
가는 길이 없어도 여럿이 가면 길이 생긴답니다.
학도사의 길도 그래 왔다는 걸 보았습니다.
학교도서관 운동에 대해 아직 망설이는 분들

무엇을 해야 할지 모르는 분에게 함께하자고 권합니다.

다시 지나온 날들을 돌아보고 다지는 시간

함께 모여 추억하며 꿈을 만드는 만남

처음처럼을 마시며 처음처럼 가야 하는 학도사의 꿈을

_ 2008년 '학도사의 밤' 안내장 중에서

학교도서관에서 같은 꿈을 꾸는 사람들이 모여 스무 해를 함께 보내 왔습니다. 주어진 틀 안에 머물러 있는 것이 아니라 늘 새로운 시작을 꿈꾸며, 안에서 바깥에서 부단히 상호작용을 하면서 성장해 나가고 있습니다.

2020년의 학도사는 어디쯤 있을까를 오래 생각해 봅니다. 학교도서관이 늘 열려 있고, 그곳엔 사서와 사서교사가 있으며 아이들은 도서관에서 저마다의 꿈을 꿉니다. 각자의 꿈이 한곳에 펼쳐져 만나길 바라지만 예전처럼 도서부연합모임도 없고, 사서·사서교사·국어교사·도서관 담당교사의 모임 간 소통이 잘 이루어지지도 않는 상황입니다. 20년 전에 그랬던 것처럼 문학기행을 떠나고, 도서관 문화제를 한다면 그곳에 참여하는 학생들을 중심으로 자연스럽게 다시 학교도서관을 만들어 가는 '사람'들이 한자리에 모여 같은 꿈을 꿀 수 있을 것만 같습니다. 그때와는 또 다른 이야기를 하며 또 다른 20년을 만들어 갈 수 있었으면 좋겠습니다. 닮고 싶은 사람, 학교도서관을 아름답게 만드는 사람들이 모여 있는 곳. 여기는 학교도서관을 사랑하는 사람들, 학도사입니다.

조용하지만
강력한 팀 '전남'

:

장효경 | 문향고등학교

전국학교도서관모임 전남모임이라고 썼지만, 사실 전남모임은 성격
이 조금 다르다. 전남에서 근무하는 사서교사들로 구성된 지역모임은
매해를 끌어 갈 대표 중심으로 집행부가 구성된다. 그리고 집행부의
각 조직에 학교도서관 관련 혹은 교원 단체 역할을 맡는 부서가 생
긴다. 전국학교도서관모임 담당자도 집행부의 한 명이다. 그리고 대부
분의 교사들이 모임과 활동을 함께한다. 생각해 보니 수가 워낙 적어
서 가능한 일이 아니었을까 싶다. 2002년, 2006년, 2007년, 2008년.
그때까지의 전남 사서교사들은 별도 임용된 사립학교 교사를 포함하

여 30여 명밖에 되지 않았다. 그러니 전국학교도서관모임 전남모임은 결국 전남 사서교사 전체 모임인 셈이다.

2002년 임용된 선생님들께서 전국모임활동을 하고 있었고, 2006년 신규가 된 우리 동기들은 좌충우돌 학교생활을 이어 가면서도 선배 선생님들을 따라다니며 전국모임을 접할 수 있었다. 우리는 전남모임을 충실하게 하면서 필요할 때는 후다닥 뭉치는 사람들이 되었다. 전남 지역의 특성상 생활 근거지 및 근무지를 중심으로 전남 서부권(목포, 무안, 해남 등), 동부권(순천, 여수, 광양 등), 중부권(나주, 화순, 담양 등)으로 나누어 연구활동과 모임을 진행했고, 굵직한 행사가 있을 때는 전체 모임을 진행했다. 해마다 M.T.도 가고 가족 같은 분위기로 모임을 이어 가고 있다. 현재는 제법 많은 사서교사들이 있어서 주제별, 지역별로 나누어 모임을 진행하고 있다.

전남의 많은 활동 중에 무엇을 소개해야 할지 난감하다. 그래서 직접 참여했던 활동 중심이 될 수밖에 없다. 함께했던, 그리고 함께하고 있는 모임을 몇 가지 소개한다.

2006년, 아르떼연구모임

이 모임에서는 천사와 주제 그림이 있는 KDC 분류 표시판을 만들었다. 아이들이 분류를 쉽게 이해할 수 있도록 귀여운 그림으로 설명하고자 했다. 지금은 학교도서관을 떠나셨지만 연약한(?) 신규 선생님들을 끌고 최은진 선생님 주도 하에 모임이 진행되었다. 함께 연수를 다니면서 다양한 경험을 할 수 있었다. 분류 표시판 그림은 최은

채만식문학관 앞(왼쪽), 벽골제(오른쪽)

진, 정국화, 임지연 선생님께서 손수 그리셨다. 전국모임카페에서 이 파일을 다운 받을 수 있고, 그해 전국 참실에서 이 내용을 가지고 최은진 선생님께서 발표를 했다. '천사'는 아이들이 도서관을 이용하기 쉽도록 도와주는 캐릭터로 대분류 및 소분류(학교도서관에 많이 있는 사회과학, 순수과학, 예술) 이미지 작업을 했다.

"꿈+꿈 : 꿈 너머 꿈" 서부권 연구회

전남의 지역모임 중 학교연합행사 및 연구활동이 끊이지 않았던 곳이 바로 서부권이다. 이 지역은 매주 방과 후 모임을 진행하기도 했다. 2006년 학교도서관 운영을 위한 업무 매뉴얼 개발부터 시작된 이 모임은 인사발령에 따라 인원과 선생님들이 바뀌고 있지만 지금도 왕성한 연구활동을 하고 있다. 해마다 주제가 있어서 꿈 너머 꿈(꿈꿈), 꿈멘토 북멘토 등의 연구회 명으로 활동했지만 지극히 주관적이지만, 꿈꿈(꿈 너머 꿈)으로 기억하는 게 제일 좋다. 여기서는 함께했

던 학교연합활동을 기록하고자 한다.

2010년 한국간행물윤리위원회의 '청소년 대상 독서프로그램 시범 운영' 지원을 받아, '탁류에서 아리랑을 노래하다'라는 주제로 조정래 의 아리랑, 채만식의 탁류로 다시 피어난 김제, 군산 문학탐방을 진행 하였다. 다섯 학교의 학생들을 모아 조도 나누고, 신발 던지기나 줄넘 기 같은 단체 게임도 하면서 즐겁게 참여할 수 있었다. 이 활동을 준 비하고, 진행하면서 함께하는 즐거움을 알게 되었고, 이 프로그램을 계기로 해마다 연합행사를 추진할 수 있었다.

2011년 각 학교별로 시낭송축제를 진행하고, 연합 시낭송캠프를 개 최했다. 연합 시낭송캠프는 문화예술위원회와 한국도서관협회의 지 원을 받아 '시끌벅적 우왕좌왕, 시의 세계로 풍덩!'이란 주제로 2일 동안 시인 생가 및 시가문학 탐방, 시노래 밴드공연, 시인과의 대화, 시낭송 콘테스트, 시놀이 등 다양한 프로그램으로 운영되었다. 다양한 시를 가지고, 다양한 활동으로 풀어낼 수 있는 아이들의 감성과 능력을 확인할 수 있었고, 교과서 밖의 시를 읽을 수 있는 여유가 제공되어서 좋았다. 처음에 관리자를 설득할 때 어려움이 있었지만, 선생님들과 사전 역할 분담 및 여러 차례의 회의를 통해 준비하면서 무탈하게 캠프를 마칠 수 있었다. 아이들의 반응은 생각보다 뜨거웠다. 시를 낭송으로, 노래로, 연극으로, UCC로 멋대로 마음대로 가지고 놀면서 시와 친구가 될 수 있었다면서 '제 후배들도 이런 경험을 할 수 있는 기회가 많았으면 좋겠어요. 감사합니다. 목포 사서선생님들 최고예요.' 라며 앞으로의 바람과 감사의 마음을 전하기도 했다. 1박 2일이라는 짧은 시간이었지만 시를 현장의 생생한 체험을 통하여 느낀 아이들은 어느새 시인이 되어 가고 있음을 알게 되었다. 2011년의 시낭송캠프는 2012년에도 이어져 목포고와 목포여고가 연합해서 진행되었다. 그때는 여고 남고 연합인지라 관리자들과 선생님들 모두 긴장을 많이 했다. 물론 큰 사건 사고 없이 마무리 되었다.

2012년 서부권 모임의 절정이 아니었을까? 그동안의 연합행사 평가를 하면서 굳이 멀리 갈 것이 아니라 목포에서 프로그램을 만들고 함께하자는 의견이 나왔다. 더불어 해남에서 실시한 두 차례의 시낭송캠프에서 선생님들께서 보여 준 지역 사회에 대한 해박한 지식과 애정에 깊은 감흥을 받았다. 이것이 〈두근두근, 목포〉라는 프로그램을 기획하게 된 계기가 되었다. 우리는 목포를 좀 더 알고자 했다. 현실의 목포는 대단해 보이지 않는데 불과 몇십 년, 한 100년만 거슬러 가

2장 지역모임이 걸어온 길

도 목포, 특히 문학 분야의 목포는 대단한 성과를 이룬 도시였다. 이렇게 무시당하고 사람을 품지 못하고 떠나보내기만 하는 그런 도시가 아니었다. 고향을 떠나더라도 마음속에 '내 고향 목포는 타오르는 별'로 남아 얼마든지 그립고 가고 싶은 대상이 될 수 있는 존재였다. 그래서 꿈 너머 꿈(꿈+꿈) 교사연구회에서는 이 지역의 학생들에게 목포와 그 땅의 사람들을 더 깊이 이해할 수 있는 기회를 만들고자, 우리 지역의 문화유산 특히 근현대에 목포에서 꽃피웠던 독서문화유산을 활용한 탐방 프로그램을 기획하게 되었다. '알면 사랑하게 된다.'는 말처럼 우리 학생들이 목포를 만나 사랑하게 되길 바라는 마음에서 큰 타이틀을 〈두근두근, 목포〉로 정하였다. 2012학년도 연합활동은 목포문학관 편, 박화성 편, 차범석 연극 편, 목포 옛길 걷기 편으로 나누었다. 초반에 초·중·고 연합활동으로 진행하다 보니 학교급 간의 차이로 인한 어려움도 있었다. 진행자 입장에서는 어느 곳에 수준을 맞춰야 할지 난감했고, 참가자 입장에서는 눈높이가 서로 달라 프로그램 참여에 집중력이 떨어졌다. 때문에 2차 프로그램 진행부터는 같은 학교급을 기준으로 프로그램을 진행하는 것이 운영 측면에서 효율적이라는 결론을 얻었다. 〈두근두근, 목포〉 프로그램을 진행할 때마다 소속교 학생들과 관련 작가의 작품을 읽고 분석했다. 세 차례에 걸쳐 〈두근두근, 목포〉 프로그램을 진행하면서 힘든 점도 많았지만 분명 의미 있는 일이었다. 이 활동에 대한 양향숙 선생님의 후기가 기억에 남는다. '막상 일을 시작해서 프로그램을 짜고 운영하는 것은 재미있고 보람되지만, 없는 아이디어를 짜내는 것은 고역이었다. 목포에 대해, 목포의 문학에 대해 큰 그림을 가지고 있었다면 어떤 소재로 어떤 활동을 하면 좋을지가 금방 그려졌겠지만, 우리는 너무 무지했던 것이다. 혼자였다면 분명하다 포기했을 것이다. 함께가 아니었다면 여기까지 오지 못했다. 한 해, 한 해, 또 올 한 해가 쌓여 벌써 세 해째 우리는 함께하고 있다. 우리여서 힘들 때는 조용히 앉아 혼자여서 힘들 때를 떠올려 볼 일이다. 교사 독서교육연구회 〈꿈 너머 꿈〉을 통해 '함께'의 의미를 알게 되었고,

〈두근두근, 목포〉를 통해 목포를 가슴에 담게 되었다.'

그렇다. 우리는 함께하면서 성장하고, 함께하면서 즐거웠다. 서부권 연구모임은 연합활동뿐만 아니라, 매해 주제를 정해 매주 혹은 격주, 한 달에 한 번씩 모여 공부를 하고, 토론을 하고, 글을 쓴다. 꿈 진로 관련 독서토론 및 글쓰기, 한국 고전을 중심으로 인문고전읽기, 슬로리딩, 월별 주제가 있는 도서목록 추천 '이달엔 이런 책 어때?', 학교도서관 독서토론 모형 연구 등을 공부하고 공유해 왔다.

2019년, "이런 책 어때?"

2018년도에 서부권 연구회에서 월별 주제가 있는 도서목록 추천

'이달엔 이런 책 어때?'가 2019년 전남 추천도서목록 연구모임으로 발전했다. 매월 주제를 정해 개인별 3~4권씩 도서를 선정하여 추천 글쓰기를 작성하고, 각 팀별(초등, 중등, 고등) 담당자가 팀별 추천도서를 수합하여, 대표 추천 책을 선정한다. 그리고 담당자가 대표 책 소개, 작가 소개, 교과연계 활용 등의 내용과 함께 요약문을 작성하여 전남교육신문에 기고한다. 매달 연재가 되어 전남의 교직원, 학생, 학부모님들이 읽을 수 있는 한 면을 채웠다. '2월 돼지해, 3월 3·1운동 100주년 기념, 4월 과학, 5월 성장, 6월 민주시민, 7월 친구, 8월 충전, 9월 행복, 10월 한글, 11월 가을, 12월 축제, 1월 출발'을 주제로 총 12회 연재되었다. 각 학교도서관에서 주제에 맞게 책을 전시할 수 있었고, 개인적으로 학교 동아리 학생들과 연계해서 월별 주제도서를 읽고 토론하는 데 도움이 되었다.

고전독서모임 (고·확·행)

혼자 읽기 어려운 고전, 함께 읽어요!

  2015년 12월의 어느 날 저녁. 전남 사서교사들이 한자리에 모여 2016년에는 어떤 공부를 하고, 어떤 프로그램들을 운영하면 좋을지 고민하고 있었다. 그때 누군가 고전문학을 함께 읽는 모임을 시작해 보면 어떨까 라는 의견을 내놓았다. 『죄와 벌』, 『오만과 편견』, 『안나 까레니나』. 제목은 누구나 익히 알고 있지만, 찬찬히 제대로 읽어 보지 않은 책이 대부분인 인문고전. 시간이 없다는 이유로, 혹은 혼자 읽기 부담되어서 선뜻 시작하기 어려운 고전을 함께 읽어 보면 좋겠다는 이야기였다. 그 자

2장 지역모임이 걸어온 길

리에 함께였던 대부분이 고개를 끄덕이며 동의했고, 2016년 1월부터 바로 고전읽기모임을 시작하는 것으로 의기투합하였다. 결성부터 첫 모임까지 일사천리로 진행되어 2016년부터 지금까지 쭉 이어져 오고 있는 고전읽기모임은 매월 주제도서 한 권을 정해서, 읽고 만나는 것을 원칙으로 하고 있다. 한 달 동안 한 권의 책을 천천히 깊이 읽고, 스스로 고전을 탐구하며 책 속에 담긴 가치들을 자신의 삶에 적용하는 시간을 갖는다. 매월 정기모임은 해당 월의 발제자가 진행한다. 발제자는 회원 서로 간 의견을 모아 희망하는 달을 지정하여 정하는데 모임 장소, 다과 메뉴 등의 선택권이 주어진다. 발제자가 근무하는 학교도서관에서 모임이 이루어지는 달에는 특히나 더 호응도가 높아진다. 따로 시간을 내어야 가능한 타학교도서관 견학이 자연스레 이루어지고, 프로그램 운영이나 공간구성, 환경구성 등 학교도서관 운영에 대한 다양한 노하우를 얻을 수 있기 때문이다.

고전읽기모임은 월 1회 토요일 오전 10시부터 진행된다. 회원 간 열띤 토론이 오갈 경우 점심을 먹고 오후에 다시 모임을 이어 가는 경우도 많다. 우선 발제자가 준비해 온 연수 자료를 통해 작가의 일대기와 작품이 쓰인 시대의 상황, 작품의 줄거리를 정리한다. 회원 각자 돌아가면서 고전을 읽으며 느낀 점과 함께 생각해 볼 점들을 자유롭게 이야기 나눈다. 그리고 사제동행 독서동아리활동이나 학교도서관 활용수업에서 학생들과 고전문학작품 읽기 또는 독서토론활동을 진행할 때 생각해 볼 점들과 토론 논제를 뽑아 보며 수업에 적용할 부분들을 찾아가는 시간을 갖는다. 예를 들어 도스토예프스키의 『죄와 벌』을 함께 읽고 인성교육 핵심 덕목을 적용해 보고, 스토리텔링 수업모형을 활용하여 수업에 적용할 수 있는 방안을 모색하며, 학생들과 토론할 수 있는 여러 가지 논제들을 뽑아 직접 토론해 보는 방식이다. 학생들의 눈높이에 맞춰 고전문학을 쉽고 친근하게 읽도록 어떻게 풀어 낼까 고민하는 과정들이 사서교사로서 의미 있고 소중하다. 회원들 사이에 생각을 나누는 자유 토론 시간이 마무리되면 고전모임의 길잡이가 되어 주는 강사님의 해설을 듣는다. 작품 전반적인 해설뿐만 아니라 작품을 읽으며 가졌던 궁금증을 해결해 주고, 수업에 적용할 수 있는 방안들도 제시해 주는 멘토이다. 2019년까지는 『그리스에서 만난 신과 인간』, 『하루에 떠나는 신화여행』 등을 집필하신 최복현 작가님이, 2020년에는 『로쟈의 러시아 문학 강의』, 『로쟈의 세계문학 다시 읽기』 등의 이현우 작가님이 길잡이가 되어 고전 작품들 속에 숨겨져 있는 의미들을 잘 이해할 수 있도록 도와주고 있다. 우리 모임에서 지금까지 읽은 고전문학은 40여 권 정도이다. 모임 초기였던 2016년과 2017년에는 회원들이 읽어 보고 싶은 작품을 서로 추천하여 그해에 읽을 목록을 정했었다. 2018년에는 세계 문화의 출발점이며 서양의 문학과 문화를 제대로 이해하기 위해 그리스 신화를 읽어 보자는 조금 더 세부적인 목표를 설정하여, 『그리스 신화』와 『오디세이아』라는 묵직한 작품을 공부했다. 고전읽기모임이 진행되면서 매년 조금씩 방향이 구체화되어졌고, 2019년 들어서는 『부활』, 『죄와 벌』, 『안나 까레니나』 등 러시아 작가들의 작품을 깊이 읽어 보는 시간을 가졌다. 2020년에는 독일과 프랑스 문학을 주제로 하여 읽을 책 목록을 선정해 진행하였다.

 2019년에는 특히 러시아 고전 읽기와 연계해 여름방학 기간에 러시아 문학 여행을 다녀왔다. 모스크바와 상트페테르부르크에서 톨스토이, 도스토예프스키, 푸시킨 등 러시아 대문호들의 흔적을 느끼는 시간이었다.

상트페테르부르크에서 『죄와 벌』의 무대가 되는 센나야광장, K다리, S골목, 소냐의 집, 라스콜리니코프의 하숙집, 전당포 노파의 집을 누비고, 푸시킨의 집을 그대로 보존해 만든 박물관을 방문하며 열심히 책을 읽어 온 보람을 느꼈다. 더불어 상트페테르대학교의 동양학부 정원에 세워진 박경리 작가의 동상을 마주하며 한국 문학을 보다 열심히 읽고 연구해 봐야겠다는 다짐도 하게 되었다. 문학의 향기를 찾아 떠난 러시아 여행의 감동은 우리 회원들에게 고전읽기모임을 더 열심히 더 오래 지속시켜야 겠다는 목표를 갖게 했다.

고전읽기모임은 평소 인문고전에 관심은 많으나 혼자 읽기에는 부담되고 선뜻 시작하기 어려운 우리에게 좋은 기회가 되어 주었다. 정기모임이라는 적당한 동기와 매월 한 권씩 책을 읽어야 한다는 약간의 의무감이 고전을 읽어 내게 하는 힘이 되었다. 또한 길잡이 강사님의 작품에 대한 자세한 해석, 회원 서로 간 나누는 다양한 생각들이 고전을 이해하는 데 많은 도움이 된다. '빨리 가려면 혼자 가고 멀리 가려면 함께 가라.'는 말처럼, 함께였기에 지금까지 이어질 수 있었다. 고전문학을 읽고 싶은 마음은 있지만, 선뜻 책장을 펼치기 힘든 다른 지역 사서선생님들께도 독서모임을 강력 추천한다.

_ 구혜진, 매안초등학교 교사

책놀이터

책놀이터 지역모임은 2018년 4월의 어느 날 이성희 선생님과 안미림 선생님께서 맞춤형 현장 직무연수라는 이름으로 책놀이 씨앗을 심어 주신 이후 꾸준히 이어져 오고 있다. 중부권과 동부권으로 지역을 나누어, 지금은 학교 밖 전문적학습공동체로 선정되어 3년째 이어 오고 있다. 한 학기 한 권 읽기, 사제동행 독서동아리, 독서캠프 등 사서교사가 학생들과 활동하는 영역과 시간이 많아질수록 책놀이의 매력은 더욱 커져 갔다. 그리고 교사들의 책놀이에 대한 열망도 컸다. 첫해는 맞춤형 현장 직무연수를 받은 교사들이 책놀이꾼인 두 분께 전수받은 책놀이의 방법을 수업에 적용해 보고, 사례를 공유하였다. 연수를 받고 난 후 전남형 책놀이를 개발해 보고자 하는 마음들은 모였지만, 학교별로 〈한 학기 한 권 읽기〉 수업을 하는 교사, 독서동아리를 운영하는 교사 등 다양한 케이스 들로 인해, 적용 사례를 모아 공유하는 데 그쳤고, 새로운 책놀이를 만드는 것까지 나아가지는 못했다. 기존의 책놀이를 적용해 보고 보완할 점을 공유하는 것으로 첫해를 마무리했다.

처음 책놀이를 접했을 때는 "오! 이런 신세계.", "아이들이 좋아할 것 같다!"는 기대와 열정이 있었지만, 모든 아이들이 책놀이를 즐겁게 받아들이지 않았다. 그 점에서 교사들은 방법에 대한 고민을 하게 되었다. 책놀이가 정말 재미있고 즐거운 경험이 되게 하려면 교사 자신이 책놀이에 깊이 빠지고 즐겁게 해야 했다. 수업 여부, 책놀이에 대한 개별 적성에 따라서 모임의 구성원은 변경되고 추가되었다.

2019년 전문적학습공동체로 책놀이터에 남은 교사들은 그래도 책놀이의 교육적 효과를 경험하고 한 아이도 포기하고 싶지 않은 교사들이었다. 중부권에서 책놀이 연구와 함께 그림책 공부를 시작하였다. 동부권에서는 책놀이의 방법과 자료를 만들어 많은 교사들이 경험해 보게 하고 책놀이를 알리는 데 집중하였다.

그리하여 2020년 탄생한 모임은 중부와 동부의 콜라보, 그림책과 책놀이의 콜라보 완성작 〈그림책X책놀이〉모임이다. 학교 밖 전문적학습공동체로 중부권과 동부권 교사 15명이 매월 주제별로 작가별 그림책을 선정하여 책놀이를 접목하여 지도안과 활동지를 작성하고 있다. 2020년에는 코로나19 상황으로 인해 정기적인 모임이 어렵지만, 온라인으로 소통하고, 연구과제뿐만 아니라 코로나 상황 속에서 학교도서관의 어려움을 나누었다. 주로 온라인으로 소통하고, 매월 연구과제를 작성하면 선물을 주는 것으로 만남의 아쉬움을 달랬다.

지역모임이 동력을 가지고 계속 나아가기 위해서는 연구 내용의 필요성도 중요하지만 모임 구성원 누군가의 열정이 더 중요한 것 같다. 2020년은 그 누군가의 넘치는 열정에 다른 사람들이 감동하여 알차게 영글어 갔다. 한꺼번에 많은 것을 하기보다는 꾸준히 5년, 10년 이어 가면 〈그림책X책놀이〉 구성원들이 그림책과 책놀이의 옷을 자연스럽게 소화하게 될 것이다. 그 멋진 옷을 입고 아이들에게 배움의 즐거움을 주고, 함께 성장하는 기쁨을 누리게 되는 그날을 꿈꾸며 오늘도 서로를 다독여 본다.

– 송혜민, 순천중앙초등학교 교사

전남모임은 전남 사서교사 전체가 하나의 공동체이다. 매년 회비를 모으고, 그 회비로 한 해를 알차게 꾸려 간다. 전체 연수도 준비하고, 지역모임과 연구모임도 지원하고, 친목을 위한 프로그램도 마련한다. 이제는 제법 규모가 커져서 82명의 선생님이 함께하고 있다. 예전에 수가 적을 때처럼 가족을 동반한 모임은 어렵지만, 그래도 여전히 우리는 가족 같은 모임이라고 생각하고 있다. 함께 발을 맞춰 나가면서 성장하는 우리의 모습이 대견하고 뿌듯하다. 앞으로 더 멋진 모임으로 발전할 수 있길 기대해 본다.

민들레
홀씨처럼

성희옥 ㅣ 웅동초등학교

지역모임의 기반 동화홀씨

동화홀씨 모임의 배경

2002년부터 도서관 업무를 맡아 좌충우돌하던 중, 2006년 전교
조 참교육실천대회 학교도서관분과에 처음으로 참가하게 되었다. 이
전에 참여했던 분과들도 다 좋았지만, 학교도서관분과의 분위기는
또 다른 감동으로 다가왔다. 선생님들이 발표하는 독서교육 사례 하
나하나가 너무나 열정적이었고 무엇보다도 서로를 대하는 따뜻한 분

위기에 매료되고 말았다. 그래서 전북에서는 학교도서관분과에 혼자 왔으니 전북대표를 하라는 선생님들의 말을 거절하지 못하였다.

지역모임 대표가 된 후에는 '전국학교도서관모임' 카페에 수시로 들어가 도서관 운영에 필요한 자료를 보며 배울 수 있었다. 같은 해 8월에는 경남 지역모임에서 주관하는 전국모임 연수에도 참여하였다. 그 연수에서 조의래 선생님의 '그림책 바로보기' 강의를 듣게 되었다. 강의 중 유리 슐레비츠의 『새벽』을 보여 줄 때는 어린 시절 동네 저수지의 물안개를 다시 만났고, 로버트 먼치의 『언제까지나 너를 사랑해』를 들으면서는 갑자기 눈물이 터져 버렸다. 그때 받은 감동이 너무 컸고, 또 지역모임을 꾸리기에 이만한 모임이 없겠다는 생각이 들었다.

2006년 11월, 전국학교도서관모임에서는 전북모임 활성화를 위한 지원연수를 해 주었다. 이 연수에 전북 지역의 학교도서관 담당교사 30여 명이 참여하였고 나는 연수의 마지막 시간에 그림책을 공부해 보자는 제안을 하였다. 이에 7명이 모여 모임을 시작하게 되었다. 첫 모임은 '어린이도서연구회'에서 활동해 온 김영주 선생을 초청하여 발제하는 방법, 모임을 꾸려가는 방법, 공부안 등에 대해 안내를 받았다. 이 단 한 번의 공부를 바탕으로 알지도 못하는 길을 신이 나서 함께 걸어왔다. 경남에서 이미 왕성하게 활동하던 '학생사모'가 동화홀씨에게 좋은 모델이 되었다.

동화홀씨의 조직 및 현황

동화홀씨에 참여한 7명의 교사들은 곧 그림책의 재미에 푹 빠져 버렸고 그렇게 2년쯤 지나자 회원이 15명을 넘어섰는데 가입하고 싶어 하는 교사들은 점점 더 늘어났다. 그래서 즐거운 마음으로 동화홀씨 2기를 꾸렸고 해마다 기수를 늘려 현재는 8기까지 모임을 꾸리게 되었다.

새로운 기수의 모임이 구성되면 모임 이름, 대표와 총무, 1년간 공부 방향과 공부안, 활동 규칙 등을 정한다. 특히, 책은 반드시 읽고 올 것과 어쩔 수 없는 경우를 제외하고는 반드시 모임에 참여해야 한다는 내용을 활동 규칙에 꼭 넣도록 한다. 그리고 기존회원 1명이 신규모임에 1년간 매주 참여하면서 책에 대한 정보, 공부방법과 방향을 잡아 나가도록 돕는다. 그런데 1년이 끝나고 신규회원끼리만 공부하면 이러한 공부체계가 흔들리는 경우가 많으며 구심점이 없이 표류하기도 한다. 이러한 한계는 지원 기간을 늘려서 해결해야 할 일이라기보다는 될 수 있으면 구성원이 남녀노소가 골고루 섞이도록 조직하고 모임에 대한 뚜렷한 목표의식을 갖도록 마음을 쓴다. 1년에 2회 전체 회원이 모두 모이는 전체모임의 날을 운영한다. 전체모임에서는 그해에 읽어야 할 공통도서 2~4권, 전체모임 횟수와 일자, 워크숍 일정, 작가 초청 강연 추진 등 전체적인 일정을 계획하고 새로운 기수의 공부안을 정하였다.

1~3기 회원들로 구성된 통합모임이 동화홀씨 운영에 대한 전체 계획(작가 초청 강연, 전체모임 세부계획, 워크숍 추진, 동아리 신청 등)을 세우고 신규회원 모집과 교육 등을 맡고 있기 때문에 1~3기 통합모임의 부담이 큰 편이다. 통합모임 회원 중에서도 실제로 신규모임을 지원할 수 있는 회원은 많지 않고 학교 안에서도 교사 모임, 학부모 모임, 학

생 모임 중 1~2개는 꾸리고 있어서 매년 신입회원을 모집할 경우 부담은 더 커질 수밖에 없다. 그러다 보니 몇 년째 새로운 기수를 뽑지 않고 신규회원을 기존 모임에 흡수시키는 방법을 쓰고 있다. 그리고 1기 회원들의 부담감을 해소하기 위해 중요한 안건은 기수별 대표와 총무로 구성된 임원진 회의를 거치도록 하고 있다.

동화홀씨 회원 숫자가 늘어나고 기수별로 모임이 따로 운영되면서 공부 방향이나 내용이 조금씩 달라지고 있으며 서로 얼굴을 모르는 회원들도 많아지고 있다. 이러한 문제를 해결하기 위해 2011년 2번, 2013년 3번 하던 전체모임 횟수를 2014년에는 4번으로 늘리고 내용도 체계화하였다. 즉, 3월에 열리는 첫 모임은 동화홀씨 모임의 활동 방향, 활동 내용, 활동 원칙을 공유하는 시간이며 1, 2학기 각각 1번은 기수별로 1~2명씩 우수실천사례를 발표하도록 하여 회원들이 더욱 열심히 활동할 수 있는 자극을 주었고, 마지막으로 12월 전체모임은 1년간의 활동을 정리하고 반성하며 서로를 격려하는 시간을 가졌다. 이와는 별도로 여름방학 중 1박 2일 워크숍을 따로 진행하여 초청강연도 듣고 밤에는 자유롭게 이야기를 나누며 친목을 다지는 시간을 가졌다.

실천사례

회원의 연령(자녀 나이에 따른 가사 비중의 정도), 맡은 업무(도서관 업무 유무), 동화홀씨 활동에 대한 이해도 등에 따라 실천내용은 다르지만 교과연계수업, 생활지도, 계기교육, 인성교육 등 다양한 장면에서 책을 활용하게 된다. 동화홀씨 회원들 대부분은 매주 1권 이상 책을 읽어 주는 것은 기본적으로 실천하고 있다. 또한 동화홀씨에서 공부한 내용을 그대로 적용하여 근무하는 학교의 교사, 학부모 독서모임을 만드는 경우가 많다.

2010년 진보교육감이 당선되면서 교사동아리 지원금이 대폭 늘어났다. 그러면서 많은 학교에서 교사동아리가 운영되었는데 동화홀씨는 이러한 동아리의 활동에 모델이 되었다. 또한 동화홀씨 회원들이 동아리의 멘토, 강사 등으로 활동하면서 초등학교에서 그림책을 공부할 수 있는 분위기를 형성하였다.

문제의식

모임이 3년 정도 지나면 회원 간의 소통보다는 지식·정보 습득 위주의 공부, 책을 대하는 흥미와 진지함 감소, 비슷한 주제의 이야기 반복, 몇몇 회원의 이야기 독점, 회원들의 가치관 차이 등이 드러나고 공부 내용 또한 타성에 빠지면서 참석 회원의 수가 줄어들고 공부에 흥미도 떨어진다. 이러한 문제를 해결하기 위해서는 모임 구성원들이 협의하여 인문학 읽기, 교육과정 연구자료 만들기, 서평쓰기, 북아트 만들기, 지역 내 소외계층에게 책 읽어 주기 등 공부를 심화시키는 활동으로 나갈 수 있도록 방향을 제시하고 구체적인 방법을 논의하였다. 이러한 노력의 일환으로 2008년 동화홀씨 자료집 발간, 2008년 전국학교도서관모임 주관 연수 진행, 2012년 교육부 주관 〈초등 2학년 독서교육 길라잡이〉 자료집 집필, 2012~2013년 책마루 어린이도서관 학생 독서모임 지도, 2014년 전북교육청 〈독서교육 길라잡이〉 발간 등의 활동을 하며 회원 간 결속력을 높였다.

2장 지역모임이 걸어온 길

동화홀씨 활동모습

동화홀씨 1~2기 모임

동화홀씨 1~3기 모임

고창모임

동화홀씨 4기 모임

정읍모임

김제모임

2015년 작가 초청 강연

실천사례 발표

지역모임과 함께한 활동

책톡!900독서클럽 운영

'책톡!900독서클럽'(이하 책톡)은 학생 4~6명과 교사나 학부모(팀리더) 1명으로 구성된 독서동아리로 첫째는 학생들의 독서습관 형성을 돕고 두 번째로는 팀리더를 독서활동가로 키우려는 목표를 가지고 도서관문화재단씨앗이 지원하는 사업이다.

책톡 사업은 도시형 30팀(중·고등학교 도서관), 농촌형 30팀(초등학교 도서관), 민간형 20팀(작은 도서관)으로 3개 유형으로 나누어 총 80팀을 선정하여 1팀당 90만 원을 지원하며 사업기간은 1년으로, 이중 농촌형을 전북에서 맡아 운영하였다.

팀리더는 2년 이상 학부모 독서모임에 지속적으로 참여한 학부모와 동화홀씨에서 활동하고 있는 교사만을 대상으로 한 명 한 명 조직하였다. 팀리더는 학부모 17팀 21명, 사서(계약직) 3명, 교사 7명이 맡았다. 대리초와 장수초의 학부모들은 팀리더로서의 부담은 줄이고 활동과정에서 함께 배우고 싶다는 마음으로 2명이 1팀을 운영하였다.

책톡에 참여하며 책 읽기를 즐기는 학생이 생겼으며 이전과는 다르게 책을 깊이 있게 읽게 되었다. 친구들과 책을 매개로 관심 분야에 대해 이야기를 하며 친구를 더 잘 알게 되었고 자신의 문제를 객관적으로 바라보는 계기를 갖게 되었다. 또한 교사나 학부모에게는 독서활동가로 성장하는 계기가 되었다.

전북 고교생 독서토론 인문학캠프 운영

2013년 8월 김해인문학대회를 모델로 하여 제1회 전북인문학캠프가 개최되었다. 전북은 처음 실시한 2013년에는 1번, 2014년에는 더 많은 학생들에게 기회를 주기 위해 1주일 간격으로 2번을 진행하였다.

운영위원은 김해인문학대회에 참여한 경험이 있는 교사 3인, 정책연구소 파견교사 1인, 사서교사 2인, 독서교육에 관심을 갖고 활동해 온 교사 4인과 나까지 총 11명으로 구성되었다. 또한 김해인문학대회의 축적된 노하우를 전수받기 위해 김해인문학대회를 1회 때부터 공동 주관하고 있는 책사회 안찬수 사무처장, 전국학교도서관모임 이성희 교사를 자문위원으로 위촉하였다. 운영위원 모임은 도교육청 동아리로 지정받았으며 동아리 지원금 300만 원을 회의비, 식사비, 교통비, 자문료 등 운영위원회 활동에 필요한 경비로 사용하였다.

2014년에는 2번으로 전북 인문학캠프가 늘어났기 때문에 제1회 때의 운영위원을 2팀으로 나누고 여기에 각각 제1회 전북 인문학캠프에 인솔교사로 참여했던 교사 중에서 몇 명을 더 가입시켜서 각각 팀을 꾸렸다. 그러나 제1회 대회 운영위원들이 너무 많은 역할을 맡음으로 인해 피로도가 높았다. 2014년에는 별도의 외부 자문위원을 두지 않아 작가에 대한 세부적인 정보와 평가에 다소 취약하였고, 제2회 인문학캠프의 경우 초청한 일부 작가에 대해 참가 학생들의 만족도가 높지 않은 점이 있었다.

필자는 전북 인문학캠프에 운영위원으로 3번을 참여하였고 대회 일정은 제1회 2013. 8. 1~2일, 제2회 2014. 7. 24~25일, 제3회 2014.

2016년 모둠별 창작활동 전시

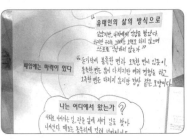

2016년 모둠별 창작활동

2017년 공감하는 독자

2017년 소감문 적기

2018년 저자와의 대화

2018년 소통하는 독자

2019년 단체사진

2019년 초청저자 및 운영진

2장 지역모임이 걸어온 길

7. 31~8. 1일이었다. 운영 장소는 전북학생해양수련원에서 2번, 원광대학교에서 1번을 하였고, 3번 대회 모두 학생 40팀 (팀당: 4명) 160명, 지도교사 40명이 참가하였고, 작가는 각각 4명을 초대하였다. 제1회 인문학캠프는 전라북도교육청과 책사회가 공동으로 주최하였으며, 2014년 제2회, 제3회는 전라북도교육청이 단독으로 주최하였다. 운영진은 2013년에는 책사회 안찬수 사무처장과 전국학교도서관모임 전 대표 이성희 선생이 자문위원으로 함께했으나, 2014년에는 타 단체의 자문위원이 없이 전북의 교사들로만 구성하였다. 그 이후로는 전북교육청 담당 장학사와 인문지원단 선생님의 협력 하에 지금까지 행사를 꾸려 오고 있다. 200쪽 표는 현재까지 진행해 온 인문학캠프 주제와 초청작가, 선정도서이다. 자체적으로 9회 대회까지 치러 온 전북인문학대회는 교육청과 교사들이 함께 협력하여 만든 대표적인 비경쟁 독서토론대회라 할 수 있을 것이다.

북스타트 연수

북스타트 연수는 도교육청과 책사회가 공동주관으로 진행했는데 책사회는 강사 추천 및 섭외를 맡고 도교육청은 예산, 장소, 진행, 자료집 인쇄 등 나머지 부분을 맡았다. 책사회는 북스타트 연수가 진행될 때마다 서울에서 간사 1~2명이 참관하여 강의 내용, 연수생들의 반응 등을 처음부터 끝까지 모니터링하고 그 결과를 다음 연수에 반영하며 연수의 수준을 높였다.

초등 책날개, 청소년 북스타트 연수 (이하 북스타트 연수)는 독서교육 관련 교사연수이며 지난 몇 년 사이 전국적으로 확산하며 '지금까지

전북 고교생 인문학캠프 주제, 초청작가, 선정작품

회차	연도	주제	작가1 (과학)	작가2 (인문사회)	작가3 (문학)	작가4 (예술,문학2,인사2, 기타)
1회	2013	행복	김성호 나의 생명 수업	선대인 문제는 경제다	유용주 아름다운 얼굴들/ 가장 가벼운 짐	고병권 생각한다는 것
2회	2014	맛, 소리, 생각	김익중 한국 탈핵	강신주 철학, 삶을 만나다	서정홍 밥 한 숟가락에 기대어 / 부끄럽지 않은 밥상	진회숙 클래식 오딧세이
3회	2014	차이를 말하다	이은희 하리하라의 몸 이야기	오항녕 기록한다는 것	손아람 소수의견	이일훈 사물과 사람 사이
4회	2015	바라보기, 바로보기	임승수 삶은 어떻게 책이 되는가?	이진경 삶을 위한 철학수업	복효근 마늘촛불	김태권 어린 왕자의 귀환: 신자유주의의 우주에 서 살아남는 법
5회	2016	관계 맺기	김찬중 적정기술	이광재 나라 없는 나라	김선우 김선우의 사물들	임동창 노는 사람, 임동창: 음악으로 놀고 흥으로 공부하다
6회	2017	진실과의 대화	전중환 본성이 답이다: 진화 심리학자의 한국 사회 보고서	임옥희 발레 하는 남자, 권투 하는 여자: 문학으로 찾아가는 양성평등의 길	송경동 꿈꾸는 자 잡혀간다 / 나는 한국인이 아니다	신귀백 전주편애: 전주부성 옛길의 기억
7회	2018	시대를 말하다	이정모 저도 과학은 어렵습 니다만: 털보 과학관 장이 들려주는 세상 물정의 과학	이문영 웅크린 말들: 말해지지 않는 말들의 한국어사전	심윤경 나의 아름다운 정원	박남준 하늘을 걸어가거나 바다를 날아오거나: 박남준의 악양편지 박남준 시선집
8회	2019	물음표를 품은 사람들	김상욱 떨림과 울림: 물리학자 김상욱이 바라본 우주와 세계 그리고 우리	남궁인 만약은 없다	박서련 체공녀 강주룡	김겨울 독서의 기쁨
9회	2020	참여, 모두가 중심에 서는 행복	이명현 이명현의 별 헤는 밤	은유 알지 못하는 아이의 죽음	김동식 회색인간	이소영 미술에게 말을 걸다

* 전북 인문학캠프 카페(https://cafe.naver.com/2013jbdream)

받은 어떤 연수보다도 유익하며 마음 깊은 곳까지 울림을 준다.'는 평을 들을 정도로 교사들에게 반향이 컸다.

북스타트 연수가 교사들 사이에 빠르게 널리 알려진 이유는 강사한 명 한 명이 주는 감동이 그만큼 크기 때문이다. 그러나 연수 이후 이러한 교사들의 마음을 일상적 실천 활동으로 이끌어 내지 못하면 '단지 좋았던 연수'에 그치고 말았을 것이다. 그러나 북스타트 연수생 중에서는 독서모임을 새로 만들거나 동화홀씨에 가입하여 활동하는 등 후속모임으로 활동을 이어 가는 교사들이 늘어났고 이를 통해 동화홀씨에도 신규회원이 지속적으로 늘어날 수 있었다. 북스타트 연수는 지원청 단위 현장지원맞춤형 연수로 운영하여 김제, 고창, 임실, 정읍에서 운영되었으며 4곳 모두 연수 후 어린이 책을 읽는 교사모임이 조직되어 활동을 시작하였고 심화연수도 지금까지 매년 운영되고 있다.

지역모임의 비전과 나아갈 길

어느 모임이든 지역모임 기반의 변화와 발전단계에 따라 태동기, 성장기, 발전기, 확산기, 전환기의 5단계로 구분할 수 있다. 지난 14년 동안 동화홀씨의 기수가 해마다 늘어나고 지역 및 학교와 연대 사업들이 늘어난 점을 상기해 볼 때 지금은 발전기를 넘어 확산기에 진입했다고 생각한다. 다시금 고민이 깊어지는 시점이다. 우리는 어떤 철학과 방향성을 가지고 움직이고 있는가, 스스로에게 되묻게 된다. 시대의 흐름을 읽고 인문학적 통찰력을 기반으로 독서교육과 독서동아

2016년 북스타트 심화연수

2019년 북스타트 연수

리활동이 이 지역에 온전히 자리매김할 수 있도록 함께 지혜를 모아야 할 것이다.

2020년은 우리에게 어떻게 기억될까? 2019년 말 우한에서 원인불명 폐렴 환자가 발생한 후, WHO 세계 대유행 '팬데믹 선언'이 이어졌다. 상황은 여전히 위드(with) 코로나로 엄중하다. 이런 가운데 지난 8월 13일 "참여, 모두가 중심에 서는 행복"이라는 주제로 도교육청 주관 '제9회 고교생 인문학캠프'를 그동안 1박 2일 행사로 치렀던 것을 당일 행사로 축소하여 잘 마쳤다. 이뿐 아니라 그동안 동화홀씨와 각종 독서연수를 거쳐 간 선생님들이 주축이 되어 '책톡', '북스타트 연수' 등을 면면히 이어 가고 있다. 또한 곳곳에서 학생들과의 책나눔과 책놀이를 통해 사는 재미를 더불어 가꾸어 왔다.

그러나 코로나 시대와 앞으로도 이어질 전염병의 시기는 비대면, 비접촉을 강요한다. 함께 자리하며 이야기를 나누는 독서교육과 독서

2장 지역모임이 걸어온 길

동아리활동이 위축될 수밖에 없는 환경이다. 앞으로의 과제는 온라인을 통한 모임과 오프라인 모임을 병행하면서도 질적 수준과 공감의 소통 방식을 대면할 때처럼 살려 가는 독서교육과 독서동아리활동을 어떻게 할 것인가가 과제라 할 것이다.

따라서 앞으로는 대규모 행사나 지역 단위 행사보다는 각 단위 학교에서 도서관을 학습과 배움의 중심 공간으로 인식하여 활동하는 것이 더욱더 요구된다. 이로 인해 각 학교 단위별로 전문 사서교사가 요청된다. 이들은 각 교과 선생님과 소통하여 도서관과 책을 활용한 교육이 각 교과에 스며들 수 있도록 역할을 해야 할 것이다. 이벤트와 행사 중심의 책 활동보다는 각 교과에 책이 스며들어 내재적 교육과정으로써 배움이란 바로 책 읽기와 소통임을 구성원들과 함께 공유하여야 한다. 이를 위해 선생님들과 학교관리자들을 위한 독서교육과 독서연수의 기회를 '자주', '깊이' 있게 제공하여 책과 도서관을 중심으로 한 교육과정을 각 단위 학교별로 마련하고 활성화할 수 있도록 도와야 할 것이다.

민들레 홀씨는 씨를 퍼트리기 위해 때와 장소를 가리지 않는다. 동화홀씨도 그러하였다. 기회를 얻는 대로 스스로 책 읽기의 즐거움을 알고 함께 나누어 가는 일에 익숙해진다면 어느덧 산하는 홀씨로 가득하여질 것이다. 이는 곧 믿음이고 자연의 일인 것이다.

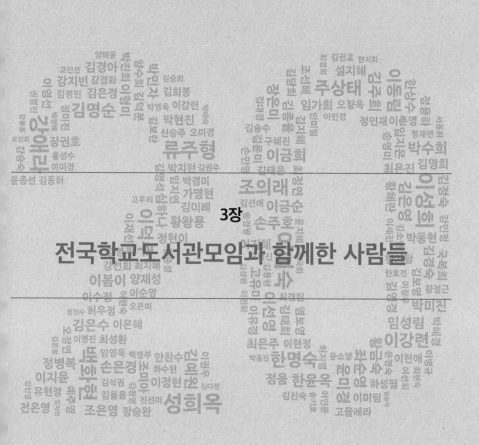

3장
전국학교도서관모임과 함께한 사람들

운명처럼 다가온
학교도서관

:

류주형

개가식 학교도서관을 체험한 중학교 시절

1981년 4월 중앙대학교 사범대학부속여자중학교에 국어교사로 부임을 하면서 사범대학 부속학교이니 기대를 많이 하고 갔다. 그런데 도서관은 없고 낡은 책만 작은 공간에 쌓여 있고, 독서교육이라는 것이 한 학급에 같은 책을 한 달에 한 권 읽게 하고 그 책을 다음 달에 다음 학급에 넘기는 윤독독서만 의무적으로 하고 있었다. 학생들의 관심 분야와 관계없는 책을 의무적으로 일 년에 9권 정도를 읽어야

3장 전국학교도서관모임과 함께한 사람들

하는 이런 독서교육은 문제라고 생각은 했으나 신임 교사라 목소리를 내기 어려웠다.

그래서 마음 한편엔 내가 1969~1971년에 다녔던 부산의 개성중학교 도서관 같은 곳이 그리웠다. 전쟁이 끝난 지 얼마 되지 않았고, 부산으로 피난 온, 하루하루 먹거리를 걱정해야 했던 우리 집은 동화책을 살 형편이 안 되어 교과서 외에는 읽을 책이 없었다. 5학년까지 다녔던 범일동 산동네 초등학교에는 도서관은 없었고 6학년 때 전학 간 전포초등학교 부근에는 시립도서관인 부전도서관이 있었으나 중학교 입학시험을 보는 마지막 세대라 중학교 시험 준비와 함께 입시에 비중이 큰 체력장(200점 만점 중에 20점) 준비도 해야 해서 여름방학에도 학교에 나와 체력장 보충 지도를 받느라고 도서관 방문은 꿈도 꾸지 못하고, 턱걸이·던지기·멀리뛰기 등의 점수를 올려야 했지만 그러지 못해서 내가 희망하는 중학교에는 원서를 낼 수 없었다.

그런데 입학한 개성중학교엔 4층에 교실 5칸 정도의 개가식 도서관이 있어서 희망하는 학교에 못 간 아쉬움을 털어 낼 수 있었다. 사서선생님도 계신 학교도서관에서 점심시간과 방과 후에 보고 싶은 책을 마음대로 찾아서 읽었다. 서가를 돌아다니면서 책을 뽑아 보고 찾아서 읽었던 동화책, 김찬삼 세계 여행기, 탐험기 등이 지금도 어렴풋이 떠오른다.

그런데 1974년에 대학에 입학하니 도서관이 폐가식이라 목록함의 카드를 뒤져 책을 찾으면 원하는 책이 아니면 다시 목록함으로 가서 카드를 뒤져야 해서 너무 불편하여 중학교 때의 개가식 도서관이 더 생각이 났다. 나중에 김종성 교수가 쓴 『한국 학교도서관 운동사』를 읽어 보니 경남과 부산 지역의 교사들이 1950년대 후반과 1960년대에 학교도서관 운동을 시작하여 개가식 학교도서관을 열었다고 하는데 난 그 혜택을 보았던 것이다.

도서반(누리앎) 학생들과 함께 만든 학교도서관

1998년 〈한겨레신문〉에서 학교도서관살리기에 대한 기사를 시리즈로 내고 있어서 관심을 가지고 보고 있었는데, 학교에서 추경을 하면서 남은 예산 600만 원을 줄 테니 도서 구입을 하라고 했다. 목록을 만들어 책을 구입하고 그것을 아이들에게 마음대로 보게 해 주기 위해 남는 교실 한 칸을 도서관으로 만들겠다고 1999년 학교도서관 업무를 자원하게 되었다.

도서관을 잘 운영하기 위해서 1998년 12월 송곡여고 도서관에서 주최한 '전산화 연수'에도 사흘간 참가하였고, 1999년 1월 한국학교도서관협의회에서 주관하여 숙명여대에서 실시한 제1회 학교도서관 전산화 연수를 이틀간 받았다. "학교도서관을 사랑하는 사람들 동호회(하이텔 sg862)"와 "열린 도서관 모임(사서와 예비 사서들의 모임: 하이텔 olib)"이 있다는 것을 알게 되어 하이텔에 접속하여 자료를 찾아보면서 도서실 업무에 대해 어느 정도 알 수 있게 되었다. 마침 1999년 1월에 서울교대부설초 도서관이 전산화 작업 중이었는데 하이텔 sg862에서 봉사자를 모집한다고 해서 가 보니 정원임 선생님과 아직 대학생이었던 이승길 선생님 두 분이 하고 계셔서 이틀간 봉사를 하면서 전산화 작업의 전 과정을 실습할 수 있었다. 그래서 도서관을 만들면서 'Mae 5.1' 프로그램을 사서 전산 입력도 하게 된 것이다. 그 당시에는 교육부에서 만든 DLS 프로그램은 없었고, 기업에서 만든 '책꽂이'란 프로그램도 있었으나 비싸더라도 DATA 처리를 잘할 수 있는 프로그램을 샀던 것이다.

3월 학교도서관을 맡은 후 사서교사도 없고 국어교사로 주당 22시간 수업을 하면서 담임교사 역할도 해야 해서 도서관을 만들고 운영하기 위해서는 조력자가 필요하여 도서반 학생들을 30명 선발하였다. 기존에 있던 낡고 오래된 책을 폐기 처분하고 학생과 교직원 등을 대상으로 도서기증운동을 벌이면서 도서관 살리기가 시작되었다. 학교도서관을 경험하지 못했던 도서반 학생들에게 우리가 만들어야 할 도서관을 느끼게 하기 위해 동구여상과 송곡여고 도서관을 견학하고 그 소감을 쓰게도 하고 도서관 설계도를 만들어 보게 하기도 했다.

그런 후 4층에 있던 교실 1칸의 도서관을 학생들이 오가기 좋은 3층(교실 1칸)으로 옮기는 작업을 했다. 여러 선생님들이 참여하여 내부 도색 작업 등을 하고 도서반 학생들의 노력으로 이전 작업을 마쳤다. 중앙대학교 도서관에서 도서 분류에 관한 책을 찾아보기도 하여 한국 십진분류법에 의해 자관분류표를 만들면서 분류 작업을 하였으나, 막힐 때는 경신고 사서교사로 부임한 이승길 선생님께 도움을 받았다. 그리고 도서관리 프로그램(Mae 5.1)과 컴퓨터 1대, 레이저 프린터를 구입하여 전산화 작업을 하였다. 그런데 난관이 있었다.

학생들이 도서관에 와서 학습에 필요한 자료를 찾기 위해서는 주제어 입력이 필요하다고 생각해서 653tag에 주제어를 입력하려고 하니 정말 힘들었다. 국립중앙도서관에 자료 검색을 하였으나 주제어는

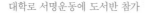

대학로 서명운동에 도서반 참가   도서반연합모임 대학로 행진

책 제목을 그대로 내려 받아 넣은 경우라 쓸모가 없었다. 그러다 보
니 2,333권의 책 전산 입력을 하기 위해 저녁 7시까지 남아서 했었고
개관일이 얼마 남지 않은 시기에는 2학년 도서반 이규화 학생과 함께
키워드 입력까지 하며 주제어 검색도 가능하게 했다. 그렇게 입력도
하고 도서반 학생들이 도서 라벨을 붙이고 배가도 하여 7월 7일 도서
관 전산화 작업을 마치고 개관을 하였다.

　도서반 학생들이 중추적인 역할을 하게 하기 위해, 기획부·홍보부
·관리부·정보부로 편성하여 각 학년을 고르게 배치하고, 3년간 같은
일을 하게 하여 전문성을 키워 주었고 신입 도서반이 들어오면 교육
도 도서반원이 하게 만들었다. 기획부의 도서반장을 중심으로 1주간
에 걸쳐 신입 반원 교육을 시킨다. 선후배 간에 지켜야 할 일들과 함
께 대출, 반납, 서가 정리 등 도서반원으로서의 기본 업무에 관한 교
육을 하게 된다. 그다음에 사서교사와 담당교사가 정신교육과 함께
업무에 관한 이론 교육도 한다.

　그 교육 기간이 끝나면 신입 부원을 부서에 편성하게 된다. 그런

후 부장이 부서 업무에 관한 교육을 한 후 적응이 되면 도서반 배지 수여식을 열고 정식 도서반원이 되게 했다.

도서반 행사로는 신입생 환영회, 각종 도서관 견학 및 국제도서전 관람, 학교도서관 살리기 캠페인 활동, 초·중·고도서반연합 모임 활동, 구입 자료 조사 활동, 독서퀴즈대회(골든벨 형식) 진행, 1박 2일 M.T., 생일파티, 졸업생 환송회 등을 하여 여러 가지 경험과 함께 끈끈한 유대감을 가지게 하여 도서관 운영의 중추로 서게 이끌었다.

학교도서관 활성화 작업들

도서관에 낡은 책, 너무 오래된 책들만 있어 학생들이 찾지 않아 도서관이 어디에 있는지도 모르는 경우가 많아서 도서관에 읽을 만한 책들이 많다는 것을 알리기 위해 개관 전에 도서관 관보인 〈앎과 함〉을 창간하여 학생들에게 배부하여 도서관이 새로 단장하고 있다는 것을 알렸다. 또 문화관광부에서 '오늘의 우리 만화'로 선정한 좋은 만화책을 갖추어 학생들이 찾아오게 만드는 데 주력하였다. 그 결과 점심시간에 36석의 열람석이 모자라 바닥에 앉거나 서서 보는 학생들로 붐비는 살아 숨 쉬는 도서관이 될 수 있었다. 이렇게 되니 교실 1칸의 도서관으로는 학생들의 수요를 충족시킬 수 없다는 교장선생님과 여러 선생님들의 판단에 따라 2000년 2월 1층에 있는 교실 2칸 규모(54평)로 도서관을 이전하게 되었다.

학교도서관은 공간과 시설도 중요하나 소장 자료의 질과 양이 잘 갖추어져야 학생들과 교직원들이 도서관에 오게 된다. 그러나 IMF

외환위기 후유증으로 도서구입비가 줄어드는 상황이 되어 2000년부터 신입생 도서기증운동을 시작했다. 도서관에는 없지만 꼭 필요한 책들을 미리 뽑아 기증도서 목록 작업을 하고 그 목록의 책들을 학생 개개인에게 나누어 반별 기증도서목록 작업을 하였다. 그리고 도서기증운동의 취지를 설명한 가정통신문에 그 학생이 기증해야 할 목록을 기재하여 프린터로 뽑고 봉투에 넣어 학생 이름을 쓴 후 가정으로 발송하였다. 그 결과 339권(85% 달성)의 새 책이 기증되었고 책 뒤에 기증 학생의 이름을 써 주었다.

학생들이 흥미를 가질 수 있는 책을 구입하고 도서반 학생들이 도서관 운영에 적극 참여하게 하기 위하여 전일제 특활 시간에 대형서점을 방문하여 자료 조사보고서를 작성하게 하였다. 도서반의 책에 대한 안목도 키우기 위해 분야를 정한 후 3년 동안 같은 분야를 맡게 하니 그 분야의 책을 보는 눈도 키울 수 있었고, 조사보고서에 선정 이유를 보고 가능하면 구입을 하여 자기가 선정한 책이 들어오는 것을 보면서 책임감을 더 느끼게 해 주었다.

2000년 여름방학 중 광운대학교에서 홈페이지 제작 연수를 듣는 등 6개월간의 준비 작업을 거쳐 도서반 3학년 학생과 함께 도서관 홈페이지(http://www.cmslib.net/ : 지금은 아쉽게도 없어짐)를 만들어 12월에는 도메인 등록 후 오픈을 하여 학생들이 웹상에서도 도서관 이용 방법, 신착도서 소개, 독후감 등을 볼 수 있도록 하였고 2001년에는 Web 검색 프로그램을 구입하여 2002년 1월 도서관 홈페이지에서도 도서관 자료를 검색할 수 있도록 하여 학생들이 도서관 자료가 어떤 것이 있는지 집에서도 확인할 수 있고 대출한 책을 언제 반납해야 하

2002년 독서동아리 문학기행   2003년 독서동아리 문학기행

는지도 알 수 있게 하였다.

사서교사가 없지만 학생들이 도서관을 최대한 이용할 수 있도록 하기 위하여 도서반 학생들이 당번을 정하여 아침 8시 10분부터 8시 50분까지, 점심시간, 방과 후 3시 30분부터 4시 40분까지(총 2시간 30분간) 도서관을 개방하였다.

2001년에는 학생들이 도서관을 더 잘 이용할 수 있도록 하기 위하여 국어시간 2시간을 활용하여 신입생들에게 체계적으로 자료 찾는 법(생활국어 1학년 1학기 3단원 '정보 수집하기' 단원과 관련)과 도서관 이용법을 가르쳤다. 처음으로 사서교사 교육 실습생을 받아서 그 교생들과 국어교사가 함께 협력수업을 하여 학생들이 자연스럽게 도서관에 와서 필요한 책들을 스스로 찾을 수 있게 되었다.

또 교사 독서동아리를 조직(회원: 10명)하여 월 1회 모임을 갖고 회원들끼리 좋은 책을 소개하고 학생들에게도 수업시간 등을 이용하여 좋은 책을 소개하는 활동을 하였고 여름방학 중에는 1박 2일로 충남, 충북, 전북, 강원 지역 등으로 문학기행을 했다. 세계 책의 날에는 동아리 선생님들이 일일 사서가 되어 학생들에게 대출 반납 등을 하게 하여 도서관에 대한 인식을 제고하였다.

독서동아리 선생님들과 함께 매년 한 번은 대형 서점에 나가서 학교도서관에 구입해야 할 자료를 조사한 후 구입 신청서를 작성하게 했는데 역사, 국어, 과학, 미술, 가정 등 여러 과목의 선생님들이 모여 있어서 다양한 자료를 구입할 수 있었다.

2002년에는 학교 예산으로 계약직(주 5일 근무)이지만 사서교사를 3월부터 10개월간 채용하게 되어 도서관 운영을 더 활발하게 할 수 있었다. 평일에는 오전 8시 20분부터 오후 4시 20분까지 상시 개방을 할 수 있게 되어 학생들이 쉬는 시간에도 도서관을 이용할 수 있게 되었다.

2003년에는 1학년 국어시간 1시간을 독서시간으로 배정하여 체계적으로 도서관에서 독서교육을 하였다. 그 결과 대출이 2002년도에 비해 인원 수 41%, 권수 44%가 증가하였다.

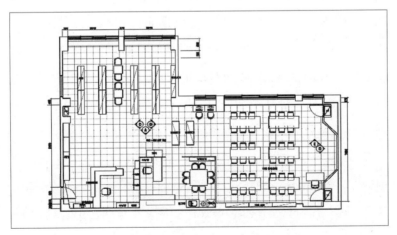

중대부중 도서관 리모델링 평면도

2003년도에 교육인적자원부에서 학교도서관 활성화 방안으로 마련한 도서관 리모델링 자금 4,700만 원을 지원받게 되어 여름방학 중에 리모델링을 하여 빔프로젝터, 교사용 컴퓨터, TV, 오디오 구입도 하고 깔끔하게 단장한 공간으로 변신하여 좋은 시설과 함께 다양한 수업을 할 수 있는 공간으로 거듭 태어났다. 그러다 보니 관내 여러 학교에서 도서관 견학을 오기도 했다.

그러나 아쉬운 것은 교실 2칸(54평) 크기의 기존 도서관을 확장을 하지 못하고 리모델링을 한 것이다. 최소한의 학교도서관 공간구성을 위해서는 교실 3칸 크기는 되어야 한다고 그 당시는 생각을 했었다.

옛 도서관 수업 장면

옛 도서관 열람실

리모델링 후 수업 장면

리모델링 후 열람실

1999년부터 2003년까지의 도서관 담당교사 업무를 끝내고 보직교사로 일하다가 2014년 3월부터 명퇴를 한 2016년 2월까지 마지막으로 도서관 담당교사를 하며 월별로 주제별 도서 서가를 만들어 관련 책을 배가하고, 진로 도서 서가를 만들어 진로 관련 도서를 배가하는 북큐레이션 작업을 시도해 보기도 했다. 2014년 12월 겨울방학 때 숙원이었던 도서관 확장 작업을 추경 예산 1,000만 원으로 진행하여 교실 3칸(81평)으로 확장하여 서가 배치에 숨통이 트이기도 했으나 아쉬움이 많이 남았다. 예산이 더 있었으면 좀 더 세심하게 할 수 있었는데.

학교도서관 관련 외부 활동

2001년도부터 2006년도까지 동작독서지원단(5명)으로 일하며 동작독서퀴즈대회 출제 및 진행, 도서관 운영에 대한 연수, 동작교육청 관내 도서관 컨설팅 활동을 조영상, 염동락, 정금주, 김영아, 이현숙, 백화현, 이말줄, 김소영, 정창섭, 류소영 선생님 등과 함께 활동을 하였다.

학교도서관이 깨어나는 시기이고 사서교사도 없이 담당교사가 운영하는 시기라서 그런지 사서교사가 아닌 담당교사인 내가 2001년 남산도서관, 2003년 송파도서관, 2004년과 2005년에는 국립중앙도서관 사서교사 과정 연수에서 '도서반과 함께하는 학교도서관 운영 사례'를 맡아서 강의를 했다.

전국교직원노동조합 학교도서관분과장 자격으로 2001년부터

2003년까지 책읽는사회만들기국민운동(현 책읽는사회문화재단)의 운영위원으로 참여하여 세계 책의 날 홍보와 행사, 기적의도서관 만들기 등 논의에 참여하기도 했다. 그때 도정일 선생님의 헌신에 감동하기도 했던 기억이 떠오른다. 크게 활동도 못 했는데 순천, 서귀포, 제주 기적의도서관에 가면 거기에 내 이름이 있어서 민망하기도 하다.

학교도서관 운영 플랫폼이 된 전국학교도서관모임과 나

전국에 사서교사가 200명도 안 되고 도서실담당교사와 비정규직 사서가 어렵게 운영하고 있는 학교도서관의 현실을 바꾸어 보기 위해 2000년 여름 무렵 동대문도서관에 모였던 이덕주, 백병부, 이성희, 나 네 사람이 학교도서관 관련 단체를 만들 필요성을 공유하고 사직동 서울지부 사무실에서 여러 차례 만나서 논의를 하고 이덕주 선생님이 12월에 '다음'에 '학교도서관을 살리는 교사들'(현 전국학교도서관모임) 카페를 개설하였고 연장자라고 모임의 대표를 2004년까지 5년간 맡게 되었다.

모임의 첫 번째 사업이 2001년 7월 25일부터 27일까지 정독도서관에서 한 우리 모임 첫 번째 연수였다. 이덕주, 이성희, 백병부, 장승완 선생님과 함께 3일간 도서관을 오르내리며 준비를 하고 진행을 하였다. 카페를 통해 연수 홍보를 하고 신청을 받아 보니 숙박도 스스로 해야 하는데도 제주도, 진도, 거제도, 광주, 순천 등 전국에서 87명이 참가 신청을 하여 정말 놀랐다. 그만큼 학교도서관에 대한 관심과 열정이 있다는 것을 확인해서 뿌듯한 마음이었고 땀 흘리며 준비했던 힘들었던 것들이 눈 녹은 듯 사라졌다. 지금도 카페 연수 안내 및 연수 후기 게시판에 그 당시 글들이 있어서 가끔 읽어 보면서 그때를 회상하곤 한다. 지금은 퇴임하신 후 연락이 안 닿는 장승완 선생님이 정말 그립다.

우리 모임은 교육청에서 학교도서관 관련 연수를 본격적으로 개설하기 전까지 각 지역모임 주최로 2002년은 송곡여고, 2003년은 위덕대학교(경북모임 주최), 2004년은 청주대학교(인천모임 주최), 2005년은 강원도자연학습원(강원모임 주최), 2006년은 부산대 밀양캠퍼스(경남모임 주최), 2007년 수원 성균관대학교 자연과학캠퍼스(서울모임 주최), 2008년 우석대학교(전북모임 주최)에서 2박 3일 혹은 3박 4일 연수를 하였고 그 후에도 간행물윤리위원회(현 한국출판문화산업진흥원)와 함께 무료 연수를 진행하기도 했다. 이런 연수 말고도 신규 사서교사나 도서관 담당교사를 위한 당일 연수나 2일 연수를 매년 진행하기도 했다. 여름연수 중 2003년 연수에서 경주 달빛 야행과 2006년 연수에 나중에 경남교육감이 되는 박종훈 선생님, 밀양 송전선 반대 운동 등 환경운동에 뛰어든 이계삼 선생님이 연수생으로 참여한 일들이 특히 기억에 남는다.

2002년 1월 12일~14일 목원대학교에 개최된 제1회 전국참교육실천대회에 학교도서관분과로 참여하여 여러 선생님들의 학교도서관 활동 사례를 공유하기도 하고 뒤풀이를 하며 학교도서관 운영의 애환과 운영 정보를 나누기도 했다. 그때 백화현, 한명숙, 박홍진, 이재선, 오미경 선생님들과의 인연이 우리 모임의 자산이 되었고 각 지역모임이 만들어지는 계기가 되었다.

2005년 사서교사 배치 촉구 결의대회   2011년 학교도서관 정상화집회

2020년 1월까지 19회나 개최된 참실대회 중에서 나에게는 제주대학교에서 열린, 모임 대표로서 마지막으로 준비했던 2005년 1월의 제4회 대회가 가장 인상 깊었다. 하루 먼저 백병부 선생님과 제주에 가서 준비를 하고 제주의 겨울을 느껴 보기도 해서 좋았지만, 참실대회가 끝난 후 제주 지역 선생님의 안내로 간 4.3 유적지 탐방에서 그 당시 제주 사람들이 숨어 지내던 컴컴한 동굴 안을 힘들게 들어가서 느꼈던 공포감이 아직도 생생하다. 왜 그들은 거기에 숨을 수밖에 없었을까 하는 의문이 잘 몰랐던 4.3 항쟁에 대한 관심을 더 가지게 된 계기가 되기도 했다.

2005년 9월 '학교도서관 정상화 및 사서교사 배치 촉구 결의대회'를 우리 모임과 한국학교도서관 협의회와 공동 주최로 정부종합청사 뒤에서 열어 사서교사 임용을 강하게 요구하였고 그 후에도 몇 번 더 열기도 하고 국회의원회관에서 공청회도 열기도 하여 사서교사 임용 티오가 조금씩 나오게 만들었고 학교도서관 진흥법 개정까지도 가능하게 만들었다.

이런 연수 개최와 참실대회 참가, 결의대회 개최 등의 활동이 전국적으로 영향을 주게 된 것은 '다음' 카페의 '전국학교도서관모임'의 활발한 운영이 일조를 한 것은 분명하다. 초창기에 자료 공유를 많이 해 준 이덕주, 이성희 선생님과 독서교육 강의를 전국에 다니신 백화현 선생님, 카페 운영을 맡아 도서증정 이벤트 진행과 회원 승급 등 궂은일을 4년간이나 한 정보통신국장 하수현, 김용현 선생님과 카페 질문과 답변 게시판에 Q&A를 완성해 준 황정근 선생님을 비롯한 정보통신국을 맡아 준 여러 선생님들의 공이 컸다. 이제는 카페 회원도 3만 명이 넘었고 활발하게 접속하는 회원도 3,000여 명이 되어서 자료 공유와 함께 질문에 대한 답변도 서로 해 주어 카페가 정착이 되었다. 그러다 보니 학교도서관 운영에 필요한 자료가 많이 탑재된 플랫폼 역할을 하고 있다.

그리고 각 지역모임은 지역의 학교도서관 운영을 함께 고민하고 연수도 하고 책도 발간하면서 따로 또 같이 나아가고 있다.

학교도서관진흥법 개정과 함께 제3차 도서관발전종합계획에 의하면 2030년까지 전국 학교의 50%에 사서교사를 배치하겠다는 목표도 있으니 이제는 사서교사가 학교도서관 운영의 주체로 설 수 있는 때가 온 것이다. 때마침 2019년 7월에 전교조 산하에 사서교사위원회가 만들어지고 이덕주 선생님이 초대위원장이 되었다. 그들의 멋진 행보를 기대를 갖고 지켜볼 수 있을 것 같아서 흐뭇하다.

학교도서관과 나

백화현

사랑이 너에게 어떻게 왔는가?

햇살처럼 왔는가, 꽃바람처럼 왔는가?

아니면 기도처럼 찾아왔는가? 말하여 다오.

학교도서관과 나를 생각할 때마다 릴케의 이 시구가 떠오르곤
한다. 혼자서 밤늦도록 학교도서관에 남아 있을 때면 속으로 이 시구
를 읊조릴 때가 많았다. '학교도서관이 너에게 어떻게 왔는가? 햇살
처럼 왔는가, 꽃바람처럼 왔는가? 아니면 기도처럼 찾아 왔는가?'라

고 묻곤, '운명처럼, 벼락처럼 찾아왔지.'라고 자답하며 피식거리곤 했었다.

'좋은 교사'가 되고 싶은 마음 간절했지만

1984년 3월 교직에 첫발을 뗀 후 내 교사 생활은 그리 평탄하지 못했다. 물론 첫해 몇 개월은 눈에 콩깍지라도 씐 듯 아이들이 죄다 예뻐 보이고, 가르치는 일도 너무나 재미났다. 물 만난 고기처럼 학교에만 가면 심장도 팔딱팔딱 세차게 뛰고 아이디어들도 샘솟듯 했다. 그러나 어느 날 나와 함께 2학년 국어를 맡고 있던 선배 교사가 우연히 내 교과서-밑줄과 별표, 온갖 설명어가 빼곡한-를 보고선, "에구, 쓰잘데기 없는 것들을 뭘 이리 잔뜩 적어 놨어? 친일파 글들이 뭐 그리 대수라고!"라며 날 한심한 듯 바라보더니 휙 가 버리는 것 아니겠나. 당시엔 어안이 벙벙하여 어깨만 으쓱하고 말았지만, 날이 갈수록 그 말 한마디 한마디가 내 심장을 쪼아 대곤 했다. 밑줄과 별표, 설명어가 쓸데없다고? 교과서 작가들이 친일파라고?

생각해 보니, 난 아는 게 없었다. 질문을 던진 적도 없었다. 대체 시를 가르치며 뭣 때문에 그리도 많은 설명을 덧붙이고 분해를 하려 한 것인지, 소설의 문장 마다마다에 왜 그렇게 많은 문법적인 설명을 달아 둔 것인지… 나는 또 누가 친일파이고 아닌지도 몰랐다. 그저 참고서와 교사용 지도서에 나온 지식적인 내용을 최대한 많이 적어 아이들에게 전달하려 했고, 시험을 잘 보게 하고 싶었을 뿐, 교과서를 의심하지도 않았고, 내가 열심히 가르치고 있는 것들이 그럴 만한 가치가 있는지 없는지 묻지도 않았다. 아이들에게 도움이 되어 주고 싶고 '좋은 교사'가 되고 싶은 마음은 간절했지만, 진실로, 아는 것이 없었다.

그때부터였던 것 같다. 잘 가르친다는 것이 무엇인지, 교과서는 온당한 것인지, 왜 생각이 다른 아이들에게 똑같이 하나의 정답만을 요구해야 하는 것인지… 등에 대해 질문을 던지기 시작한 것은. 그러나 답을 찾아내는 일은 쉽지 않았다. 질문을 파고들면 들수록 방향을 잃게 되고 마음의 평화가 사라졌다. 아이들을 어찌 대해야 할지 몰라 어제 한 말을 오늘 뒤집는 일이 잦아졌다. 길을 잃고 만 것이다.

그때 옆 자리의 동료가 그 답을 함께 찾아보면 어떻겠느냐며 '교사 소모임'을 권유했다. 그때까지만 해도 '혼자'인 것이 익숙하고 편했던 사람인지라 '모임'이 달갑지는 않았지만, 달리 방도가 없었다. 이후 이 소모임은 전국의 비슷한 소모임들과 연대하여 '교육민주화선언'(1986. 5. 10.)을 하고, 이후 더욱 서로를 결속시켜 '전국교사협의회(약칭 '전교협')'를 결성했으며(1987. 9. 27.), 나아가 1989년 5월 28일 '전국교직원노동조합(약칭 '전교조')'을 창립하기에 이르렀다. 어찌어찌하다 보니 난 이 모든 과정에 함께 있었고, 전교조 가입과 동시에 해직의 아픔을 겪는 등 전혀 원한 적이 없었음에도 파란만장하고 다이나믹한 교사의 길을 걷게 되었다.

운명처럼, 벼락처럼 찾아온 학교도서관

전교조에 가입했다는 이유로 4년 6개월을 학교에서 추방당한 채 살다가, 1993년 김영삼 문민정부가 들어선 후, 1994년 '전교조 해직

교사에 대한 복직'이 있었을 때, 다시 학교로 돌아올 수 있었다. 하지만 우리는 블랙리스트 교사였기에 자신이 근무했던 지역이 아닌 곳에 무작위로 신규 발령을 받아 가야 했다. 내겐 그곳이 강남구 삼성동에 있는 봉은중학교였다. 이곳에서 4년을 근무한 후 다시 찾아온 내 지역 관악구. 그리고 그곳 가난한 달동네에 위치한 난우중학교. 이곳에서 나는 운명처럼, 벼락처럼 학교도서관을 만났다.

난우중학교에서 맞이한 첫해와 두 번째 해. 곧 1998년과 1999년은 교사로서 나를 참담하리만치 절망스럽게 했다. 특히 1999년은 아침에 눈을 뜨는 것이 괴로울 만큼 학교 가는 일이 싫었다. 나는 가르치고 싶었지만 아이들은 전혀 배우고 싶어 하지 않았다. 5월이 되면 아이들의 절반 이상이 교과서를 가져오지 않았고, 수업 중에 너무 떠들거나 잠을 자는 아이를 교실 뒤에 세워 두면 어느 틈엔지 도망을 가 버렸다. 부모님에게 전화를 해도 받질 않고 집을 찾아가 봐도 아무도 만날 수 없는 일이 반복되곤 했다. 공부에 관심이 있는 몇몇 아이들마저 분위기에 휩쓸려 놀고 싶어 하고, 교과서를 쉽게 설명해 줘도 좀체 이해를 못했다. 봉은중학교에서 '천하의 영재를 얻어 가르치는 기쁨'을 수시로 맛보았던 뒤였기에 이 아이들에 대한 원망은 점점 깊어지고, 나는 울분과 자책으로 병들어 갔다.

'지피지기(知彼知己)면 백전백승(百戰百勝)이라.'는 병법의 한 구절이 내 가슴을 파고들었던 것은 2000년, 새 학년이 시작될 무렵이었다. 혹시 내가 이 아이들을 잘 모르는 것은 아닐까? 아이들에게 문제가 있는 것이 아니라 내게 문제가 있는 것은 아닐까? 잘 가르치려면 가르칠 내용에 대해서도 잘 알아야겠지만 가르침을 받는 대상에 대해서도 깊이 알아야 할 텐데, 나는 이 아이들이 공부하기를 싫어한다는 것, 그럼에도 공부를 해야 한다는 것, 외에 무엇을 알고 있을까?

3월 한 달여 동안, 아이 한 명 한 명과 오랜 시간 상담을 했다. 아이의 가정환경뿐 아니라 학습에 대한 생각과 그 어려움에 대한 얘기를 몇 시간이고 함께 나눴다. 그리고 깨닫게 되었다. 이 아이들은 내가 생각했던 것 이상으로 생존에 위협을 느끼고 있는 데다 마음의 상처가 많다는 것을. 또 나이만 열다섯일 뿐 학습력은 9, 10세에 멈춰 있는 아이들이 태반이라는 것을. 아이들의 부모님 중 대다수가 일용직 건축 노동자인데, 1997년 말 IMF 외환위기를 맞아 일자리를 잃어버렸다는 것이다. 누군가는 생계를 위해 일이 있는 곳이라면 지방이든 외국이든 쫓아다녀야 했고, 누군가는 이마저도 안 돼 술을 마시며 애꿎은 가족에게 행패를 부리고 있었던 것이다. 봉은중학교의 아이들이 풍요로운 환경과 살뜰한 부모님의 보호 속에서 자라는 것과는 전혀 딴판이었다. '가난의 세습'이 빈말이 아님을 절감해야만 했다.

그러나, 용인하고 싶지 않았다. '빈익빈 부익부', '약육강식'이 인간의 본성에 기인한 자연스러운 사회 현상이라 할지라도, 인간은 필요하다면, 그 자연스러운 본성조차 '이성'으로 다스릴 수 있는 존재가 아니던가. '일부일처제'가 그렇고, 크고 작은 '온갖 법과 규율들'이 그렇고, '정의'에 기반한 많은 것들이 그렇지 않은가. 적어도 공교육기관인 학교는 그 부모가 어떠하든, 학령기 모든 아이들에게 배움의 기회를 공평하게 제공해 줘야 할 터, 학교에 왔음에도 배움은커녕 자괴감만 깊게 한다면, 대체 '평등'과 '정의'를 어떻게 실현할 수 있단 말인가?

이때부터는 밥을 먹을 때도 잠을 잘 때도, 길을 걸을 때도 앉아 있을 때도, 그 방법을 찾아 헤맸던 것 같다. 어떻게 해야 아이들을 배움으로 이끌 수 있을까? 어떻게 해야 아이들이 상처를 치유할 수 있도록 도울 수 있을까? 어떻게 해야 아이들이 자기 자신을 믿을 수 있게 할 수 있을까?

4월, 참말이지 벼락처럼, '책이다!'라는 생각이 머리를 치고 들어왔다. 교과서와 문제집은 할 수 없겠지만, 아이들이 좋아할 만한 그림책이나 만화책, 동화와 소설은 해낼 수 있으리라! 이 아이들은 무엇보다 마음에 위로와 꿈이 필요하다. 무기력증은 자신이 더 나아질 수 없다는 절망감에서 비롯되는 것 아니겠나. 한두 번의 위로와 상담, 경제적 도움은 급한 불을 끄는 데는 도움이 되겠지만, 근원적인 것들을 해결해 줄 수는 없다. 결국 오래도록 그 곁을 지키며 위로를 건네고 손을 잡아 주고 숨을 불어넣어 줄 수 있는 것, 그것은 책일 수밖에 없다. 책 속에서, 같은 처지의 사건과 인물들을 읽으며 울기도 하고 웃기도 하며 마음에 위로를 받고, 닮고 싶은 사람을 만났을 때 용기와 조언을 얻을 수 있으며, 내 울타리를 넘어 세상 구석구석을 들여다보며 자신이 진정으로 하고 싶은 일을 찾아낼 수도 있고, 삶을 폭넓게 이해할 힘도 가질 수 있는 것이다.

또한 자기 수준에 전혀 맞지 않는 교과서 대신, 각자에게 알맞은 다양한 책들을 활용하여 읽게 하다 보면, 읽기에 자신감이 붙고, 이는 학습력 향상으로 이어질 수 있을 것이다. 모든 학습은 읽기가 토대이지 않나. 설혹 지필평가로 인해 교과서 작품들을 반드시 공부시켜야만 한다면, 단원마다 4, 5차시로 구성된 수업과정 중 2차시는 교과서로 2, 3차시는 자신들이 좋은 책으로 공부하도록 하면 될 것이다. 예컨대, 황순원의 '소나기'단원이라면, 교과서로 2시간 기본 강의를 마친 후엔, 교과서로 더 공부를 이어 가든, '만화 소나기'를 읽으며 기본을 다지든, '황순원 단편모음집'을 읽으며 심화를 하든, 아이들 스스로 자신에게 맞는 교재로 공부를 이어 가도록 한 후, 그 내용을 발표케 하거나 써 내게 하여 과정평가에 반영하면 될 게 아닌가. 이야말로 모든 아이를 배움으로 이끌 수 있는 최고의 길이다.

생각이 이에 미치는 순간, 느닷없이 "학교도서관! 그래, 학교도서관!"이란 말이 튀어나오며 몸이 떨려 왔다.

학교도서관 활성화를 제안하다

맞다. 이런 일들이 가능하려면 학교도서관이 있어야만 한다. 도서관에서 다양한 책과 자료들을 제공해 줘야 하고, 그동안 책과는 담을 쌓고 살았던 아이들인 만큼 책으로 끌어들일 만한 재미난 독서행사도 진행해 줘야 할 것이다. 그러나 2000년 4월, 우리의 학교도서관은 문이 굳게 잠긴 채 어둠 속에서 잠자고 있었고, 연구부 기획이 여러 업무 중 도서관 관리를 맡고는 있었지만 1년 도서관 운영비 0원인 상태에서 무엇을 할 수 있단 말인가. 나 역시 학교도서관에 대한 지식과 경험이 전혀 없는데, 뭘 어찌해야 하는 것일까?

이때부터 학교도서관에 대한 정보와 자료들을 뒤져 보기 시작했다. 이때 '사서교사 이덕주'라는 이름을 처음 보았다. 우리교육 잡지였는지 전교조 자료집이었는지 정확히 기억나진 않지만, '학교도서관의 중요성'에 대한 얘기였기에 너무 반가웠고, '사서교사'라는 사람이 있다는 것이 신기하고 고마웠다. 그러나 이밖에 우리나라 자료들은 눈에 띄는 게 없었다. 특히 학교도서관 관련 책이 없었다. 하는 수 없이 인터넷 서점에서 독서교육 관련 책들을 몇 권 구해 읽으며, 내 마음대로 이것들을 학교도서관과 관련지어 보며 학교도서관의 모습을 상상할 수밖에 없었다. 빈약하기 짝이 없는 지식과 경험을 토대로 한 상상이었지만, 그래도 꿈꾸는 시간이 쌓일수록, 내 마음에서 '학교도서관이다!'라는 확신은 철옹성처럼 굳건해져 갔다.

두 달여의 점검과 고민을 마친 후, 나는 친한 동료 몇몇에게 '함께 우리 도서관을 살리자.'는 제안을 했다. 말이 제안이지 거의 협박이었다. 여교사 휴게실에 그들을 가둬 놓고 "같이 하겠다."는 답을 주지 않으면 못 나간다고 했으니…. 다행히 그들 역시 나와 같은 고민이 있던 교사들이었기에, 학교도서관의 중요성과 필요성에 공감해 주었고 내가 앞장만 선다면 옆에서 힘껏 돕겠다는 약속을 해 주었다. 이에 자신감을 얻은 나는, '왜 학교도서관인지, 현재 우리 학교 아이들에게 어째서 학교도서관이 필요한 것인지.'에 대한 A4 한 쪽 반 정도의 글을 써서 교장, 교감선생님을 비롯해 동료교사 모두에게 읽어 달라며 부탁하고 다녔다. 몹시도 민망스러운 일이었음에도 너무도 간절하고 절박한 심정이었기에 용기가 났던 것 같다.

희한하게도 선생님들은 아낌없이 응원을 보내 주었고 학교 측에서도 긍정적인 반응을 보였다. 이에 힘입어, 난 동료 몇몇과 함께 그해 11월 '학교 변화를 위한 교사 토론회'를 열어(출장 간 분 빼고는 모두 자발적으로 참여해 주었다.), '학교도서관의 필요성과 활성화 방안'을 제안할 수 있었고, 많은 분들의 지지와 협조 속에서 2001년부터 '학교도서관'을 맡아 운영할 수 있었다.

학교도서관과 함께한 시간 모두 눈부셨다

김은숙 작가의 〈도깨비〉 드라마 대사를 빌려 표현하자면, "학교도
서관과 함께한 시간 모두 눈부셨다. 날이 좋아서, 날이 좋지 않아서,
날이 적당해서, 모든 날이 좋았다."

감히 내가 이런 말을 해도 되는 것인지는 모르겠지만, 교직을 떠나
온 지금, 내게 가장 눈부셨던 시간을 말하라 한다면, 난 주저 없이 학
교도서관과 함께한 날들을 말할 것이다. 물론 도서관에 문외한이던
내가 학교도서관을 덜렁 맡아 운영하며, 전문가였더라면 1시간 만에
끝낼 일을 10시간 넘게 붙잡고 있었을 때, 난방이 잘되지 않아 얼음
장처럼 차가운 도서관에 혼자 남아 손을 호호 불어 가며 자료를 입
력하고 도서를 정리하고 행사를 준비할 때, 없는 예산에 많은 행사를
벌이느라 여기저기 구걸을 하러 다녀야 했을 때, 괜히 욕심을 부리다
사서선생님과 동료들에게 민폐를 끼쳤을 때, 내 생각만큼 아이들이
독서를 좋아하지 않았을 때, 어찌 고통과 회한이 없었겠나. 그러나 날
이 좋지 않았던 이런 추억들마저도 그립고 설레니, 도깨비 공유처럼
'너와 함께한 시간 모두 눈부셨다.'라고 고백할 수밖에 없다.

학교도서관은 내게 '공교육의 본질'을 묻게 하고 그 답을 찾아 실
현할 수 있도록 도와주었다. 교사로서 나름의 교육철학을 갖고 있지
못했던 내게 교육의 본질적인 질문들을 끝없이 던질 수 있게 해 주고

그 뼈대를 만들어 갈 수 있도록 해 준 것이다. 나는 학교도서관으로 인해 비로소 '교사다운 교사'가 될 수 있었다고 생각한다.

또한 학교도서관에서 나는 너무도 아름다운 사람들을 무더기로 만날 수 있었다. 학교도서관에는 순수한 영혼들이 모인다는 사실을 난 이들을 통해 실감한다. 2001년 3월 학교도서관의 중요성과 필요성에 대한 깨달음 외엔 아는 게 없던 내게, 당시 학부모로서 난우초등학교도서관을 맡아 운영하고 있던 김경숙 선생님은 희망과 자신감을 불러일으켜 주었다. "할 수 있어요! 동작도서관에 학교도서관 지원과가 생겼으니 그분들의 도움을 받아 보세요."라고 조언과 안내를 해 주고, 전화를 할 때마다 도서관 운영에 관한 실질적인 도움을 주었다. 또 그해 8월 정독도서관에서 류주형, 이덕주, 이성희, 백병부 선생님이 진행한 '학교도서관 운영'에 관한 연수는 깜깜한 어둠 속에 쏟아져 내린 찬란한 빛이었다. 난 이들의 헌신과 열정과 전문성(지금 생각하면 좀 어설픈 것도 같은데 그땐 최고의 전문가들로 보였다.)에 감복하여, 즉석에서 전국학교도서관모임을 함께하고 싶다고 자원했더랬다. 이들은 그때부터 지금까지 나의 든든한 동지이자 의지처이니, 이 얼마나 고마운 일인가.

그리고 학교도서관 서울모임 선생님들. 이들은 2002년 1월 전교조가 개최한 제1회 참실대회 때 학교도서관분과에서 만나 2015년 2월 내가 학교를 퇴임할 때까지, 한시도 내 마음에서 떠나본 적이 없는 사람들이다. 이들이 있었기에 나는 어떤 일이든 겁 없이 제안하고 실행에 옮길 수 있었으며, 돌아보면, 이들이 있었기에 학교도서관과 함께한 모든 날이 눈부실 수 있었다. 열정과 이상은 높았지만 실무능력이 턱없이 부족하고, 외국에만 나가면 까막눈에 귀머거리가 되는 나를 그들은 언제나 믿어 주고, 도와주고, 사랑해 주었다. 우리가 함께한 무수한 활동들과 저작물들은 서로에 대한 믿음과 배려와 사랑 덕이었다. 내 삶에서 그들은 언제나 달처럼, 별처럼 빛난다.

학교도서관 숲을 벗어나 독서 운동가로서, 독서 강연자로서, 이러저러한 글을 쓰는 작가로서 살고 있는 지금도 내 고향은 학교도서관이다. 전국학교도서관모임과 서울모임은 영원한 내 의지처이다. 난 이들과 함께해 온 날들, 앞으로 함께할 시간들이 모두 고맙다.

학교도서관 속으로
아니 밖으로

:

주상태 I 금빛나래학교

요즘 나는

요즘 나는 매일 안양천을 거닐며 애기똥풀, 제비꽃, 개양지꽃, 샤스타데이지, 봄까치꽃, 살갈퀴, 큰개불알풀, 고마리, 개구리자리, 자주광대나물, 자주괴불주머니, 개망초, 토끼풀, 괭이밥, 민들레가 피고 지는 것을 보며 지낸다. 봄이 한창일 때 나비가 날아들었다. 주황부전나비, 배추흰나비, 범나비, 제비나비… 나는 꽃이 되었다가 다시 나비가 된다. 그러다가 비 내린 날 느리게 기어가는 달팽이를 보고야 안다. 어쩌면 나도 저렇게 살아왔다는 사실을. 그런 시간들을 돌아보며 나를 잠시 잊는다. 아니 잃어버렸는지 모른다. 그게 편하다는 것을 나이가 들면서 몸으로 느끼고 산다. 학교도서관을 떠나 공공도서관에서 소설을 꿈꾸는 시간들이다.

학교도서관 그리고 사진

학교도서관을 생각하면 여러 가지 복잡한 생각이 머릿속을 맴돈다. 한때 학교도서관은 나에게 무엇이었는지, 학교도서관을 위해 열심히 한 적은 있는지? 있다면 내 삶에서 유일하게 잘한 것일지도. 딱히 사명 같은 건 없었던 것 같다. 학교생활에서 '학교도서관'을 빼고는 부끄러운 점이 많다. 마음속에서 이상한 생각들이 용솟음쳤지만 용케 잘 넘긴 것도 같다. 어쩌면 교사가 되면서, 학교도서관과 함께하면서 가능한 일이었는지도. 학교도서관모임 선생님을 안 만났다면 이미 오래전 나는 학교를 떠났을지도 모를 일이다. 내가 왜 그럴 수밖에 없었는지 돌아본다. 학교도서관이 나에게 어떻게 했기에, 심하게 말하면 무슨 짓을 했기에, 내가 그 속에서 그토록 행복해했는지.

나에겐 책 이전에 사진이 있었다. 가끔 책 이야기를 하다가 사진 이야기로 흘러가다 시간이 끝나 버리는 경우가 제법 있었다. 사진과 학교도서관 혹은 책은 서로 경쟁적으로 나를 흔들었다. 학교도서관 속으로 들어갈 때와 밖으로 나와 사진에 빠질 때가 많았다. 아니면 학교도서관 속에서도 사진을 꿈꾸기도 하고, 사진 때문에 사진이 싫어지기도 했다. 내 삶은 사진 아니면 책 그리고 다른 하나로 점철되었다.

전국학교도서관 서울모임에 들어가다

교사가 되자마자 사진을 배웠고 미친 듯이 빠져들었다. 가정? 뭐라 할 말이 없다. 7년 이상 매일 동년배 친구들과 어울리는 것도 모자라 주말이면 1박 2일로 전국을 쏘다녔다. 사진이 조금 힘이 빠졌을때, 선생님 한 분이 다가왔다. 전국학교도서관 서울모임으로 가자고했다. 그때 왜 나를 전국학교도서관모임으로 데려갔는지 갑자기 궁금해진다. 책을 많이 빌리고 좋아하긴 했다. 그건 순전히 수원에서 서울로 출퇴근 하다 보니 지루함을 달래기 위해 음악을 듣거나 책을 읽었을 뿐이다. 아참 중학교 때 도서관에 계신 분을 매일 찾아가서 시를 열심히 읽었던 기억은 있다. 시집도 책이긴 하다. 릴케와 타고르 시집을 필사하면서 푹 빠졌으니까. 사진을 무엇보다 좋아했던 내가 전국학교도서관모임에 나가면서 책에 신경을 써야 했다. 그건 첫 모임에서 받은 충격 때문이다. 책을 엄청 좋아하진 않았지만 나름 책을 열심히 읽었는데 그게 박살났다. '얘들아, 책 읽자'라는 제목으로 중학생과 고등학생에게 추천하는 책목록을 만드는 회의였다. 선생님들 입에서 나오는 책이름 중 내가 알고 있는 책이 한 권도 없었다는 사실. 지금까지 개인적으로 좋아했던 책만 읽었다는 것을 떠올렸다. 전국학교도서관모임에서는 아이들이 읽으면 좋을 책을 말하고 있었다. 그래도 고등학생용은 일반 성인과 많이 겹칠 수도 있는데도. 어쨌든 모임을 나가면서 선생님들이 책을 많이 읽었다는 사실을 인정해야 했다. 모임에서 나온 책이랑 청소년 관련 책을 찾아 밤낮없이 읽었다. 그때부터다. 사진이 책에 밀려났다. 사진은 학교에서 아이들 속에서 찔끔거리면서 겨우 목숨만 유지했다. 사진이 내 삶 속으로 다시 등장한 것은 책 이야기를 할 때 조금씩 끼어들면서부터다. 그전에는 거의 말도 못했다. 한두 권 읽었다고 말할 순 없었다. 여러 책들을 비교해서 읽고 모임에서 그 책들이 떠올라야 하기 때문이다. 몇 달 이후인지 모르겠다. 서울모임 선생님들과 아주 조금 친해지게 된 것은 사진 이야기가 나오면서부터인 것 같다. 이후 야외모임 때 선생님들을 찍었고 학교도서관활동을 찍는 선생님으로 조금씩 자리를 잡아 갔다. 사실 전국학교도서관모임에서는 사진보다 책이어야 했다. 그러나 행사 때는 책보다 사진에 동영상에 신경을 써야 했다. 사진과 동영상 속에는 내가 없었다. 나는 잠시 혼란스러운 시간을 가졌다. 그냥 행사 사진이나 동영상을 찍는 선생님이다. 외부에서 왔다고 생각할 정도로 한동안 선생님들은 나를 기억하지 못하는 것 같았다. 책에 대해서 잘 몰랐던 것도 사실이고, 행사 때마다 사진을 찍어야 했기 때문이다. 물론 사진을 찍는다고 행사 내용을 전혀 모르진 않지만 도서관 관련 일에 몰입하는 것과는 다르다. 가끔 행사자료집이 나올 때, '사진 주상태'라고 적혀 있을 때도 있지만 빠질 때도 여러 번 있었다. 그때는 조금 섭섭한 점이 없진 않았다. 학교행사 때 그런 적이 있다. 학교 선생님들과 야외행사를 갔을 때다. 아름다운 곳에서 선생님들 기념사진을 찍어준 적이 있다. 분명 그들이 핸드폰으로 찍은 사진과 사진 하는 사람이 200미리 망원렌즈로 찍은 사진은 다르다. 그런데 한두 명 찍다 보니 대부분 선생님들이 나에게 사진을 부탁했다. 나는 풍경을 즐기지 못했다.

내가 전국학교도서관모임에서 사진 찍는 일에 익숙해지거나 혹은 즐길 정도로 여유를 가질 즈음 사진보다 책 이야기를 할 수 있을 정도로 아주 조금 내공이 생겼다. 책이 사진을 앞지르기 시작했다. 그래야 했다. 물론 셔터를 눌러야 했던 내 손은 눈물을 삼켜야 했는지도 모를 일이다. 어떤 드라마에서 피아노를 치는 주인공이 한강에서 손가락으로 피아노 건반을 두드리는 장면을 기억한다. 나도 미친놈처럼 손으로 그런 짓을 한 적이 있었다. 무의식적인지도 모른다. 단언컨대 나는 책보다 사진을 100배 좋아했다. 지금은 50배 정도?

학교도서관 밖을 동경하다

내 삶은 사진과 책이 앞서거니 뒤서거니 했고, 학교도서관 안으로 들어갔다가 밖으로 나오기를 반복했다. 한때 조화를 이루기도 했으나 아름다움을 느끼지 못할 정도로 바쁘거나 허무함을 느꼈다. 책이 강렬하면 사진이 밀려나고 사진에 빠져 있으면 책은 기꺼이 자리를 내주었다. 학교도서관은 달랐다. 그 속에 있으면 항상 평온했다. 그러다 지루해지면 밖을 동경하기도 했다. 결국 공공도서관이라고 스스로 명분을 찾으려고 애썼다. 관련된 일을 맡기도 했고. 밖을 바라볼 수밖에 없었던 것은 어쩌면 개인적 상처와도 관련이 있을지도 모른다. 사서교사가 아닌 나는 딱 3년 학교도서관을 맡았다. 원칙으로는 우리학교 도서관 담당교사는 업무분장으로 2년 하고 또 2년 맡는

식이다. 그런데 왜 3년이냐고? 2년 하고 다시 2년을 맡았는데, 1년 더 하고 짤렸기 때문이다. 그때는 정말 학급담임이나 국어수업보다 도서관업무에만 신경썼다. 2년만 미쳐 있는 것이 부족해서 1년 더 빠져 버렸다. 학교문집 즉 교지에 몰입했을 때다. 그 몰입이 화를 불렀다. 그때처럼 학교 일로 눈물을 많이 흘린 적이 없었고 제대로 잠 못 이룬 적도 없었다. 무엇인가에 푹 빠지면 배우기도 하지만 상처도 입는다. 사진도 그랬고 학교도서관도 그랬다.

전국학교도서관 서울모임 속에서

서울모임은 내 교직생활 후반기 대부분을 차지할 정도로 중요하다. 처음엔 배우려고 노력했고 대표가 되면서 나름 책임지려고 했다가 한때 잠깐 쉬었다가 북유럽도서관 탐방을 끝으로 나왔다. 서울모임이 중요한 이유는 그곳에서 만난 선생님들로부터 너무나 많은 것을 배웠고 깨달았기 때문이다. 그중 으뜸은 백화현 선생님이다. 처음 나를 서울모임으로 이끌었던 분이 류주형 선생님이라면, 오랫동안 함께하면서 가르쳐 주셨던 분이 백화현 선생님이다. 글쓰기부터 삶, 책 읽기 운동에 대한 것까지. 백화현 선생님 강의 사진을 찍으면서 수없이 들었고 마음으로 받아들이려 했다. 쉽진 않았다. 그밖에 여러 선생님들이 있지만 일일이 말하기엔 지면이 부족하다. 선생님들과 함께 서유럽, 북미, 북유럽을 다녀와서 함께 책을 낸 일도 중요하다. 단순히 책을 내서가 아니다. 서유럽에서 누군가는 울었고, 북미에서는 내가 울었다. 나의 부족함과 오만함을 깨달았다. 힘든 과정을 거쳐 함께 쓴 첫 책『유럽 도서관에서 길을 묻다』가 나왔고 출판기념회를 열었다. 그 순간을 잊지 못한다. 그 정신없는 뿌듯함. 한때 서울모임은 4명 남짓 모였고 활성화를 위해 도서관 관련 연수를 준비했고 책 출판까지 하게 되었다. 모임은 활성화되었고 계획한 대로 두 번 더 외국 도서관 여행을 했다. 사실 두 번째 여행인 북미 도서관 여행은 개인적으로도 의미가 깊다. 도서관 여행 두 번째 책이 나올 때, 내 이름만을 단 첫 책이 나왔기 때문이다. 함께 파티를 열었고 백화현 선생님은 축하해 주었다. 그 책에는 내가 가장 좋아하는 것 두 가지가 들어 있다. 하나는 '사진'이고 다른 하나는 '시'다. 사실 내가 하는 외부 강의 대부분은 시 그리고 사진이다. 그런 의미에서 나에게 가장 소중한 책은『사진아 시가 되라』이다. 한 권 더 보탠다면, 함께 만든 책으로, 백화현 선생님이 기획하여 이끌고, 몇 명이 학교도서관 독서수업에 대해 배우면서 글을 썼던『학교 도서관에서 책 읽기』가 있다. 사실 책을 썼다기보다 책쓰기를 배웠다는 표현이 정확하다. 1년간 걸음마를 시작한 아기처럼 정말 많이 배웠다.

서울모임에서 나오면서 찾고자 하는 것은

서울모임 선생님들과 함께하는 시간은 행복했다. 선생님들은 서로를 배려하고 마음이 잘 맞았다. 그런데 가끔 아주 조금 불편(?)했다. 세상일이 그렇다는 것은 알지만. 여러 가지가 달랐기 때문인 것 같다. 공립학교와 사립학교, 사범대학과 예술대학 등등. 다르다는 것은 좋은 것이다. 회의를 할 때 가끔 생각이 달랐다. 다수가 그렇게 생각하

3장 전국학교도서관모임과 함께한 사람들

는 것 같아 이해하려고 노력했다. 하지만 의견에 대한 확실한 논거도 없이 감정적으로 다르다는 말을 하면서 나의 부족함을 드러내곤 했다. 한 번은 폭설이 내린 악천후 속에서 충청도 공공도서관을 1박 2일 방문해야 할 때가 있었다. 나는 한 번 계획한 것이어서 상관없이 진행해야 한다고 했고, 그분들은 그렇지 않았다. 특히 운전을 고려하면 더욱 그랬다. 나는 무작정 싫었고 한동안 아무 말도 하지 않았다. 지금 생각하면 부끄럽다. 다른 의견이 있으면 제대로 설명하고 설득해야 했지만 감성적으로 대했던 것.

이후 잘 지내다 언제부턴가 서울모임을 나와야겠다는 생각을 하게 되었다. 내가 교사생활을 하면서 가장 많이 배웠고 가장 좋은 사람이 많은 서울모임에서 나오는 것은 쉽지 않았다. 왜 나가려 하느냐고 물었을 때, 좀 지루해서라고 엉뚱한 말을 한 적도 있다. 비슷한 의견들이 많아서 분위기는 좋았지만 의견이 달라 격렬하게 토론하는 모습을 그리워했는지도 모른다. 나는 아직 더 배워야 했기에 쉽게 나서지 못했다.

그러다 기회가 왔다. 북유럽도서관 탐방을 끝내고 책을 출판한 이후다. 독서 운동을 위해 백화현 선생님이 학교를 그만두었다. 나도 덩달아 빠져나왔고, 몇 년 후 학교까지 그만두었다. 선생님처럼 독서 운동을 위해서가 아니라 나의 마지막 버킷리스트 소설창작을 위해서였다. 내 마음속에서 언제부턴가 꿈틀대기 시작한 것을 더 늦출 수 없었다. 오랜 시간이 필요한 일이다. 전국학교도서관모임 활동과도 거리를 두려고 마음먹었다. 적어도 소설을 쓰려면 스스로 고립시켜야 한다는 생각에서다. 그런 내 마음을 아는지 모르는지, 학교를 그만둔 그해 11월 전국운영위에서 나에게 공로패를 주었다. '모든 순간을 담아 주셨던'이라는 구절이 들어가 있는 걸 보면 사진 때문인 것도 같다. 사실 서울에서 열리기도 했고 마지막이라는 생각으로 참여한 행사였다.

그런데 생각지도 못한 일에 전국학교도서관모임을 떠날 수 없었다. 이후 전국학교도서관모임 산하 연구소 모임에서 활동을 한다. 세상일이란 그런 것인지도 모른다. 처음 학교도서관에 갇혔던 일이 다시 떠올랐다. 나는 용기가 없었다. 자신감도 부족했다. 교사가 되기 전에는 나름 자유로웠다. 무슨 일이든 마음에 내키지 않으면 그만두고 다른 일을 하고 사람을 만나고 헤어지는 일을 반복했다. 아쉬움은 있었지만 미련은 나를 그 자리에 머물게 한다는 것을 안다. 교사가 되고 10년이 될 때까지 학교를 항상 그만둔다는 생각을 품고 다녔다. 누구는 문예창작학과 출신 교사들의 성향이 그렇다고도 했다. 자유를 추구하니까. 글을 쓰기 위해 지나치게 잘난 척하는 자존심이라고 욕을 해도 좋았다. 내 동기 중 교사가 된 사람이 몇 명 있는데, 모두 10년도 버티지 못하고 그만둔 것만 봐도 조금은 맞는 말인 것도 같다. 사실 그 시기 나의 교직생활은 내 맘대로였다. 담임을 하면서 교실에서 하는 조회, 종례를 1년 동안 한두 번밖에 들어가지 않은 적도 있었다. 수업진도는 한 달 안에 끝내고 아이들과 운동장에서 축구나 농구를 하고 교실에서 함께 노래를 불렀다. 심지어 수업하다 자습 시키고 사진 찍으러 몰래 학교를 빠져나가는 일도 여러 번 있었다. 나중에 들통이 나 교장실을 여러 번 들락거렸다.

그런데 전국학교도서관모임에 나가면서부터 그런 생활은 조금씩

3장 전국학교도서관모임과 함께한 사람들

줄어 갔고 마음속에서만 품었다. 이제는 적당한 거리를 두고 살려고 애쓴다. 책과도 그렇다. 오래전부터 마음먹었던 소설을 쓰려고. 처음엔 자전소설 한 편만 쓰려고 했다. 누구에게도 말하지 못한 내면의 이야기를. 그러다 전국교직원노동조합활동을 하면서 느꼈던 진짜 선생님들의 이야기를 쓰고 싶었고, 전국학교도서관모임을 하면서는 도서관과 책에 대한 소설도 쓰고 싶었다. 늦은 밤 술자리에서 주절주절 이야기했던 사랑 소설도. 참 쓰고 싶은 소설이 많아지면서 혼란스럽기도 했다. 그중 가장 잘 써지는 것 하나만 써서 내고 싶다. 교사 문예지 〈쓰고 쓰게〉에 '소설, 길을 떠나다'라는 단편을 실으면서 시동은 걸었다. 험난한 소설의 길로 들어섰고, 이제 멀고 먼 습작기를 지나야 한다. 각오? 지난 1년간 하루도 빠지지 않고 마지막 학교생활일기를 쓰면서 다짐해 보았다. 나에게 믿음을 보이려 애썼다. 나도 나를 모르지만. 그게 끝이라면 끝이다.

그림책 소믈리에를
꿈꾸며

김명순 | 동암중학교

빈 곳을 채워 가는 것이 교육

　스물넷 나이에 신규교사 발령을 받아 보낸 3년 초임 생활은 멋모르고 열정만 앞세운 시간이었다. 3년 만에 전근한 곳은 비 오는 날엔 장화를 신고 출근해야 하는 변두리 미나리꽝에 신설된 중학교였다. 교사들 역시 신규교사이거나 타 시도 내신으로 전입 온 교사들이어서 모두가 낯설고 버거운 새 학기를 맞게 되었다.
　교장선생님은 교육의 궁극적인 목표는 자신의 삶을 스스로 계획하고 책임지는 자율성을 길러주는 것이라고 역설하면서 '자율'을 교훈으로 세웠다. 신설학교라서 학교 내 공간이 깨끗하고 게시물이 아무 것도 없었다. 그 당시 학교들은 교실환경미화를 연중 큰 행사로 여기고 신학기마다 온갖 게시물들을 내걸고 멋스럽게 꾸미기를 경쟁하였고, 심지어 반별로 심사하여 상을 주기도 했다. 그런데 교장선생님은 교실이나 복도에 아무 것도 게시하지 말라고 하셨다. 모두 무슨 의도인지 알아채지 못하고 의아해하였다.

"아이들이 태어나서 성장한다는 것은 도화지에 그림을 그리듯이 하나씩 채워 가는 것입니다. 교실도 마찬가지입니다. 선생님들이 미리 채워 넣지 마시고 아이들과 함께 생활하며 깨달은 것들을 하나씩 꾸며 나가는 것이 좋겠습니다. 그래야 의미 있는 기록이 되고 삶이 되는 것입니다."

아하! 그때 얻은 깨달음은 지금까지 아이들을 만날 때, 수업을 할 때, 학급을 꾸릴 때의 지침이 되고 있다. 스스로 채우기도 하고, 관계 속에서 더 많은 깨달음으로 이어지기도 하며 나 자신과 우리 아이들이 동반 성장해 간다는 믿음이 생긴 것이다.

그 학교에서 만난 동료들과 하루의 대부분을 함께 보냈다. 가난하지만 순수한 변두리 외진 동네의 아이들과 학급놀이를 하고, 수업준비를 돕기도 하다가 수업고민을 나눈다는 핑계로 학교 근처 주점에서 토론도 하고 아이디어도 짜며 술잔을 기울였다. 그렇게 만들어진 것이 교사 독서모임. 교사인 우리 자신이 먼저 채워지지 않으면 아이들을 건강하게 키워 낼 수 없다는 절박함에서 출발한 모임이다. 독서와 토론의 과정에서 나의 세계관은 허물을 벗고 성장하고 있었다.

그렇다. 스스로 채워 가는 것의 진수는 단연코 독서다. 읽고, 이야기를 나누고, 글로 써 보는 과정을 거치다 보면 어느새 새로워진 자신을 만나게 된다. 동료 선생님들과 독서를 수업에 조금씩 접목해 보면서 독서가 주는 힘을 깨닫게 되자 자연스럽게 학교에 도서관이 없다는 것이 심각한 문제로 와닿았다. 학교에 꼭 있어야 하는 것, 도서관.

삶을 바꾼 〈인천 학교도서관을 사랑하는 사람들〉

교사 스스로가 깨어나지 않으면 아이들을 일깨울 수 없다는 자각의 출발로 교사 독서모임에 참여하였지만 아이들이 학교에서 책과 만날 수 있는 도서관이 만들어지게 된 것은 한참 뒤의 일이다. 네 번째로 전근한 학교에서 실제 수업에 접목하고 적용해 보려는 교사 독서모임이 만들어졌다. 건물 꼭대기 층 구석에 창고 겸용으로 사용하던 도서실을 국어교사 몇 명이서 바꿔 나갔다. 켜켜이 쌓인 먼지를 털어 내고 폐가식이던 서가를 정비하여 아이들을 불러오고, 동아리를 만들어 흥미 있는 행사도 하면서 도서관 운영과 독서교육의 첫발을 내디디게 된 것이다.

그러나 막상 도서관을 어떻게 운영하고 아이들을 수업과 수업 외의 시간에 어떻게 만나야 할지 고민이 깊어졌다. 그래서 수소문 끝에 찾아간 곳이 〈학교도서관을 사랑하는 사람들〉이다. 지금도 인천 학교도서관 담당교사모임에서 전설처럼 회자되는 이강련, 김영경, 이성희, 이미숙 등 독서교육과 도서관 운영을 도맡아 매뉴얼을 만들어 가며 아무도 걷지 않은 길을 가고 있는 선생님들. 막연히 '이런 게 있으면 좋겠다.' 하며 꿈만 꾸고 있었는데 여기서는 이미 만들고 실천하고 있었던 것이다. 부끄러웠지만 기쁘기도 했다. 함께할 수 있는 사람들이 있다는 것이 너무나 든든하고 힘이 났다. 수업을 마치고 모임에 갈 때에는 고단함에 걸음이 무겁게 느껴지지만 도서관쟁이 선생님들의 살아 있는 경험과 운영의 팁들을 한 보따리 얻고 돌아가는 기분은 날아갈 듯 가벼웠다.

학교별로 상황에 맞게 기획한 프로그램을 공유하고 모임에 와서 성공담과 실패담을 함께 나누는 사이에 학도사 회원들의 우정과 믿음은 한층 견고해졌다. 특히 학교와 지역시민단체 등이 연합하여 진행한 도서관 문화제와 문학기행은 책 읽는 아이들을 이어 주고 독서문화를 확산하는 기폭제가 되었다고 생각된다. 인천 학도사여 영원하라.

질풍노도의 아이들과 함께한 고등학교 도서관

인천부흥고 아이들과의 첫 만남은 충격이었다. 발령을 받고 들어선 학교 복도는 담배연기로 부옇게 흐려 보였다. 이 학교는 선지원후추첨배정의 고입제도에서 일찍부터 학업에 손을 놓은 아이들과 성장환경이 불우하여 자신의 진로를 설계해 볼 기회조차 얻지 못한 아이들이 대입의 험한 관문을 비껴갈 셈으로 선지원하는 학교 중의 하나였다. 일반고이지만 기초학력이 갖추어지지 않은 아이들이 모여든데다 남녀공학이라 학생 간 격차도 너무 커서 교사들의 부담은 너무나 크고 무거웠다.

내 눈에 처음 띈 곳은 학교 가장 중앙에 자리 잡은 예쁘고 아담

한 도서관이었다. 삐딱하지만 마음만은 순수한 아이들과 가까워질 수 있는 공간은 도서관이 적격이다. 열정이 많은 선생님들은 어떻게든 아이들에게 희망을 심어 주고 미래를 설계해 나가도록 온갖 프로그램을 기획하여 학교생활에 재미를 붙이게 하였다. 특히 입학사정관제 입시를 겨냥하여 조금이라도 진학의 성과를 내고 싶어 하는 학교와 선생님들, 그리고 학부모의 요구 등을 아이들의 내적욕구와 잘 버무린다면 뭔가 해 볼 수 있겠다는 희망이 솟구쳤다. 이 모든 것을 조화롭게 지원해 줄 수 있는 곳이 바로 도서관 아닌가.

도서관은 아이들을 끌어들이고 놀이와 독서를 결합하여 자존감을 높여 주고, 스스로의 삶을 꾸려 갈 힘을 키워 주는 프로그램을 만들어 함께 즐기고 깨달아 가는 공간이 되었다. 물론 욕심껏 프로그램에 참여하여 알차게 생기부 이력을 챙겨 가는 녀석들도 있었지만 더 의미가 있었던 것은 성적만을 챙기며 참여하는 아이들과 관심과 흥미로 찾아온 아이들, 담임선생님 손에 이끌려 참여한 친구들이 함께 토론하고 협업하며 서로를 이해하고 교감할 수 있게 되었다는 것이다.

작가와의 만남, 휴먼북을 만나다, 밤샘 책 읽기, 인문학 토론대회, 독서캠프 등 도서부 아이들과 함께 기획하고 진행해 나가는 동안 아이들의 성장을 지켜보는 즐거움은 참여하는 선생님들 모두에게 큰 보람이 되었다. 특히 도서관 시집을 몽땅 꺼내어 함께 읽고 시 창작 수업을 진행하기도 하고, '시낭송축제'를 매년 열어 시인과의 만남, 자작시 발표와 낭송 등을 야간에 진행할 때의 운치와 멋스러움을 지금도 잊을 수가 없다.

휴먼 라이브러리, 한번 해 보자

2012년에 기획한 '휴먼북을 만나다'는 휴먼 라이브러리를 시도해 보는 첫 번째 도전이었다.

사람들은 누구나 각자의 삶을 충실하게 살아가고 있다. 그의 삶 속에 그만의 경험, 지혜, 삶의 태도가 담겨 있으며 흥미진진한 이야기가 들어 있다. 수많은 이야기가 담겨 있는 한 사람의 삶은 곧 한 권의 책이다. 우리는 도서관의 수많은 책과 자료를 통해 지식을 얻고 삶을 성찰하며 다른 사람의 삶과 사회를 이해한다. 그렇다면 사람책(Human Book)과의 만남은 어떨까.

운영계획이 만들어지자 바로 휴먼북 참가자를 모집하였다. 우선 학교 구성원과 구성원의 지인, 학부모, 지역주민 등을 중심으로 프로그램의 취지를 알리고 참여를 권하기로 했다. 유명인사를 만나는 것도 아이들의 흥미를 끌어내는 데 큰 도움을 주겠지만, 일상 속에서 늘 마주치는 사람들임에도 관심 갖지 않았던 사람들과의 만남, 무심히 지나쳤던 주변 사람과의 만남에 의미를 두고 시작해 보자는 취지에서다. 학교의 교사와 직원들이 1/3 정도 참여를 희망하였고 학부모님과 학생들이 만나고 싶은 사람 등을 추천하여 50여 명의 사람책이 구성되었다.

다양한 직군의 사람책이 만들어졌는데 그중에는 학교 앞 분식집 사장님도 있고, 퇴역군인으로 봉사를 자청하신 지킴이 선생님, 주부, 목사님도 있었다. 모두 도서관의 요청에 흔쾌히 사람책이 되어 주겠다는 분들이라 소중한 존재들이었다. 사람책의 가용시간과 학생들의 대출요구를 조율해 주고 만남을 주선해 주는 일은 도서관에서 맡아서 했고 장소는 당사자들의 상황에 따라 자유롭게 정해졌다.

가장 많이 대출 신청된 만화작가 최규석 님은 학교 인근 부천만화정보센터에 작업실을 두고 있어서 공동 대출형식으로 도서관에서 만남을 주선하여 작가의 삶과 만화 열정에 대해 열띠게 대화를 나누었다.

학교 앞 분식점 사장님은 학부모이기도 했지만 아이들에게 가장 사랑받는 분이다. 아침을 못 먹고 등교하여 야간 자율학습까지 종일 학교에 갇혀 지내는 아이들의 주린 배를 온기 있게 채워 주시는 분이었다. 당시는 등교하면 철저하게 외출을 통제하였다. 학교는 안전을 내세웠지만 속내는 흡연이나 비행 등 생활지도의 어려움 때문에 지킴이 선생님을 두 분이나 위촉하여 교문을 지켰다. 그런 통제 속에서도 귀신같이 분식집 간식은 교내로 공급되었는데 아이들에게는 그만한 즐거움이 또 있었을까 싶다. 인기 있는 품목은 주먹밥과 떡볶이였는데 학교 담벼락을 사이에 두고 휴식시간에 엄청난 물량이 넘어왔던 것이다. 학교는 알고도 못 본 체하였다. 교문 밖으로 나간 것이 아닌데다 한창 성장기에 놓인 아이들이라 허기를 채우는 일이 문제될 일일까 싶어서다.

"우리 아이가 먹는 음식이니 정성을 다합니다. 이 학교 아이들은 누군가의 아이이기도 하지만 우리의 아이니까요."

사장님의 철학이 아이들 마음에 가닿아서인지 사람책 후보 추천에 인기가 높았다.

"맛있어요. 우리 입맛을 잘 알아요. 우리를 아끼시는 것 같아요!"

아이들도 암울한 학교생활에 단비 같은 분이라고 이구동성으로 입을 모았다.

대부분의 사람들은 평범하게 살아간다. 그러나 남이 보기에 평범해 보이지만 주인공 자신은 결코 쉽게만 살지는 않는다. 더 나은 삶을 위해 고민하고 노력한다. 평범해 보이지만 그들의 삶 속에 담긴 건강한 철학을 보며 자신을 되돌아보고 세워 가는 것. 이것이 바로 휴먼북의 진정한 가치가 아닐까.

사람책 도서관 프로그램으로 사람책을 만난 아이들은 개인적인 것부터 직업에 관한 궁금증, 삶의 철학 등을 묻고 답하고 때론 수다를 떨며 시간을 보냈다. 사람책으로 참여하신 분들은 아이들에게 기념품도 준비하고 간식을 제공하기도 하여 아이들의 관심을 끌기도 하였다. 대학입시라는 무거운 통과의례를 앞둔 고등학교 도서관의 프로그램이라 사람책 대출이 활발하게 이루어지지는 못하였으나 사람책과의 만남을 통해 타인의 삶을 이해하고 자신을 성찰하는 시간을 가졌다는 것과, 지역사회에서 구성원의 역할 인식과 자신만의 삶을 성실하게 일구어 가는 사람들의 자부심을 보고 건강한 사회 구성원으로서의 자질을 키울 수 있었다는 점에서 뜻깊은 프로그램이었다고 기억된다.

'북큐레이터'를 넘어 '북소믈리에'로 가는 길

도서관은 책과 사람의 만남, 사람과 사람의 만남, 정보의 융합 등이 이루어지는 플랫폼이다. 학교도서관은 불특정한 사람들이 왕래하는 일반 도서관과는 다르게 익숙하게 만나는 학생과 교사가 이용하는 곳이므로 담당교사나 사서교사가 이용자의 요구와 선택의 과정에 실질적 도움을 줄 수 있는 환경이라 생각된다. 규모가 큰 학교의 도서관 운영자는 어려움이 있겠지만 학생이든 교사든 이용자가 필요로 하는 정보와 독서 성향, 지적 요구 등을 기억하여 서비스가 이루어진다면 얼마나 좋을까.

특히 4차 산업시대에 도서관과 사서의 역할은 단순히 정보의 집적과 분류뿐만 아니라 데이터를 분석하고 이용자 개개인의 필요에 따라 맞춤형으로 정보를 제공할 수 있는 역량을 갖추어야 한다. 도서관의 규모와 설립목적에 따라 사서의 역할이 다를 수 있지만 사회문화적 흐름과 역사적 맥락을 읽어 내는 거시적인 안목과 정보 융합 능력은 모든 사서에게 공통적으로 요구되는 소양이라고 할 수 있다.

도서를 선정하고 책의 내용을 모두 파악하여 독자에게 상세하게 안내하는 역할을 하는 사서를 '북큐레이터'라고 부르기도 한다. 책으로 이루어지는 일련의 활동을 주도적으로 해내는 사람을 일컫는 말이다. 사서나 도서관 담당교사가 북큐레이터 역할을 충실히 해내고 있어서 학교도서관이 여기까지 진보해 온 것을 부정할 사람은 없을 것이다.

최근 '북소믈리에'라는 말이 생겨났다. '소믈리에'라는 직업은 와인의 맛을 감별하고 고객의 입맛과 상황에 따라 제공하는 전문성을 필요로 한다. '북큐레이터'가 도서에 관한 객관적 정보 중심의 활동을 한다면 '북소믈리에'는 이용자 개개인의 성향과 상황에 따라 도서를 추천하거나 정서적 필요까지도 고려하는 활동이라고 볼 수 있다. 도서관을 담당하는 교사나 사서교사가 '북큐레이터'를 뛰어넘어 학교도서관을 찾는 개개인이 무엇을 원하는지 어떤 상황과 처지에 놓여 있는지 감지하여 책과 정보를 제공하는 책 길잡이 '북소믈리에'가 되어 보기를 권하고 싶다.

모든 학교도서관에 사서교사나 사서가 배치되고 이용자의 요구에 맞게 소믈리에 같은 서비스가 제공된다면 학교도서관이 깊어만 가는 사회적 갈등을 완화하고 소득격차로 인한 교육의 불균형을 해소하는 데 큰 몫을 할 수 있을 것이다. 무엇보다 이용자 개개인의 요구에 맞는 서비스를 제공함으로써 개인의 균형 있는 성장에 가장 큰 기여를 하지 않겠는가. 공교육이 가진 가장 큰 장점이 바로 학교도서관임을 부인할 사람은 없을 것이므로.

애들아 그림책 보러 오렴

나의 별명은 어교장이다. '어쩌다 교장'이 되어 버린 교사. 2019년, 인천의 원도심에 자리한 동암중학교에 공모하여 교장이 되었다. 평교사 내부형 공모로 뛰어든 일이지만 생각보다 어려움이 크다. 인천형 혁신학교인 '행복배움학교'를 손색없이 이끌어 가야 하는 책무가 주어져 있다. 내가 겪는 어려움은 구성원인 교사나 학생, 학부모의 내외적 갈등 때문이 아니라 그런 상황을 현명하게 풀어 갈 지혜가 나 자신에게 부족하다고 느낄 때 더 커진다. 그럴 때마다 구성원 간에 대화하고 토론하여 답을 찾아보기도 하고, 가끔은 기다려 보기도 하다가 어쩔 때는 밀어붙이기도 하면서 좌충우돌 2년 차 교장 역할을 하고 있다.

원도심의 소규모 남자 중학교라 선생님들의 손길이 더 필요하다. 우리 학교의 교사들은 업무에서나 수업에서 타 학교에 비해 엄청난 에너지를 쏟아붓는다. 그럼에도 예측할 수 없는 아이들의 돌발행동에 대응하며 지도하다 보면 진이 다 빠져 버릴 때가 많다.

그럴 때면 나도 교장실에서 아이들을 더 많이 만난다. 그리고 교장실 책장에 채워 놓은 그림책을 함께 읽는다. 때론 내가 읽어 주기도 하고 한 구절씩 돌아가며 낭독하기도 하며 책 이야기를 나누다가 자연스럽게 자신의 속내를 털어놓기 시작한다. 나는 들어주기만 하면 된다.

그림책을 매개로 아이들을 교장실로 불러들이니 쉬는 시간 점심시간 가리지 않고 몇 명씩 찾아오게 되었다. 물론 교장실 그림책보다 함께 나눠 먹는 초콜릿이나 사탕이 더 인기가 좋지만, 그림책 이야기를 통해 자신의 마음을 털어놓고 친구들과도 생각을 나누다 보면 아이들 스스로 더 많은 소득을 얻어 간다.

교장실 입구에 "그림책을 보러 오세요!"라고 안내되어 있는데 아이들은 "사탕이 들어왔나요?"라고 묻는다. 그렇게 그림책을 보면서 놀기도 하고 생각 나누기도 하면서 아이들은 성장해 나간다. 이러다가 나도 그림책 소믈리에가 되는 것 아닐까, 하는 꿈을 꾸면서 오늘도 아이들을 기다린다.

학교도서관,
내게는 시절인연이었어!

이미숙 | 선학중학교

2001년 가을, 인천 도서관모임이 있다는 이야기를 지금은 퇴직하신 또 다른 최현숙 선생님에게 들었다. 당시 3살이었던 딸아이를 데리고 부광고로 갔다. 거기에 이성희, 이강련, 김영경 선생님 들이 계셨다. 첫 만남이었다.

격주 모임, 모임이 지속될수록 사람이 늘었다. 이유는 도서관 문화제, 문학기행, 도서부연합동아리, 도서관직무연수, 참교육실천발표대회 등 뭔 일이 계속 생겼기 때문이다. 프로그램 공부만 해도 모자랐을 시절, 우리는 꼭 뒤풀이를 했다. '참실'마저도 참술이라 외치며 사람 만나는 것을 좋아했던 학도사 선생님! 우리는 젊었다.

하룻강아지의 영혼을 따뜻하게 했던 사람들

뜻 맞는 교사 4명이 2001년 개교한 서운중학교로 함께 움직였다. 다른 학교에서 온 활동가도 서넛은 되었다. 교육 새판짜기를 주도할 수 있었던 좋은 시절이었다. 그중의 하나가 도서관 운동이었다. 서운중 5년 내내 학도사 모임에서 실천한 프로그램을 학교에 적용했다. 가르치는 기쁨이 컸던 시기였다.

그중 가장 의미 있었던 것은 '오늘은 우리가 별'이라는 이름의 도서관캠프다. 대체로 방학에 5일간 진행했는데, 1~3일은 오전만 했다. 프로그램마다 주 진행자가 바뀌고 다른 교사들은 보조 진행자가 되는 방식이다. 오후마다 다음 날 프로그램 진행에 대해 논의하였다. 국어과 교사 9명. 신규교사도 있었고 50대 중후반 교사도 두 분이나 계셨다. 어떤 프로그램을 할 것인지, 주도적으로 할 수 있는 것을 선택하는 방식이었다.

4~5일은 도서관 문화제로 1박 2일 캠프로 진행했다. 한여름 밤을 꼬박 새운 아이들을 아침밥까지 먹여 돌려보내고 나서 우리 9명의 국어교사는 아이들이 별이 되었는지 모르겠지만, 우리는 별이 된 듯한 기쁨을 맛보았다.

첫날 점심 때였다. 나는 전체 프로그램 흐름을 보느라 정신이 없었다. 점심은 안중에도 없었다. 프로그램을 끝내고 교무실로 내려갔을 때 교무실 한가운데 밥상이 차려 있었다. 가장 연세 많은 선생님께서 차린 밥상이었다.

"난 프로그램을 배워도 잘 못해. 노력은 하겠지만⋯. 내가 제일 잘하는 것은 밥 먹는 거야. 소박한 집밥으로."

사람의 영혼을 따뜻하게 하는 것은 참여이고, 솔직함이며, 지지임을 알게 되었다. 프로그램으로 머리 가득한 하룻강아지 같았던 나를 선생님들은 잘한다고 지지해 주셨으며, 시화집이나 독서기록장을 만들면 반드시 출판기념회를 해 주셨다. 누구는 교장선생님 모셔 오고, 누구는 샴페인 사 오고, 누구는 케이크, 누구는 자리 준비, 누구는 사회를 보고⋯. 제안하는 사람이 혼자 일을 감당하느라 화장실 갈 시간도 없도록 하는 도서관 운영이 아니었다. 일하는 사람의 마음을 읽어 주는 따뜻한 선생님들과 함께한 시간이었다.

사람은 무엇으로 사람을 알아보는가?

서운중학교에 이어 작전중학교도 신설학교였다. 도서관 담당교사도 아니면서 학도사 모임을 나갔고, 배운 대로 신설학교의 도서관 만들기에 참여했다. 다음 해 도서관 담당교사가 되어 독서교육에 집중했다. 날마다 도서관에 가득한 아이들을 보면 행복했다. 학급야영을 하는 학생들이 도서관에서 수다 떨고 책 읽다 한 녀석씩 잠드는 것을 본 행복은 오래 남아 있다.

겨울방학, 교장선생님께서 도서관에 오셨다. 부장 신청을 하라고 하셨다. 기획회의가 전달방식으로 진행되며 아무도 이견 제시를 하지 않는다고 했다. 부장으로 들어와서 반대 좀 해 달라 했다.

"그렇다고 이 선생이 반대한다고 해서 그 일을 그만두게 하려는 것이 아니야. 이 선생이 반대하면 다시 검토해 보자는 거지."

그 당시는 반대를 하면 빨갱이라고 인격비난까지 받던 시절이었는데, 나보고 반대만을 일삼으라니 대단하신 교장선생님이셨다. 상담문화부장이라는 자리를 만들어 냈다.

그러던 어느 날, 도서관 담당교사가 일주일 정도 병가를 냈다. 도서관 공문을 내게 공람했다. '학교도서관 지역연계활성화 사업'이 있었다. 학교도서관을 지역에 공개하는 학교를 공모한다는 것이었다. 교장선생님께 달려갔다.

"해 봐!"

딱 한마디셨다. 나는 학교 시설을 학생들만 사용하는 것에 대해 불만이었고, 특히 잘 만든 도서관은 더욱 그랬다. 도서관을 지역에 개방하자는데 왜 교장이 걱정이 없었겠는가?

토요일 오전, 아이 둘은 초등생이 틀림없는 한 가족, 4명이 도서관을 찾아왔다. 책 읽는 모습이 깊었다. 두 시간쯤 지난 뒤 책을 잔뜩 뽑아 대출대로 왔다. 소감을 물었다.

"초등학교에 없는 책이 많아서 정말 좋아요!"

우리는 사람을 겉으로 판단하는 일이 많다. 초등학생이라고 해서 사고마저 초등학생은 아니지 않은가? 그렇다고 학교마다 도서를 모두 갖추는 것은 과잉투자다. 작전중학교는 초·중·고등학교가 한 블럭 안에 서로 울타리를 맞대고 있어서 학교 시설을 지역과 공유했을 때 얻

3장 전국학교도서관모임과 함께한 사람들

는 시너지 효과는 컸다. 주말, 야간, 방학 동안 지역 연대 도서관프로그램을 운영하면서 학교 공간에 대한 생각이 달라졌다. 도서관은 도서관담당자, 강당은 체육선생님, 가사실은 기술·가정선생님의 개인공간으로 인식하고 있는 중등학교의 학교 공간을 학생들이 필요하다면 언제든지 사용할 수 있음을 교장선생님을 통해 배운 시절이었다. 그게 나에게는 큰 학교 경영 공부였다.

교사는 가르치는 사람이 아니라 기회를 주는 사람이다

전국학교도서관모임이 10년을 넘어서면서 도서관 운영에 대한 정보가 보편화되었다. 인천계수중학교에 있는 동안은 내내 도서관 담당교사로 지냈다. 이 시기에 가장 크게 바뀐 것은 학생을 보는 눈이었다.

여름방학, 도서관에 들어온 학생이 아이스 아메리카노를 턱 내밀었다.

"선생님 생각나서 사 왔어요. 드세요."

물론 고마웠지만 고마움을 넘어 학생이 나를 바라보는 눈이 다르다고 느꼈다. 늘 도서관은 학생들을 챙기는 곳이었는데! 이것은 변화의 시작에 불과했다.

파일럿 방송프로그램이었던 '달빛 프린스'에서 학생들을 섭외해 연예인들과 이야기 나누는 방송이 있었다. 그때 우리가 읽은 책이 『난빨강』이었는데 방송국에서 7명의 아이를 뽑았다. 그런데 캐릭터가 겹치는 학생이 한 명도 없었다. 평소 말 한마디 못 하는 학생이 얼굴 빨개지는 모습만으로도 캐스팅되었다. 공부 잘하는 학생은 한 명이면 충분했다. 사회는 그만큼 변하고 있었다.

또 하나의 경험은 2013년 서울문화재단과 연희문학관이 함께 진행한 책쓰기 프로젝트에 참여한 경험이다. 주요 프로그램은 책을 읽고 작가를 만나 인터뷰쇼를 진행한 후 그 전후의 경험을 바탕으로 한 권의 책을 쓰는 것이었다. 10명의 학생. 조건은 오직 희망자일 것. 선착순 10명 명단을 보고 걱정이 되어 담당자와 통화했다. 국어 기초학습 부진학생도 있는데 괜찮냐고. 괜찮다고 했다.

『오, 나의 남자들』 10권을 바로 보내왔다. 책 읽을 3주의 충분한 기간, 인터뷰를 한 번도 가르치지 않고 인터뷰보고서를 쓰게 하는 무지한 학교를 위한 르뽀 작가 파견, 책 내용 질문, 작가에 대한 질문, 사회와 연관된 질문 만들기 일주일의 시간, 10명의 학생이 질문지 순서 정하기 숙성의 시간…. 그들이 일하는 방식은 끝도 없이 놀라웠다. 그 중에 끝판은 연희문학관 야외공연장에서 펼친 인터뷰쇼 사진이었다. 출판을 위해서 학생들 사진이 필요한데 학생 한 명당 2~3편을 고르라는 것이었다. 전문사진작가가 촬영한 것으로 한 명마다 100장이 넘었다. 학생들은 환호했다. 하나하나가 인생사진이라고, 어찌 고르느냐고 투정도 했다.

부끄러웠다. 사회가 학생들을 이렇게 소중하게 여기고 있었는데, 교사로서 학생들을 얼마나 존중해 왔던가? 존중의 실체를 봤다. 그리고 존중받는 학생들이 성장해 가는 모습을 확인했다.

그 후 도서관 운영을 완전히 바꿨다. 배워야 할 사람은 교사가 아니라 학생이다. 그동안 교사가 해 왔던 모든 일을 학생의 희망을 받아 진행했다. 사회자, 작가에게 편지 쓰기, 영상 만들기, 간식 구입, 작가 모시기, 작가 음료 배달, 포스터 만들기, 참가자 초청 글쓰기….

깨달은 것은 모든 아이들은 나보다 낫다는 것이다. 기회가 주어지면, 그리고 충분히 기다려 주면. 도전할 수 있는 기회를 주는 학교, 성공과 실패를 모두 존중하는 학교, 생각한 것을 펼칠 수 있는 학교를 도서관 담당교사를 하면서 꿈꾸게 되었다.

긴 장마 후 폭염이 시작된 오늘, 김영석 선생님이 인천동부교육청 소속 중학교 학생회장단 연합모임을 하고 있다. 일명 동학. 인천도서부 연합모임을 이끌던 김영석 선생님. 우리가 배운 것을 언제 잊었던가?

나는 지금 선학중학교에 있다. 내부형 공모제 교장으로 4년 임기의 마지막 해를 보내고 있다. '어쩌다 교장'이라는 생각을 하면서도 서운중학교 시절의 전문적학습공동체 경험의 즐거움, 학교 공간 사용 문제를 생각했던 작전중학교 시절, 학생의 존엄한 배움을 눈뜨고 바라본 계수중학교 시절, 이 시절은 오롯이 도서관 담당교사의 시절이었으며, 이 시절이 없었던들 나는 여기에 있지 않다는 것을 고백한다. 이 모든 것이 시절인연이었구나!

나의 '곁' 학교도서관,
그 '곁'을 지켜 준 사람

이현애 | 횡성여자고등학교

　겨우내 얼었던 땅을 뚫고 나오는 강한 새싹의 힘이야말로 초록의 잎과 색깔 다른 꽃과 알찬 열매의 시작이 된다. 이렇듯 내게 학교도서관은 삶에 새로운 설렘을 주고, 인생의 고비를 넘을 때마다 굳건히 버티게 해 주기도 한다. 언제든 찾아가서 쉴 수 있고, 하소연할 수 있는 변치 않고 늘 그 자리에서 나를 지켜 주는 소중한 '곁'이다.

첫 만남의 점(點)

　나의 '곁'인 도서관에서 힘들 때 힘이 되어 준 진짜 '곁'인 분들이 있다. 그중 한 분이 한명숙 선생님이시다. 2004년 사서교사 임용 시험에서 전국 모집 인원은 34명이었다. 인천에서 태어나 자란 내가 강원도에 온 이유가 바로 사서교사 임용 시험에서부터 시작되었다. 그해에 무려 3명이나 사서교사를 뽑는다는 공고를 보고 아무런 연고도 없는 강원도에 원서 접수를 하였다. 나이도 서른이 훌쩍 넘었고, 결혼하고 아이도 있었지만, 사서교사가 되고픈 간절함이 나를 강원도로 이끌었다. 그런데 합격의 기쁨도 잠시뿐이었다. 아마 지금까지도 전무후무한 일인데, 2004년도 강원도 사서교사 임용에 합격한 3명이 그해에 발령이 나지 않았다. 사서교사는 보통 티오를 정확히 잡아 놓고 임용을 보기 때문에 미발령이 없는데, 그해에 전국에서 몇 명 뽑지도 않은 사서교사를 발령을 내주지 않은 것이다.

　그때 나서 주신 분이 한명숙 선생님이시다. 학교도서관 발전을 위한 첫걸음인 사서교사를 뽑아 놓고 발령을 내지 않는 이유가 무엇이냐고 강원도교육청에 민원 글을 올려 주셨었다. 당연히 발령을 받을 줄 알고, 남편은 회사에 사표를 내고, 집은 팔고, 강원도로 올 준비를 하고 있었는데 날벼락을 맞은 나는 망연자실할 수밖에 없었다. 그 글로 인해 발령이 나지는 않았지만 지금 생각해도 참으로 고마운 마음이다. 학교도서관에 사서교사가 필요하다는 것을 알고 있는 누군가가 있다는 것만으로도 힘이 되었다. 1년을 꼬박 기다린 이후에야 발령을 받을 수 있었다. 지금도 왜 그런 일이 일어났는지는 알 수가 없다.

발령을 받은 2005년, 전국학교도서관담당교사모임 여름연수가 강원도 치악산 자연수련원에서 있었다. 거기서 드디어 한명숙 선생님의 얼굴을 뵈었다. 그리고 강원도에서 학교도서관에 애정을 가지고 헌신적으로 독서교육에 애쓰시는 많은 선생님들을 만나 많은 것을 배우면서 지금까지도 학교도서관이라는 한길에서 함께하고 있다.

점(點)이 선(線)이 되어

그리고 '곁'이 되어 주신 또 한 분의 선생님, 김을용. 전국참교육실천대회 학교도서관분과에서 처음 얼굴을 뵈었다. 선생님께서 봉의여중 도서관 리모델링 사례 발표를 하셨고, 그것이 인연이 되어 전국학교도서관모임에서 함께하게 되었다. 2년인지 3년 동안 선생님께서 강원 지역모임 회장, 내가 총무를 했다.

2005년 여름연수 이후, 5년 정도 강원 지역모임이 가장 전성기를 맞이했다. 한명숙 선생님, 김을용 선생님, 김정민 선생님 등과 홍천에서도 만나고 춘천에서도 만나고 원주에서도 만나면서 지역모임을 했고, 우리가 직접 기획하여 학교도서관과 독서교육 관련 연수를 열었다.

2007년 봄에 횡성교육청에서 강원도 전 지역 선생님 70여 명이 참석한 연수는 강원도 학교도서관에 굉장한 반향을 일으켰다. 지금은 도교육청은 물론 지역교육지원청에서도 학교도서관과 독서교육 연수가 많이 열리고 자리를 잡아 정기적으로 운영되고 있지만, 그 시절

3장 전국학교도서관모임과 함께한 사람들

엔 학교도서관 담당교사들에게 꼭 필요한, 목마르게 찾던 연수였다. 그 연수를 발판 삼아 춘천지역의 연수를 따로 열기도 했다. 오랜 시절 국어교사로서 학교도서관을 맡아서 선구적인 역할을 해 주셨던 선생님들은 물론, 이제 막 도서관을 맡아 길을 헤매고 계셨던 선생님들 모두 만족하셨다. 개인적으로는 강원 지역모임에서 원주 지역 학교도서관담당교사모임을 따로 만들게 되는 계기가 되었다. 그 안에서 만난 선생님들과는 지금도 인연이 이어지고 있다. 각자 연수비를 내고 먼 길도 마다하지 않고 강원도 전 지역에서 참석했던 선생님들의 모습이 강원도 지도에 빨간 깃발로 표현되어 스크린에 띄워졌을 때의 감동은 오랜 세월이 지난 지금도 심장 박동을 힘차게 한다.

김을용 선생님과는 이런 인연이 이어져 2013년, 강원도교육청에 전국 최초로 독서교육팀이 생기면서 선생님께서는 장학사로, 나는 파견 교사로 같은 팀에서 일하게 되었다. 2년 동안 강원도교육청 독서교육팀에 있으면서 학생과 교사, 그리고 학교 현장을 바꾸기 위한 다양한 독서교육활동을 했던 것들은 내 평생에 가장 잊히지 않는 시간이 되었다. 여러 어려운 일들도 많아 눈물도 많이 흘렸지만, 보람도 참 많았던 날들이었다.

그리고 김을용 선생님의 뒤를 이어 전국학교도서관모임의 강원대표를 맡게 되었다. 그 이후 거의 10년 가까운 세월 강원 지역 대표를 맡으면서도 담당교사, 사서교사, 전국학교도서관실무사 등 다양한 전담인력을 아우르지 못했다. 그런데도 2018년 전국학교도서관모임의 사무처장이라는 중책을 맡게 되었고, 여전히 그 무게에 걸맞은 일을 잘해 내지 못한다는 자책감을 많이 느끼고 있다. 그래도 내가 전국학교도서관모임과 함께해야 하는 이유는 학교도서관이 내 사랑이요, 내 곁이기 때문이다. 떼려야 뗄 수 없는 학교도서관 그곳에서의 삶을 추억해 본다.

텅 빈 서가를 채우며

강원도교육청에서 파견 생활을 마칠 즈음, 강원도에 공립형 대안 특성화고등학교가 설립되었다. 공립형 대안특성화고등학교인 현천고 등학교는 학교생활 자체에 어려움을 겪는 학교 부적응, 학업 중단자, 사회 배려 대상의 아이들과 획일적인 학교 교육을 거부하고 교육의 다양성을 추구하고자 하는 아이들과 '앎과 삶이 하나 되는 행복 공동 체'를 꿈꾸며 시작되었다. 모두가 처음 겪는 첫 학교에 45명의 아이들 과 17명의 선생님이 기숙사와 관사에서 먹고 자며 함께하는 생활을 2015년에 시작했다.

학교도서관은 아이들이 공동체 회의를 하는 커다란 홀인 나들터 위에 다락방 형태로 자리 잡았다. 일반 학교처럼 학습공간, 서가공간 등으로 나눌 것도 없이 교실 반 칸이 조금 넘을 정도의 크기에 서가 다섯 개에 책 한 권 꽂혀 있지 않은 텅 빈 책장만이 있었다. 그러나 그 시절 설레던 마음은 지금도 잊을 수가 없다. 내가 이곳에 있는 동 안 이 텅 빈 책장을 가득 채우리라. 아이들과 함께 이곳을 세상 가장 편안한 곳으로, 아이들이 영혼을 위로받을 수 있는 곳으로 만들리라 다짐했다. 텅 빈 책장을 가득 채우고자 했던 목표는 3년 차에 이루 어졌다. 책장을 꽉 채운 것은 물론이거니와 구석구석에 새로운 서가

텅빈 서가(위)와 가득 찬 서가(아래), 책 속에 파묻혀 책 보는 아이

를 짜 맞춰야 할 정도가 되었다. 그 이면에는 현천고등학교 아이들에게 책을 읽게 하고자 했던 동료교사들, 여러 출판사, 세상에서 가장 작은 도서관을 만들고자 하는 사람들의 도움이 있었다. 달랑 도서구입비 190만 원이 전부였던 도서관 운영을 위해 각종 공모에 뛰어들어 신청서를 작성하고 결과를 기다리면서 환호했던 날들이 내 생애 가장 가슴 뛰던 날들이었다는 걸 시간이 흐른 지금에서야 깨닫는다. 책 장비 작업비가 아까워 내 손으로 하나하나 등록하고, 아이들과 밤 10시까지 라벨을 붙이고 장서인을 찍으며 너무나 행복했던 그 시간들. 도서부 아이들도 자기 손으로 도서관을 채워 가는 것에 자부심을

느꼈다. 책 속에 폭 파묻혀 책도장을 찍다 말고 책을 읽는 모습은 정말 '사람이 꽃보다 아름다워'의 현실 모습이었다.

교육공동체가 함께했던 독서캠프

전교생 45명과 교사 17명이 두 달은 같은 기숙사에서 먹고 잤고, 그 이후 기숙사와 관사로 나뉘어 잠을 잤으나 우리는 한 덩어리가 되어 움직이는 존재들이 되었다. 아이들과 교사의 경계가 모호해지기도 하고 속속들이 너무 가까워지는 경험을 하게 되는 날들이었다.

여름방학을 앞두고 전교생, 학부모, 교사가 함께하는 독서캠프를 운영하게 되었다. 10개 정도의 활동 부스를 만들고, 교사들의 적극적인 협조로 교사가 진행을 맡고, 아이들과 나머지 교사, 학부모가 10개 모둠 정도로 나뉘어 1박 2일간 잠도 함께 자면서 진행했다. 학부모님들이 학창 시절 소녀 같은 모습으로 놀이에 참여하는 모습은 웃음을 자아냈다. 아이들이 학기 말, 1년 동안 가장 좋았던 프로그램, 우리 학교에 필요한 프로그램으로 독서캠프를 꼽았을 정도로 신나게 진행되었다. 그렇게 2년간은 학생, 교사, 학부모가 함께하는 독서캠프를 쭉 진행했고, 3년째가 되어 전교생이 135명이 되었을 때부터는 더 이상 모두가 함께하지는 못하고, 30명 정도로 독서캠프를 운영했다. 모두 함께했을 때는 그만큼의 즐거움이 있었고, 소규모 아이들과 아기자기하게 각종 활동으로 캠프를 진행할 때는 또 그만큼의 매력이 있었다. 시를 전혀 읽지도 쓰지도 않을 것 같던 아이가 진지하게 시 엽서를 쓰던 모습과, 아이들이 태어나 처음 봉숭아 꽃물을 들인다

고 신기해하며 손가락을 내밀고 거기에 꽃을 얹고 비닐로 감싸고 실을 동여매고 했던 순간들을 잊을 수 없다. 아이들이 가장 좋아했던 순간은 뭐니뭐니해도 커다란 공간에서 한 이불 덮고 자면서 소곤소곤 수다 떨던 그 순간이었을 것이다. 늘 붙어 있으면서도 늘 할 얘기가 끊이지 않았던 그 시절을 그때의 아이들도 그리워할 거라고 기대한다.

책을 읽고, 책을 쓰며 깊어지던 날들

아이들과 책 읽기 모임을 다양하게 진행했다. 온종일 함께 학교에 있다 보니 아침 낭독 모임도 진행할 수 있었다. 낭독하기 좋은 책을 골라 아침 8시에 도서관에 모여 작은 책상을 앞에 두고 옹기종기 모여 앉아 낭독하면 아이들의 목소리에 더 집중할 수 있다. 목소리 색깔과 냄새와 맛이 다 다르다고 해야 하나. 그런 시간이면 아이들에게 좀 더 가까이 다가가는 느낌. 책 읽기를 하고 있지만, 마음 읽기를 하는 느낌이 들기도 했다. 저녁을 먹고 늦은 밤 9시에 모여서는 책 수다를 했다. 같은 책을 읽고 와서 서로의 감정으로 이야기를 나누는 모습은 세상에서 가장 이쁜 천사의 모습이 이런 것이 아닐까 하는 느낌이 들 정도로 나를 행복하게 했다. 아이들은 밤 10시 기숙사에 들어가야 함에도 좀 더 있고 싶어 했고, 그렇게 우리만의 시간을 흠뻑 즐겼다.

그리고 또 하나 빼놓을 수 없는 가슴 벅찬 경험은 책쓰기 활동이었다. 4년 동안 있으면서 매년 한 권씩 책을 냈다. 처음에는 동아리 아이들 중심으로 책을 엮었으나, 이왕이면 더 많은 아이의 이야기와 교사의 이야기도 함께 글로 엮었으면 좋겠다는 요청이 있어서 세 번째 책부터는 그렇게 했다. 조촐한 출판기념회를 진행하며, "작가 ***님의 책 출간을 축하합니다."라는 글을 써서 책 증정을 했다. 아이들은 쑥스러워하면서도 서로 사인을 해 주기도 하고 즐거워했다. 이런 책쓰기 경험을 통해 자신의 글이 친구들에게 좋은 반응을 얻는 데 힘입어 이후 글쓰기에 흥미를 갖고 꾸준히 글을 쓰는 친구도 생겼다. 뭐든 상상하고 그것이 이루어지는 경험을 통해 아이들은 성장한다는 것을 새삼 느끼는 순간들이었다. 사람은 모두 한 권의 책이 될 수 있다는 것을 증명하는 시간이었다.

학교 밖에서 만나는 풍경

강원도, 그것도 횡성이라는 작은 곳에 있다 보니, 아이들에게 다양한 세상을 경험하게 해 주고 싶었다. 그래서 아이들과 많은 곳을 보러 다녔다. 작가의 문학관이나 생가를 다니고, 작가와의 만남 자리도 많이 마련했다. 그리고 도서관 탐방도 많이 다녔다. 나아가 연극, 뮤지컬, 재즈 공연, 각종 전시회도 다니고, 매년 국제도서전에도 다녀오곤 했다. 글쓰기를 좋아하는 아이들과는 다양한 백일장에 참여하기도 했다.

그중 기억에 남는 것은 김수영문학관, 도봉 기적의도서관, 헌책방 '좋은책 많은데', 〈부산행〉 영화 관람으로 이루어진 활동이었다. 김수영문학관 구경을 하면서 김수영이 남자인 줄 처음 안 아이도 있었

고, 도봉 기적의도서관 천장을 보며 눈부셔 하던 아이도 있었고, 부산행 영화를 보다가 너무 무섭다고 도저히 못 보겠다고 먼저 나가 있겠다고 했던 아이도 있었다. 아이들이 가장 좋아했던 곳은 헌책방이었다. 나도 그렇게 큰 헌책방은 처음이었다. 사고 싶은 책을 골라 보라고 했더니 아이들이 저마다 개성에 맞게 책을 골랐다. 그중에 한 아이가 2권이 없어서 싸게 파는 1권-10권짜리 만화책을 골랐다. 그러고는 방학 동안 그 책을 다 읽고 학교에 가지고 와서 다른 아이들도 보면 좋겠다고 기증을 했다. 그 책은 지금도 학교에 있다. 그 마음이 참 예뻤다. 〈부산행〉 영화를 보다가 먼저 나가 있겠다고 했던 바로 그 아이다.

파주출판단지 지혜의 숲에서 무박 2일로 진행했던 '미드 나잇 2017 summer'도 기억에 남는다. 새벽까지 이어지는 재즈 공연을 꾸벅꾸벅 졸면서 보기에, 그만 들어가서 자자고 했더니 아니라고 더 봐야 한다고 끝까지 우기면서 보던 아이가 어느새 훌쩍 대학생이 되었다.

가슴으로 들어온 아이들

현천고등학교에서의 삶은 가슴으로 들어온 아이들이 지금도 남아 이어지고 있다. 텅 빈 책장을 함께 채우며 행복해하던 아이들, 아침 낭독과 저녁 독서모임에서 책을 읽던 아이들, 글을 쓰고 책을 엮으며 재능을 찾던 아이들, 좋은 연극, 뮤지컬, 공연을 함께 보자고, 여행 가자고 손 내밀었던 아이들, 도서관행사 선착순 게시물을 붙이면 가장 먼저 이름을 적어 주던 아이들, 알콩달콩 연애할 곳을 찾아 도서관을 찾던 아이들, 수업 땡땡이치고 잠잘 곳을 찾아 도서관으로 찾아들던 아이들, 밤 10시가 되도록 학교도서관에 같이 있다가, 키가 작은 나를 위해 곳곳의 문을 척척 잠가 주면서 늘 퇴근을 함께했던 아이들, 나보다 먼저 매일 아침 도서관으로 등교하여 책 보다 가던 아이, 화나고 힘든 일이 있을 때 도서관에 와서 삭이고 가던 아이, 펑펑 울며 도서관 계단을 올라오며 나를 찾던 아이, 다급한 일도 없는데 내 이름을 엄마 찾듯이 부르던 아이… 아이들 한 명, 한 명 내 가슴으로 들어와 꽃이 되었다. 영원히 시들지 않는 꽃.

"제가 방학을 해서 책을 읽으려고 하는데 인터넷에 검색을 해 봐도 마땅히 당기는 게 없더라고요. 그래서 어떤 책을 읽으면 좋을지 현애 쌤의 추천을 받고 싶어서 안부도 여쭐 겸 문자 드려요.", "쌤 덕분에 책 보는 습관이 생겨서 너무 편해요. 대학 오니깐 읽을 책도 많고 현천에서 쌤이 추천해 주시는 것들 다 너무 재밌게 봤어요. 감사하고 사랑합니다." 이런 말들을 보내 주는 아이들이 있어서 행복하다. 현천고등학교여서, 학교도서관 사서교사여서 가능했던 날들이었다.

점(點,) 선(線,) 그리고 원(圓)이 되어

뒤돌아보니 살아온 날들이 많아진 그런 나이가 되었다. 늦봄처럼 느지막이 내게로 온 학교도서관은 나에게 꽃바람을 실컷 쐬게 해 주었다. 좋은 선생님들을 많이 만나게 해 주었고, 내가 알지 못했던 나의 능력도 꺼내 주었고, 별처럼 꽃처럼 이쁜 아이들을 만나게 해 주었다.

점과 선이 되어 만났던 선생님들 덕분에 이제 나의 '곁'은 아이들이 되었다. 이 아이들과 앞으로 학교도서관에서 해 보고 싶은 것이 있다. '자발적 책 읽기'가 그것이다. 다니엘 페낙의 『소설처럼』을 보면 '읽다'라는 동사에는 명령법이 먹혀들지 않는다고 되어 있다. 일방적인 가르침이 아닌, 책 읽기를 통해 서로가 서로에게 배우고 성장할 수 있는 책 읽기를 하고 싶다. 학생이 자기가 읽었던 책을 가져오고, 나도 내가 읽은 책을 가져와서 그 책이 왜 좋은지 서로 정답게 이야기하는 시간을 많이 보내고 싶다. 정말 완전히 자유로운 책 읽기, 독서 교육으로 규정되지 않은 읽기를 하고 싶다.

따사로운 햇살이 들어오는 창가 테이블에 앉아 학생과 내가 서로에게 책을 펼쳐 보이며 다정한 눈빛을 마주하고, 책에 대해 진지한 이야기를 나누는 모습을 그려 보는 것만으로도 난 이미 행복의 한가운데에 있음을 느낀다.

어쩌다
사서교사

:

이선영 I 산의초등학교

경고 : 이 글에는 학교도서관의 미래나 역사와 같이 진지하고 무게감 있는 이야기가 나오지 않을 가능성이 높습니다. 대신 가벼운 반성과 첫사랑 같은 설레고 가슴 뛰는 추억들로 써 내려 가고자 합니다. 뭔가 대단한 이야기를 기대하셨다면 조용히 몇 장 넘기시길 부탁드립 니다.

2001년 경기도가 처음으로 사서교사를 선발하기 시작했습니다. 교 직이수를 하면서도 이 자격을 쓸 일이 있을까 합리적 의심을 일삼았 던 저로서는(토익 시험 때문만은 아니었습…) 드디어 자격을 쓸 일이 있겠 구나 싶어 2002년 임용시험을 준비했습니다. 그렇게 2003년 첫 직장, 첫 학교, 첫 동기, 첫 동료, 첫 학생, 첫 학부모를 만날 수 있었습니다.

앞서 토익 이야기를 잠깐 했는데요. 저의 꿈은 랜선 첫사랑(정확히 천리안 첫사랑이네요. 언제적 천리안입…)을 만나기 전까지, 10여 년간 '교사'였습니다. 중학교 때엔 좀 더 세분화되어 '수학교사'였구요. 그런 제가 고1 문이과 결정 때 문과를 선택하자 담임선생님께서는 꽤 곤란해하셨습니다. 영어 성적이 시집가기 좋은 '양가집 규수'였기 때문이지요. 랜선 첫사랑이 명문대 경제학과를 다니고 있었기 때문에 저는 곧 죽어도 경영 아니면 경제학과를 가야 했고, 인생은 늘 그래 왔듯 저를 문헌정보학과로 인도했습니다. 당연히 학과에 적응을 못했고, 그 결과 복수전공과도 이별을 고했습니다. 내게 남은 선택지는 교직 이수였습니다. '아 맞다! 내 꿈은 원래 교사였었지.'라는 단순한 위로와 함께 졸업장과 사서 자격, 교사 자격이 제게 남았습니다. 구구절절 제 과거 이야기를 하는 이유는 어쩌면 저처럼 사서교사가 된 분들도 있지 않을까 싶어서입니다. 천부교직선택설을 믿는 시대는 아니니 좀 더 편하게 이야기하겠습니다. 저는 사실 좋은 선생님이 되려고 교사가 되지도 않았고, 심지어 학교도서관에 어떤 '꿈'이 있었던 것도 아니었습니다.

꿈을 이룬 것이 아닐지라도, 누구나 '처음'은 설레고 기대되며 오랫동안 기억되는 법이지요. 그래서일까요? 2003년, 첫해는 제게 지울 수 없는 이불킥 그 자체였습니다. 도서관 운영은커녕 DLS를 어떻게 쓰는지조차 몰랐으니까요. 그 와중에 초임교사가 학교에 왔는데 처음 듣는 '사서교사'라 그 기대는 또 얼마나 높았을까요? 다행히 2~3년 뒤엔 그 기대에 더 크게 부흥해 이불킥 추억은 더 이상 만들지 않아도 되었습니다. 초임의 선생님들에게 저는 '너무 많은 걸 하지 말라.'

고 말하곤 합니다. 그것들이 기대를 높여 결국 나를 힘들게 하는 수단이 될 수도 있고, 반대로 저처럼 멋모르고 싸질렀다 이불킥 하는 사태로 끝맺음되기도 하니까요. 앞이 됐든 뒤가 됐든 모두 좋은 추억은 아닌 것은 확실하지요.

제가 사서교사가 되어 뭔가 책임감을 느끼기 시작한 것은 2004년 여름 청주에서 열렸던 학교도서관 살리기 모임의 여름연수에서였습니다. 일찍 도착한 제가 연수를 준비 중인 집행부 선생님들께 '저도 뭐 도와 드릴까요?'라고 말을 걸었고, 그것을 이성희 선생님께서 들으셨지요. 그때 제가 책상에 앉아 창밖을 보며 시간을 때웠거나, 제 인사를 다른 선생님께서 들으셨다면 이 글은 세상에 빛을 보지 못했을 거예요. (그랬다면 좋았을 것을…) 그 연수에서 사서교사가 아님에도 학교도서관을 일으켜 보자고 모인 여러 선생님들을 만났고, 그 안에서 저는 많은 반성을 했습니다. 이미 완성되어 있던 도서관, 안정적이었던 아이들, 언제나 도와줄 준비가 되어 있던 선배동료들이 있음에도 난 참 노력을 안 했구나, 배우려 하지 않았구나. 그런 생각을 비로소 하게 된 것이지요. 임용 되고 약 20개월이 지난 시점이었습니다. 이성희 선생님의 개미지옥 같은 마수에 걸려들었던 것도 그때입니다.

2005년 1월 참실을 처음 가게 됩니다. 전교조가 아니어도 괜찮다라는 말에 홀려 전국학교도서관모임에 경기도 대표로 참석하기 시작한 것도 그즈음 같습니다. 참실은 참 이상한 연수입니다. 전국 각지에서 처음 본 선생님들이 모이는데 낯설지 않습니다. 마치 어제 교무실에서 본 선생님들처럼 반갑고 살갑습니다. 두어 번 마주친 선생님들은 말할 것도 없지요. 각 학교에서 펼쳤던 성공사례와 실패사례를 공유하고 힘들었겠다, 참 잘했다, 나도 배워 가야지, 하는 이야기가 하루 종일 오고 갑니다. 저처럼 젊은 교사가 적었던 참실에서 오히려 열정과 패기를 느꼈던 것 같습니다. 아니구나, 그분들도 그땐 젊었던 거였어요! 15년 전 일이네요!

저희 모임의 세 번째 여름연수는 강원도에서 열렸는데 감자며 옥수수 등을 직접 쪄서 가져다주셨던 기억이 납니다. 여름연수는 지방을 돌며 열려서 대부분 숙식을 함께했습니다. 불편할 수도 있는 낯선 환경임에도 각 지역 선생님들이 친정 온 딸 돌봐 주듯 살펴 주셔서 연수를 즐길 수 있었던 것 같습니다. 또 어느 해 연수에서는 급식소에 모여 마지막 날 저녁 술자리를 가졌습니다. 지역별로 나와 인사를 하는 시간에 각 지역 아리랑을 불렀습니다. 마이크 뺏기면 서러운 분들이셨나 봐요. 왜들 그리 가수마냥 잘 부르시는지요. 괜히 그 분위기에 울컥했던 기억도 있습니다.(참 로맨티스트였던 분들)

참실은 1월에 지역을 돌며 열립니다. 마치 친가며 친정에 설 쇠러 모이는 것처럼, 1년간 학교에서 열심히 지은 농사(교육) 결과물 들고 참실에서 모입니다. 수많은 추억 중에서도 가장 강렬히 자리 잡은 것은 경남모임입니다. '새 떼'라고 자칭하셨던 경남모임이 무시무시한 끈기를 자랑하며 여전히 출판과 모임을 이어 가고 계십니다. 2006년 참실이었나요, 지역모임 소개가 참 인상 깊었는데, 그다음 해 우수사례를 가져오겠다는 약속을 지키며 세를 늘려 오셨죠. 학교도서관을 운영하고 키워 갈 사람은 사서교사라고 그다음 해엔 사서교사들까지 모셔(?) 왔었지요. 그 연대가 참 부럽습니다.

사실 저는 많은 이야기를 쓸 재료가 없습니다. 그때는 학교도서관이 붐업되는 시기였고, 어딜 가나 사서교사들은 환영받는 때였습니다. 어줍잖게 배우러 왔다고 고개를 들이밀었다가 발을 빼지 못하고 한 자리 차지하게 되는 그런 때였지요. 제가 잘해서 어디에 대표를 맡고, 연수국을 맡았던 게 아니었습니다. 염보영, 오미경 선생님 같은 동료가 있어서 행복하게 일을 했고, 매번 이쁘다, 잘한다, 보기 좋다 칭찬해 주시는 많은 선배 선생님들이 계셨기에 힘든 줄 몰랐습니다. 힘든 때도 있었겠지만 잦은 지방 회의, 연수, 참실이 즐거웠어요. 학교도서관 운영하기 책을 내고, 신규 사서교사나 학교도서관 일을 배우겠다는 담당교사들에게 연수를 열어 주고, 참실을 꾸리고, 여름 연수 진행을 맡으면서도 '일이 고되니까 내년엔 하지 말아야지.'라는 생각을 못 했던 것 같아요.(내년에 못 하겠다고 하면 다크써클이 무릎까지 내려온 이성희 선생님이 저를 지그시 쳐다보셨을 거예요. 아마도.)

제 때는 그랬습니다. 학교에서 방학 문제 때문에 눈물을 짓다가도 연수 한 번 다녀오면 2학기를 이겨 낼 힘을 받아 오고, 내년엔 어쩌나 앞이 깜깜하다가도 참실 다녀와서 아이디어도 얻고, 기운도 냈지요. 그랬는데, 그만 연애를 하고 결혼을 하고 아이를 낳으며 참실과도 멀어졌네요.(아이를 키우면서도 모임에 열심인 선배 선생님들 존경합니다.) 저는 다시 참실에서 선생님들 만날 날을 매해 꿈꿉니다. '아이들 때문에 숙박은 못 하더라도 선배 후배 선생님들 손잡고 인사할 당일치기는 언젠가 할 수 있겠지.' 하는 꿈을요.

고맙다,
학교도서관

:

손은경 I 구봉초등학교

서른아홉, 학교도서관을 만나고 책을 만나다

2001년으로 거슬러 올라갑니다. 처음으로 학교도서관 업무를 맡아 열쇠를 들고 간 곳은 4층 구석진 교실 한 칸, 서가에 제대로 꽂혀 있지도 않은 책 위에는 먼지가 뽀얗게 앉아 있었지요. 부임했을 때 학교도서관 일은 한 번도 듣지 못했습니다. 그대로 문을 잠그고 다른 업무를 하면서 한 해를 보냈습니다. 그런데 퇴직을 앞둔 교장선생님이 아이들을 위해 뜻있는 일을 하고 싶으셨는지 1층 중앙에 있던 급

279

식실이 옮겨 가자 직접 팔을 걷어붙이고 4층에 있던 책들을 옮겨 놓기 시작했습니다. 그러고는 행정실장을 대동해 다른 학교도서관을 둘러보자고 제안하셨습니다. 선진지 견학인 셈인데 그때까지만 해도 경남 도내에 찾아갈 만한 학교도서관이 그렇게 많지 않아 세 학교를 다녀왔습니다. 그것이 끝이 아니라 큰 일거리를 주고 간다고 미안해하며 두 달간 사서직을 채용했습니다. 하나에서 열까지 야무진 사서 선생님을 보며 저는 매일 수업 마치는 대로 도서관에 가서 도서 등록은 어떻게 하는지, 배가는 어떻게 하는지, 도서도우미 조직과 활동은 어떻게 하는지 짧은 시간에 이것저것 익힐 수 있었습니다. 두 달, 단기 일자리로 들어온 그 선생님은 지금은 지역의 공공도서관에서 일하고 있는데 학생, 학부모와 교감하며 열정을 가지고 일하던 모습이 지금도 제 눈에 선합니다. 그러니까 저의 도서관 입문은 교장선생님과 사서직 선생님 덕분인 거지요.

그러다가 2003년 전교조 전국참교육실천대회에 학교도서관분과가 있다는 걸 알고 신청하면서 전국학교도서관모임과 인연이 닿게 되었습니다. 이덕주 선생님과 김종성 교수님을 그곳에서 뵐 줄이야. 사례 발표 하는 전국의 도서관 담당선생님과 사서선생님은 또 얼마나 훌륭하던지. 한쪽 구석에 혼자 앉아 감탄과 흥분으로 2박 3일을 보냈습니다. 마지막 날, 참가자 모두가 소감을 나누며 흡사 부흥회를 경험하였습니다. 마무리 자리에서 다음번엔 경남에서도 여럿이 함께 오기를 희망하고 그렇게 되도록 노력하겠다고 했고 3년 만에 그 약속을 지킬 수 있었습니다. 2005년 경남모임인 학생사모(학교도서관을 생각하는사람들)가 만들어졌고 10여 명의 경남모임 선생님들과 함께 참실에 참가했던 거지요. 함께하는 사람들이 있기에, 그리고 그때 그 설렘과 힘을 간직하고 있기에 지금까지 학교도서관 업무를 맡고 있습니다.

돌아보면 제 독서 이력은 학교도서관을 맡으며 시작되었습니다. 마흔이 다 되도록 교과서를 빼고 읽은 책이 얼마 되지 않았습니다. 그 탓에 딸 아이가 책을 읽어 달라고 매달릴 때도 관심을 딴 곳으로 돌리기 급급했고 학급 아이들에게도 책을 읽어 주지 못했던 부끄러운 교사였지요. 학교도서관을 맡으면서 비로소 이주영 선생님이 쓰신 『어린이 책을 읽는 어른』을 시작으로 『어린이와 그림책』, 『쿠슐라와 그림책 이야기』, 『소설처럼』, 『책 밖의 어른 책 속의 아이』를 읽으면서 그림책에 빠져들었습니다. 『내 아이가 책을 읽는다』와 『우리 아이, 책 날개를 달아 주자』는 도서관 자원봉사 학부모님들과 함께 읽은 책입니다.

어린이 전문서점을 알게 되고 해마다 부산 민주공원에서 열리는 어린이 책잔치를 찾아다니며 마음에 드는 그림책을 만날 때의 뿌듯함이란…. 그렇게 사 모은 그림책은 책모임과 학급 아이들에게 소개하고 읽어 주었습니다. 어릴 때 이런 책들을 만났더라면 내 삶이 더 풍족했을 텐데 하는 아쉬움은 학교도서관을 통해 아이들에게 좋은 책을 만나게 해 주고 싶다는 마음과 닿아 이후로 쭉 업무 희망 1번은 학교도서관이었습니다. 사춘기를 맞은 중학생 딸에게 뒤늦게 불쑥 책 읽어 줄까 하는 말을 했다가 단박에 거절당하고 티 나지 않게 슬쩍 한 권씩 곁에 두는 것으로 미안함을 대신했는데, 어느새 사회에 나간 아이가 독서모임을 제 발로 찾아갔다는 말에 참 기뻤습니다.

도서관 운동의 밑거름, 전국학교도서관모임 그리고 학생사모활동

경남에서는 2004년 준비모임을 시작으로 다음 해에 '학교도서관을 생각하는 사람들의 모임'(이하 학생사모)이 만들어졌습니다. 초기에는 모임 선생님들이 학교도서관 운영 경험이 거의 없었기 때문에 우리 회원들을 위한 연수가 필요했지요. 고민할 필요도 없이 전국모임에 도움을 요청했습니다. 그때는 주 5일제 시행을 앞두고 토요일에 격주로 근무를 했기 때문에 '놀토'라 불렀던 쉬는 토요일에 연수를 마련해서 책과 도서관에 관심 있는 모든 분에게 연수를 열어 두었습니다. 백화현, 이덕주, 이성희 선생님을 비롯해 전국학교도서관모임 선생님들이 멀리서 한걸음에 달려와 목마른 부분을 채워 주었고 덕분에 학생사모 회원들도 점점 늘어났습니다. 창원·김해를 넘어 마산·거제·양산으로 그림책, 도서관 활용수업, 북아트, 책놀이, 서평쓰기 소모임이 만들어졌습니다. 지역 소모임에는 학생사모 운영진이 참여해 자생력을 가질 수 있도록 뒷받침했는데 이동림 선생님의 노고가 특히 컸습니다. 자동차 뒷좌석에는 모임 선생님들과 나눌 그림책을 여러 상자 포개어 실어서 늘 자리가 꽉 찼습니다.

학생사모의 여러 소모임 중에 저는 '초등 학교도서관 활용수업(도활수)'모임에서 공부하고 있습니다. 창원과 김해에서 근무하는 열 명 남짓한 선생님들이 만나 책과 도서관, 그리고 아이들 이야기를 나누고 있습니다. 십년지기 도반으로 희로애락을 함께 나눈 소중한 사람들이지요. 여기서 나눈 경험은 도서관을 운영하고 학부모, 동료교사들과 책 읽기 모임을 이어 가는 데도 큰 도움이 되고 있습니다.

나에게 학교도서관이란

학창 시절엔 만나지 못했던 학교도서관, 30년 넘는 교직 생활을 통틀어 학교도서관과의 인연은 제게 큰 행운이었습니다. 책과 도서관을 매개로 많은 사람과 만났고 엄마로, 교사로, 한 인간으로 성장했습니다. 초등학교 도서관이다 보니 많은 학부모 자원봉사자를 만났습니다. 도서관 자원봉사를 하다가 문헌정보학과에 진학해서 인근 학교 사서직으로 근무하시는 분, 작은 도서관을 운영하게 된 분, 우울증을 앓았는데 학교도서관을 통해 치유했다는 분(누구보다 묵묵히 배가를 열심히 하셨던 분으로 방학 동안 운영하는 책날개 교실에서 '시 교실'을 이어 왔지요), 도서관 프로그램으로 어떤 걸 떠올려도 뚝딱 강사를 연결해 주는 마당발 회장님, 안식년을 하면서 학교도서관 동아리를 맡으며 학교도서관 운영에 큰 힘을 주셨던 분, 그림책으로 연극을 올리는데 실감 난 연기로 모두를 울컥하게 했던 분…. 학교도서관에 가면 낯익은 그분들과 만나 학교가 더 즐겁고 함께여서 많은 일을 할 수 있었습니다. 특별히 '책 읽어 주는 엄마' 프로그램에 처음 참여하신 분이 남긴 소감 글과 아이들의 후기가 기억에 남아서 옮깁니다.

책 읽어 주는 엄마 (도서관 소식지 〈책날개〉 글)

화요일은 책엄마와 만나는 시간! 칠판 앞에 옹기종기 모이기도 하고, 자기 자리에서 그림책과 만나 조잘조잘 책 이야기로 아침을 열어요. 책 엄마 활동은 아이들이 적어도 일주일에 한 권, 한 해 동안 36권, 저학 년 동안 100여 권의 책을 만나게 됩니다. 책엄마가 읽어 주는 책 이야 기를 들으며 아이들은 어느새 좋은 책을 보는 눈도 기르게 된답니다.

책엄마, 고맙습니다!

- 박*주(2-1) 일일이 읽지 않아서 좋다.
- 서*우(2-2) 책엄마가 읽어 주시는 책은 모두 모두 재미있어서 계속 읽어 줬으면 좋겠다.
- 손*식(2-2) 느낌이 잘 나타나고 실감 나게 읽어 줘서 상상력이 생 긴다.
- 김*경(2-3) 더 많은 걸 알게 되었다. 책엄마 감사합니다.
- 우*연(2-3) 3학년이 되어도 책엄마께서 계속 읽어 주면 좋겠다.
- 전*빈(2-3) 책엄마가 실감 나게 읽어 주셔서 나도 발표를 할 때 실 감 나게 읽으려고 한다.
- 김*은(2-4) 머리가 좋아지는 것 같다. 위인전도 많이 읽어 주었으 면 좋겠다.
- 김*진(2-4) 손목도 아프고 목도 아플 텐데 재미있는 책을 읽어 주 셔서 고맙습니다.
- 현*민(2-4) 책을 보고 나면 또 그 책이 보고 싶어진다.

• 김*성(2-4) 재미있는 것은 놀이만 아니고 책도 재미있어요.

책엄마 첫날. 책 읽어 주고 난 후 주저리주저리 /남*주

오늘부터 책 읽어 주는 엄마를 시작했다. 일을 이렇게 자꾸 만들면 안 되는데… 도서도우미도 벅찬데… 나도 가끔 바쁜데…. 어젯밤부터 아랫배가 살살 아픈 것이 잠을 설쳤는데 학교에 오니 이상하게도 그리 떨리지는 않았다. 성격상 많이 떨어야 하는데….

2-3반. 울 애가 2학년이라 아는 얼굴들이 많았고 누구누구 엄마의 아이도 보였다. 읽어 준 책은 『줄줄이 꿴 호랑이』. 생각보다 애들이 집중을 잘해 주었다. 집중한 거에 비해 내가 잘 읽어 주지 못한 거 같아 넘 미안했다. 애들아, 다음번에는 더 잼나게 읽어 주꾸마!

끝난 후 책 읽기에 대한 울 회장님의 연수(『아빠와 함께 피자 놀이를』 읽어 주심)도 있었는데, 자고로 동화를 읽어 주려면 목소리가 저 정도는 되어야지 하는 생각이 들면서 또 한 번 울 엄마가 원망스러웠다. 연수 내용 까먹기 전에 기억나는 대로 적어 본다.

1. 먼저 주의를 집중시킨 뒤 책 읽기를 시작한다.

   - 책상 위에 있는 거 모두 서랍에 넣기

   - 읽기 전에 인사하기(싱글싱글, 벙글벙글…다시 좀 가르쳐 주세용)

   - 책은 옆으로 들어서. 작은 책은 프로젝트 이용도 좋음

   - 가운데보다는 코너에서 약간 사선으로 서서(얼짱 각도로)

2. 작가와 표지, 출판사에 대해 언급하기

   - 칠판에 적어 줌

- 읽기 전 호기심을 불러일으킬 만한 준비된 멘트 날려 주기

3. 본격적 읽기

- 울 아이들에게 읽어 준다고 생각하고 편안하게… 자신감 있게…
  엄마, 아빠, 할머니, 할아버지 목소리는 따로따로 실감 나게…
- 중간중간에 어려운 말은 간단히 일러주고(맥을 끊지 않는 범위에서) 쉬운 질문도 해 보고

4. 다 읽고 난 후

- 책 내용을 가지고 독후활동 유도하기
  예) 『아빠와 함께 피자 놀이를』읽고 난 후 아빠와 직접 피자 놀이하기
- 미끼(강화물) 풀기 : 강화물은 읽어 주는 사람의 취향에 따라 나중에 부담이 될 수 있다는 것도 염두에 두고 각자 알아서 하시오! 이때, 회장님, 사탕 하나가 아이를 도서관으로 끌어들여 그 놈의 인생을 바꿀 수도 있다고 열변을 토하심…. (실제로 토하진 않으셨음)

마치고 내려오는데 갑자기 의욕과 책임감이 부담이 되어 확 밀려온다. 이거 이거 그냥 쉽게 할 것은 아닌 것으로 아뢰오!

학교를 옮기면 도서관부터 가 봅니다. 사서교사가 있는 곳이면 참 좋겠다는 희망을 아직 못 이루어 안타깝습니다. 학교도서관은 책보다 먼저 사람이었으면 합니다. 학교도서관을 운영해 본 사람들은

모두 공감할 것입니다. 학교도서관은 책을 좋아하는 아이들도 모이지만 사람이 그리운 아이들이 더 많이 찾습니다.

　문득 참교육실천대회 때, 어느 사서선생님이 하신 얘기가 떠오릅니다. 자신이 사서교사가 되고 나서 고등학교 은사를 찾아갔는데, 모교에도 사서교사가 있었다는 말에 너무 놀라 말문이 막혔다고요. 3년 동안 많은 학생이 사서교사의 존재를 몰랐다는 사실에 충격을 받았고 자신은 사서교사로서 학교에 존재감을 드러내기 위해 애썼다고 합니다. 사서교사가 있는 축복받은 곳이든, 학부모 또는 학생 도우미로 운영되는 곳이든, 학생을 중심에 두고 서로 성장하며 언제든 부담 없이 달려가는 따뜻한 학교도서관이길 바랍니다.

　학교도서관에 눈을 뜨고 거의 만기를 채우며 근무한 학교가 다섯 곳이네요. 두 곳은 도서 전산화부터 시작했고, 두 곳은 리모델링을 진행했습니다. 그리고 도심 학교를 떠나 전교생 마흔 명 남짓한 작은 학교로 옮겼습니다. 변두리 작은 학교로 와서 아이들과 학교 환경이 마음에 들어 여기저기 학교 자랑을 달고 다녔습니다. 그런데 왠지 모르게 한쪽 구석엔 허전함이 있었고 그 허전함의 정체가 무엇인지는 한참을 지나서야 알아차릴 수 있었지요. 전임지에선 참새 방앗간 들르듯 도서관에만 가면 늘 북적대는 아이들과 학부모를 만나 웃고 이야기 나눌 수 있었는데 그 북적임, 부딪침이 그리운 것이었습니다. 한 학기가 다 가도록 자연스러운 학부모의 발길은 거의 볼 수 없었고 도서관 일을 도와주시던 어머니 단 한 분마저 이사하게 되었지요. 다행히 다음 해 다시 도서관을 맡을 수 있었고, 오히려 전임 선생님 덕에 시골 작은 학교에 맞게 도서관 규칙이나 규정에 얽매이지 않고 자유롭게 도서관을 이용하는 모습을 이어 갈 수 있었습니다.

학생 수가 넘쳐 나서 걱정인 시내와는 달리 우리 학교는 복식을 겨우 피했고 학생 증원이 필요했으며, 무엇보다 마을에서 '학교'의 자리를 알고 있기에 학부모와 지역 주민들의 관심과 참여를 모아야 했습니다. 그 속에 도서관이 역할을 할 수 있을 것으로 생각하고 여러 가지 프로그램을 이어 갔습니다.

일주일에 하루지만 저녁에 도서관 문을 열고, 셋째 주 목요일에는 '라면 극장'을 열었습니다. 문화 시설 하나 없는 마을에서 온 가족이 모여 컵라면을 먹으면서 영화를 보는 날이지요. 여는 마당으로 책을 읽고 빛그림을 상영하고, 가끔 작가 선생님도 모시고, 이웃에 있는 전문 연주가를 모셔 오기도 하지만 대부분 아이의 노래나 연주 등 작은 공연으로 채워집니다. 조용한 학교와 마을에 이날은 학부모와 할머니, 할아버지 그리고 아이들로 북적입니다. 작은 학교의 장점으로 차량 몇 대에 학생들을 나눠 태워 지자체나 도서관에서 이뤄지는 작가와의 만남이나 이웃 부산의 야외극장에도 다녀왔습니다. 버스를 빌려 섬진강 그림책 작가 오치근 선생님을 만나러 하동 평사리를 갈 때는 참여 인원이 넘쳐 행복한 고민을 해야 했지요.

'책으로 세상을 만나다'란 주제로 독서캠프를 할 때는 도서관에서 학부모님들이 도서관 추적놀이 준비에 일손을 보태느라 분주했습니다. 좋은 프로그램을 찾기보다 아이들과 교사, 학부모가 마음 맞춰 우리가 만들어 가는 내용으로 하나하나 챙기려고 했습니다. 여름방학 때 교사·학부모 독서모임을 준비해 가며, 담당자 한 사람이 이끌어 가는 것이 아니라 우리 자신의 힘을 믿고 만들어 가는 과정과 경험을 소중하게 여겨야겠다고 마음을 다졌습니다. 그 속에서 나와 학교, 마을을 중심으로 내가 발 딛고 있는 곳을 좀 더 가까이 느낄 수 있도록 하고 학생이 주체적으로 참여하는 방법을 고민하여 학생 자치의 경험을 얻을 수 있도록 하며 책과 도서관을 중심으로 체험활동 프로그램을 만들자고 의견을 모았습니다.

신기하게도 지향점이 정해지니까 프로그램은 자연스럽게 채워졌지요. 우리 동네 백두산을 가족과 함께 오르고, 저녁과 다음 날 아침을 모둠 비빔밥과 주먹밥으로 해 먹고, 평소에 활동하고 있는 9개 의남매를 모둠으로 도서관 추적놀이를 했습니다. 책 프로그램은 책 도시를 선포한 김해에 사는 덕분에 올해 '김해의 책'인 『거짓말 같은 이야기』(저학년)와 『조금 다른 지구마을 여행』(고학년, 학부모, 교사)을 선정 도서로 모두 읽고 책으로 세상을 만났습니다. 학교도서관 밴드에 가족 독서 사진이 속속 올라왔습니다. 엄마랑 침대에 누워 읽는 모습, 아빠랑 소파에서 읽고 있는 모습, 나들이 갔다가 가족이 함께 책 읽는 모습, 하나하나가 정겨운 모습이었지요.

학교도서관과 함께하며 마음 아픈 일도 있었습니다. 도서관 리모델링 사업에 참고가 될까 하여 떠올려 봅니다. 2006년 학교도서관 리모델링 사업에 이어 두 번째 리모델링을 하게 되었습니다. 처음과 달리 2천만 원 조금 넘는 부족한 예산이라 최대한 효율적으로 써야 했고 서가와 다락방을 넣기로 했지요. 다락방은 아이들이 좋아하는 공간이기도 하고, 도서관이 책을 읽는 곳에서 학부모와 마을 주민까지 모여 작은 공연도 하고 영화도 보게 되면서 복도를 튼 교실 한 칸이 좁았기 때문입니다. 인근 부산에 있는 민간도서관인 '맨발동무'에서 본 서가가 탐이 나서 무리를 해서 홍송으로 서가를 만들고 다락방까지 야심 차게 넣었는데, 아뿔싸 오래된 학교 건물이라 석면 지붕을 고려하지 않았던 겁니다. 다락방에 올라가면 아이들 머리가 천장과 부딪쳐 문제가 된다는 걸 공사를 하고서야 파악하게 됐으니 그 당황스러움이란…. 예산은 이미 써 버린 상태여서 자비를 내더라도 방법을 찾아야 했고, 머리를 맞댄 결과 한지로 천장을 여러 겹으로 도배하고, 다락방 위로 다시 나무틀을 덧대어 천장에 아이들 머리가 닿지 않도록 보강을 했습니다. 리모델링 후 서가 정리 작업으로 학기 말 방학인 2월까지 학부모, 아이들과 여러 날 밤늦도록 마무리를 하고, 저는 바로 학교를 옮기게 되었습니다. 그런데 아직 끝이 아닙니다. 학교를 옮겨서도 학부모와 연락이 닿았는데, 또 놀랄 일이 생겼습니다. 2016년 9월 남부지방에 발생한 5.8 규모의 큰 지진으로 2층 도서관과 그 아래 급식실 쪽에 문제가 있다는 진단을 받았고, 2층에 있던 서가를 분산하여 긴급하게 1층으로 옮겼다는 얘기를 들은 겁니다. 아이들이 즐겨 찾는 도서관을 짓기 위해 그동안 함께 쏟은 땀과 노력은 무엇이었나 싶어서 한동안 멍했습니다. 물론 자연재해로 인한 것이라 예측하기 쉽지 않지만 학교 건물이 낡고 도서관이 2층 이상 자리 잡고 있다면 서가 자리도 고려해야 한다는 교훈을 얻었습니다.

실수도 있고 어려움도 있었지만 한 가지 알게 된 것은 나란 사람은 여러 사람과 관계를 맺으며 선한 영향력을 주고받는 것을 좋아한다는 것입니다. 그 한가운데 학교도서관이 자리 잡고 있지요.

온 작품 읽기의 재미에 빠지다

2016년 행복학교로 옮겨 와서 생각으로만 품고 있던 온 작품 읽기를 꾸준히 해 오고 있습니다. 그동안 도서관 활용수업으로 교과와 만나고 동료 선생님과 함께하려고 자청해서 연수시간을 만들며 나름 애를 썼지만, 사서교사가 없는 학교도서관에서 도서관 활용수업은 쉽지 않았고 더 시도하지 못하고 있었습니다. 아침 시간이나 창의적 체험활동, 그리고 자투리 시간에 주로 해 왔던 독서교육이 온 작품 읽기로 교육과정 깊숙이 들어와 아이들과 만나면서 제가 더 설레었습니다. 생각은 혼자 품을 때보다 여럿이 나눌 때 쑥쑥 자랍니다. 학급에서 한 책을 모두 읽으면서 함께한 감동은 아이들에게도 교사에게도 작품을 통해 서로를 더 들여다보고 깊게 만나게 합니다.

10여 년 쌓인 학교도서관의 온 작품 서가는 우리 학교의 자랑이기도 합니다. 그래서 이 학교를 거쳐 간 선생님들의 도서대출증을 삭제하지 않고 살려서 이웃 학교와 같이 활용하자고 제안했습니다. 동료교사들과 함께한 수업사례는 지역모임에서 해마다 자료집으로 만들어 나눕니다. 김해는 '한 도시 한 책 읽기' 사업으로 해마다 '김해의 책'이 선정되는데, 학생들과의 수업뿐 아니라 교직원과 학부모, 지역민이 함께 읽고 한자리에 모이는 계기가 되어 도서관인으로, 시민의 한 사람으로 반가운 일입니다.

어느새 퇴직 후에 일을 떠올리게 됩니다. 『도서관』(사라 스튜어트, 데이비드 스몰)의 메리 엘리자베스 브라운과 『책 읽기 좋아하는 할머니』(존 윈치)를 상상해 봅니다. 엘리자베스 브라운처럼 책이 많지는 않아도 필요한 곳에 책을 나누고 아이들에게 책을 읽어 주며 일상의 자잘한 일을 열심히 하다가 '읽고 싶은 책을 한 권 잡고 꾸벅꾸벅 조는' 할머니 모습이 제 모습 아닐까 합니다.

나무야,
미안해!

:

최경림 | 능동초등학교

출판이 뭐기에

〈사이코지만 괜찮아〉라는 드라마가 얼마 전 최종회를 맞이했다. 잘생긴 김수현과 개미허리 여신 서예지를 보는 재미도 쏠쏠했지만 이 드라마를 끝까지 보게 만든 것은 오정세라는 배우 때문이었다. 잘생기지도 않은, 어쩌면 비연예인에 가까운 외모의 그가 이렇듯 마음을 훔친 건 맡은 역할을 너무나 잘 소화해 내는 모습에 대한 존경과 감탄에서 비롯되었다. 우여곡절 끝에 오정세는 서예지와 콜라보로 그림책을 출판하게 되고 그림책 작가로서의 첫 발을 내딛게 된다. 평생을 동생인 김수현에게 의지해 왔던 오정세가 셋이 함께 떠난 행복한 자유여행에서 자신이 더 즐겁고 행복해지기 위해 혼자 돌아간다.

출판의 맛은 그런 것이다. 내가 더 자랑스러워지고 당당해지는 기분을 느낄 수 있는 행위이다. 부끄럽지만 반대로 팔불출처럼 남에게 나의 출판 이야기를 자꾸자꾸 하고 싶은 뿌듯함을 떨쳐 버릴 수 없는 마음이다. 그래서일까? 오정세의 그런 모습이 완전 공감되고 같이 기쁘고 칭찬해 주고 싶은 마음이 들어 어느새 내 눈시울이 뜨거워졌었다.

물론 출판을 여러 차례 하다 보면 첫 출판에서 느꼈던 감흥과 달리 출판계에서의 냉혹한 현실과도 맞닥뜨리게 되고 판매지수에도 신경이 쓰인다. 나와 비슷한 내용으로 출판한 다른 저자들의 목차와 내용도 기웃기웃하게 된다.

두 가지 얼굴을 가진 출판이지만 출판은 내 삶의 흔적이요, 기쁨인 것은 분명하다. 내가 출판한 것을 많은 사람이 인정해 주고 즐겨 읽어 준다면 그보다 더할 순 없을 것이다. 설령 인기가 없더라도 나만의 자아실현이고 당당함의 근원이 될 수 있다. 우리는 모두 남과 다른 자기만의 세계를 갖고 있고 각자 자기가 원하는 영역에서 자기 빛깔로 시간을 엮어 가고 있다. 전국학교도서관모임에서 학교도서관과 독서교육을 위해 고군분투하는 전국 선생님들의 하루하루가 값진 역사이고 그 자체가 훌륭한 출판 소재가 될 수 있다. 모두 힘내고 그동안의 역사를 멋진 한 권의 책으로 출판하는 기쁨을 가져 보시길 권한다.

독서모임 그 자체가 소재

2005년부터 시작된 나의 독서 소모임은 그 시간만큼 다양한 역사를 갖고 있다. 첫 독서모임을 꾸렸던 곳은 김해외동초였다. 경남 학·생·사·모에서 내가 맡았던 연구영역은 북아트 공부였지만, 그림책모임 역시 내가 근무했던 김해외동초에서 시작하게 되어 나는 북아트와 그림책 두 가지 소모임에 참여하게 되었다. 그 당시 전국적으로 독서 소모임이 중등 중심으로는 비교적 활발하게 이루어지고 있었으나 초등에서는 딱히 모범 사례로 배우며 좇아갈 대상이 없던 시기였다. 먼저 출판되어 나와 있는 책과 사례들을 중심으로 모임을 시작하면서 같이할 사람들을 모았고 누구는 이끌고 누구는 김밥을 챙기고 누구는 발제를 하면서 우리들의 이야기는 엮어져 갔다.

김해외동초 선생님 중심으로 출발한 북아트모임은 처음에는 방과 후 오후 3시경에 했었다. 수업 후 아이들이 돌아간 뒤 별일이 없으면 괜찮은데, 간혹 회의나 학년에서 해야 할 일들이 생길 땐 모임을 해야 할지 말아야 할지 갈등이 생기기도 했다. 한 번은 가을 운동회 무렵이었는데 학년 전체에서 약 200명가량의 아이들이 운동회 무용할 때 입을 비닐 조끼를 만들어야 했는데 우리는 그 당시 부장 선생님의 눈치를 살짝 보며 꿋꿋하게 북아트모임을 했고, 아이들이 입을 비닐 조끼는 북아트모임을 끝내고 만들기 시작하여 늦게까지 했던 기억이 난다. 지금 생각해 보면 대단한 소신이었고 배짱이었다. 그만큼 북아트모임을 하는 시간 자체가 즐거웠고 웃음이 끊이지 않았기 때문이었다고 추억한다.

2006 북아트모임   2006 김해 그림책모임

　몇 년을 그렇게 쭉 하다가 북아트모임 구성원들이 하나둘, 자리를 옮기면서 우리들의 모임은 퇴근한 뒤 저녁 6시로 시간대를 옮겨서 진행되었고, 동시에 창원 동산초에서 새롭게 북아트모임이 시작되어 동산초 모임에도 참여하면서 선생님들을 이끌었다. 이렇게 지역별 모임에 함께 참여하면서 김해에서 공부한 것을 창원에, 창원에서 새롭게 나온 아이디어를 김해에 전하는 교류자의 역할을 하는 재미도 쏠쏠했고 배우는 것이 참 많았다. 그때는 어떻게 그렇게 열정적으로 이쪽, 저쪽을 넘나들면서 모임을 했을까 싶은 존경심이 지금의 내가 그때의 나에게 든다.

　김해 북아트모임의 두 번째 공간은 내가 학교를 옮기면서 장유에 있는 석봉초등학교에서 이어져 갔다. 2008년 무렵 새롭게 정비된 석봉초등학교 북아트모임에 창원 북아트모임 몇 분이 합류하고, 또 북아트 연수 과정에서 많은 관심과 열정을 보인 선생님이 같이하면서 경남을 대표하는 북아트모임으로 성장하기 시작했다. 여기에서 우리들의 공부는 더욱 무르익어 갔고 북아트 출판의 꿈을 꾸게 되었다.

북아트와 함께 공부를 시작했던 그림책모임 역시 김해외동초에서 시작되어 그곳에서 공부한 선생님이 다시 창원 그림책, 진해 그림책을 만들면서 모임을 지역별로 확장해 나갔다. 김해외동초 그림책모임이 북아트와 함께 석봉초등학교로 자리를 옮기면서 참여하는 선생님들이 두 배로 늘게 되었다. 할 수 없이 원활한 소통을 위해 두 개로 나누어 운영하게 되었는데, 하나는 석봉초에서 그대로, 또 다른 하나는 김해장유문화센터 공부방을 빌려 운영하기도 했다. 그리고 이후에 수남초로 다시 자리를 옮기면서 그림책모임의 모태였던 초창기 구성원들은 그림책 쓰기 모임으로 분리하여 율하 카페에서 모임을 가지게 되었다.

2005년엔 화요일은 북아트, 목요일은 그림책, 이렇게 주 2회 규칙적으로 독서모임을 시작했던 것이 2014년도에는 북아트, 그림책, 책놀이, 독서토론까지 주 4회를 했었던 적도 있었다. 어쨌든 그 모임들이 '가랑비에 옷 젖듯' 쌓이고 쌓여 출판을 위한 소재가 되고 모두에게 연구했던 내용들을 공유할 수 있는 기회가 되었구나 싶다.

『즐거운 북아트 교실』 세상에 나오다

『현직교사와 아이들이 만든 즐거운 북아트 교실』이 지금 현재 11쇄를 찍었다. 동화나 소설처럼 온 국민이 읽을 장르도 아니라서 1만 부만 팔린다면 여한이 없겠다는 기대를 했었는데 11쇄까지 찍게 된 것이다. 더할 나위 없는 결과다. 매년 북아트 관련 신간들이 나오

지만 반짝 앞서다가 다시 우리가 변함없는 사랑을 받는 걸 보면 기분이 참 좋다.

돌이켜 보면 그건 당연한지 모르겠다. 순수하게 재미있어서 모였고 즐겁게 만들며 나누면서 통(通)했던 무언가를 우리 힘으로 만들어 냈으니까 말이다. 물론 책장을 넘길 때마다 샘솟는 아쉬움도 있고 모자람도 보인다. 설사 그렇다 하더라도 그때의 우리가 여기에 있기에 우리는 흐뭇하게 미소 지으며 우리가 만든 책을 다시 볼 수 있다.

그렇다고 우리에게 마냥 꽃길만 있었던 것은 아니었다. 몇 번의 갈등과 좌절의 아픔이 있었다. 원고를 넘겼던 출판사에서 우리 뜻대로는 절대로 출판이 어렵다는 이야기를 해 온 것이다. 책을 구성하는 사진이나 설명의 배치 등 전체적인 흐름에서 극명한 의견 차이를 보이면서 출판을 보류할 수밖에 없게 된 것이다. 며칠을 고민하면서 우리가 생각했던 흐름대로 다른 책을 낸 출판사에 연락하여 원고를 보내게 되었고 사흘 만에 출판을 해 보자는 제안을 받게 되었으며, 결국 새롭게 찾아낸 그 출판사에서 책을 출판하게 된 것이다.

출판사가 해결되고 나서 또 한 번 다가온 시련은 책 속에 등장하는 사진이었다. 책에 실린 사진들을 특별한 사진기나 장치로 찍을 수 없었던 처지라 갖고 있는 디지털카메라를 활용했다. 어떨 때는 밤 10시, 12시까지 방학도 없이 교실에서 요렇게 저렇게 포복자세까지 취하면서 찍었던 사진이 복병이 되고 말았다. 찍은 사진을 살펴본 출판사에서 해상도가 떨어지고 떨림이 있어 다시 재촬영을 해야 한다는 것이

북아트 연수 현장

북아트 출판기념회

즐거운 북아트 교실 연수

었다. 출판사는 서울에 있고 우리는 경남 김해, 스튜디오를 빌릴 수도 없고 또 이 많은 북아트를 어떻게 다 들고 갈 수 있단 말인가?

묘안을 고민하던 중 전국학교도서관모임 회의 때나 참실이 열릴 때마다 커다란 수동카메라를 매고 연신 셔터를 누르셨던 서울모임 주상태 선생님이 떠올랐던 것이다. 이렇게 먼 거리를 선생님이 과연

오실까 반신반의하며 연락을 드렸는데 기꺼이 와 주셔서 우리에게 힘을 보태 주셨다. 아침 일찍 오셔서 하루 종일 거의 천 장 넘게 쉬지 않고 셔터를 누르시면서 재촬영을 했다. 하루 만에 또 다시 돌아가셔야 했기에 여유가 없었다. 고생하신 선생님을 모셔 드리고 사진을 출판사로 보냈는데… 아뿔사! 또 청천벽력 같은 소식을 전해 왔다. 촬영을 한 그날 비가 와서 그런지 맑은 날 디카로 찍었던 사진보다 해상도 면에서 오히려 좋지 못한 결과가 나온 것이다. 다시 선생님을 모실 수도 없고… 결국 사진은 처음에 우리가 찍었던 것을 넣어서 출판하게 되었다.

그래서일까? 출판하고 한 오 년이 지났을 무렵 미술교과서를 주로 내는 출판사에서 제의가 들어왔다. 내용은 좋은데 해상도가 떨어져 아쉬운 점이 있어 보이니, 자기들이 해상도를 올려서 다시 촬영해 줄 테니까 재출판할 의사가 없냐고… 내심 반갑고 고맙기도 했지만 아쉽게도 함께 연구했던 선생님들이 한창 출산을 하고 양육을 해야 하는 바쁜 시기에 있었기에 고마운 제안을 접을 수밖에 없었다.

우리가 내었던 북아트 책을 다시 보면 변화된 흐름에 맞게 고쳐야 할 것도 있고 보충하고 싶은 것도 눈에 들어온다. 하지만 그냥 두고 싶은 마음이 더 앞선다. 여건의 문제도 있지만 부족하고 모자라도 예뻐 보이는 내 자식처럼, 내 애장품처럼, 이 책 속에는 북아트모임을 하면서 즐거워했던 웃음이, 밤늦게까지 흘렸던 땀이 서려 있는 것을 알기에 건드리기 조심스럽기 때문이다.

그림책모임의 결실 『어디로 갔을까?』

수남초 그림책모임과 분리되면서 시작된 그림책 쓰기 모임은 율하 카페에서 계속되었다. 모임 구성원 중에서 한 선생님이 그림 그리기를 좋아해서 아이들의 일기장을 검사할 때 답글 대신 느낌이나 생각을 그림으로 그려 주는 분이 있었다. 우연히 가져온 아이들의 일기장을 보면서 '우리도 그림책을 만들어 보자!'라는 제안을 하게 되었다.

그러던 중 『이모의 결혼식』을 그린 선현경 작가와의 만남이 그림책 출판에 대한 속도를 가속화시키는 계기가 되었다. 다수를 대상으로 하는 강연보다는 소모임 식으로 차 마시며 이야기하는 것이 더 편하다는 작가님은 우리의 만남을 위해 『이모의 결혼식』 출판을 위해 작업했던 더미 북을 직접 가져오셔서 자세하고 친절하게 그림책이 탄생 되는 과정을 알려 주셨다. 특히 우리도 할 수 있다는 자신감을 주셔서 참 따뜻하고 고마웠던 기억이 난다.

또 재미마주 대표이시고 『세상에서 가장 힘센 수탉』을 쓰신 이호백 작가님은 강연이 있을 때마다 들르셔서 우리 그림책모임과 밥도 먹고 차도 마시면서 하나의 그림책이 만들어지기까지의 다양한 사례들을 나누어 주셨다. 마치 우리 그림책 모임의 고문이신 듯 김해에 오시면 소식을 알려 주시고 만남을 청하시면서 여러 방법들을 전수해 주시려고 하니 감사할 따름이다.

이렇게 도움을 주신 내용을 바탕으

그림책 제작 과정

출판 전 원화 들고

로 우리의 그림책 쓰기도 시작되었다. 간간이 그림이 잘 그려지지 않
거나 스토리 방향이 부딪힐 때면 학교나 학급의 이야기를 나누다가
진도도 못 나가고 헤어지기도 했지만, 우리는 내내 즐겁게 그림을 그
리고 아이처럼 색칠하면서 그림책을 만들어 갔다.

　1980년대 이후 우리나라에도 그림책 시장이 활기를 띠기 시작하
면서 국내에도 많은 그림책 작가가 배출되고 있는 가운데 우리의 그
림책도 2014년에 출판을 하게 되었다. 쟁쟁한 그림책 속에서 명함도
못 내밀 만큼 많이 부족하지만 그래도 우리만의 2014 마침표에 의미
를 두고 당당하게 선보였다.

　2014 그림책 출판의 의미라면 어떤 사람은 밑그림을 그리고, 또 다
른 사람은 어떤 색이 맞을지 고민하고, 함께 의논하면서 색칠하며 완
성해 갔던 자연스러운 과정들이 녹아 있기에 값지고 정겹다. 또한 학
교에서 학급에서 지치고 힘든 서로를 그 시간만큼은 편안하게 힐링
할 수 있게 해 주었고 토닥토닥 힘을 주었기에 더욱 그러하다.

얼마 전에 학교생활 분투기의 내용을 담은 그림책도 90% 완성하였고 어떻게 세상에 내놓을지 고민하고 있는 중이다. 언젠가 멋진 그림책으로 나오길 기대한다.

희망을 노래하는 『꿈에 날개를 달아 주는 진로독서』

그림책 읽기를 하고 난 아이들이 동화로 자연스럽게 옮아갈 때 내가 할 수 있는 일에 한계를 느끼면서 동화에 대한 목마른 갈증이 생겼다. 그때가 2008년이었고 이런 나의 생각에 동조하는 그림책모임 회원들 몇몇이 주축이 되어 독서토론모임을 만들게 되었다.

그림책은 그래도 몇 년 공부하여 좀 안다고 생각했지만 동화는 그야말로 까막눈이라, 그 당시 100만 부의 명성을 떨치고 있던『마당을 나온 암탉』을 처음으로 읽게 되었다.

마침 그해 여름 전국학교도서관모임 연수에서 독서토론을 배웠고 그걸 현장에 바로 실천할 수 있는 좋은 기회였던 것이다. 하지만 서툰 독서토론지도로 목이 붓고 힘이 빠지기도 했던 처음을 잊을 수 없다.

5학년을 연달아 세 번 하면서 그렇게 실패하고, 실패하면서 나름의 노하우를 익혀 갔고 학부모 공개수업에서는 부족하지만 당당하게 독서토론 수업을 내보이기도 했다. 그러면서 동화『마당을 나온 암탉』을 여러 차례 읽고 아이들과 토론하면서 진로 독서로 관심을 확장하게 되었다.

진로 독서에 관심이 있는 독서토론모임 선생님, 그림책모임 선생님이 결합하여 새로운 진로 독서 모임을 만들게 되었다. 많은 독서 중

에서 진로 독서야말로 아이들의 꿈과 희망을 응원할 수 있는 연구활동이라는 자부심이 강했다.

2015년에 출판된 이 책은 진로 독서를 〈자기 이해-진로계획-진로탐색-진로체험〉의 4단계로 나누어 소개하고 있다. 23개의 모든 이야기들은 현장에서 아이들과 함께 울고 웃었던 내용들이다. 북아트만큼 인기를 얻고 있진 않지만 애정이 많이 가는 책이고 예쁘게 디자인 된 책이라 오히려 내가 다시 읽고 읽으며 곱씹는 책이기도 하다.

전국학교도서관모임 속 연구소의 힘

나는 전국학교도서관모임과 함께하면서 연구국장, 연구소장을 거쳤다. 지금은 임원진에서 물러나 있지만 현장에서 어떤 업무, 어떤 일을 해도 늘 그 힘의 원천은 '전국학교도서관모임'이라 생각한다.

어느 모임이든 처음은 있었을 것이다. 아무것도 없이 척박하기만 한 황무지의 흙을 고르고 씨앗을 뿌리는 일을 해 오신 여러 선배님들의 열정과 순수가 있었기에 오늘의 전국학교도서관모임이 있는 것이다. 개인적인 사리사욕 없이 무조건 아이들과 학생들이 우선 순위인 그분들이 걸어가신 길은 참으로 고귀하고 존경스럽다.

또한 선배님들이 걸어온 길을 따라 동지 의식으로 조금씩 발을 내딛으며 성장해 가는 후배님들이 있기에 이젠 든든하다.

전국학교도서관 모임의 연구소는 그동안 선배들이 쌓아 오고 연구해 온 내용들을 정리하고 다듬어서 다음 세대에 전하는 역사적인 소임을 갖고 있다. 선배들이 소망하는 전국학교도서관의 꿈을 연구소가 이루어 나가길 바

류주형 선생님 정년 퇴임 축하 모임

란다. 선배들의 훌륭한 업적들과 산물들을 연구소가 출판을 통해 멋지게 선보이는 일을 주도하면 좋겠다.

'말기의 행성인 이 지구에서 또 다시 종이를 없애며 책을 내는 행위가 나무들한테 햇빛한테 미안하다.'는 나태주 시인님의 말이 생각난다. 나 또한 몇 차례의 출판으로 인해 종이를 없애지는 않았는지, 나무들한테 죄를 짓지는 않았는지 반성해 본다. 그래도 내가 걸었던 역사와 흔적을 욕심 없이 남겨서 누군가와 나눌 수 있다면 용서받을 수 있지 않을까.

전국학교도서관모임과 함께하는 전국의 수많은 독서모임의 발자국들이 전국학교도서관모임 연구소와 함께 아름답게 당당하게 세상에 나오길 기원하고 응원한다.

"나무야, 미안해!"

학교도서관에서
만나다

:
:

하수현 | 김해경원고등학교

공간을 만나다

학교도서관이라는 공간은 어쩌면 나에게 조금은 특별한 공간인 것 같다. 집 인테리어도 제대로 해 본 적 없는 내게 새로운 공간을 만들 기회를 주었기 때문이다. 그것도 나만의 공간이 아닌 여러 사람의 공간을. 그리고 조금 더 솔직하게 말하자면 한 번 만들고 나면 진이 빠지는 경험을 하게 해 주기도 했다. 1만 권이 훨씬 넘는 책을 옮기는 일은 아무나 할 수 있는 일은 아니었다. 하고 싶어서 한 일이었는데도

2번 정도 하고 나니 이제는 피하고 싶은 일이 되었다. 너무 욕심을 냈던 탓이었을까.

그럼에도 불구하고 학교도서관을 만든다는 건 의미 있는 일이다. 어떻게 만들어지냐에 따라 이용률이 달라지기도 하고, 역할이 변화되기도 한다. 사실 리모델링이 끝나고 나면 아이들은 어떤 도서관행사가 있을 때보다 도서관을 많이 찾는 모습을 볼 수 있다. 물론 예전보다 훨씬 더 좋은 공간이 되었을 때 말이다.

당분간 새로운 공간을 만나지 않으려던 나의 계획은 실패로 돌아갔다. 얼마 전 3번째 학교도서관 공사를 마쳤기 때문이다. 아주 소소하게 하긴 했지만. 아직 학교 천장이 석면이라는 이유로 교육청의 지원을 받지 못했고, 그 사실을 안타까워하던 학교에서 마련해 준 소중한 돈 1,500만 원을 가지고 시작한 공사였다. 요즘에는 교실 3칸에 몇 억을 지원해 주는 추세인데 여기는 교실 5칸, 평수에 비해 예산이 많이 부족했고 바닥만 교체하는 수준의 공사를 생각해야 했다. 그러나 결과는 의외였다. 나는 세 번의 도서관 리모델링 중에서 지금의 도서관이 제일 마음에 든다. 그리고 아이들의 반응도 가장 뜨겁다고 느끼고 있다.

첫 발령을 받고 2년 근무했던 학교를 제외하고는 옮기는 학교마다 도서관을 지었다. 다행히 첫 번째, 두 번째 도서관을 지을 때도 적어도 몇 년 이상 근무하고 짓게 되면서 나름대로 이전 도서관이 가지고 있던 불편함을 해결하고자 노력했고, 공사하고 있던 도서관에 매일 출근하면서 최선을 다했던 것 같다. 그래서인지 예상보다 사람들의 반응도 꽤 괜찮았다.

물론 겨우 3번의 경험으로 학교도서관을 이야기할 자격이 되지 않음을 잘 알고 있지만 나름대로 이유를 찾아보자면 이번에는 조금은 힘을 빼고 지었던 도서관이었던 것 같다. 예전에는 학교도서관이 공사를 하면 화려하게 보여야 한다고 생각했고, 그건 아마 다른 사람의 시선을 고려한 선택이 아니었을까 싶다. 요즘에는 도서관 리모델링비 지원에 붙는 조건도 많은 것 같다. 3D프린터나 메이커 교실을 필수로 만들어야 한다든지 말이다. 물론 이런 것들은 필요한 것이지만 이것이 중심이 되지는 않았으면 좋겠다.

세 번의 공사를 마치고 들었던 생각은 도서관의 기본을 지키면서도 동시에 만들고자 하는 도서관에 대한 명확한 방향성을 가지고 만들어야 한다는 것이다. 예쁜 공간을 만들기 위해 한쪽으로 밀려난 서가 공간이 아닌, 적어도 아이들이 마음껏 다닐 수 있는 서가 공간을 충분히 확보하고, 수업이나 활동을 할 수 있는 공간도 넓었으면 좋겠다. 서가 공간이나 수업 공간을 확보하는 것은 겉으로 보기에 화려하지는 않지만, 학교도서관으로서의 정체성을 지키는 길이기 때문이다.

"선생님, 도서관에 오면 기분이 좋아져요."

이 이야기를 들으면 참 기분이 좋다. 그냥 아이들에게 휴식이 되는 공간을 만들어 주고 싶었다. 힘겹게 살아가는 대한민국 고등학생을 위로해 주고 싶었고, 다행히 이번에는 어느 정도 목표에 가까이 간 것 같아서 뿌듯하기도 하다.

작은 변화가 아이들과 선생님에게 영향을 줄 수 있다는 건 참 기쁜 일이다. 물론 힘들고 벅찬 일이지만 내가 이런 공간을 만들 수 있다는 것은 행운이고, 그건 학교도서관이 나에게 준 첫 번째 기회였다.

아이들을 만나다

학교도서관은 나에게 꽤 많은 인연을 만들어 주었다. 세상을 살아가는 데 힘과 자극을 받는 존재, 바로 아이들이다. 학교도서관을 통해서 아이들과 다양한 경험을 조금 더 깊게, 그리고 함께할 수 있었던 것 같다. 1년 또는 2년이라는 주어진 시간 안에서 서툰 선생님과 서툰 아이들이 새로운 경험을 하면서 서로 성장해 왔던 건 아니었을까. 나의 보관함에는 아이들과 함께한 다양한 경험들이 그대로 담긴 사진으로 만든 CD, 달력, 책들이 빼곡하게 남아 있다.

얼마 전 대학 졸업을 앞둔 아이들을 만났다. 이제 꽤 성장한 아이들이지만, 이야기하는 동안 아이들은 고등학교 때를 다시 떠올렸다. 그때 우리가 갔던 곳, 먹은 음식, 에피소드까지⋯ 어른이 되어 가고 있는 아이들, 그 과정을 힘겹게 밟아 나가고 있지만, 그때의 기억이 힘이 된다고 이야기해 주는 아이들을 보며 그 경험을 함께할 수 있었음에 감사했다. 우리는 꽤 많은 추억을 쌓았던 것 같다. 1년 또는 2년 동안 꾸준히 독서토론을 하기도 하고 우리들의 이야기를 책으로 만들기도 했다. 2박 3일 문학기행을 다녀왔고, 많이 걷고 함께 고생하면서 우리는 공유할 기억을 가지게 되었다.

예전에는 1년 동안 같이 지지고 볶으며 책을 읽었던 아이들과 매년 아이들이 원하는 곳으로 아이들의 계획에 따라 우리만의 독서캠프를 떠나기도 했다. 아이들이 직접 계획을 짜고 숙소를 잡고 스케줄을 짜는 특별한 여행이었다. 아이들과 함께하는 캠프는 예상치 못한 추위를 만나기도 했고, 다리가 아프다 등의 이유로 계획대로 된 적은 잘 없지만 그렇게 예정대로 이루어지지 않은 여행에서 아이들은 생각보다 더 가까워지고 내 앞에 닥친 문제를 해결할 줄 아는 아이로 성장해 있었다. 조별로 따로 목적지를 찾아오기도 하고, 베개 싸움을 하다가도 또 때로는 노트북까지 준비해서 함께 읽었던 토론 책에 대해 진지하게 이야기하는 모습을 볼 수도 있었다. 그리고 그해에 아이들은 자신들의 1년 기록을 간직하고 싶다고 요청해서 급하게 아이들의 책을 제작하기도 했다. 그때 선생님의 압력이 전혀 들어가지 않은 순수한 기록물이 처음 발간되기도 했다. (물론 그 후로도 매년 책이 나왔지만 선생님의 도움이 하나도 없었던 순수한 창작물은 보기 힘들었다.) 표지까지 완벽하게 아이들의 손으로 만든 그 책은 물론 우리들만 나눠 가졌지만 말이다.

학교도서관은 아이들과 조금 더 길게, 조금 더 깊이 서로를 알아갈 기회를 내게 주었다. 많은 것들을 함께 경험하면서 알게 모르게 우리는 서로에 대해 믿음을 가지게 된 것 같다. 아이들은 살아가면서 힘이 들 때 연락을 하기도 하고, 이제는 성인이 된 아이들과 추억을 되새기며 맥주 한잔을 기울이기도 한다. 연락이 오든 오지 않든 누군가와 함께한 기억을 나눌 수 있는 것은 꽤 괜찮은 일인 것 같다. 그리고 그건 무엇보다 나에게도 꽤 큰 힘이 된다. 나는 그 시작이 학교도서관이라고 믿고 있다.

이야기를 만나다

학교도서관은 책이 있는 곳이다. 도서관에 오는 학생에게 사탕 하나를 주는 행사부터 시작해 발표 대회까지 다양한 행사들이 열리는 곳이기도 하다. 그렇게 아이들을 책을 매개로 만나며 자연스럽게 아이들의 이야기를 들을 기회가 생기기도 했다. 아이들의 마음을 조금씩 알게 되기도 하고, 아이들에게 배우기도 하면서 학교도서관에서 있었던 일들을 주기적으로 연재할 만큼 다양한 이야기가 나왔다. 도서관행사의 일환으로 도서관에 있는 시집에서 자신의 경험과 맞닿아 있는 시를 고르고 자신의 이야기를 풀어내는 활동을 진행한 적이 있는데 그중에서 기억에 남는 이야기를 옮겨 본다.

지난해 12월의 어느 날 저녁 시간, 학교로 어머니 한 분이 오셨다. 교내 시낭송활동이 있는 그날, 초대된 부모님은 단 한 분이었다. 학생들의 시낭송과 이야기가 시작되었고, 어색할 것만 같은 고등학교의 시낭송과 그들만의 이야기는 금방 청중들을 빠져들게 했다.

〈언니 같고 친구 같은〉(이해인) 시를 읽으며 평생 똑같은 모습으로 내 옆을 지켜 줄 것만 같은 엄마가 갑상선암에 걸렸을 때를 생각하며 미안함에 눈물을 흘린 학생부터 〈흔들리며 피는 꽃〉(도종환) 시를 읽으며 아버지가 없다는 사실을 받아들이는 과정에 대한 이야기까지 아이들은 자신의 이야기를 담담하게 풀어 나가기 시작했다.

이어서 한 남학생의 시낭송이 시작되었다. '내가 보고 있지 않다고 생각하셨을 때' 바로 그 학생의 어머니가 학교로 온 것이고, 다른 부모님도

다 오는 학교행사라고 거짓말하며 어머니를 학교로 부른 것이다. 어머니 앞에서 그 친구는 한 구절을 못 읽은 채 설움에 북받쳐 하염없이 울며 그 자리에 서 있었다. 얼마나 많은 일이 있었을지, 얼마나 많은 말을 전하고 싶은지 충분히 미뤄 짐작하게 했다. 용기를 내어 시를 마저 읽고, 엄마를 위한 편지를 낭송했다. 그리고 진심이 담긴 마음은 마음으로 전해져 앉아 있던 친구들 모두가 함께 흐느끼고 있었다. 아마 그 순간 모두가 그들의 엄마를 떠올렸던 것 같다. 남학생이 엄마를 학교로 부른다는 건 쉽지 않은 일이다. 특히 조용하고 말 없는 남학생에게 얼마나 큰 용기였을까. 어머니는 담담하게 받아들이셨지만, 아들의 마음을 잘 전달받은 것 같았고 평생 잊지 못할 거라고 이야기하시며 집으로 돌아가셨다. 그 자리에 남았던 선생님들은 한참 그 순간을 떠올렸다. 어린 친구들도 자신의 이야기를 솔직하게 풀어 나가며, 용기 있게 표현하고 사랑하며 살아가는데 막상 어른이 되어 갈수록 우리는 감정을 숨기며 살아가는 것 같다. 나의 이야기를 스스로 할 수 있는 용기, 미안함과 고마움을 표현하는 용기, 그 용기가 스스로 치유를 도와주고, 자신과 다른 사람을 사랑하는 방법을 배우게 해 줄 것이라고 믿는다. 그들의 그 용기가 참 부러웠다. 그리고 나도 누군가에게 용기 내어 고마웠다고, 사랑한다고 이야기하고 싶은 하루다.

또 수업을 통해서 아이들의 이야기를 듣기도 했다. 작년 창의적체험활동의 일환으로 2학년 전체 학생을 대상으로 독서수업을 진행했고, 도서관에 있는 다양한 책을 읽고 자신의 이야기를 풀어내는 수업을 진행했다. 그리고 2학년 전체 학생의 이야기를 담은 300페이지에 다다르는 책을 발간했다. 판매하는 책도, 유명한 책도 아니고 우리 학교도서관에만 꽂혀 있는 책이지만 아이들의 잔잔한 이야기를 읽고 편집하며 생각보다 다양하고 슬픈 사연에 울컥하기도 했다. 아이들은 학교도서관에서 다양한 책에 나온 이야기를 핑계 삼아 자신의 이야기를 했고, 나는 그 이야기를 통해 아이들을 조금 더 깊게 볼 수 있었다. 그렇게 학교도서관에서 나는 다른 사람과 마음을 나누는 법을 조금씩 배우게 되었다.

그리고

학교도서관이라는 곳이 어떤 곳인지 아직은 잘 모르겠다. 퇴직하기 전에는 그 답을 찾을 수 있을까. 가끔은 길을 잃고 헤매기도 하고, 형식적인 일에 매달리거나 모든 걸 혼자 해내려고 애쓰며 벅차기도 했다.

그런데 또다시 생각해 보면 뭐든지 할 수 있는 곳 같기도 하다. 도서관에는 내가 생각하는 모든 분야가 다 있고, 내가 원하는 것을 기획할 수 있고, 실행할 수도 있는 곳이다. 거기다 학교도서관이 아이들과 함께하는 것도 좋고, 그 아이들이 괜찮은 아이들인 것도 좋다.

학교도서관에서는 책을 읽으면 안 될 것 같았다. 눈치가 보였다. 그런데 이제는 다시 책을 들기로 했다. 이제는 형식보다는 내용을 하나씩 채워야 할 것 같다. 그리고 아이들에게도 내 삶이 막막할 때 도움이 되어 줄 책이 아이들 옆에 있음을 알게 해 주고 싶다. 그 역할을 내가, 학교도서관이 해야 하지 않을까.

학교도서관의 힘을 믿고, 아이들의 힘을 믿는 사람들의 모임 전국학교도서관모임과 함께라면 더 힘이 날 것 같다. 전국학교도서관모임이 학교도서관과 함께했으면 좋겠다. 오래도록.

최장수 사무국장의
라떼는 말이야

오미경 l 신흥중학교

사서교사로 첫발을 내딛다

2001년 가을 사서교사 티오가 몇 년째 없던 전례를 깨고 전국에서 33명의 사서교사를 뽑는다고 발표가 났다. 그것도 나의 고향이 있는 경상북도교육청에서 무려 22명이나 뽑는다고 했다. 복수전공 과목으로 임용을 준비하던 나는 깊은 고민에 빠졌었다. 계속 복수전공 과목으로 임용을 준비하여 시험을 볼 것인가, 아니면 전공과목으로 급선회하여 사서교사로 임용시험을 볼 것인가. 그때 잘한 선택이었는지 아니었는지 모르겠지만 2002년 3월 1일 나는 고향인 상주에 사서교사로 첫 발령을 받았다. 그 당시 경북에 1호 사서교사로 재직 중이던 이재선 선생님과 22명의 신규 사서교사는 23개 시군에 배치되었고 그렇게 나는 사서교사가 되었다. 첫 학교는 시내의 공립 남자중학교였고 상주 지역은 특히나 전교조활동이 왕성한 지역이었다. 전교조 분회장님이 새내기 교사인 나를 불러서 조합원 가입원서를 내밀면서 "전교조를 어떻게 생각합니까?"라고 하셨다. 앞으로 닥칠 일을 예상치 못하고 "좋지요!"라고 답하며 조합원 가입원서에 사인을 하였다. 그렇게 나는 사서교사 그리고 전교조 조합원이 되었다.

전교조 조합원이 되어 분회활동도 열심히 했지만 가장 좋았던 것은 참교육실천대회에 참여하는 일이었다. 2002년부터 전교조에서는 해마다 1월에 '참실대회'라고 불리는 참교육실천대회를 열고 전국에서 교사들이 모여 학교와 교육에 대해 토론하는 자리를 마련하고 있다. 참실대회는 여러 개의 분과별 주제별 모임으로 진행이 되는데 그중 '학교도서관분과'는 참가인원도 많고 신청도 조기에 마감되는 아주 인기 있는 분과 중에 하나였다.

2002년 한 해를 신규 사서교사로서 어리버리하게 보내고 경북 신규 사서교사들과 함께 충주에서 참여했던 참실대회가 '전국학교도서관모임'과의 인연의 시작이 아니었을까 싶다. 2003년 1월에 처음 참석한 참실대회에 빠지지 않고 꼬박꼬박 참여하면서 전국 각 지역에서 사서교사도 아니면서 도서관과 독서교육을 위해 애쓰는 선생님들을 만났다. 참실대회에 참여하고 나면 이상하게도 다음 한 해를 잘 살 수 있을 것 같은 용기가 생겼다. 나와 같은 고민을 하는 선생님들

3장 전국학교도서관모임과 함께한 사람들

이 많아서 위로받고 해답을 얻기도 하였다. '참실'이 '참술'이 될 때까지 밤새 토론하고 아침이면 또 다시 강의실에서 도서관에 대해 이야기를 나누던 시절이었다.

전국학교도서관모임의 사무국장이라는 자리

본격적으로 전국학교도서관모임에서 활동한 것은 경북지역대표 역할을 하다가 사무국장 일을 하면서부터였던 것 같다. 모임의 초창기 사무국장이셨던 백병부 선생님으로부터 2005년 1월 제주대에서 열린 참실대회가 끝나고 통장과 각종 영수증이 들어 있는 가방을 물려받았다. 우리 모임의 통장을 손에 쥐게 된 나는 일단 돈을 아껴서 회비를 많이 불리는 것이 최대 목표고 과제였었다. 꼭 필요한 지출이 아니면 대표님의 지시사항이라도 안 된다고 하고, 경비는 최대한 아껴서 지출하기 일쑤였다. 예를 들면 회의 참석하신 선생님들 중에 지부에서 출장비를 지급받지 못한 선생님들에게는 차비를 좀 드리자고 했지만 예산이 넉넉지 않아 곤란해하였다. 지금은 당연히 드리는 차비지만 그때는 한 푼이라도 아껴서 다음 사무국장에게 넉넉한 통장을 넘겨주고 싶었다. 내가 그리 오랜 기간 동안 사무국 일을 할 줄 알았으면 너무 짠돌이처럼 굴지 말걸 그랬다. 나부터도 굳이 차비를 챙기지 않았고 그때 회의에 참석하시는 선생님들도 사정을 아시니 굳이 차비를 요구하지 않으셨다. 그때 나 차비 받고 싶었는데 사무국장 무서워서 말을 못 했다고 하시는 선생님은 없으시리라 믿는다. 20년 전 그때 우리 모임은 그렇게 개인의 희생이 하나씩 쌓여서 무럭무럭 자라나기 시작했다.

모임의 회원과 재정을 좀 더 안정적으로 운영하기 위하여 회비를 내는 정회원과 그 당시 학교도서관을 살리는 교사들 카페에서만 활동하는 온라인 회원으로 구분하기로 하고 정회원 신청을 받기 시작했을 때였다. 3만 원의 회비를 내는 정회원들에게는 우리 모임에서 만든 『학교도서관, 희망을 꿈꾸다』라는 책과 카페 자료실의 자료를 정리한 DVD를 선물로 주었다. 책과 DVD 발송 작업은 그 당시 사무차장이었던 전은영 선생님이 담당이었는데, 모임의 회비를 조금이라도 아끼고자 택배회사와 협상을 하여 보통 4,000천 원쯤 하던 택배비를 2,500원으로 깎는 신공을 발휘하기도 하였다. 전은영 선생님은 정회원들에게 택배를 발송하기 위해 도서관 한 켠에 책과 DVD를 쌓아 두고 회원가입 신청이 들어올 때마다 하나씩 포장하여 발송하는 수고로움도 마다하지 않고 해 주었다.

그 당시 모임의 조직 체계에 대해 무지했던 나는 사무국장이라는 자리가 그냥 회비 관리만 하면 되는 가벼운 자리인 줄 알았다. 2006년 4월 그 당시 사무차장이었던 최은주 선생님이 남겨 놓은 계룡산 동학산장에서 있었던 운영위 회의록을 보면 이런 내용이 나온다.

이성희 아르떼 교사자율연구모임에 공모한 내용이 선정되어서 예산 천만 원을 지원받게 되었습니다. 자세한 내용은 자료를 참고하시고요, 지금 이 시간에는 연구 총괄자와 연구 단위 및 예산 운용 원칙을 세우겠습니다. 지원하실 분이 계신가요? 안 계시면 시간을 줄이기 위해 추천을 하도록 하겠습니다. 실무총괄은 사무국장님이, 연구총괄은 이덕주 선생님과 이미숙 선생님이 해 주시길 부탁드립니다.

오미경　사실 어떤 일을 해야 하는지 잘 모르겠습니다.

이성희　실무총괄에서는 예산을 배분하고 운영하는 것, 일정 조정 등의 업무를 맡아 주시면 됩니다. 선생님 본인에게도 많은 도움이 되리라 생각합니다.

오미경　에고… 아무튼, 열심히 하겠습니다.

사실 '어떤 일을 해야 하는지 잘 모르겠다.'는 이런 공모사업 진행뿐만 아니라 사무국 전반에 걸친 일들 대부분이 그랬던 것 같다. 사무국장 자리는 그냥 돈 관리만 하는 게 아니라 모임 전체의 실무총괄이라는 막중한 업무가 있었는데 그걸 모르고 백병부 선생님에게 통장을 물려받으면서 시작된 일이었다. 다행히도 막중한 업무부담은 전국에서 모인 학교도서관을 사랑하는 선생님들이 덜어 주셨다. 학교급별도 다르고 전공도 다르지만 학교도서관을 사랑하는 마음만은 같았던 것 같다. 늘 사무국장 하느라 힘들겠다, 고생한다 얘기해 주시고 경력과 연륜이 묻어나는 조언을 해 주시는 덕분에 사무국 일을 보다 수월하게 할 수 있었던 것 같다.

사무국장 일을 하면서 내가 제일 많이 한 일은 모임의 선생님들에게 전화를 하는 것이었다. '곧 운영위 있으니까 꼭 오세요. 참실대회 발표자 지역에서 추천해 주세요. 참실대회 원고 이번 주까지 주세요. 안 그러면 저는 크리스마스에 참실대회 자료집 편집해야 할지도 몰라요. 저에게도 크리스마스를 선물로 주세요. 참실대회 왜 신청 안 하세요?' 주로 부탁 전화였다. 다행히도 내 번호가 뜬다고 전화를 기피하지 않으시고 '전화하느라 고생이 많다. 이번 주까지 노력하겠다.'는 답변을 주신 선생님들 덕분에 우리 모임도 잘 유지되고 사무국장 일도 오랫동안 할 수 있었을 것이다.

사무처장으로의 승격

처음 사무국장 일을 맡았을 때 참가한 집행부 회의에서 매체제작국장을 맡은 염보영 선생님과 연수국장 이선영 선생님을 만났다. 근무 지역은 달랐지만 염보영 선생님은 나와 나이가 동갑이었고 염보영 선생님과 이선영 선생님은 대학 선후배 사이다 보니 좀 더 편하게 업무 얘기를 나눌 수 있었고 자연스럽게 셋이서 연락을 자주하게 되었다. 참실대회는 화요일부터 목요일까지 2박 3일 열리는데 우리 셋은 월요일 오후에 선발대로 도착하여 명찰도 준비해 놓고 강의실이나 숙소도 체크하고 간식도 챙기면서 참실대회에 오시는 선생님들을 맞이할 준비를 하였다. 뒤풀이 장소를 답사로 미리 선점하는 일도 필수였다. 학교도서관분과는 다른 분과에 비해 인원이 훨씬 많은데도 불구하고 늘 예정 인원을 초과했을 정도였기 때문에 80명이 넘는 선생님들이 다 같이 들어갈 수 있는 뒤풀이 장소를 구하는 것은 선발대가 해야 하는 일 중 가장 중요한 일이었던 것 같다.

그때 우리는 셋이서 이런 얘기를 자주 나누었다. 내년에는 꼭 시집가서 참실대회 안 올거라고. 이 참실대회를 벗어나려면 결혼만이 정답이라고. 하지만 몇 년간 우리 셋은 늘 참실대회 선발대로 참여를 했었다. 염보영 선생님이 먼저 결혼을 했었는지 이선영 선생님이 먼저 결혼을 했었는지는 기억이 정확하지 않지만 그 둘은 결혼과 출산, 육아의 문제로 모임의 집행부에서 빠졌지만 그때까지 결혼을 하지 못한 나는 사무처장으로 승격(?)되면서 모임에 남게 되었다.

사무국장에서 사무처장으로 승격되는 영광도 얻으면서 최장수 사무국장을 지내는 동안 우리 모임에서는 많은 일들이 있었다. 우리 모임은 사무국, 연수국, 매체제작국, 출판국, 정보통신국 등의 부서와 각 지역모임으로 이루어졌고, 전국 각 지역의 선생님들은 지역모임을 활성화시키느라 분주했다. 서울, 인천, 경남, 강원모임은 한 해 한 해 참실대회가 진행될수록 더 많은 새로운 선생님들이 참여하여서 다른 지역의 부러움을 샀다. 집행부 연수국에서는 3월이면 신규 사서교사를 위한 연수를 기획하였고, 여름이면 직무연수를 개최하였다. 어느 해에는 간행물윤리위원회의 후원으로 겨울방학에도 연수를 진행하였다.

기억에 남는 행사들

간행물윤리위원회와 함께한 출판문화캠프도 기억에 많이 남는 행사였다. 전국의 소외지역에 있는 학교 중 신청자를 받아서 파주출판단지에서 이루어진 출판문화캠프는 그 당시 근무하던 학교의 도서부 아이들을 데리고 참여한 행사 중에서 엄지척을 가장 많이 받은 행사이기도 하였다. 아이들의 엄지척을 많이 받을 수밖에 없는 이유는 간행물윤리위원회의 넉넉한 예산 지원과 우리 모임 선생님들의 희생 덕분이었다. 프로그램을 기획하고 진행하면서 힘들긴 했지만 좋은 사람들과 함께하였기에 즐겁게 준비할 수 있었을 것이다.

그 당시에 내가 근무하던 학교는 상주 지역에 있는 면단위 농어촌학교로 학년당 1학급씩 있는 소규모였는데 그해에 아이들이 참하고 정이 많이 가는 아이들이었다. 아이들은 도서관을 참새 방앗간처럼 들락거리고 학교 전체 분위기가 그야말로 가족 같은 분위기였다. 그 학교에 딱 한 해 근무를 했었는데 유독 기억에 남는 아이들이 많은 걸 보니 내가 그 학교에 정이 참 많았구나 싶다. 그중에서도 3학년 아이들과 다녀온 출판문화캠프는 지금도 아이들이 좋은 경험이었다고 얘기한다. 평소에는 경험하지 못했던 대학로에서의 연극 관람, 상주에서는 절대 경험할 수 없는 세상의 모든 책이 여기에 있을 것만 같은 대형 서점에서 보고 싶은 책을 고르는 경험, 다른 지역에서 온 또래 친구들과의 만남, 책으로만 만났던 작가를 실제로 눈앞에서 만나 작가의 이야기를 듣는 색다른 경험, 우리 집 옆에도 있었으면 좋겠다는 만화박물관 등 모든 것이 아이들에게는 새롭고 귀한 경험이었을 것이다.

우리 모임에서 진행한 행사 중에 기억에 남는 독서캠프가 하나 더 있는데 바로 국립어린이청소년도서관의 후원으로 진행한 '선생님과 함께하는 독서캠프'이다. 이 캠프는 2008년 1월에 한 번, 8월에 한 번 열렸던 것 같다. 파주출판도시를 탐방하고 국립어린이청소년도서관의 시설과 자료를 이용한 도서관 추적놀이, 저자와의 대화, 그리고 마지막 날 대학로에서 책과 연극과의 만남이 진행되었다.

아이들에게는 즐거웠던 경험으로 기억에 남았을 독서캠프에서 나도 잊을 수 없는 에피소드가 있었다. 국립어린이청소년도서관에서 저녁 일정을 끝내고 숙소로 돌아가는 길이었다. 당시 숙소는 의정부에 있는 경민대학교 기숙사였다. 국어청이 있는 강남에서 경민대까지 참여 학생들과 선생님들은 버스로 이동을 하고 나를 포함한 운영실무를 담당하던 선생님 3명이 개별 차량으로 숙소에 도착하기 위해 먼저 출발을 하였다. 운전을 하던 선생님은 내비게이션에 경민대학교를 'ㄱㅁㄷ'자음으로 검색하여 출발하였다. 차 안에서는 열정 교사들답게 오늘 하루 일과에 대해서 평가 토론회가 열렸고 차는 열심히 서울 시내를 빠져나가고 있었다. 그런데 한참을 달리다가 이상한 점을 발견했다. 강남에서 의정부에 있는 경민대는 북쪽으로 가야 하는데 우리의 차는 남쪽으로 달리고 있는 것이었다. 차는 이미 서울톨게이트를 빠져나와 수원IC를 향하고 있었다. 이게 도대체 무슨 일인가 했더니 내비게이션에서 'ㄱㅁㄷ'로 검색을 하면 첫 번째로 경문대학교(지금의 평택국제대학교)가 뜨고 경민대학교는 그 아래에 있었다. 하지만 우리는 급한 마음에 경문대, 경민대 한끗 차이를 발견하지 못하고 경민대를 향해 평택으로 향하고 있었던 것이었다. 이후 우리는 후발대로 출발한 버스는 이미 숙소에 도착했는데 선생님들은 도대체 어디 있냐는 연락을 받았다.

출판캠프를 통해 알게 된 깨알 같은 상식도 하나 있다. 우리는 캠프 기간 동안 경민대학교 소속 버스를 임대하였고 주유비로 우리가 사용한 만큼 기름을 채워 주기로 했었다. 캠프 마지막 날 대학로 입구에 있는 주유소에 들어가 "가득 채워 주세요."라고 했다. 그런데 주유기에 계량기는 계속 올라갈 줄만 알지 멈추지를 않았다. 주유비로 잡아 놓은 예산을 넘어가자 나는 초조해지기 시작했다. 직원에게 도대체 주유가 언제 끝나냐고 물어보니 흔히 기름을 가득 채울 때 딸깍 소리가 나면 기름이 가득 찼다고 생각하지만 사실은 훨씬 더 많이 들어간다는 것이다. 보통 버스는 딸깍 소리가 난 후에도 기름을 더 많이 채우기 때문에 이번에도 그랬던 것이었다. 그제서야 주유를 멈추었으니 이미 예산을 초과한 부분을 어떻게 메꿔야 할지 한숨이 나왔다. 그리고 그해 여름에 열린 캠프에서는 같은 실수를 반복하지 않기 위해 주유소에 내리자마자 얘기했다. 딸깍 할 때까지만 채워 달라고. 놀라운 것은 주유소 직원이 반년 전의 나를 기억하고 "전에도 기름 이렇게 넣으셨죠?"라고 하는 것이었다. 그때 주유기에 매달려 하염없이 올라가는 계량기를 바라보는 내 모습이 기억이 난다고 했다.

언젠가는 다시 돌아가야 할 그곳

2005년부터 2013년까지 십 년 가까이 우리 모임의 사무국장 자리를 지킨 세월은 올해 19년 차 교사인 나에게 교직 생활의 절반을 차지한다. 캠프 도중 목적지를 잘못 찍어 평택까지 갈 뻔했던 그 사건이 간행물윤리위원회와 함께한 '출판문화캠프'였는지 국립어린이청소년도서관과 함께한 '선생님과 함께하는 독서캠프'였는지 기억이 뒤죽박죽 될 정도로 많은 일들이 있었다.

때로는 힘들기도 했지만 학교에서 사서교사로 자리 잡아 가는 과정에서 큰 힘을 준 것도 우리 모임이었다. 그래서 무슨 일이 있어도 참실대회는 꼭 참석해야 했었다. 방학 때 여행을 갈 때면 반드시 참실대회나 우리 모임의 연수 날짜는 피해서 계획을 잡았으니 우리 모임에 대한 나의 애정을 짐작해 볼 수 있겠다. 어느 해에는 이집트로 보름 동안 여행을 가기로 했는데 날짜가 마땅치 않아 참실대회 전날에 귀국을 하여 참실대회를 참가하기도 했다. 2박 3일간 전남대에서의 참실대회를 마치고 집으로 돌아온 나는 24시간 동안 깨어나지 못했다. 할머니가 나중에는 "야가 죽었나. 와이리 오래 자노." 하시면서 나를 흔들어 깨우셨다. 그땐 어렸으니 저런 열정도 있고 체력도 있었나 싶던 추억이 되었다.

2013년 드디어 이제 모임에서 집행부를 더 이상 할 수 없다고 당당히 말할 수 있는 구실을 만들어 준 '결혼과 출산'이라는 것을 하게 된 후 자문위원으로 이름만 올려 놓고 육아를 핑계로 모임을 잊고 지냈다. 빨리 결혼을 해야지 이 모임에서 빠질 수 있다고 공식적으로 농담을 했던 그녀들은 이제 다시 모임으로 돌아갈 수 있을까라는 얘기를 종종 나누곤 한다. 그녀들뿐만 아니라 지금은 각자의 삶을 충실히 살아 내고 있을 한때 전국학교도서관모임에 몸담았던 많은 선생님들도 같은 생각일 것이다. 그때가 언제가 될지는 모르겠지만 '라떼는 말이야!'라는 유행어로 전국학교도서관모임에 관한 이야기꽃을 피울 수 있는 날을 기대한다.

경북 1호,
1998부터 2020까지

:
.

이재선 | 환호여자중학교

어릴 적 꿈을 이루다

어렸을 적부터 책을 좋아하기도 했었고, 글쓰기도 꽤 자신감이 있었던 것 같다. 초등학교 시절엔 독후감쓰기대회나 문예대회에 항상 입상을 하기도 했었기 때문이다. 학력고사 시절에 고등학교를 보낸 탓에 내 기억 속의 학교도서관이란 그저 여고 4층 꼭대기에 있었던 문서고와 목록카드가 꽂힌 책 정도이다. 그러나 우리 집 다락방(지금은 없지만)에 있었던 한국고전, 세계고전문학 읽기를 너무 좋아했었다.

3장 전국학교도서관모임과 함께한 사람들

특히, 중학교 때 하라는 공부는 안 하고 다락방에서 세계문학을 보기가 일쑤였다. 지금도 그때 읽었던 『제인에어』, 『수레바퀴 밑에서』, 『아들의 연인』, 『젊은 베르테르의 슬픔』은 잘 이해되지 않았던 그 시절의 감성을 되새기기에 충분할 정도로 아련한 기억으로 남아 있다.

아마도 내가 도서관이라는 것에 좀 더 관심을 가지게 되었던 것은 나랑 같은 방에서 살고 있었던 우리 막내 이모의 영향이 아주 크지 않았을까 싶다. 이모의 그 시절 문집에서 영시를 읽었고, 글도 너무 잘 쓰고 글씨도 너무 이뻤던 우리 이모. 그녀가 고등학교를 졸업하고 다니던 직장생활과 더불어 전문대 도서관학과로 대학을 진학하면서부터 나는 사서라는 직업에 관심을 가지기 시작했다. 책을 좋아하고, 예쁜 우리 이모가 다니던 도서관학이라는 학문이 내 머릿속에서 잔상으로 남아 있었던 것 같다. 그래서일까 고등학교 시절 어려웠던 환경에서도 대학을 포기할까 했었지만, 가고 싶은 학과로 대학을 가라는 아버지 말씀에 서슴지 않고 문헌정보학을 선택했던 것은 운명이었으리라. 집이 너무 어려워서 아르바이트와 과외를 지속하면서도 학과 공부를 포기 않고 다녔던 것도 내가 선택한 학문이었기 때문이었을 것이다. 누가 시켜서 했더라면 못 했을 그 시절은 아직도 내가 가장 좋아하고 추억하는 나의 젊은 날이다.

어렵게 대학을 들어온 탓에 난 대학에서 받을 수 있는 최대한의 자격증을 가지고 졸업할 것이라는 목표가 있었다. 대학교 2학년 때 교직이수를 선택했던 것 또한 사서교사라는 자격증을 따기 위함이었다. 이렇게 운명적으로 학교도서관을 만나게 되었다. 졸업한 이후의 꿈은 주제전문사서가 되는 것이었다. '참고봉사라는 분야가 너무 좋아서.'라고 하면 믿을런지 모르지만, 나는 그랬다. 하지만 대학교 4학년 때 IMF가 터졌고, 그 어떤 직장도 내가 원하는 대로 될 수 없었다. 대학교 계약직 사서와 중소기업체의 사무직을 거쳐서 1년 만에 나는 내가 그렇게 일하고 싶었던 도서관 사서, 아니 사서교사로 들어왔다. 1998년, 나에게 학교도서관은 새로운 희망이었다. 사서교사로서의 삶은 쉽지 않았지만, 내가 계속 같이 걸어가야 하는 길로 지금도 내가 걷고 있는 소중한 길이다.

열정 속에서 솟아오른 꽃망울

나의 학교도서관! 23년 사서교사의 삶에서 함께한 도서관은 모두 소중하지만, 2개의 학교도서관이 기억에 남는다. 첫사랑 같은 존재랄까? 사서교사로 만난 1998년의 첫 학교도서관은 경주공업고등학교 도서관. 홀로 개척지를 살아가듯이 4년을 보냈던 그곳에 처음 들어갔던 날은 아직도 머릿속에 선명히 기억되어 있다. '왜 사진을 찍지 않았을까' 하는 후회를 항상 하는 내 기억 속에 남아 있는 잔상. 첫 장면은 창고처럼 서가로 쌓여 있었던 도서관의 제일 안쪽 아지트 열람의자였다. 교실 한 칸 작은 공간의 제일 안쪽에 버스터미널 대합실에서나 보았을 법한 의자가 놓여 있었다. 대학교를 다니며 내가 보았고 알던 도서관의 모습과는 너무도 달랐기에 놀라웠다. 그때는 열정으로만 가득 차 여기를 어떻게든 도서관답게 만들어야겠다는 생각뿐이었던 것 같다.

1998년 그 봄의 나는 대출/반납 목록 카드로 수기대장을 통해 책을 대출반납을 했었고, 서가를 3번이나 혼자 옮겼고, 3개월인가 그렇게 친했던 친구와도 연락 한 번 하지 않고 살았고, 시립도서관 프로그램을 빌려 와서 처음으로 전산화를 했었다. 3월에 부임받아 5월이 될 때까지 나는 4층 학생부 옆 작은 학교도서관에서 나의 하루하루를 살아갔다. 24살의 꽃다운(스스로 생각하는) 사서교사, 학생들이랑 나이 차이도 얼마 나지 않았지만, 교사로서의 나에게 더욱 엄격했던 시절이 아니었나 싶다. 4년이라는 초임지에서의 기간 동안 나는 많이 성장한 교사가 되어 있었다. 교실 1칸에서 3칸으로 확장했던 그 공간은 아직도 그 위치에 있다고 경주에 근무하는 선생님께 들었다. 순수했던 열정이 넘쳐서 어쩌면 조금 부족했던 초임 사서교사, 경북 1호는 그곳에서 열정의 꽃망울을 피웠던 것 같다.

꽃을 피우다

경주공고가 나의 학교도서관 초보시절이라면, 경산고등학교는 사서교사로서의 내가 성장했던 시기였다. 두 번째 나의 도서관. 인문계 고등학교, 30개 학급, 4.5칸의 넓은 공간, 초기 현대화 사업을 통해 교육부에 모델로 오픈되기도 했던 기억이 있다. 이번에 정리하면서 사진을 보면 2003년의 경산고등학교 도서관은 지금의 학교도서관과 비교해도 손색이 없는 모습인 듯하다. 사서교사 업무공간이 별도로 구성되어 있었고, 지금도 학교도서관 대표 모델이 될 수 있을 정도의 괜찮은 공간이었던 것으로 생각된다. 아직도 그 이후로 그 정도의 공간으로 도서관을 운영해 본 것이 손에 꼽을 정도이다. 아름다운 우리 도서부 책바라기 제자들을 만났고, 거기서 결혼도 했고, 임신한 몸으로 학교축제 때 연극공연을 올리기도 했던 나의 순수한 열정이 꽃피었던 시기였다. 국어과와 연계하여 학교도서관 활용수업을 시작했고, 사서교사가 진행하는 학생들의 독서 및 글쓰기 수업을 직접 하기도 했다. 20년이 거의 지난 지금도 나는 그때처럼 열정적이고 싶지만, 쉽지 않고 경력만큼 요령도 늘었다. 가끔 나는 반성한다. 그때의 나보다 20년이 지난 시간의 내가 더 좋은 사서교사가 되어 있는가? 경산고등학교와 함께 첫 후배 사서교사들, 공공도서관 사서선생님들, 좋은 동료 선생님과 선배님들을 만났다. 28살이 된 나는 가장 행복한 20대를 마무리하고 있었다.

나의 첫 동료이자 동반자, 그리움

초기 전국학교도서관모임은 진짜 적은 인원이 움직였다. 전국에서 모여야 10명이 되었고 20명이 되었다. 자비로 뭐든 해결했고, 기차 타고도 만났고, 대중교통을 이용해서 대전도 가고 서울도 갔다. 어떻게 그럴 수 있었는지 지금도 이해는 되지 않지만, 그 시절 내가 경북의 1명이었고, 경북의 학교도서관이었고, 경북의 유일한 사서교사였기에 가능한 일이 아니었을까? 참실대회 학교도서관분과에서 출발했던 전국학교도서관모임은 아직도 기억에 남아 있다. 경북은 홀로 1명, 언제나 그랬듯이 내가 낼 수 있는 시간이라면 언제든 갔고, 전국학교도서관모임에서만 나는 동료 사서교사를 만날 수 있었다. 대전에 1명, 전라도에 1명, 이런 식으로 각 지역에 있던 나의 1998년 임용동기 사서교사들은 전국에 10명이다. 지금도 어딘가에서 같은 마음과 생각으로 열심히 걸어가고 계시겠지? 전국 학교도서관모임은 사서교사들만의 모임이 아니었지만, 모두 열정적이었고 아름다웠던 그분들과의 만남은 아직도 잊지 못한다. 누가 돈을 준 것도 아니고, 누가 하라고 한 것도 아니고, 그냥 단지 독서교육에 대한 애정과 학생에 대한 사랑으로 그들은 빛나고 있었다. 학교도서관을 잘 알지 못했지만, 열심히 하셨고 결국엔 나보다 더 사서교사가 되어 있었던 그분들. 한 분 한 분이 고마울 뿐이다. 그분들이 계셔서 난 외롭지 않았다. 그립다… 그 시절… 그 공간….

고마운 분들, 고마운 기억들

많은 분들이 기억에 남는다. 류주형 선생님, 이덕주 선생님, 백화현 선생님, 이성희 선생님 등 아직도 나보다 더 열정적이신 그분들이 감사하고, 감사할 뿐이다. 하지만 가장 기억에 남는 인연은 김선굉 장학사님. 어느 날 경주공고에 있던 한 초임 사서교사에게 연락이 오셨다. 선생님이 사서교사 1호냐고, 학교도서관에 뭐가 필요하냐고, 독서교육에 대한 교원 연수를 좀 해 달라고 하시면서. 시인이시기도 했던 우리 김선굉 장학사님은 경북 사서교사의 역사에 남은 인물이 되셨다. 그분의 열정과 창의적인 기획력이 없었더라면 과연 난 어떻게 살아갔을까? 그 시절 경북은 사서교사를 23명이나 뽑은 전국의 유일한 교육청이었다.

저녁 12시까지 도교육청에 학교도서관 매뉴얼을 만들어도 힘들지 않았고, 연수원에서 독서교육 강의를 해도 보람 있었다. 경험이 부족한 초임 사서교사에게는 쉽지 않은 일들이었지만, 그래도 내가 할 수 있는 모든 지식을 총 동원해서 학교도서관과 사서교사의 모습을 보여 주기 위해 애썼던 것 같다. SA주니어라는 도서관 전산화 프로그램 보급을 비롯해 전국에서 어떤 지역에서도 뽑지 않았던 사서교사를 23명이나 임용시키는 것에 큰 역할을 해 주셨다. 어느 날 전화가 오셔서 "이 선생, 계약직 사서 플랜은 어떻게 생각하나?" 물어 주셨을 때 젊은 열정의 사서교사가 1명이라도 정규 사서교사가 배치되어야 한다는 그 의견을 고려해서 받아들여 주셨던 점까지 나에게는 배울 점도 많고, 따라갈 수도 없는 창의성과 아이디어가 풍부하신 아름다운 선배님이셨다. 가끔 '이 선생'이라고 부르셨던 그 음성과 시처럼 말씀하셨던 풍류가 담긴 멘트들은 그 어디에서도 볼 수 없는 분이라는 생각이 든다. 나에게는 경북에서 제일 고맙고 감사한 한 분. 참 죄송하게도 결혼으로 가정을 꾸리면서 상황이 되지 않아서 지역적 거리가 멀어진 핑계로 연락 한 번 못 드린 것이 참 죄송할 뿐이다. 영원한 경북 사서교사들의 장학사님, 뵙고 싶습니다!

엄마이면서 사서교사, 빛나는 기억들

사서교사로 살아가면서 빛났던 순간보다는 아쉬운 순간들이 많았지만, 그래도 가장 행복했던 순간 중 하나는 고등학교 학생들과 만들었던 축제 연극 행사, 진로프로젝트 수업이었다. 연극은 영화 〈슈렉〉을 각색해서 만들었는데, 학생들이 극본을 쓰고 배경음악을 정하고, 녹음을 하고, 소품도 만들었던 그 연극은 축제 때 전교생 앞에서 공연했다. 학생들의 반응이 너무 좋아서 그 분장한 옷을 입고도 단체사진을 찍으며 행복해하던 학생들의 모습을 잊을 수 없다. 그때 내 배에는 내 딸 서현이가 있었다. 몸이 좀 힘들었지만, 야간 자율학습 시간에 왁자지껄 떠들며 만들었던 슈렉… 지금 생각해도 입가에 웃음이 가시질 않는다.

또 하나의 빛나는 기억은 진로프로젝트 수업. 동아리 수업시간에 주 1회로 진행한 수업이다. 한 학기 동안 개인별로 진로와 관련된 활동, 자료 모으기, 정리, 발표, 협동평가를 통해 고등학교 학생들이 좀 더 깊이 있는 학과나 진로탐색이 되는 시간이었다. 참여했던 학생들 중에는 나중에 대학에 가서도 도움이 되었다고 말했던 졸업생이 많았다. 마지막으로 기억에 남는 순간은 경상북도교육연수원에서 발령 전 사서교사 직무연수를 진행했던 그해, 경북의 첫 후배들을 만났던 2002년 2월의 그날이다. 4년간 홀로 경북의 사서교사였던 시간들 속에서 그만큼의 행복과 어려움도 있었지만, 그 순간에는 힘들었던 모든 시간들이 사라지고, 새로운 희망을 꿈꾸었다. 앞으로 진행할 많은 활동과 추억들에 대한 기대감. 물론 그 이후로도 경북의 사서교사들은 험난한 근무를 하고 있기는 하지만, 그래도 동료를 만났던 그날, 함께 걸어갈 사람이 생겼다는 것이 정말 좋았다.

척박한 오지가 또 오지가 되는 순간들

학교도서관에서 살아가면서 힘들었던 순간들은 많았다. 초임 시절의 열정은 내가 좋아서 하는 일들이었기에 좀 힘들어도 참을 수 있었다. 그러나 후배 사서교사들을 임용하고 경북교육청이 우리에게 원하는 일은 너무 많았다. 지금도 여전히 하고 있는 지역별 다른 학교 업무지원, 교사대상 연수, 무엇보다도 학교 근무만기 기한 학교당 3년은 아직도 적용되고 있다. 학교를 다른 교과보다 짧게 근무하고 옮길 때마다 설명해야 하는 번거로움. 3년간 만들어 두었던 학교도서관이 몇 년 안에 신기루처럼 사라질 때 느끼는 허망함. 이런 감정들로 가끔 나는 '뭘 하면서 살고 있나.'라는 생각이 들 때가 있다. 3년을 열심히 쌓아서 만들어 두었지만, 우리들이 떠났을 때는 그 자리가 모두 무용지물이 되는 것이 가장 아쉽다. 정규적 사서교사이면서 소위 뜨내기 같은 그런 느낌적인 느낌! 그래서일까? 우리 경북의 사서교사들은 '내가 있는 그 공간과 시간에 열심히 최선을 다하고, 사랑하고 노력하자! 아쉬워도 미련을 버리자!' 이것이 어느 순간부터 모토가 되어 버렸다. 척박한 오지에 샘물이 솟았다가 다시 또 오지가 되는 과정들의 경험을 반복하면서….

내가 명퇴를 하는 그날은 어떤 모습일까?

꿈꾸는 것은 얼마든지 많다. 외형적으로는 단독 건물에 천장부터 바닥까지 큰 창으로 이루어진 해가 잘 들어오는 도서관, 중앙에 사서교사 업무공간을 둘러싸고 도서관 서가와 열람공간이 있거나, 업무공간으로 사무실이 따로 있는 도서관, 사서교사 동료가 최소 1인 이상 있는 도서관 등이다.

내용적인 면에서는 수업을 가기 전에 항상 학생들이 들러 과제 조사를 하고 있는 자유로운 도서관, 학생들의 교과 학습과 연관된 주제별 자료가 항상 준비되어 있는 도서관, 개별 토의 공간이나 학습 공간이 5개에서 10개쯤 있어서 자유롭게 동아리 토론도 같이할 수 있는 도서관, 책과 전자책, 음악자료 등등 교육과 관련된 모든 자료를 찾아볼 수 있는 도서관, 학생들에게 책을 읽어 주는 모습도 볼 수 있는 브라우징 코너가 마련된 도서관, 예술 자료 전시 및 학교활동 자료 전시공간도 활용할 수 있는 도서관, 교과별 자료를 참고문헌으로 제공할 수 있는 전문적인 도서관, 그 옛날 내가 하고 싶었던 주제전문 사서로 근무할 수 있는 학교도서관을 꿈꾼다.

그렇게 되려면 가장 중요한 요건은 인적, 물적 확충이 우선되어야 하지 않을까? 이런 상황이 된다면, 학교도서관 활용수업이나 협력수업이라는 용어는 따로 쓸 필요가 없을 것이다. 그것은 도서관에서의 일상적인 당연한 활동이 될 테니까!

내가 생각하는 사서교사는

따뜻한 마음을 가진 사람이어야 한다. 이용자에게도 그들을 이해해 주는 마음이 따뜻한 사람이어야 하고, 학교 구성원으로도 포용할 수 있는 넓은 마음을 가진 사람이어야 한다. 독서는 인간과의 만남이고, 책과 인간을 이어 주는 역할을 하는 사람이 사서교사다. 독서는 인간의 잠재성을 길러 주고, 그들을 보듬어 주고, 지식을 쌓아 주고, 성장하게 만드는 것이다. 그런 만남을 자주 가질 수 있게 하려면 그 자리에 있는 사람의 인성이 무엇보다도 중요한 것 같다. 단지, 나의 직업이라는 무미건조한 생각보다는 좀 더 마음속 깊이 인간을 사랑하는 마음이 필요하다. 그 준비가 되었을 때, 이용자는 누구보다도 책을 사랑하고, 독서를 애정하게 되는 것이 아닐까 싶다. 내가 생각하는 사서교사는, 도서관을 담당하는 교사는, 읽어야 한다. 더 많이 읽고 그 시간을 내 시간 속에서 많이 할애해야 한다. 내가 읽어서 좋은 것은 다른 누구에게도 좋은 것이고, 이용자의 수준에 맞는 책을 추천해 줄 수 있는 참고봉사를 할 수도 있게 한다. 내가 추천한 책이 이용자에게 감동과 행복을 주었을 때 가장 행복하고 보람을 느끼게 될 테니까. 많이 읽고, 많이 책을 접하는 것! 이것이 사서교사에게는 꼭 필요하다.

나에게 독서교육은

가족을 제외한 조건에서 내 삶 전부가 아닌가 싶다. 내가 원하는 학과에 진학을 했고, 운명적으로 학교도서관을 만났다. 그 이후로 23년째 그 길을 걸어가고 있다. 달리 표현할 것이 있을까? 아침에 눈을 뜨고 출근하면 학생들이 기다리고, 쉬는 시간마다 달려오는 아이들이 있는 곳. 학교도서관은 내 삶의 일부이며, 그 자체다.

좀 부끄럽긴 하지만 독서교육은 평생의 고민거리다. 올해는 무엇을 할까? 또 무엇을 해야 할까? 책을 읽히기 위해 지속적으로 고민한다. 요즘 학생들은 영상매체에 너무 익숙해 독서가 습관이 잘 되지 않는다고 한다. 하지만 나는 다르게 생각한다. 독서교육의 방향이 잘못되어서 그런 것이 아닐까? 어려서부터 학습으로 독서를 해야만 했던 순간들 때문에 학생들은 읽기를 싫어한다. 내가 책에서 느꼈던 행복

3장 전국학교도서관모임과 함께한 사람들

을 느낀다면, 내가 책 속에서 찾았던 위로를 그들도 받았다면 아마도 책을 너무 사랑하는 사람으로 성장하지 않았을까? 그런 의미로 독서교육은 나에게 언제나 고민거리다.

앞으로 10년, 그 10년 후 10년

예술이나 역사와 연계한 독서교육을 해 보고 싶다. 예술작품이나 역사교육에 독서를 접목시켜서 깊이 있는 학문을 배울 수 있다면 좋겠다. 고등학교 시절, 나에게 국사 수업은 고민거리였다. 외우라고만 하고 설명해 주시지 않았던 것 같다. 그냥 밑줄 긋기만 했었다. 예술이나 역사를 독서와 연계하면서 더 깊이 있는 토론 및 시대적 배경과 그 속에 있는 역사를 탐구하는 독서교육을 해 보고 싶다. 아직까지도 일선 학교의 독서교육이 단편적으로 이루어지는 편이라 깊이 있는 독서교육에 1년 내내 매진해 보고 싶다.

24살 사서교사로 처음 들어왔을 때의 꿈은 퇴직 후 작은 복지관이나 도서관을 운영하며 사회에 봉사하는 노년을 보내고 싶었다. 지금의 꿈은 10년이 될지 15년이 될지 모르지만, 사서교사로 남은 기간 동안 학생들과 학교에 도움이 되는 사람으로 살아가는 것이다. 선배 사서교사로서의 삶, 단위 학교의 사서교사로서의 삶, 한 사람의 인간으로도 돌이켜 보았을 때 부끄럽지 않은 삶을 사는 것이다. 앞으로 10년, 그 10년 후 10년도 내가 사서교사였던 것은 변하지 않는다. 나는 사서교사로 살든, 살지 않든 경북 사서교사 1호였던 그 사람일 것이기에.

나는 어떤 사서교사가
되려 하는가?

⋮

황정근 | 장흥중학교

2003년 첫 발령지였던 영천여자중학교 교무실에서 교무부장 선생님이 불쑥 "사서교사는 뭐 하는 사람이에요?" 질문을 던졌다. 그때 나는 "사서교사는 도서관을 운영하며 책 대출해 주고, 독서 지도 하는 뭐 그런 역할입니다."라며 당황해 어영부영 답했던 기억이 있다. 당시 자신 있게 답변하지 못한 것이 내내 부끄러웠었는데, 그 질문으로부터 17년이 지난 지금의 내게 다시 묻는다면 나는 어떤 답을 내놓을 수 있을까?

힘들 때 〈전국학교도서관모임〉을 만나다

뒤돌아보면 문헌정보학과를 지원하는 많은 학생들이 그렇듯 사서교사가 되기 전의 나는 책을 좋아하고, 남들 앞에 나서기보다는 조용하게 자기 할 일 하는 소위 모범생 스타일의 평범한 학생이었다. 막연히 친구 따라 교직이수를 선택했고, 진로를 선택해야 할 때쯤 사서교사를 뽑는다기에 '한번 해 볼까?' 하는 어설픈 마음으로 임용을 준비해 덜컥 합격을 하고 발령을 받아, 아무런 준비 없이 학교 현장에 내던져진(?) 얼치기 사서교사였다. 이런 상황과는 별개로, 전국적인 도서관 현대화 사업과 독서교육 열풍으로 학교 현장에서 사서교사에게 거는 기대는 컸다. 사서교사라는 이름만으로 전문가랍시고 여기저기 많이도 불려 다녔다. 각종 발표, 연수, 강연, 자문 요청이 넘쳐 났다. 심지어 2년 차에 도서관 담당교사 연수 강사로 수십 년 차 선생님들 앞에 서기도 했다. 대학 시절 잠깐 배운 전공지식과 이제 막 교직에 발을 들인 풋내기 사서교사의 경험만으로 그 모든 현장을 대처하기에는 부족함이 많았다. 그래서 전국에서 열리는 학교도서관 관련 연수라면 가리지 않고 배우러 다녔고, 그 과정에서 현재의 〈전국학교도서관모임〉과도 인연을 맺게 되었다.

전국의 학교도서관을 운영하는 담당교사들의 모임이라 사서교사뿐 아니라 다양한 교과의 담당교사들과 교류할 수 있었고, 여러 선생님들로부터 수없이 많은 조언과 자료의 도움을 받았다. 특히 학교도서관계의 작은 거인으로 불리는 이덕주 선생님과, 교과교사지만 학교도서관에 대한 열정은 웬만한 사서교사보다 훨씬 크신 이성희, 류주

형 선생님 같은 분들과의 만남은 사서교사로서 나의 정체성 형성에
도 크게 영향을 끼쳤다. 그리고 내 사서교사로서의 삶에 전환점이라
고 할 수 있는 학교도서관을살리는교사들(현재 전국학교도서관모임) 카
페의 운영자가 된 사건도 이 모임으로부터 시작되었다.

어깨에 힘이 과하게 들어가 있던 시절

때는 2005년 겨울 즈음이었던 것 같다. 이덕주 선생님과 류주형
선생님의 권유로 갑자기 맡게 된 카페 운영진으로서의 업무. 처음 일
을 할 때만 해도 지금처럼 큰 카페는 아니라서 출판사 이벤트 진행
이나 게시판 관리 정도였는데, 어느 순간 회원이 빠르게 늘더니 금
방 회원 수 3만여 명에 이르는 큰 카페가 되어 버렸다. 그러던 와중에
카페지기의 중책을 떠맡기도 했다. 그때 처음으로 명함이란 것도 생
겼다.(당시 규모가 큰 카페운영자에게 Daum에서 명함을 발급해 줬었는데, 딱
히 어디 쓸 곳은 없어서 아직도 집에 그 명함이 남아 있다.)

그 후, 업무량이 폭증했다. 카페로 출판사들의 도서 홍보용 이벤트
의뢰가 쏟아지고, 글솜씨도 없는데 서평 요청도 많았고, 교육청 주관

각종 독서 관련 대회 심사위원으로 위촉되고, 사서직 시험 출제자로 요청을 받기까지 정신없이 외부 활동을 했던 시기가 있었다. 모든 것이 나의 능력치에 비해 과하던 시절이었는데, 당시에는 마치 내가 뭐라도 된 것처럼 어깨에 힘이 많이 들어가 있었다. 그런 내 모습이 키좀 컸다고 어울리지 않게 아빠 옷을 훔쳐 입고 나온 꼬맹이처럼 어색하다고 느낀 건 어느 연수회장에서였다.

하루는 경북 도서관 담당교사 200여 명 앞에서 도서관 운영 관련으로 나름 만족스럽게 발표를 마치고 나서 내심 뿌듯해하고 있었는데, 평소에 친분이 있던 국어선생님께서 농담처럼 던진 말이 무척이나 아팠다.

"야, 황정근이. 얼마 전 발표할 때는 덜덜 떨어서 순진한 맛이 있었는데, 지금은 하나도 안 떨고 능글능글해졌는데! 많이 컸다야!"

그 순간 너무 부끄러워 얼굴이 빨개졌다. 그 선생님은 내가 발표를 잘했다며 던진 순수한 칭찬이었는데, 나는 요즘 말로 소위 현타(현실자각타임)가 왔었다.

'내가 전문 강사도 아니고, 학교도서관 운영자일 뿐인데 뭘 우쭐해 있었던 거지? 그 짧은 기간 동안 얼마나 성장했다고 지금 여기서 잘난 척하고 있어? 사서교사로서 별다른 성장 없이 외부 활동하면서 강사로서 겉멋에 요령만 늘었구나. 정신 차려! 황정근이!'

사서교사로서 나는 어떤 부분에서 성장했나?

그 후 난 외부 활동을 많이 줄였다. 카페지기 자리도 후배 사서교사에게 넘기고(그때 힘든 자리를 선뜻 받아 준 김용현 선생님에게는 너무 고맙고 미안한 마음이 아직도 남아 있다.) 교육청에서 요청하는 발표 자리도 최대한 사양하면서 스스로 돌아보는 시간을 가졌다. '나는 지금 도서관을 제대로 운영하고 있나?', '내가 다른 사서교사들보다 나은 부분은 무엇인가?' 초임 사서교사 시절의 배우는 마음으로 돌아가 다른 사서교사들은 어떻게 도서관을 운영하고 있는지 세심하게 관찰하기 시작했다.

찬찬히 살펴보니 조금씩 주특기가 다른 것이 보였다. 도서관 협력수업을 잘하는 사람, 행사나 이벤트를 잘 진행하는 사람, 독서수업을 잘하는 사람, 글쓰기에 솜씨가 있어서 서평을 잘 쓰는 사람 등 다양했다. 부러웠다. 나도 나만의 차별화된 주특기를 갖고 싶었다. 그래서 이것저것 닥치는 대로 해 보기로 했다. 토론이 좋아서 토론 공부에 집중하기도 했다가, 서평에 관심이 생겨 서평쓰기도 배웠다가, 그림책이 좋아 중등임에도 그림책 공부를 하기도 했다. 고등학교에 와서는 '학교도서관의 꽃은 역시 협력수업이지!' 하며 어설프게나마 협력수업으로 3년간 좌충우돌 보냈던 기억도 있다.

그렇게 나만의 주특기를 만들어 보겠다며 오랜 기간 이것저것 기웃대긴 했는데 어느 하나 온전히 끝을 보지 못했다. 여러 분야에서 조금씩 성장한 것 같긴 한데, 딱히 월등히 잘하는 것이 없으니 자신감이 생기지 않았다. 더구나 개인 사정으로 2년 가까이 휴직을 하고 경력단절남이 되어 최근 복직을 하고 보니, 그 기간에 발령받은 신규 사서교사들이 많이 활동하고 있었다. 모두들 얼굴 한가득 드러나는 열정과 반짝이는 눈빛들로 주변에까지 생기를 전하고 있어 보기가 좋왔다. 하지만 후배 사서교사들이 대견스러운 마음이 드는 동시에 나만 도태된 것이 아닌가 하는 우울한 느낌도 함께 들었다. 그렇게 다시 시작된 고민. 난 무엇을 잘하는 사서교사인가? 또 어떤 사서교사가 되려 하는가?

과거의 내 모습에서 길을 찾다

그런 고민을 하다 보니 과거의 내 모습을 돌아보게 되었다. 첫 발령지인 영천여자중학교부터 시작해 현재 포항 장흥중학교까지 17년간 8개 학교를 옮겨 다녔는데, 그중에 내가 바라던 사서교사의 모습이 있을까? 돌아보니 좋았던 시절도 꽤 있었다. 영천중학교 애들과 함께 영천시 독서토론대회에서 우승했던 일, 두호고등학교에서 처음으로 제대로 된 협력수업이란 걸 진행했던 일, 모두 사서교사로서 나름 보람을 느꼈던 시절이다. 그런데 정작 가장 재미있고 행복하게 운영했던 기간을 꼽으라면 영덕고등학교 시절이었던 것 같다.

지금으로부터 딱 십 년 전인 2010년 발령받은 영덕고 도서관의 첫인상은 너무나 깨끗하다는 것이었다. 교실 2.5칸 정도에 깨끗한 서가와 가지런히 꽂힌 책들. 규모가 크지는 않아도 책들도 깨끗하고 정돈도 잘되어 있어 그동안 책 창고 같은 곳만 발령받았던 나는 너무 좋았다. 그런데 알고 보니 비정상적으로 깨끗했던 이유가 도서관을 이용하는 학생이 거의 없어서였다. 분명 들어온 지 꽤 오래된 책인데, 다른 학교였다면 너덜너덜해야 정상인 베스트셀러나 만화책들이 한 번도 펼쳐 보지 않은 듯 깨끗한 것을 보며 뒤늦게 충격을 받았다.

그 당시 시골 지역의 실업계와 인문계 학생들(지금은 특성화고등학교와 일반계 고등학교로 구분되는)이 함께 다니던 학교로 이 아이들에게 도서관은 건물 3층 구석에 자리 잡은 그냥 책이 많은 곳일 뿐이었다. '이거 도서관 운영하기 만만치 않겠구나!'를 직감할 수 있었는데, 아니나 다를까 하루에 대출건수가 평균 10건이 되지 않았고, 도서부를 제외하곤 방문자가 한 명도 없었던 적도 꽤 많았다.

이대로 둘 수는 없다는 생각에 각종 이벤트를 열어 먹을 것과 학

3장 전국학교도서관모임과 함께한 사람들

용품을 뿌려 대며 아이들을 도서관으로 이끌었다. 이벤트에 북적대는 아이들의 모습을 보며 '책 한 권만 빌려도 사탕을 주고, 문제 하나만 풀어도 초코파이를 받을 수 있는데 지들이 안 오고 배겨?'라며 득의만만하던 것도 잠시. 애들은 이벤트가 끝나자마자 마치 아무 일도 없었던 듯 다시 예전으로 돌아갔다. 가끔 찾아오는 아이들도 문을 빼꼼히 열고는 "이벤트 해요?"라고 묻고는 없다니까 그냥 그대로 돌아가기 일쑤! '뭐지? 이 애들을 어떻게 해야 할까?' 책 읽는 것에는 관심 자체가 없는 아이들에게 이런 행사 몇 번 더 하는 게 무슨 의미가 있을까? 벽에 부딪힌 듯한 느낌을 그때 처음 받았다.

그러다 우연히 학생들과 배드민턴을 칠 기회가 있었다. 평소 친하던 수학선생님과 쉬는 시간에 강당에서 배드민턴을 치고 있는데, 학생들이 "선생님 저희랑 배드민턴으로 아이스크림 내기 하실래요?"라며 다가왔다. 그렇게 시작된 시합. 생각보다 녀석들의 실력은 뛰어났고, 결국 지고 말았다. "에이, 선생님. 실력이 그거밖에 안 돼요? 복장만 보면 국가대표 같은데, 실력은 영… 쯧쯧. 저한테 좀 배우실래요?" 이 한 번의 경기로 난 아이스크림과 함께 자존심까지 내주고 말았다. 그 경기 결과는 곧 학교 전체에 퍼지게 되었고, 만나는 녀석들마다 나를 만만하게 여기고 덤벼들었다. "선생님, 저랑도 배드민턴 해요. 저도 아이스크림 먹고 싶어요.", "선생님, 상현이한테 배드민턴 지셨다면서요? 그런 허접한 애한테 지다니요. 제가 이길 수 있게 가르쳐 드릴까요?" 한마디로 동네북이었다.

나는 짓밟힌 자존감을 회복하기 위해 열심히 실력을 갈고닦았다. 도서관 운영이고 뭐고, 일단 이 녀석들의 콧대부터 꺾고 싶었다. 그

유치한 대결을 그 당시에 나는 꽤 진지하게 임했고, 결국 한 달여의 시간이 흐른 후 녀석들과의 대결에서 승리했다. 한 녀석을 꺾자 다른 녀석들도 하나둘 계속 덤벼들었고, 나는 그걸 또 계속 이겨 나갔다. 그러면서 동시에 그동안 받았던 수모의 말들을 그대로 돌려주었다.

"야! 겨우 이 정도 실력이었냐? 이제는 니가 샘한테 좀 배워야겠는데…", "어이, 상현이도 못 이기는 녀석들은 이제 내게 덤비지 마라. 그리고 졌다고 울기 없기다."

그렇게 이기고 지기를 몇 번 반복하다 보니 그 녀석들과 금방 친해졌고, 녀석들도 살갑게 다가왔다. 몇몇은 고민 이야기도 하고, 여자친구 이야기, 진로 이야기 등 조금씩 속에 있는 말들도 꺼내곤 했다. 몸으로 부대끼며 놀다가 소위 말하는 라포르(rapport)가 형성이 된 것이다.

그러자 놀라운 일들이 생겨났다. 도서관을 찾는 녀석들이 늘어난 것이다. 배드민턴으로 가까워진 녀석들이 심심하면 도서관으로 놀러 온 것이다. 쉬는 시간에도 괜히 도서관에 와서 이런저런 수다를 떨다 갔고, 다른 친구들도 함께 데려왔다. 그러다가 평소 전혀 책을 읽지 않는 녀석이 갑자기 내게 이렇게 말했다.

"선생님, 재미있는 책 하나 골라 줘 봐요."

잠시 멍했다. 그 전 몇 달 동안 엄청 이벤트를 진행하면서 이런저런 책들도 많이 권해 주고, 사탕까지 줘 가며 "야. 이거 정말 재밌어. 한 번 읽어 봐."라고 해도 귓등으로도 안 듣던 녀석이 이런 말을 먼저 해 온 것이다. 감동해 눈물이 날 뻔했다.

배드민턴 때문에 도서관 운영에 상당히 불성실했음에도 불구하고,

결과로만 보면 그해 도서
관 운영은 꽤 성공적이
었다. 배드민턴으로 친해
진 녀석들이 소위 학교
에서 잘나가는 인싸들이
라, 도서관행사라도 하려
고 하면 가장 먼저 달려
와서 "선생님, 저희들이

애들 좀 몰고 올까요?", "뭐 필요한 거 없어요?"라며 도서부보다 더 적
극적으로 도와주었다. 덕분에 책을 많이 읽지는 않아도 일단 도서관
을 찾는 아이들이 많이 늘었고, 도서관의 새 책들과 만화책도 손때를
타기 시작했으며, 그렇게 시골의 작은 학교도서관은 제법 활기가 넘
쳤다. 나도 행복했다.

고민의 방향이 틀렸다

'나는 어떤 사서교사가 되려 하는가?'라는 나에게 던지는 질문은
지금 생각해 보니 '나는 무엇을 잘하는 사서교사가 되고 싶은가?'에
조금 더 가까웠던 것 같다. 즉, 질문의 방향이 나의 역량에 초점이 맞
춰져 있었다. 토론반 아이들을 데리고 대회에 나가 우승할 수 있을 만
큼의 전문성을 지닌 사서교사가 되고 싶었고, 도서관 협력수업으로 주
위 교과 선생님들께 '사서교사란 이런 것이다.'라는 인정도 받고 싶었
으며, 서평을 잘 쓰는 독서 전문가로 행세하고 싶기도 했다. 결국 난 그

동안 사서교사로서 내가 돋보일 수 있는 방법을 찾고 있었던 것이다. 정작 그 고민 속에 가장 중요한 아이들은 뒷전으로 밀려난 채로.

사서교사가 새로 왔으니 무엇인가 결과를 보여 줘야 한다는 압박감, 사서교사가 와서 확 바뀐 도서관, 겉으로 드러내고 인정받고 싶은 사서교사로서의 전문성, 그런 것들이 나를 조급하게 만들었고, 다른 뛰어난 사서교사들과 나를 비교하며, 스스로 자존감을 갉아먹고 있었던 것이다. 내가 행복하지 않으니 아이들도 도서관이 즐거울 리 없었다.

돌이켜 보면 영천중학교에서 아이들과 독서토론대회 우승을 했을 때도 도서관 운영은 오히려 엉망이었다. 토론반 학생들을 집중적으로 지도하느라 운영에 신경을 많이 쓰지 못했다. 두호고에서 협력수업을 실시하면서 보람은 있었지만, 너무 바빠 도서관을 잘 열지 못했고, 그러다 보니 아이들과 많이 친해지지 못했다. 사서교사로서 내가 성장한 느낌은 들었지만, 아이들이 학교도서관에서 행복했을까를 생각해 보면 그러지 못한 것 같아 미안한 마음이 들기도 한다.

사서교사로서 실적을 내기 위해 동분서주했던 영천중학교와 두호고등학교, 도서관 운영에 힘을 빼고 아이들과 즐겁게 놀았던 영덕고의 경험을 비교했을 때 어느 쪽 아이들이 행복했을까를 생각하니 앞으로 내가 나아갈 방향이 좀 더 명확해졌다.

이제는 질문 자체를 바꿔야 할 것 같다. '나는 어떤 사서교사가 되려 하는가?'가 아닌 '학교도서관이 아이들에게 어떤 모습으로 남기를 원하는가?'로. 나 개인의 전문성이나 역량 신장에 초점을 맞추기보다,

겉보기에 화려한 운영 실적보다, 이 아이들이 나와 학교도서관을 어떻게 기억할지, 어떻게 하면 나도 아이들도 학교도서관에서 행복하게 지낼 수 있을지에 대한 고민으로 바뀌어야 한다. 그리고 그건 결국 아이들과의 관계 맺기로부터 시작된다. 그런 후에야 내가 사서교사로서 아이들과 함께 하고 싶은 것. 내가 좋아해서 아이들에게 그 기쁨을 나눠 주고 싶은 것을 찾아서 하면 된다. 그것이 독서토론일 수도 있고, 그림책일 수도 있고, 협력수업의 형태일 수도 있다. 굳이 스트레스를 받으며 다른 사서교사들이 하는 것을 억지로 따라 하기보다 내가 잘하는 것을 즐겁게 해야 나도 기쁘고, 아이들도 즐겁다. 그러다 보면 자연스레 난 어떤 사서교사가 되어 있을 것이다. 그리고 그 판단은 나중에 아이들이 할 테니 미리 고민할 필요는 없다.

꼭 화려한 사서교사가 아니어도 좋다

영덕고 아이들에게는 지금도 가끔 연락이 온다. 그 녀석들의 안부 인사에는 꼭 배드민턴 이야기가 나온다. 아마 그 기억 속에 나는 배드민턴 치던 농땡이 사서교사로 남아 있을지도 모르겠다. 아니 아예 사서교사가 아니라 체육교사로 생각할지도 모르겠다. 하지만 뭐 어떤가. 그 녀석들의 추억 속에 친했던 선생님으로 남겨진 것만으로도 난 충분히 행복하니 말이다. 덕분에 지금 난 사서교사로서 뭔가 보여 줘야 한다는 압박감과 부담감을 이제는 조금씩 내려놓는 중이다. 더 이상 다른 사서교사와 나를 비교하지 않고, 굳이 내가 돋보이는 화려한 행사보다는 도서관을 찾는 아이들에게 좀 더 집중하고 있으며, 이 아이들이 뭘 좋아할지, 이 아이들과 무엇을 해야 내가 행복할지를 고민하고 있다.

만약 누가 나에게 '사서교사는 뭐 하는 사람이에요?'라고 묻는다면 지금의 나는 자신 있게 대답할 수 있다. '내가 생각하는 사서교사는 아이들과 학교도서관에서 잘 놀아 주는 사람입니다.'라고. 그리고 그동안 고민이 많았던 나에게도 한마디 해 주고 싶다.

"넌 화려한 사서교사보다는 그저 친근한 도서관 지킴이가 더 잘 어울려. 어울리지 않는 옷을 억지로 입으려 하지 마. 그리고 너는 지금 여기서 아이들과 열심히 놀고 있으니 잘하고 있는 거야. 힘내자! 화이팅!"

나의 학교도서관
이야기

:
:

백발소년* 박홍진 l 대구미래교육연구원

학교도서관의 시작

　내가 근무하던 성화여고는 1980년경에 개교했는데, 도서관은 3층에 자리 잡고 있었다. 90년경 내가 처음 도서관을 만났을 때, 도서관으로 들어가는 철문은 큼직한 열쇠로 채워져 있었다. 아무나 들어갈 수 없었다. 행정실에 이야기해서 몰래 들어간 것은 단순한 호기심

___

* 박홍진, 전국학교도서관연구회가 처음 만들어졌을 때 대구에서 활동함. 백발소년이란 별명은 대구교육연구원 시절 국어 1급 정교사 연수를 받던 선생님들이 붙여 줌.

이었다.

개교 이래 십수 년 동안 한 번도 도서관 구실을 하지 못했던 그곳은 먼지가 한 자(?)나 쌓여 있었다. 거미줄도 있었을 것이다. 햇볕이 잘 드는 곳에 놓인 책상 하나를 골라 먼지를 털어 내면 혼자 지내기 참 좋을 것 같았다. 그 후 그곳은 나만의 아지트가 되었다.

교무실보다 도서관에 머무는 시간이 점점 많아졌다. 시간이 지나면서 내 또래의 젊은 선생들이 그곳을 드나든 것은 자연스러운 일이었다. 그리고 모임이 만들어졌다. 10여 명, 조금은 젊은 사람들, '더 나은 학교를 위하여(더나위)'라는 모임 이름도 붙었다. 나의 아지트가 모임 장소가 되었다.

1994년은 수학능력 시험 첫해였다. 고3 담임이었던 나는 진학실보다는 '아지트'에 머무는 시간이 많았다. 12월, 수능을 치고 난 뒤, 여유가 넘치던 우리 반 아이들도 종종 그곳으로 스며들었다. 그놈들이 화근이었다.

"선생님은 뭔데, 이곳을 혼자 차지하고 있어예?", "도서관은 학생들 거 아이라예?", "학생들 위한 곳으로 만들어야 하는 거 아입니꺼?"라며, 나를 불편하게 하는 놈들이 생겼다. 그 '나쁜 놈들'은 나의 '아지트'를 무너뜨리려는 불손한 음모를 꾸미기 시작했다.

내 아지트를 무너뜨리려는 불손한 세력들은 또 있었다. '더나위'에서 '나눔'으로 이름을 바꾼 젊은 선생들이다. 그들은 수년 동안 격주로 모임을 가지면서 궁싯거리더니, 더 나은 학교를 위해, 두 개의 소위원회를 만들었다. 하나는 '학교축제 소위원회' 다른 하나는 '학교도서관활성화 소위원회'다. 나는 '아지트' 덕분에 '도서관 소위'에 속했고 팀장을 맡았다.

도서관 소위원회 선생님들은 대구 시내 모든 학교를 다녀 보기로 했다. 학교도서관이 어떻게 운영되는지 살펴보면, 답이 보일 것이라 기대했다. 두 선생님이 한 짝이 되어서 백여 개 학교도서관을 방문했다. 보고서도 특별한 형식 없이 괴발개발 제출하기도 했으나, 그럴 필요가 없었다. 학교도서관이 제대로 운영되는 곳은 대륜고와 상서여중 두 곳뿐이었다. 대부분의 초등학교와 중학교는 우리 학교처럼 문이 닫혀 있었다. 그나마 고등학교 '공부 선수'들을 밤늦게까지 잡아두는 곳으로 사용 중이다.

멈칫거리던 선생들을 밀어붙인 놈들은 고3 우리 반 아이들이었다. 놈들은 자기들이 도와줄 테니 도서관을 도서관답게 만들자고 했다. 나는 순전히 그 불손한 놈들에게 등 떠밀려 나의 아지트를 포기해야만 했다. '학생들을 위한 도서관을 만들기'라는 고난의 행군은 그렇게 시작되었다.

1994년, 수능 첫해, 여름과 겨울 두 번 시험을 쳤던 그해, 겨울방학을 나는 고스란히 출근했다. 만 권이 넘는 낡은 책들 중에 쓸 만한 책을 고르는 일은 정말 고통스러웠다. 세로 활자로 된 책들, 하드커버로 된 책장을 넘기면 누런 책장은 금세 바스러질 듯한 책들이 지금도 눈에 선하다. 한 질에 엄청난 값이 적혀 있는 그 책들은 요상하게 생긴 도서 등록 대장에 등재되어 있어 함부로 버릴 수도 없었다.

'할 일 없는 고3'들은 도시락을 싸 오기도 하고, 라면으로 점심을 때우기도 했다. 간혹 그 나쁜 놈들에게 짜장면을 사 주는 내가 한

심하기도 했다. 그때부터 나는 쓸데없는 '사명감'에 젖어들었던 모양이다. 나는 그 나쁜 놈들이 빨리 대학생이 되기를 빌었는지 모른다. 그놈들이 졸업하고 3월이 되면 이 몹쓸 '사명감'에서 탈출할 수 있으리라. 그놈들이 졸업하는 따뜻한 3월이 되면, 다시 나의 아지트를 복원할 수 있으리라 여겼을지도 모른다. 그때까지 쓸데없는 짜장면값 몇 번 더 내자.

그런데 그 망할 놈들이 졸업할 무렵이 되자, 도서관 문, 나의 아지트에, 나의 기대를 깡그리 무너뜨리는 쪽지를 붙였다. '알림! 우리 학교도서관을 위해 일할 뜻있는 1학년 학생을 모집합니다.' 대충 이런 내용이었을 것이다. 그리고 놈들 중에 한 놈이 내게 귀띔한다.

"우리 선생님은 게을러서 우리들이 졸업하고 나면, '학교도서관의 꿈'은 물거품이 될 거야! 그러니, 우리가 못 다한 일을 이어 줄 후배들을 모아 동아리를 만들자."고 결의를 했다고, 그놈에게 나는 "너그 같은 바보가 또 있을까? 느그처럼 아무런 보상도 없이 겨울방학을 고스란히 책 먼지를 뒤집어쓸 놈은 없을걸." 하고 약을 올렸다. 그런데 놈들은 나보다 영악했다. 곧 2학년이 될 행동부대 1학년 스무 명에다 미래의 3학년으로 조직된 '서음'이라는 동아리를 만들었다. 회칙도 만들었다. 꽃 피는 봄날 아지트의 복원을 기대하던 나의 꿈은 산산조각이 나 버렸다.

그럭저럭 4월이 되자 만여 권의 책 중에서 쓸 만한 책 3,000권으로 추려지고, 그 책들은 '대봉학생도서관' 사서의 도움으로 등록하는 일이 마무리 되었다. 그리고 처음 도서 대출을 시작하는 날 나는 울 뻔하였다. 하루 대출자 수는 고작 스무 명이 되었을까. 서너 달 동안 투

덜거리며 책 먼지를 뒤집어쓴 결실을 그렇게 맺었다. 교장선생님께 "새 책 사게 도서구입비 좀 주세요."라고 당당하게 요구하자, 교장선생님께서는 20만 원을 내주시면서 "대구에서 도서구입비를 주는 학교는 아마 우리 학교뿐일 겁니다."라고 하셨던 것 같다. 그 도서구입비 현금 20만 원이 든 봉투가 묘한 설렘을 주었다. 학교도서관에 대한 쓸데없는 사명감이 제대로 싹트기 시작했다.

도서관리 프로그램

나의 학교도서관은 학생들의 강요와 젊은 동료들에게 등떠밀려 1995년 봄에 재개관했다. 그리고 이듬해까지 그럭저럭 아이들에게 책을 대출했다. 손으로 책 이름을 적고 대출하는 일은 너무 시간이 많이 걸린다. 이걸 바꿀 수는 없을까라고 술자리에서 말했더니, 서울 말 쓰던 맘씨 좋은 수학선생이 "내가 한번 프로그램을 만들어 봐?" 툭 내뱉었다. 다음 날부터 그는 나의 '아지트'의 또 다른 손님이 되었다. 이것 묻고 저것 따지기를 몇 달. 5.2인치 플로피 디스켓을 뺐다가 꽂아야 부팅되는 컴퓨터로 프로그램을 하나 만들었다. 도서관리 프로그램 '책따라'는 그렇게 탄생했다. 손으로 대출하는 것보다 훨씬 효율적이었다.

주머니 속 송곳은 삐져나오기 마련이라던가. '책따라'가 개발 되었다는 소문을 들은 대구교육청에서는 공문으로 학교에서 '책따라'를 사길 권했다. 한 카피에 5만 원, 20카피 정도가 팔렸다. 그 돈으로 술 한잔 했던가? 하루는 시교육청에서 오란다. 노트북을 가지고, 시교육청 '정보과'에 갔다. 과장이라는 사람과 프로그램 개발업자로 보이는 사람이 우리를 맞이했다. 프로그램 시연을 하는 등 몇 시간을 보냈다. 그리고 "프로그램을 참고하게 노트북을 잠시 빌려주면 며칠 후에 되돌려 주겠다."고 했다. 교육청이라고는 처음 갔던 '책따라' 프로그램 개발자인 수학선생과 나는 그들의 제안에 순순히 응했다. 교육청을 나오면서 우리는 뭔가 대단한 일을 했구나. 술값을 톡톡히 주겠지 라는 대화를 나누었을 것이다. 어쩌면 동료들께 미리 술 한잔 샀을지도 모른다. 그런데 교육청에서는 아무런 반응이 없다. 노트북만 되돌아왔다. 우리는 '책따라가 별로였던 모양이지.'라고 자위하고 지나갔다.

그렇게 시간은 흘렀다. 도서관리 프로그램 연수가 있으니, 도서관 담당교사는 대구교육정보원으로 오라는 공문을 받았다. 하루 출장을 내어 갔더니, 윈도우버전의 S@junior이란 이름을 단 프로그램 운영 방법을 설명한다. 복잡했지만 핵심 내용은 '책따라'와 같았다. 저작권 개념이 없었던 나는 잠시 아쉬워했을 뿐이다. 몇 해가 지나면서 S@junior는 DLS가 되었다. 우리나라 모든 학교도서관에서 사용하는 프로그램 'DLS'는 그렇게 탄생했다. 최근에사 '책따라' 원본을 찾아보았지만 허사였다. 학교컴퓨터는 돌아서면 새롭게 업그레이드 되고, 플로피디스켓이 CD가 되고 USB로 바뀌었나 싶더니 눈 깜짝할 사이에 웹에 저장되는 시대가 되었으니.

'책따라'는 내게 도서관 담당교사의 사명감을 한 뼘 더 자라게 했다. 그리고 S@junior 프로그램을 활용하여 학교도서관 운영을 잘 하는 법을 함께 찾아갈 사람을 모았다. 그렇게 모인 12명이 대구학교도서관연구회의 모태가 되었다.

대구학교도서관연구회

대구학교도서관연구회는 10여 명으로 시작되었다. 처음에는 S@junior라는 도서관리 프로그램 활용법을 함께 고민하자고 모였다. 격주에 한 번씩 회원들의 학교도서관에서 돌아가며 모임을 갖기로 했다. 그러다가 동료들이 꾸려 가는 남의 학교도서관을 방문해 보는 것만으로도 배우는 게 많다는 것을 깨달았다. 어떤 학교에서는 "도서관이 5층 끝에 있어 찾기 힘들었어요."라고 말하다가, 다른 학교에 가서는 "도서관이 크고 좋은데 별관에 있어, 수업시간에 학생들을 일부러 데리고 오지 않으면, 정말 책을 좋아하는 아이들만 오겠어요."라고 했다. 그리고 또 다른 학교도서관에서는 "서가 배치를 창문과 나란히 해 놓았군요. 그러니 창 쪽 가까운 서가에 꽂힌 책들은 햇볕에 색이 바랬어요. 안쪽 서가는 채광이 좋지 않아 책에 손길이 상대적으로 덜 가요."라고 말하기도 하도, 어떤 곳에서는 "아이들이 800번 문학과 900번 역사책은 많이 읽어요. 종교와 철학책은 그냥 새 책 그대로 낡아 가고 있어요. 남학생들은 과학책을 많이 읽어요."라는 이야기를 나누었다. "선생님 혼자서는 아무리 열심히 해도 점심시간에 몇 권 못 빌려줘요. 도서관리 프로그램을 활용해도 마찬가집니다. 중학생 아니 초등학생 고학년만 되어도 책을 빌려주고 받는 일은 얼마든지 할 수 있어요."

우리들이 무심코 나누었던 말들은 훗날 우리나라 도서관 정책의 밑거름이 되었다. 2002년 학교도서관 리모델링 사업을 추진할 때, 학교도서관은 학교 건물의 날개가 아니라, 중앙 현관 옆, 교장실 자리가 최고다. 서가는 아이들의 키 높이에 맞아야 하고, 햇살이 잘 들어오도록 배치해야 한다. 책 배치는 서가마다 분야별로 꽂지 말라. 아이들이 많이 읽는 책은 눈길 가는 곳에 두어라. 각 서가의 한 가운데에 문학책을 띠처럼 펼쳐 두고, 그 아래 위에 어른들이 읽히고 싶은 책을 펼쳐 두는 것도 좋다. 하루 종일 딱딱한 의자에 앉아 수업을 받는 아이들이 와서 뒹굴 수 있도록 도서관 한 편에 온돌이 있으면 좋다는 내용들이 정책에 반영되었다. 또한 출장비도 초과수당도 없는 그때, 우리들이 이웃 학교도서관을 찾아 밤늦게까지 나누었던 이야기는 대구 학교도서관학생연합으로 발전하는 씨앗이 되었다.

중고등학교에서 학교도서관을 운영하는 수백 명의 학교도서관동아리 학생들이 대구 중앙도서관에 모였다. 유명한 작가를 초청하여 강의를 들었다. 먼저 도서관을 열었던 학교의 도서반 학생들이 강사가 되어 도서관을 시작하는 또래들에게 도서반 운영의 노하우를 설명했다. 학교마다 저마다의 도서관을 상징하는 깃발을 만들었다. 그날 마지막 순서로 '학교도서관을 살리자!'는 큰 플래카드를 앞세우고 중앙도서관에서 대구백화점을 거처 중앙파출소까지 가두행진을 했다. 경찰의 호위를 받으면서, 수백 명의 어린 학생들이 구호도 외쳤다.

"학교에 도서관을!"

그 덕에 나는 지역 신문에 소개되었다. 그리고 공공도서관 사서들의 모임인 한국도서관협회로부터 감사장을 받았다. 재주는 아이들이 넘고 동료들이 땀을 흘렸는데….

도서관지기

2000년 초반, 젊은 교사 시절 학교도서관 운동을 먼저 시작한 덕에 90분간 부교육감을 면담한 것은 행운이었다. 그것이 계기가 되어, 그해 가을 신임 교사 선발 숫자에 사서교사가 12명 포함되었다. 그 사실은 우리 학교도서관에서 6명의 문헌정보학과 학생들이 사서교생 실습 마치는 날 발표되었다.

교사의 꿈조차 사치인 6명의 문헌정보학과 학생들을 지켜보는 일은 안쓰러웠다. 대구에 3백여 학교가 있음에도 사서교사는 고작 한 명뿐이다. 그런 시간이 10년을 넘고 보니, 교생을 하면서도 교사자격증이 제대로 쓰일 것이란 기대는 꿈이다. 그들은 4주간 교사 맛을 보는 것만으로 행복하다고 여겼으리라. 그런데 교생 마지막 날 그간의 노고에 감사차 근처 시장에서 소박한 저녁을 사기로 했다. 막 건배잔을 들려는데, 그중 한 명이 후다닥 전화를 끊으면서, "내년에 사서교사 12명 뽑는대요! 그것도 대구서만!" 외친다. 순간, 환호성이 쏟아졌다. 그날 식사는 굵고 짧았다. 동료가 경쟁자가 되었다. 그 자리 교생들은 다음 해에 모두 교사가 되었다. 몇은 대구에서 더러는 다른 도시에서, 이듬해에도 그만큼 사서교사가 뽑혔다. 그들 사서교사들은 한동안 명절날 내게 선물을 보냈다. 멸치 한 박스!

그로부터 몇 년이 흘렀다. '사서도 교사다!', '다른 선생님들처럼 방학은 집에서!'라는 목소리가 커졌다. 반대편에서는 '사서교사라고 뽑아 놓으니, 방학 다 논다.', '다른 선생들하고 똑같이 일찍 퇴근한다.', '사서실무원보다 못하다.'며 야단이다. 나는 사서교사모임에 가서 '사서교사 백 명 될 때까지 방학과 퇴근 시간을 절제하자!'고 설득했지만 허사였다. 그 후로 '멸치'도 끊겼다. 대구 사서교사는 지금도 서른 명 남짓! 말 잘 듣던 사서실무원이 도서관을 점령하였다.

그동안 나는 교장이 되었다. 학교도서관을 활성화시켜 보고 싶었다. 그러나 우리 학교도서관은 한 주에 15시간 미만 근무 가능한 초단기 봉사자가 관리하고 있을 뿐이다. 이듬해 겨우 사서(한때는 사서실무원으로 불림)를 배정받았다. 정시 출퇴근하는 그분께 저녁 야자 시간 시작 전까지 초근을 부탁하는 일은 여간 부담스럽지 않다. 연간 근무 일수가 275일이니 방학에는 도서관 문을 닫을 수밖에. 내가 학교도서관을 경영하던 그때, 봉사시간 없이도 도서관을 잘 운영했던 도서반 학생들을 생각해서 사서께 부탁을 했다.

"방학 때, 도서관을 도서부 학생 중심으로 운영할 수 있도록 당번을 정해 주세요."

며칠 후, 뜻밖의 답변이 돌아왔다.

"교장선생님, 방학 중, 도서부 학생 중심으로 학교도서관을 운영하는 일은 제 생각도 그렇고 저희들의 입장도 우리들이 할 일이 아니라고 생각합니다."

학교도서관은 학교의 심장이다. 그래서 가깝고도 먼 이웃 나라에서는 한 학교도서관에 사서(교사)가 평균 2.5명이라는 이야기를 십 수 년 전에 들었다. 작지만 강한 이스라엘이라는 나라의 학생들은 등교하면서 학교도서관에 가장 먼저 들른다고 한다. 전날 읽은 책을 반납하면서 도서관지기께 "다음에는 어떤 책을 읽는 것이 좋을까요?"라는 물음으로 하루 일과를 시작한다고 한다.

학교도서관을 떠나며

우리 학교도서관은 3층에 있다. 초기에는 별도의 서고에 12,000권 정도 책이 있었다. 개교 이래 한 번도 개방되지 않은 상태로 10여 년을 지나다가 나를 만난 것이다. 우여곡절 끝에 학생들의 손때가 묻어가는 도서관으로 거듭났다. 대구 시내뿐만 아니라 먼 도시에서도 연수생들이 버스를 대절해 구경 오기도 했다.

그 도서관을 5층으로 옮기라고 한다. 야간자율학습을 효율적으로 관리하기 위해서, 한 학년이 12학급이었는데, 한 층에 교실이 10개뿐이다. 도서관을 옮기면 한 학년이 모두 같은 층에 있게 된다. 복도 이쪽 끝에서도 전 학년을 통제할 수 있으니, 진학이 유일한 존재 이유인 현실에서는 있을 법한 결정이다.

나는 어처구니없는 결정에 온몸으로 저항했다. 갖은 방법으로 설득했지만 허사였다. 간절한 마음을 담은 편지로 호소해도 미동도 없다. 나를 안쓰럽게 여긴 선배 한 분이 나를 불러, "도서관을 옮기고 말고는 최종 결정권자의 몫이다. 더러우면 니가 결정권자가 되라!" 믿었던 선배의 그 말은 내게 비수가 되었다.

이삿짐센터에서 1만 5천 권 가까운 책을 새 도서관 터로 쏟아 놓고 가 버렸다. 학교에서는 도서관이 어떻게 되든지 학교는 관심이 없었다. 도서반 학생들의 고사리 손으로 서가를 재배치하고 폐지처럼 널부러진 책들을 가지런히 꽂는 데 한 학기가 흘렀다. 그리고 간신히 예전처럼 아이들이 찾아오는 도서관으로 만들었다. 두 해 후, 또 도서관을 옮겨야 한단다. 이번에는 같은 재단 중학교와의 분쟁 탓이다. 더 이상 학교도서관을 못 하겠다고 했다. 그럼 도서관 문을 닫으란다. 그간의 노력을 정리하여 훗날 시행착오를 줄이게 할 양으로 '학교도서관을 떠나며'라는 글을 썼다.

그 고약한 글이 빌미가 되어 전국교직원노동조합 대구지부에서 주관하는 참교육실천대회란 곳에서 강의를 하게 되었다. 작지 않은 극장을 빌려, 반골 선생 수백 명이 참석하는 자리였다. 나는 반골의 길로 깊숙이 빠져들게 되었다. 학교생활은 더욱 힘들어졌다. 그러다가 '니가 책임자가 되라.'는 심술궂은 선배 말이 생각났다. 장학사 시험을 쳤다. 보기 좋게 낙방. 학교에서 더욱 진하게 씌어진 주홍 글씨. 그러니 목숨 걸고 장학사 시험에 매달릴 수밖에. 그렇게 2005년 장학사 시험에 합격했다. 내가 아이들 곁을 떠난 이유는 아이러니하게도 내가 가장 사랑했던 학교도서관 덕분이다.

그렇게 연구사가 되고, 장학사가 노릇을 하다가, 교장까지 맛보았다. 다시 연구관이 되어 '학교도서관을 활용한 창의적 체험활동'에 활용할 책을 만들고자 후배들을 괴롭히고 있다. 내 시간 안에 완성되지 못할 일인 줄을 안다. 하지만 사서교사가 학교도서관을 통해 독서를 체계적으로 가르칠 수 있는 매뉴얼을 만들자고 사서교사들을 꼬드기고 있다.

나에게 전국학교도서관모임은?
그리고 떠오르는 장면들

:

김보영 | 동항초등학교

우연이 아니야!

대학교에 입학했을 때, 대학도서관은 폐가제였다. 목록함에서 읽고 싶은 책을 찾아 책 제목과 청구번호를 써서 사서선생님께 드리고 기다리면 어느 순간 '뚝딱!' 하고 내 앞에 책이 있었다. 내가 신청하는 책을 어김없이 착착 찾아 주시는 사서선생님이 정말 멋져 보였다. 2학년 때부터 참고자료실이 개가제로 바뀌었다. 비록 관외 대출은 할 수 없었지만, 책에 스스로 접근할 수 있다는 사실이 신기하기만 했다. 주로 711, 712, 713, 714로 분류된 책이 꽂힌 서가 근처에서 서성댔다. 착착 찾아 주고, 스스로 접근할 수 있고…. 지금 내가 나에게 바라는 모습이고, 도서관을 이용하는 아이들에게 바라는 모습이기도 하다.

2000년 모 지역 공공도서관에서 사서 실습을 했다. 그저 교수님께 듣기만 했던 내용을 온몸으로 익혔다. 버스를 고쳐서 만든 이동도서관에서도 실습했다. 이 마을 입구, 저 아파트 앞에서 이용자를 기다렸다. 이용자가 이동도서관에 다가오는 발소리를 듣는 순간이 마냥 설레었다. 나이 지긋한 어르신, 엄마 손 잡고 아장아장 걸어오는 아기, 학교 수업이 끝나고 학원 가는 길에 잠시 들른 학생까지. 다양한 이용자가 빌렸던 책을 반납하고, 어떤 책을 빌릴까 고민하는 모습이 그렇게 아름다울 수 없었다.

세월이 흘러 2003년 3월에 학교도서관을 살리는 교사들 모임(나중에 전국학교도서관모임으로 이름이 바뀌었다.) 온라인 카페에 가입했다. 그때도 나는 여전히 문헌정보학을 공부하는 학생이었고, 시험 준비생이었다. 학생이고, 시험을 쳐야 했기에 카페 회원이었지만, 다른 선생님 글과 자료를 가끔 확인만 했다.

2004년. 나는 어떤 초등학교 길고 좁은 복도 끝, 1층이지만 지하나 다름없는 곳, 굳게 채워진 자물쇠 앞에 서 있었다. 자물쇠가 채워진 곳은 도서관이었다. 문을 열자 오래된 책 냄새가 몰려왔다. 서가에는 먼지가 잔뜩 쌓여 있었고, 도서 정리에 관한 규칙을 지키지 않고 꽂힌 책들이 가득했다. 어디서부터 손대야 할지 막막했다. 장맛비에 잠겼다가 시간이 지나서 부풀어 오른 책도 한곳에 모여 나를 반겼다. 계약 기간 4개월 동안 도서관에 있는 책을 전산 작업 하고 정리했다.

틈틈이 교직원과 학생 그리고 학부모를 대상으로 도서관 이용 지도를 했다. 일하는 동안 목감기, 안구건조증, 동상으로 병원에 다녔다. 그래도 하고 싶은 일을 하고 있었기에 행복했다.

2006년 3월 1일부터 부산광역시교육청 남부교육지원청 소속 초등학교 사서교사가 되었다. 2006년 6월에 학교도서관을 살리는 교사들 온라인 카페에서 선착순 80명 대상 직무연수를 한다는 안내 글을 봤다. 주제는 '학교도서관, 사람 그리고 책'이었다. 연수 참가 신청을 했고, 선착순 80명에 포함되어 그해 8월에 밀양대학교(지금 부산대학교 밀양캠퍼스)에서 30시간 동안 합숙하며 집중 연수를 받았다. 연수하는 동안 잘 먹고 내내 졸았지만 좋은 이야기, 알찬 이야기를 놓치지 않으려고 애썼고, 좋은 기회를 주신 분들 모두 감사하다는 연수 후기를 카페에 남겼다. 온라인 카페에 자주 접속해서 내게 부족한 경험을 메웠다.

2006년 전국학교도서관모임을 이끌고 계신 선생님께 전화 한 통을 받았다. 그 누구보다 열정적으로 당신 신념에 따라 도서관 운영을 하시고, 독서교육을 펼치시는 분이셨다. 선생님은 나에게 전국학교도서관모임 부산 지역 대표를 맡아 달라고 말씀하셨다. 신규 사서교사이었기에 잠시 고민했다. 무슨 활동을 해야 하고, 어떤 역할을 해야 하는지 몰랐다. 일단 이름만 올려 달라고 부탁드렸다. 아무리 이름만 올려 달라고 했더라도 움직여야겠기에 부산 지역 선생님들과 힘을 합쳐서 지역모임을 시작했다. 초등교사와 초등 사서교사와 그리고 고등 사서교사가 모여 독서교육과 도서관 운영에 관한 이야기를 나누고, 그림책 공부도 함께했다. 시간이 흘러 2020년 지금, 나는 전국학교도서관모임 카페지기이다.

전국학교도서관모임 카페지기

전국학교도서관모임 온라인 카페에서 여러 정보를 많이 얻었다. 또 도서 증정 이벤트에도 부지런히 참가했다. 이벤트에 당첨되면 며칠 지나 출판사에서 도서관으로 책을 보내 줬다. 따끈따끈한 신간이었다. 도서관 이용자와 함께 읽었다. 읽다가 생긴 궁금한 점은 이용자와 함께 풀었다. 책이 배달될 때마다 기분이 좋았다. 배가 부른 느낌이었다.

언젠가 나도 전국학교도서관모임에 작은 힘이나마 보태고 싶다고 생각했다. 그러던 중 2016년에 전국학교도서관모임 정보통신국 부장 일을 하게 되었다. 다름 아닌 도서 증정 이벤트 일을 맡았다. 도서 증정 이벤트는 전국학교도서관모임 정보통신국에서 10년 가까이 진행한 일이다. 그러나 아쉽게도 2017년도에 이벤트는 중지되었다. 2015년 3월 27일에 신규 제정되고, 개정을 거쳐 2016년 11월 30일부터 시행된 「부정청탁및금품등수수의금지에관한법률」 때문이었다.

2017년에 정보통신부장 역할을 별로 수행하지 못하다가 2018년 3월부터 전국학교도서관모임 정보통신국 국장으로 일하고 있다. 정보통신국 국장의 주요 역할은 전국학교도서관모임 카페지기이다. 이른 아침에 정신이 맑아지기도 전에 컴퓨터를 켠다. 그리고 전국학교도서관모임 카페에 접속한다. 가입인사(자기 소개 등) 및 온라인 회원 승급 요청 메뉴를 본다. N이 깜빡인다. 새로운 글이 있다는 게다.

이거 재미있네요! 궁합을 이렇게 보네요

썸머 대란 터졌네요 아직 신청되네요

보험 필수항목 꼭 체크하세요

승급 요청과 상관없는 글들이 주렁주렁 달려 있다. 다른 회원들이 카페에 접속해서 글을 읽기 전에 얼른 스팸 처리 한다. 그리고 승급 요청한 글을 읽는다. 닉네임이 실명(지역명+학교명)으로 되어 있는지, 학교가 정말 그 지역에 있는 학교인지, 메일 수신은 공개로 되어 있는지 확인하고, 승급 처리 한 뒤 댓글을 쓴다.

반갑습니다. 온라인 회원 승급해 드렸습니다. 아주 작은 사례라도 자료실에 올리시거나 게시판에 글 써 주시고 회원들의 질문에 아시면 성실하게 답변을 하는 것이 온라인 회원의 의무인 것 아시죠! 온라인 회원 승급 요건도 계속 지켜 주시기 바랍니다. 승급 조건을 지키지 않으시면 언제든지 준회원으로 조정이 됩니다.

승급 처리 하기 힘든 경우에는 어떤 부분을 수정하면 좋겠다는 내용으로 댓글을 쓴다. 가입인사(자기 소개 등) 및 온라인 회원 승급 요청 메뉴를 훑고, 질문과 답변 메뉴도 살핀다. 어떤 회원이 질문하면 다른 회원이 자기 경험을 바탕으로 친절하게 대답해 준다. 그러나 비교적 오랜 시간 동안 댓글도 없이 덩그렇게 있는 글이 있을 때는 카페지기가 나서야 한다. 아는 만큼 답을 한다. 나도 모르면 다른 선생님께 여쭤보고, 댓글을 쓴다. 글을 쓰기에 민감한 상황이면 질문자와 통화한다. 질문은 카페 온라인 회원 이상이면 할 수 있고, 온라인 회원이라면 닉네임에 실명과 학교명을 밝히게 되어 있으니까 해당 학교 교무실에 전화해서 질문자와 통화를 시도한다.

근무 시간 중에는 카페에 접속하지 못하고, 퇴근길 버스 안에서 또 스팸 글이 있는가 확인한다. 잠자리 들기 전에도 컴퓨터를 켤 수 있는 상황이라면 한 번 더 카페에 접속한다. 늘 그랬듯 스팸 처리 할 글과 승급 요청 관련 글을 구분해서 댓글을 쓴다. 이 글을 쓰는 지금도 잠시 카페 글을 확인하고 왔다. 전국학교도서관모임 카페에 접속한 회원이 스팸 글 때문에 시간을 허투루 보내지 않도록 하고 싶다. 그래서 틈틈이 가입인사(자기 소개 등) 및 온라인 회원 승급 요청 메뉴에 있는 글을 읽는다.

그런데 이 일을 오롯이 카페지기 혼자만 하는 것은 아니다. 전국학교도서관모임 대표도 하셨던 자문위원 류주형 선생님이 계신다. 류주형 선생님은 퇴임하셨지만, 여전히 전국학교도서관모임 전체 일은 물론 정보통신국 업무를 폭넓게 지원해 주신다. 이 지면을 빌어 선생님께 인사 드리고 싶다. "류주형 선생님! 정말 고맙습니다. 선생님이 계셔서 정말 든든합니다." 그리고 전국학교도서관모임 정회원 관리는 정보통신부장과 조직국장이 함께한다. "정보통신부장님과 조직국장님도 정말 고맙습니다."

떠오르는 배움과 실천 장면들

S#1. 연산중학교 도서관, 2018년 6월 30일(토)~7월 1일(일)

전국학교도서관모임은 배우고, 실천할 힘을 준다. 2018년 6월 30일 토요일부터 7월 1일 일요일까지 부산 연산중학교에서 전국학교도서관모임 선생님들께 책놀이를 배웠다. 이틀 동안 부산지역 초·중·고등학교 사서교사들은 '책은 왜 읽어야 하는가?'와 '어떻게 읽어야 하는가?'에 관한 고민을 함께했고, 그 과정에서 책놀이를 배웠다. 전국학교도서관모임 선생님들은 책놀이 기술만 가르쳐 준 게 아니라 학교로 돌아가서 실천할 힘도 실어 줬다. 그래서 책놀이를 배우고, 바로 다음 날부터 한 학기 한 권 읽기 과정으로 책놀이를 실천할 수 있었다.

7월 2일 월요일이었다. 3학년 1반 아이들과 한 학기 한 권 읽기를 하는 날이었다. 그날 아침 3학년 1반 선생님께 메시지가 도착했다.

선생님, 오늘 저희 반 조금 늦을 것 같습니다. 어제 저희 반 메추리가 한 마리 죽어서 우는 아이들이 많아서요. 조금 달래고 보내겠습니다.

당시 3학년 아이들은 각 교실에서 메추리를 키우고 있었다. 1반에서 키우던 메추리 두 마리 가운데 한 마리가 죽은 모양이었다. 수업 시간이 10분 지나자 슬픔에 가득 찬 얼굴을 한 아이들이 한 명 두 명 도서관으로 들어왔다. 아이들 얼굴을 보고 그대로 수업을 진행할 수가 없었다. 책장에서 『잘 가, 작은 새 세상에서 가장 아름다운 장례식』을 꺼냈다. 아이들과 마주 보고, 책을 읽었다.

"잘·가·작·은·새·세·상·에·서·가·장·아·름·다·운·장·례·식."

책 제목만 읽었을 뿐인데 몇몇 아이들이 목 놓아 울기 시작했다. 책 내용 가운데 책 속 아이들이 죽은 새에게 무덤을 만들어 주는 장면에서 3학년 1반 아이들은 자기들도 무덤을 만들었다느니 무덤 속에 먹이를 넣어 줬고, 무덤 주위에 꽃을 놔 줬다는 얘기도 했다. 책을 다 읽고, 책장을 덮었을 때 아이들은 또 하나둘 울기 시작했다. 그렇게 책을 읽고 한 학기 한 권 읽기 하는 책을 펼쳤다. 한 학기 한 권 읽기를 마지막으로 수업하는 날이었다. 평소에는 나와 아이들, 또는 아이들끼리 번갈아 소리 내어 책을 읽지만, 눈도 뻘겋고, 목소리도 떨리는 아이들에게 책을 읽으라는 말을 할 수 없었다. 그날은 내가 혼자 소리 내어 책을 읽었다. 그리고 책놀이 '소곤소곤 짝짝'을 했다. 함께 읽은 책에서 생각나는 낱말을 같은 모둠 아이들끼리 귓속말로 전달하고, 같은 낱말을 이야기하면 같이 낱말을 맞춘 사람끼리 마주 보고, 짝짝 소리가 나도록 서로의 손바닥을 쳤다. 아이들은 죽은 메추리를 잠시 잊고, 소곤소곤 짝짝에 집중했다. 재미있다고 했다. 내친김에 '소곤소곤 짝짝'과 비슷한 '마음이 통통'도 했다. 아이들에게 활동지를 나눠 주고, 함께 읽었던 책에서 떠오르는 낱말 다섯 개를 쓰도록 안내했다. 모둠에서 돌아가며 자기가 쓴 낱말을 말하고, 같은 낱말을 쓴 아이들 수만큼 낱말 옆에 숫자를 썼다. 다섯 개 낱말 옆에 적힌 숫자를 모두 더하면 자기 점수인데, 다섯 명이 한 모둠으로 이뤄진 아이들 가운데 점수가 높은 세 명 점수를 더해서 모둠 점수로 했다. 가장 점수가 높은 모둠을 뽑았다. 점수가 높으니까 이겼다고 생각하는 것이 큰 의미가 없지만, 점수 매기기는 책놀이가 재미있다고 느낄 수 있도록 돕는 장치이다. 물론 점수가 낮은 게 잘못된 것도 아니다. 아이들은 이미 알고 있었다. 점수가 낮다는 것은 다른 친구와 마음이 통하지 않는 게 아니라 다른 아이와 다른 생각을 해서 점수가 낮은 것이라고. 그러니까 점수가 낮은 아이는 창의적인 친구라고 아이들 스스로 말했다. 책놀이 실천 첫 시간은 눈물과 웃음 그리고 감동이 함께 있었기에 잊을 수 없다.

S#2 전포초등학교 어울림터, 2018년 11월 24일(토)

전국학교도서관모임 자문위원으로 활동 중이신 조의래 선생님 강의를 2018년 11월 전포초등학교 어울림터에서 들었다. 전포초등학교 교사와 학부모를 대상으로 강의하셨다. 조의래 선생님 강의 핵심은 도서관, 그림책 그리고 읽어 주기라고 생각했다. 선생님이 도서관과 독서교육 그리고 그 혜택을 누려야 할 아이들을 위해 얼마나 애쓰셨는지 알 수 있었다. 마음에 와닿았다. 감동해서 눈물이 나오려는 걸 억지로 참았다. 조의래 선생님은 강의를 마치시고, 소감을 이야기하자고 하셨다. 함께 강의를 들었던 선생님들과 학부모님이 이야기하셨다. 마이크는 내게도 왔다.

"제가 이제 학교를 떠날 날이 얼마 남지 않았습니다. 지난 4년 동안 학부모님과 도서관에서 무엇인가 함께하고 싶다고 늘 생각만 했습니다. 그러나 하지 못했습니다. 조의래 선생님 강의를 듣고 감히 용기 내어 말씀드립니다. 그림책 공부 함께했으면 좋겠습니다. 함께하시겠습니까?"

나도 그랬지만, 어울림터에 있었던 선생님과 학부모님은 조의래 선생님 강의를 듣고, 머리에서 가슴으로 여행을 시작하고 있었다. 아는 것을 실천할 수 있는 좋은 때였다. 어려운 이론서를 읽으며 거창하게 공부하자는 것이 아니었다. 그날 바로 전포 그림책읽기동아리 모집 포스터를 만들었다. 2018학년도를 끝으로 학교를 옮겨야 하므로 마음이 급했다. 주어진 시간은 12월뿐이었으니까.

학부모님과 9회에 걸쳐 그림책 공부를 하기로 했다. 오전에 3회, 오후에 3회, 저녁에 3회. 최소 3회 이상 참여 최대 9회 참여라는 조건을 붙였다. 한 번 만날 때마다 두 시간 남짓 모임을 했다. 두 시간을 둘로 나눠서 앞 시간에는 그림책 전문가 글과 도서관에 있는 그림책을 읽었고, 나머지 시간에는 자기가 읽은 책을 소개했다. 저녁 모임 시작 시각은 19시였다. 저녁 모임에는 엄마와 함께 온 아이들도 있었다. 아이들은 도서관 온돌방에서 각자 하고 싶은 것을 했다.

저녁 모임이 있는 날, 학교 근처에서 저녁을 먹고, 슈퍼마켓에서 아이들을 위한 간식거리를 샀다. 먼저 온 분들에게 그림책 전문가가 쓴 글을 나눠 드렸다. 글을 읽고, 20시 10분까지 그림책을 읽었다. 그리고 21시까지 자신이 읽은 책을 소개했다.

나는 주로 도서관에 있는 그림책 가운데 엮어서 읽을 만한 책을 소개했다. 예를 들어 딱지나 코딱지에 초점을 맞춰 『딱지 딱지 내 딱지』, 『황금 팽이』, 『진짜 코 파는 이야기』, 『코딱지가 보낸 편지』를 엮어서 소개했다. 목욕탕과 관련하여 『장수탕 선녀님』, 『지옥탕』, 『팔딱팔딱 목욕탕』을 소개했다. 『할아버지 집에는 귀신이 산다』를 동아리 회원에게 읽어 주고, 책놀이 '마음이 통통'을 모임 마무리 활동으로 진행했다. 금세 21시가 넘었고, 모두 돌아간 도서관에서 펼쳐 놓은 그림책을 정리했다. 퇴근길이 피곤했지만, "2시간이 짧게 느껴질 정도로 즐거웠습니다!"라는 문자가 도착하는 순간 피곤함은 눈 녹듯 사라졌다. 전포초등학교 그림책모임은 내가 떠난 지금도 계속되고 있다.

S#3 부산광역시교육청, 2017년 12월 21일

연수 시작 시각이 다가왔다. 강의실로 들어가니 백화현 선생님은 강의 준비를 하고 계셨다. 백화현 선생님도 전국학교도서관모임 자문위원이시다. 선생님은 여행 가방에서 당신이 수강생에게 보여 주고 싶으신 책과 공책을 잔뜩 꺼내 놓으셨다. 나도 선생님께 사인 받으려고 챙겨 온 책을 꺼냈다. 책을 가지고 백화현 선생님께 다가갈까 생각했는데, 어느새 선생님은 강의 준비를 끝내시고, 다른 선생님들과 이야기를 나누고 계셨다. 선생님께서 이야기를 마치신 뒤 내가 앉아 있는 쪽으로 오셨다. 선생님께 수줍게 『책과 크는 아이들』을 내밀었다. 면지에는 이미 2010년 4월 14일에 백화현 선생님께 받은 사인이 있다.

김보영 선생님께

2010. 4. 14.

백화현 드림

사인이 있는 면지를 펼쳤다. 선생님은 김보영 선생님께 앞에 '사랑하는'이라고 쓰시고, 밑줄을 그어 주셨다. 그리고 울림이 있는 두 문장도 써 주셨다. 선생님은 곧 "지식정보화시대의 독서, 이젠 '함께 읽기'다'를 주제로 강의하셨다.

독서는 가던 걸음을 멈추게 하고, 내가 누구인지 알 수 있게 한다. 경제적 자립은 자유의 문제이고, 독서는 그것을 가능하게 한다. 공부가 중요하기는 하지만 가장 중요한 것은 아니다. 배움은 학교 공부와 차원이 다른 것이며, 선택이 아니라서 평생 해야 한다. 함께 읽고, 쓰고, 이야기하는 것은 배움에 대한 도전이고, 읽기모임은 이것을 경험하도록 해 준다. 말은 근거를 가지고 해야 한다.

강의를 마치신 백화현 선생님은 조의래 선생님이 그러하셨듯 소감을 듣고 싶다고 하셨다. 한 분은 당신이 올해 들었던 강의 중 최고의 강의였다고 말씀하셨다. 그리고 다른 한 명, 나는 나 자신도 모르는 사이에 손을 들고 이야기하고 있었다.

"저는 초등학교 3학년 아들이 있습니다. 아이가 입학할 때 아파트에서 읽기모임을 했습니다. 아이와 엄마로 이뤄진 여섯 팀이 매주 수요일 여덟 시에 우리 집에 모여서 함께 책을 읽습니다. 방학 때는 쉽니다. 중심이 되는 아이들이 3학년이고, 이제 4학년이 됩니다. 4학년이 되면 읽기모임 방향을 어떻게 해야 할까 고민이었는데, 선생님 강의를 들으며 읽기모임 방향을 조금은 잡을 수 있어서 좋았습니다."

백화현 선생님은 독서모임을 8년 하셨다. 2010년에 백화현 선생님 책을 보면서 나도 가정 독서모임을 하고 싶다고 생각했다. 생각을

2015년부터 실천하고 있다. 독서모임 이름이 '함께책읽기모임'이다. 아들이 초등학교에 입학하면서 아이들과 엄마들이 모여서 함께 책 읽고, 이야기 나누고, 체험하는 독서모임을 하고 있다. 1학년이었던 아이들은 지금 6학년이다. 아이들이 1학년부터 3학년 때까지는 주로 그림책을 함께 읽었고, 4학년 때는 박현숙 작가님 책을 주로 읽었다. 5학년 때는 역사동화를 위주로 읽었다. 6학년 때는 김남중 작가님 책과 여러 작가님의 역사동화를 읽고 있다.

그동안 함께책읽기모임 사람들은 조만호, 박현숙, 이예숙, 주호민, 이영아, 이규희, 김동성, 권윤덕, 김남중 작가님을 만났다. 2019년 10월에 1박 2일 일정으로 서울 문학기행도 함께했다. 역사동화를 읽은 경험을 바탕으로 서대문형무소 역사관에 가고, 『독립군 소녀 해주』 이규희 작가님을 만나서 책놀이도 했다.

2020년은 코로나19 때문에 함께책읽기모임 사람들도 사회적 거리두기를 실천하느라 거의 모이지 못하고 있다. 대신에 함께 읽기로 정한 책을 각자 집에서 읽고, 온라인에서 각자 끌리는 문장 쓰기를 하고 있다. 오늘은 2020년 9월 13일 일요일이고, 우리 모임은 111일째 하루도 빠짐없이 온라인에서 만나고 있다. 아이들이 중학생이 되더라도 '함께책읽기모임'을 하고 싶다. 이 생각도 전국학교도서관모임에서 힘을 얻어 실천할 수 있으면 좋겠다.

도서관인 윤리 선언을 읊조리며

도서관인은 직업적 책무를 수행하는 데 필요한 전문지식과 기술을 습득하고 응용하기 위해 노력한다.

도서관인 윤리 선언 가운데 내가 가장 좋아하는 문장이다. 나는 말할 수 있다. 내가 직업적 책무를 수행하는 데 필요한 전문지식과 기술은 전국학교도서관모임에서 많이 얻었다고. 또 말할 수 있다. 전국학교도서관모임에서 전문지식과 기술을 응용할 수 있도록 많은 도움을 줬다고.

전국학교도서관모임하면 떠오르는 장면이 어디 이뿐이겠냐만은 미래에도 전국학교도서관모임이 지금처럼 독서교육과 도서관을 생각하는 사람들 곁에서 뚜벅뚜벅 걷고 있기를 바라며 글을 마무리하겠다.

학교도서관에 대한
느슨한 수다
:

임가희 ㅣ 만덕중학교

프롤로그

20주년을 기념하는 글에 원고를 싣는 것이 참 아이러니한 7년 차 사서교사다. 다행히 전국학교도서관모임과의 인연은 약 13년이 넘은 것 같으니 쓸 자격이 있는 것일까. 그때는 '전국학교도서관모임'의 존재조차도 몰랐지만 말이다.

나의 학교도서관, 그리고 독서교육의 시작

처음 접한 도서관은 '공공도서관'이었다. 초등학생 때부터 학교와 집 사이에 있는 도서관에 편안하게 드나들었다. 그리고 중학생이 되어서야 처음으로 학교도서관에 가봤다. 지금 생각하면 교실 2칸이 될까 말까 한 작은 학교도서관이었지만, 읽을 책이 많아서 공공도서관에 비해 불편함을 느끼지 못했다.

고등학생이 되어서는 대부분 학교도서관을 이용했다. 심지어 친구가 같이 가자고 해서 지원한 도서부에 덜컥 합격하면서 본격적으로 학교도서관을 만났다. 운이 좋게도 우리 학교에는 사서교사가 있었다. 전은영 선생님은 도서부가 학교도서관의 주인이라고 늘 강조하신 데다가, (10여 년 뒤에야 알았지만) 전국학교도서관모임에 함께하고 계셨다!

자연스럽게 '사서교사'라는 직업을 알게 되고, 도서부 덕에 선생님과 가까워지기 좋았다. 너무 예쁘고 약간 도도한 선생님은 너무 매력적이었는데, 그 덕에 사서교사라는 직업도 매력적으로 보였던 것 같다. 언젠가 건방지게도 선생님께 "선생님은 심심하지 않아요? 재미있어요?"하고 물어본 적이 있다. 선생님께서는 너무나도 당연하고 도도한 표정으로 "재밌다."고 얘기하면서 사서교사와 학교도서관의 매력을 알려 주셨다. 그때 처음 직업으로서 학교도서관과 사서교사에 대해 진지하게 생각해 보았다. 초등학생 때부터 공공도서관을 편안하고 꾸준하게 이용했지만, 공공도서관의 조용하고 적막한 분위기, 사서와의 거리감 등으로 책은 좋지만 내 성격과 사서는 어울리진 않다고 생각한 나에게 새로운 시각이었다. 그 후로 선생님께 몇 번 더 조언을 구하고 사서교사가 될 준비를 시작했다.

　나에게 독서교육이란 언제나 '재밌는' 것이다. 원래 책을 좋아했는데, 그 이유도 '재미' 있기 때문이었다. 기억에 남는 학창 시절의 독서교육도 도서관에서 자료를 찾아서 조사했던 도서관활용수업이다. 강의식 수업이 많았던 그 시절, 새로운 정보를 책에서 찾고, 정리하고 나의 것으로 만드는 과정은 외우는 것이 아니어서 더욱 재밌었다! 재밌는 책을 읽고 퀴즈를 풀어야 했다면 독서교육이 싫어졌을 텐데, 외울게 없다니! 그래서인지 사서교사로 일하면서 한 번도 독서골든벨, 독서퀴즈 프로그램은 한 적이 없다. 대학에서 그림책과 어린이책, 청소년책을 읽는 법, 독서교육의 방법을 배우면서 현장에서 일할 것을 기대하게 되었다.

혼자지만 외롭지 않은 이유

　책과 사람을 좋아하다가, 그들을 연결 짓는 도서관에서 일하는 사서교사가 되었다. 다행히 좋아하는 것을 일찍 깨닫고, 좋아하는 것과 함께할 수 있는 방법도 빨리 알게 되어 사서교사를 직업으로 살아가는 삶에 만족하고 있다. 수업이나 프로그램에서 다양한 독서교육을 시도하는 것도 좋고 매 학기마다 새 책을 잔뜩 도서관에 들이는 것도 행복하다.

　그중에서도 학교도서관의 가장 큰 매력은 사서교사가 학교도서관장이라는 점이다. 비록 상위 기관이 있지만 자율적으로 학교도서관을 운영하는 것은 매우 재밌다. 주체적으로 움직이는 것을 좋아하는 성격이다 보니 내가 주도적으로 기획하고 도서부와 함께 실행하는 것이 제격이다. 같은 맥락에서 사서나 담당교사가 학교도서관을 업무로 임하게 되면 사서이자 교사인 사서교사의 전문성을 가지고 있어야 하기 때문에 한계를 느끼기 쉽다. 그럼에도 학교도서관과 독서교육을 위해 노력하는 선생님들이 존경스럽다.

사서교사는 학교에 한 명밖에 없다. 그러다 보니 오랫동안 지치지 않으려면 관계가 중요하다. 책을 좋아하는 선생님이 자연히 학교도서관으로 모여들기 때문에 그들과의 라포르를 형성하는 것이 힘이 된다. 수업과 프로그램을 같이 준비해서 독서교육을 실천하기도 하고, 가볍지만 정기적으로 만나서 마냥 우리가 좋아하는 책을 이야기 나누는 동아리를 함께하기도 한다. 이용자이자 협력 관계인 것이다.

때로는 1을 이야기하면 10을 이해하는 사람도 필요하다. 이를 위해서는 같은 일을 하는 동료 사서교사와의 만남이 필요하다. 각자 근무하는 학교 환경의 차이는 있지만, 기본적인 도서관 운영과 독서교육의 목표, 마음가짐이 비슷하기 때문에 누구보다도 든든하다. 좋은 프로그램이 있으면 공유하고, 멀리서 작가를 같이 모시고, 수업 지도안을 함께 개발하며 쌓아 가는 정은 내가 일을 하면서 얻은 보물들이다. 매일 혼자 있으면 외롭지 않냐는 질문도 받지만, 몸이 떨어져 있지만 마음이 닿아 있는 사서교사들이 있어서 전혀 외롭지 않다. (물론 수시로 찾아오는 학생들 지분도 크다. 쉬는 시간과 점심시간이 제일 바쁜 게 학교도서관이다.)

배움의 폭을 넓히면서 전국학교도서관모임 등에 참여하며 다른 지역 선생님도 만날 수 있는 기회들이 생겼다. 자주 보지는 못하지만 전국에 같은 마음으로 독서교육을 실천하는 선생님들이 많이 있다는 것을 느끼면 위로가 된다. 사서교사, 학교도서관, 독서교육에 대해 잘 모르고 관심이 없는 일부 선생님에게서 받은 상처를 덮어 준다. 부당한 일들에 함께 맞서서 실질적인 도움도 받는다. 혼자면 할 수 없는 일들을 여러 단체의 힘을 빌려 이뤄 내고 있어 늘 감사하고 있다.

학교도서관에 몸담고 있는 선생님, 특히 동료 사서교사에게 감사함을 표하고 싶다. 그리고 아직 소모임부터 전국 규모의 단체까지 다양한 관계의 매력을 깨닫지 못한 선생님들께 꼭 권하고 싶다. 때로는 사적이고 때로는 공적인 이 만남들이 있어야 지치지 않는 교직생활을 할 수 있다. 여럿이 맞대어 만들어 내는 독서교육과 도서관 운영이 더 신이 나고 과감하고 지속적이기 때문이다. 처음은 서먹하더라도 책을 사랑하는 사람 중에 나쁜 사람은 없으니 너무 걱정하지 않아도 된다. 혼자 애쓰고 있는 선생님이 있다면 꼭 연결을 시도해 보시길 바란다. 물론 나에게도 언제나 대환영이다!

늘 같아 보이지만 변화하는 이유

학교도서관은 늘 그 자리에 있다. 학교의 어느 특정 공간을 차지하고 있으며, 이용자도 학생과 교직원으로 한정적이다. 아이들에게는 새로움이 필요하고 그들만의 문화가 필요하다. 그런데 신간자료 외에는 도서관에서 변화가 없다면? 안정감보다는 새로움과 즐거움이 먼저

일 아이들에게 학교도서관은 맨날 가 봤자 책만 있는 곳이어서는 안 된다. 계속 변화가 있어야 한다.

새로운 것들이 던져질 때 흠뻑 맞아야 한다. 코로나처럼 강제로 받아들여야 하는 현실도 있지만 작은 책방, 큐레이션, 문화로의 독서, 토론이 아닌 책수다 등등 매력을 뿜어 내는 새로운 것들은 너무 달콤하다. 우리 학교도서관에서도 이런 매력을 담을 수 있으면 얼마나 좋을까. 학교도서관에서의 즐거운 독서 경험은 아이들이 졸업을 하고나서도 계속 책을 찾고 싶게 만들 것이다. 그리고 공부 압박에 눌려서 청소년 문화가 제대로 형성되지 않는 것도 속상하다. '놀아도 도서관에서 노는 것'을 좋아하는 어른들이 보기에도 좋으면서 동시에 아이들도 자발적으로 즐길 수 있는 청소년 문화로의 학교도서관이 지속적인 고민이다.

요즘의 화두는 큐레이션과 공간인 것 같다. 경복궁 등 실물을 보면서 배우는 역사와 교과서 속 사진으로만 배우는 역사가 다른 것처럼, 연수로 듣고 책에서 읽은 큐레이션을 서울의 A서점에서 직접 둘러보는 것은 차원이 달랐다. '주제별 상황목록'에서 그칠 것이 아니라 그 테마에 어울리는 소품들을 함께 판매한다는 것은 일부 상업적이지만 매력이 그보다 더 크게 다가오는 것이 사실이다. 복합문화공간으로서의 별마당도서관은 도서관이 더 이상 조용하기만 한 공간이 아니고 음식물 반입 금지의 공간이 아니라는 것을 명백히 보여 준다. 작은 책방들은 온라인 서점과 대형서점, 중고서점 속에서도 도서관과 책방이 존재해야 할 가치를 알려 준다. 부산의 맨발동무도서관과 서울 구산동 도서관마을은 어린이청소년도서관에서 어디까지 할 수 있는지 보여 주었다.

도서관에 신간코너와 000부터 900까지만 있는 것이 아니고, 진로코너나 청소년코너만 있는 것이 아니고. 조금 더 세분화하고 싶다. 요리, 반려동물, 우주, 부산, 책, 사랑, 코로나, 축구 등등. 책만 소개하지 말고 음악도 영화도 TV프로그램도 문구 등 아이템도 같이 두고 싶다. 아직 어설픈 도전들뿐이지만 시간이 쌓이고 동료들과 함께하면 금방 자리를 잡겠지.

떠올려 보니 나의 이전 화두는 '책수다 모임'이었다. '청소년 문화'라는 큰 맥락은 함께한다. 도서관에서 친한 친구와 맛있는 간식을 먹으며 책수다 나누기. 관련 책을 읽고 연수를 듣고 함께하는 동료 선생님들과 고민하면서 어느 정도 느슨한 틀은 짜여졌다. 그리고 이제 책수다 모임을 할 만큼 책에 관심이 있진 않은 아이들을 위한 공간 구성을 동반한 큐레이션에 관심이 간다. 청소년 문화에서 학교도서관이 할 수 있는 역할이 다양하니 지루하지 않고 재밌다. 나중에 이 책을 다시 읽을 때는 무엇에 초점을 맞출지 궁금하다.

전국학교도서관모임이 가져다준 배움

사서교사가 된 후, 선배 선생님들의 소개로 전국학교도서관모임카페에 가입했다. 첫해에는 카페에서 필요한 자료들도 찾아보고, 막연히 뭘 해야 할지 모를 때 선생님들의 글을 읽으며 학교도서관의 일을 가늠하기도 했다. 지금은 없어졌지만, 홈페이지에서 하는 책 선물에도 자주 응모해서 당첨되기도 했다. 교육 경력이 쌓이면서 내가 받은 도움을 돌려줘야 하는데, 점점 방문도 하지 않게 되었다. 부산에 함께 하는 선생님들의 직접적인 도움이 더욱 빠르고 실용적이라 어쩔 수 없다는 핑계(?)를 들어 본다. 그리고 전국학교도서관모임 단톡방이 생기고 나니 그곳에서 더욱 많은 정보를 빠르게 얻고 있다.

요즘에는 학교도서관, 사서교사와 관련된 단체가 더 많아졌다. 전국학교도서관모임과 많은 선생님들의 노력의 결과라고 할 수 있다. 새로운 단체의 구성원들 역시 전국학교도서관모임의 선생님과 겹치는 경우가 많았다. 또한 이 모임에서 많은 것을 배웠기 때문에 세분화된 단체가 생겨날 수 있었다는 게 보인다. 다만, 여러 단체를 동시에 처음 접하는 신규 선생님들은 대체 무엇을, 왜, 그리고 꼭 함께해야 하는지에 대한 의문이 들 것도 같다. 나 역시 신규 발령을 받을 때만 해도 교원단체는 관심도 없었고, 그동안 임용고사 준비로 힘들었던 나를 위한 시간과 에너지가 더욱 절실하게 느껴졌으니 말이다.

그러다 대학에서 배운 것만으로 학교도서관 운영을, 독서교육을 원활하게 꾸려 가는 데는 한계가 있다는 것을 느끼고 학교도서관과 독서교육의 새로운 아젠다들이 자꾸 생겨나는 것에 함께하고 싶어 자연히 배움을 좇게 되었다. 부산의 선배 사서교사들이 어떤 것을 배우는지, 어디서 배우는지 좇아다니다 보니 책놀이 연수, 책톡!900독서클럽, 전국학교도서관모임 운위와 연이 닿게 되었다. 여기서 배우고 얻은 자료들과 자산들은 다른 교육청 연수에 비해 시대에 발맞추고 있다는 느낌을 많이 받은 데다가 활용하기도 좋고 아이들의 반응도 좋았다! 나 역시 성장하고 있다는 만족감이 높았다.

일례로 처음 전국학교도서관모임 운위에 참여했을 때는 굉장히 부담스러웠다. 전국의 누군지는 모르지만 왠지 엄청날 것 같고 (겨우 이름만 들어 본 선생님은 엄청나게 유명한 연수에 강사로 다니시는 이덕주 선생님이라든가 이성희 선생님, 책의 저자로만 만난 백화현 선생님이니… 다른 분들도 마찬가지일 거라는 합리적인 추론에) 대선배 선생님들을 만나는 것이 괜히 부담으로 다가왔다. 부산에서 무언가를 전달해야 할 것 같은 괜한 압박감도 느꼈다. 친한 선생님이 함께 가지 않았다면 절대 엄두도 내지 못했을 것이다.

막상 올라가니 저경력 선생님들이 올라왔다고 대환영해 주시는 분위기에 더해 혼자서는 생각도 못 했던 아이디어들을 얻었다. 솔직히 자세한 내용은 기억나지 않는다. 구산동 도서관마을이라는 곳에 처음 가 보고 받은 충격, 전국에 이렇게 학교도서관을 위해 고민하고 노력하는 선생님들이 존재한다는 것에 대한 감동, 교직원 회의와 다른 민주적이고 편안하면서도 열띤 회의 문화에 대한 놀라움. 이 세 가지는 전국학교도서관모임 운위에 가 보지 않았다면 조금 더 오랜 교육 경력을 쌓은 후에야 체득하지 않았을까 싶다.

기본적으로 학교도서관과 독서교육, 책에 대한 애정이 넘쳐 나는 선생님들이 모인 공간이라 모두들 아름답다. 세부적인 내용에서 의견이 불일치할 때도 있지만 함께하려는 목표와 목적의식이 비슷해서 그런지 결국 좋은 방향을 찾아 나간다. 솔직히 학교 내에서 이런 경험을 하기란 너무너무 어렵다 보니 계속 운위에 참여하려는 매력을 느꼈다. 때론 조금 많이 힘들기도 하고, 내 시간과 에너지를 쓴다는 것이 쉬운 결정은 아니지만 무언가 제대로 배울 수 있고, 제대로 함께

할 수 있다는 확신을 얻었다.

그리고 이 배움은 부산사서교사회를 포함한 여러 모임에서 활동하는 데 많은 도움이 되었다. 연수 강사를 섭외하는 방법부터 즐거운 연수를 위한 식사와 장소를 포함한 전체 일정을 기획하는 방법을 어깨 너머로 따라 하며 배웠고, 더 중요한 것은 선생님들에 대한 믿음을 배웠다. 어떤 모임이든 개별적으로는 아직 더 가까워져야 하는 선생님이 대부분이지만, 이 모임에 참여하고 있다는 것에서 공통 목표를 함께할 수 있다는 믿음을 배웠다. 전국학교도서관모임에 참여하는 대부분의 선생님보다 나는 아직 많이 배워야 하는 입장이다. 그래도 '넌 아직 모르니까 배우기나 해.'라는 느낌을 받은 적은 없다. 같은 목표를 향한 동료교사로 존중해 주는 공기가 너무 좋다. 이미 전국학교도서관모임은 탄탄한 모임이라서 가능할지도 모르겠다. 그래서 내가 할 수 있는 만큼만 해도 된다고 생각하니 처음 올라갔을 때 느낀 부담은 많이 줄어들었다.

지금은 상상도 못할 만큼 다양한 지역에 다양한 선생님을 알게 되었다. 사서교사가 아니어도 책과 도서관에 애정이 있는 교과 및 초등교사를 알게 되었다. 전국모임이다 보니 자주 보지도 않지만, 괜히 책이나 단톡방에서 이름이 언급되면 반갑고 실제로 만나면서 내적 친밀감이 더욱 커진다.

전국학교도서관모임이 가져다준 인연

사실, 전국학교도서관과의 첫 만남은 나도 모르는 사이 이미 시작했었다. 고등학교 도서부 시절, 전은영 선생님과 함께 경남 도서부연합모임에 참여했다. 어떤 이야기를 했는지, 무슨 활동을 했는지 기억이 나지는 않지만, 다른 학교 학생을 만나는 것이 참 신기했던 것은 확실하다.

이듬해 '1318책벌레 독서캠프'에서 함께했던 모둠 이름 '배가쟁이, 생애 최고의 순간'은 제목 그대로 잊을 수 없다. 고3 올라가는 겨울방학 배짱 좋게도 2박 3일간의 독서캠프에 참여하러 갔다. 선생님의 차를 얻어 타고 김해에서 경기도까지 올라가는 일은 마냥 재밌었다. 이렇게 멀리 캠프를 하러 가다니! 뭘 하는지 모르겠지만 선생님이 데려가는 거라면 믿고 따라갈 만했다. 국립어린이청소년도서관에도 가 보고, 내 생애 처음으로 연극도 보고, 파주출판단지에는 반해 버려서 작년에도 다녀왔다! 작가님도 만나고 사인도 받고 평소에 할 수 없는 일들의 연속이었다.

그리고 책도 만들었다. 바로 독서캠프를 절대 잊을 수 없게 만든 핵심이다. 모둠별로 캠프 내용에 대한 책을 만들어야 했고, 왜인지 과하게 몰입한 나는 편집장 역할을 하며 완성도 높은 잡지처럼 만들기 위해 예비 고3의 시간을 탈탈 털어 썼다. 나중에 책자로 받았을 때는 합본이어서 사실 좀 많이 아쉬웠지만, 그래도 다른 모둠들보다 잘 만들었다며 콩깍지에 씌여서 지금까지 책을 보관하고 있다. 게다가 책만들기 때문에 전국으로 흩어져 있는 모둠원들과 캠프 이후에도 계속 연락을 하게 되었다. 그중에 지금까지도 연락이 이어지고 있는 유일한 한 명은 평생 함께 살 예정이기도 하다.

지금 사서교사의 입장에서 생각해 보면, 모든 것을 총망라한 최고의 독서캠프였다. 이 정도의 독서캠프는 앞으로도 없지 않을까. 처음 만나서 몸놀이로 친해지는 것부터 국립어린이청소년에서 즐겼던 도서관 추적놀이, 도서관 문화제라는 이름으로 한 책놀이의 초창기 모습. 김훈, 정호승, 이금이 등 쟁쟁한 작가와의 만남. 자간, 장평 등 있어 보이게 만드는 편집기술을 내가 써먹을 수 있다는 것이 인상적이었던 출판인의 강의와 이를 토대로 직접 만드는 책 만들기. 출판사 견학 및 인터뷰를 포함한 파주출판단지 기행. 책을 원작으로 한 연극 관람까지! 한 번에 하나씩 하기에도 버거운 독서교육활동을 이렇게 하나에 버무려서 이뤄 내다니, 그 당시 운영했던 선생님들이 너무 대단하기만 하다.

당연히 경남 도서부 모임이나, 1318독서캠프나, 참여자의 입장으로 마냥 즐겁게 참여했지, 이게 전국학교도서관모임과 연관이 있다는 건 생각도 못 했다. 사서교사로 발령 난 후, 선배 선생님들과 이야기를 하다가 고등학교 때 사서교사가 있었고, 도서부였다는 이야기가 나왔다. 도서부활동 중에서 1318독서캠프에서 남자친구도 만나고, 참 인상 깊은 일이 많았었다고 하다가… 음? 1318독서캠프? 이성희 선생님? 그 연수 오신 선생님? 전국학교도서관모임? 하면서 나도 몰랐던 연결고리가 착착 맞춰졌다. 그 자리에서 바로 이성희 선생님과 통화하고 "덕분에 학생이었던 제가 이렇게 사서교사가 되어 현장에 있습니다." 연락했던 기억이 생생하다. 나중에 연구소 자료에서 그 당시 활동하셨던 선생님의 성함을 명단에서 발견할 때마다 혼자 속으로 기분이 좋고 그랬다. 아마 이제는 나처럼 전국학교도서관모임의 활동을 계기로 사서교사가 된 선생님이 더 있을 것 같다. 20년 동안의 축적된 활동이 다시 사람으로 돌아오기도 하는 것이다.

에필로그

이번 20주년 출판국에서 활동을 하면서 감사하게도 집필진에도 포함되었다. 20주년 활동 중에 참여한 기간이 가장 짧을 것 같음에도 끼워 주셔서 마냥 부끄럽고 민망하다. 코로나19로 인해 제대로 되는 건 없으면서 시간만 자꾸 흘러가다 보니 포기할까 생각도 많이 들었다. 내 글 하나 없어도 이 책은 잘 만들어질 것을 알고 있다.

하지만 짬이 난 시간에 다른 일을 제쳐 두고 일단 쓰던 원고를 열었다. 나에게 언제 이런 기회가 또 주어지겠냐는 생각에 머릿속 한 켠에서 계속 욕심이 났기 때문이다. 그리고 나와 비슷하거나 더 적은 경력의 선생님들께 용기를 주고 싶었다. 여러분, 여기는 시작만 하면 받아 주고, 알려 줍니다. 20년이라는 세월 속에 엄청난 내공을 가진 선생님들이 계시지만 (학교에서 일부 경험한 것과 달리) 친절하고 다정하게 알려 주면서도 동료교사로서의 존중을 잃지 않아요.

나의 꾸준한 발전과 성장을 위해 함께하기 좋은 모임이라는 걸 늘 느낀다. 부족함에도 탓하지 않으며 반갑게 맞이해 주시고 격려해 주시는 선생님들께 감사드린다.

도서관모임,
나를 키우다

:

박정해 | 등원중학교

올해 내 나이 50. 우스갯소리로 반세기를 살아왔다. 그중 거의 반에 가까운 20여 년의 시간을 도서관과 그곳에서 만난 사람들과 함께했다. 20년 전만 하더라도 상상도 해 본 적 없는 삶이다. 도서관과 담을 쌓고 살던 사람이 이렇게 도서관과 밀접한 삶을 살다니 인간의 삶이란 한 치 앞을 예측하기가 어렵다.

도서관과의 첫 만남

초·중·고 학창 시절 동안 내게는 학교도서관이 없었다. 초등학교, 중학교 때는 물리적인 공간으로서의 학교도서관이 아예 없었고(실제로 있었을 수도 있으나 내 기억 속에는 없다.), 고등학교 때는 한 켠에 먼지 쌓인 오래된 책이 있기는 하나 칸막이 책상을 두고 자습실로 쓰는 이름만 도서관인 공간이 있었다. 주말마다 공부하러 갔던 공공도서관은 서가와 열람실을 갖추고 있었지만 내게는 요즘의 독서실처럼 자습할 수 있는 공간의 의미밖에 없었다. 공부하다 지쳐 잠시 쉬려고 도서관 서가를 기웃거리곤 했지만 그곳의 책을 마음대로 꺼내 읽거나 빌려 갈 수 있다는 생각은 전혀 하지 못했다. 대학 시절 그 많은 책을 품고 있던 대학도서관도 내게는 학창 시절 공부하러 가던 공공도서관 열람실과 별다를 바 없었다.

1995년 첫 발령을 받은 학교의 도서관은 교실 0.5칸 정도 규모의 작은 창고였다. 폐가식이었고 도서관 담당교사와 도서부의 아지트로 쓰이고 있었다. 그러다 1999년 두 번째 학교에서 드디어 도서관다운 도서관을 만나게 되었다. 전국국어교사모임에서 발행한 잡지에서 읽은 한 편의 글이 그 시작이었다. 지금은 글쓴이가 기억이 나지 않지만 도서관을 개가식으로 만들어 학생들이 마음 편히 찾아와 책을 읽을 수 있게 해 주고, 도서관과 책을 활용해 국어 수업을 하는 선생님이 쓰신 글이었다. 나로서는 한 번도 경험해 보지 못한 일이지만, '이리 되면 정말 좋겠구나.' 하며 도서관을 꿈꾸기 시작했다. 꿈조차 꾸지 못하는 것과 꿈을 꾸는 것은 차원이 다르다. 꿈을 꾸면서부터 나의 눈과 귀는 도서관을 향해 나아가고 있었다.

그 즈음에 전국적으로 학교도서관 활성화 사업이 벌어지기 시작했다. 폐가식이던 도서관을 개가식으로 바꾸고, 도서관 전산화 사업도 시작되었다. 내가 근무하던 학교에서도 변화의 바람이 불기 시작했다. 전국학교도서관모임 초창기 멤버이기도 한 장승완 선생님께서 교실 한 칸짜리 창고였던 도서관을 전산화 작업을 하면서 개가식으로 바꾸었다. 학생들이 좋아할 만한 만화책도 구비하고, 수도시설을 끌어와 정수기도 설치하고, 도서관 운영을 도와줄 보조 인력도 구했다. 수업을 하는 교과교사이면서도 도서관에 상주하며 도서관을 쉬는 시간, 점심시간, 방과 후까지 학생들에게 개방했다. 도서반을 도서관 운영의 핵심 중추로 키우기도 하면서 선생님께서는 6개월 사이에 창고였던 공간을 잡지 속에서 보고 내가 꿈꾸던 공간으로 바꾸어 놓으셨다. 나는 그 공간에 틈만 나면 놀러 가서 서가를 둘러보고 마음에 드는 책을 읽곤 했다. 서가에는 고전으로 불리는 세계명작이나 어려운 사회과학 책 대신 청소년들이 읽기에 적당한, 재미있고 쉬운 책이 많았다. 그곳에서 난 학창 시절 도서관에서 경험해 보지 못했던 책과 함께하는 행복한 시간을 뒤늦게 보상이라도 받듯이 즐겼다. 그러고 보니 초등학생 때 난 집에 있던 소년소녀세계명작 50권을 읽고 또 읽고, 남의 집에 가면 그 집 서가를 먼저 살펴보던 책을 좋아하던 아이였다.

얼마 되지 않아 선생님께서는 몸이 안 좋아지셔서 학교를 그만두셨다. 적지 않은 나이에 열정을 쏟아 도서관을 만들다 보니 그러셨을 것 같다. 자연스럽게 도서관 업무는 내 차지가 되었다. 그러나 주인이

3장 전국학교도서관모임과 함께한 사람들

있는 도서관에 놀러 다니는 것과 그 도서관을 직접 운영하는 것은 차원이 다르다. 학창 시절 변변한 도서관 이용 경험도 없고, 문헌정보학에 대한 기초 지식도 없던 내가 호기심만으로 도서관을 운영하기는 어려웠다. 그러다 2002년 처음 열리는 참실대회에 학교도서관분과가 있다는 얘기를 듣고는 옳다구나 하며 참가를 했다.

그 첫 참실대회에서 백화현 선생님을 만났다. 평등교육을 꿈꾸는 선생님께서는 열악한 학교 현장에서 더더욱 학교도서관이 필요하다는 것을 깨닫고, 동료교사와 교장선생님을 움직여 학교도서관을 만들고, 보조 인력을 구하고, 학생들을 도서관으로 책으로 이끌기 위해 다양한 활동을 하고 계셨다. 도서관에 대한 선생님의 애정과 열정은 밤새도록 이어졌고, 그 밤 한 방을 썼던 서울 지역 선생님들이 이후 학교도서관분과 서울모임을 만들었다. 서울모임에 참여하게 되면서 나의 제2의 인생이 시작되었다.

서울모임의 막내로 시작하다

그렇게 우연히, 아니면 운명적으로 서울모임의 창단 멤버가 된 나는 그 이후 육아나 다른 사유로 모임을 잠시 떠나 있었던 적이 한 번도 없다. 그러다 보니 나의 서울모임 활동 이야기는 서울모임 활동사와 거의 일치한다. 그리고 노래 잘하고 춤 잘 춘다고 귀염받던 막내가 서울모임의 대표이자, 전국모임의 일꾼으로 성장한 과정을 보여 주는 한 편의 성장드라마이기도 하다.

서울모임 초창기에는 아이들에게 추천할 만한 책 목록을 만들고 그 책으로 하는 독서수업 사례를 개발하는 일을 주로 했다. 그 당시 서울모임 선생님들은 이미 책 읽기를 즐겨 하던 사람들이라서 알고 있는 좋은 책도 많고, 책을 읽고 그 가치를 판단하는 안목도 상당히 뛰어난 편이었다. 반면에 독서능력이 중학교 1학년 수준에 머물러 있던 나는 좋은 책을 추천하는 일은 엄두도 못 내고 다른 선생님들이 추천한 책을 읽어 내기에도 벅찼었다. 2주 만에 3~4권의 책을 읽어 내는 일도 힘들었지만, 나는 아무런 감흥도 받지 못한 책을 다른 선생님들이 강력 추천할 때 공감을 할 수 없어서 힘들었다. 자신 있게 '이러저러한 이유로 이 책은 별로에요.'라고 말할 정도로 판단은 되지 않고, 그렇다고 아무 느낌도 없는데 공감할 수도 없어서였다. 지나고 나서 보니 그때의 나는 사건 중심으로 이야기 전개가 빠르게 진행되는 작품에는 재미를 느끼고, 인물의 심리나 감정 묘사가 주가 되는 작품에는 공감도 못 하고 재미도 못 느끼고 있었다. 그런데 다행인 건 대부분의 학생이 나와 비슷한 상태라는 점이다. 그러다 보니 나는 서울모임에서 본의 아니게 학생의 입장을 대변하며 학생의 눈높이에 맞는 책을 선정하는 데 공헌을 하게 되었다.

2년간의 책 목록 작업을 통해 우리 모임에서는 중학생용과 고등학생용 두 권의 권장도서목록(얘들아! 책 읽자)을 만들어 냈다. 이 목록은 여러 학교로 퍼져서 해마다 각 학교에 맞춰 업그레이드된 버전이 계속해서 소개되고 있다. 나는 2년간 집중적으로 했던 독서와 토론을 통해 어휘력, 이해력, 공감력 등이 폭발적으로 증가해서 이후 독서의 효능을 전파하는 전도사 역할을 하고 있다. 그때 정말 공감하기 힘들었던 신시아 라일런트의 『그리운 메이 아줌마』를 한동안 해마다 읽었었다. 도대체 이 책이 왜 그렇게 감동적이라고 하는지 알고 싶어서였다. 나의 독서감수성을 측정하는 테스트북인 셈이었다. 이제는 나도 '메이 아줌마'를 그리워하는 '서머'의 마음에 공감할 수 있게 되었다.

초보 엄마, 책으로 성장하다

서울모임에 첫 발을 내디뎠을 때 난 3살과 5살짜리 두 아이를 키우는 초보 엄마이기도 했다. 도서관과 서울모임은 나를 교사로 키워 주기도 했지만, 훌륭한 엄마로 키워 주기도 했다. 내가 서울모임에서 책으로 성장한 것처럼, 우리 아이들도 서울모임 덕에 책으로 성장할 수 있었다. 아이에게 책 읽어 주기, 아이와 도서관에 가기, 아이 친구들과 함께 책모임 하기 등 서울모임에서 논의되는 이야기들을 나는 바로바로 우리 아이들에게 실천해 볼 수 있었다. 백화현 선생님께 배운 가정독서모임을 큰애와 작은애 친구들과 각각 4~5년씩 꾸려 나갔었다. 가정독서모임을 하면서 사춘기 시절 아이와 소통할 수 있었고, 아이의 진로 탐색을 도와줄 수 있었다. 특히 독서모임에서 하는 이야기와 엄마로서 하는 이야기가 달라지지 않도록 언행일치의 삶을 살려고 노력하게 되었다. 세 번의 해외 도서관 탐방 여행 때 큰아이와 작은아이를 각각 한 번씩 데리고 나가 아이들의 견문도 넓혀 주고 공부하는 엄마의 모습도 보여 줄 수 있었던 점은 특히 큰 행운이었던 것 같다. 또한 사교육을 조장하는 각종 육아상식이 난무하는 시기에 바르게 아이를 키워 가고 있는 선배교사의 모습과 책 속 스승들의 모습을 나침반 삼아 가면서 그나마 덜 흔들리며 우리 아이들을 제 색깔대로 키우는 행운을 얻을 수 있었다.

서울모임의 일꾼으로 성장하다

서울모임에서는 서로에 대한 칭찬이 늘 넘쳐 났었다. 그 중심에는 백화현 선생님이 계셨다. 백화현 선생님께서는 귀신같이 그 사람의 장점을 알아차리고는 칭찬을 쏟아 내셨다. 때론 이게 칭찬거리가 되나 싶은 것도 칭찬을 하시면서 상대방의 기를 세워 주셨다. 그런 선생님께 내가 첫 3년간 받은 칭찬은 "박정해 샘은 노래도 잘하고 춤도 잘 춰."였다. 처음에는 칭찬을 받아서 기분이 좋았지만 3년이 다 되어 가는데도 책이나 수업 등 다른 전문적인 부분에서 칭찬을 받지 못하니까 뭔가 보여 주어야겠다는 욕심이 생겼다.

서울모임 선생님들은 책이나 교육 부분 등에서는 다들 전문가인데 운전이나 돈 관리 등 실무 부분에서는 미숙한 사람들이 많았다. 이 부분은 내가 잘할 수 있을 것 같아 서울모임의 총무를 맡게 되었다. 다행히 총무 일이 나와 잘 맞았다. 책이나 연구 부분에서는 두각을 나타내지 못했는데 모임의 살림을 이끌어 나가는 일은 그리 어렵지 않고 재미도 있었다. 그러다 2006년 성균관대에서 우리 모임 이름으로 3박 4일간의 직무연수를 진행하는 큰일을 맡게 되었다. 당시에는 지역모임에서 번갈아 가며 도서관 직무연수를 진행했고, 연수 참가자들은 숙박비와 식비 등 모든 경비를 본인이 지불하고 기꺼이 연수에 참여했었다. 서울 지역 선생님을 대상으로 당일치기 연수를 몇 번 진행해 본 적은 있지만, 전국단위에서 연수생을 모집하고 연수 전체를 진행하는 일은 우리 모임에서도 처음 해 보는 큰일이었다. '체험으로 익히는 학교도서관 운영'이라는 연수 주제로 토론과 워크숍, 책놀이, 문화체험 등 다양한 방식으로 진행되는 3박 4일의 연수를 준비하면서 모임에서 함께 의논하고 준비하기는 했지만 실무는 대표와 총무 두 명이서 책임지기로 했다. 연수 신청, 안내, 이수증 발급 등 행정적인 업무는 대표인 박혜경 선생님이 주로 담당하셨고, 나는 연수생과 강사 포함한 90여 명을 3박 4일 동안 먹이고, 재우고, 버스를 대절해서 문화체험 나가는 일 등을 담당했다. 처음 해 보는 큰일이라 힘든 부분이 많았지만, 서울모임 선생님들이 알아서 척척 도와주신 덕에 연수를 무사히 잘 마칠 수 있었다. 그 큰일을 한 번 해내고 나니까 세상 무서운 일이 없어 보였다. 백화현 선생님께서 늘 말씀하시는 '모임을 통해 성장하는 경험'을 할 수 있었다. 그 덕에 이후 두 차례의 전국단위 직무연수나 전국모임 사무처장으로서 여러 차례 참실대회 진행을 맡았지만 큰 어려움 없이 일을 해낼 수 있었다. 이런 실무 경험과 뭐든 함께하면 할 수 있다는 믿음이 쌓이다 보니 서울모임 대표나 전국모임의 조직국장, 사무처장, 연구소장 등 처음 해 보는 큰일을 겁 없이 맡게 된 것 같다.

넓은 세상을 보고 오다

서울모임의 대표적인 업적이라고 하면 뭐니뭐니해도 외국 도서관 탐방 3부작을 진행하여 4권의 단행본을 만든 일이라고 할 수 있다.

나는 운 좋게도 세 번의 여행을 함께할 수 있었다.

첫 여행에서 총무로서 유럽의 밤거리를 헤매며 술을 사러 다닌 기억이 새록새록 난다. 2~3시간 정도 스쳐 가면서 본 것들에서 어떤 의미를 찾을 수 있을까? 과연 내가 책을 쓸 수 있을까? 하는 의구심에 불안하던 때라 여행이 마냥 즐겁지만은 않았었다. 그래도 세 번의 여행을 무사히 잘 마쳤고, 책은 내 예상보다 늘 괜찮은 상태로 세상에 나왔다. 내가 가진 역량보다 늘 높은 수준을 요구하는 과제들이 이어졌지만, 다른 사람들과 함께 '도장 깨기' 하듯이 과제를 하나하나 해결하다 보면 어느새 조금은 성장한 내 모습을 볼 수 있었다.

외국에서 많은 것을 보고 왔다고 해서, 모임에서 여러 연수를 받았다고 해서, 내 삶에 전에 없던 드라마틱한 변화가 일어나지도 않고, 새로운 일을 거침없이 해내는 능력이 생기지도 않는다. 단지 그렇게 보고 느꼈던 것이 내 안에 녹아 있어 남보다 한 발자국씩은 앞서 보고, 넓게 본다는 느낌은 있다. 외국 도서관을 하도 많이 보다 보니 도서관을 이루는 '공간'의 의미에 대해 좀 더 생각해 보게 되었다. 책을 없애고 그 자리에 모둠활동 공간을 넣은 미국 고등학교 도서관이나 책 대신 컴퓨터와 사람이 모일 공간을 더 만드는 뉴욕 공공도서관의 모습을 보면서 인터넷상의 정보와 사람들 간의 협업의 중요성에 대해 생각하며 우리 교육과 도서관이 나아갈 방향에 대해 생각을 해 볼 수 있게 되었다. 청소년센터가 도서관 가운데 들어와 있는 북유럽의 도서관을 보면서 우리나라 청소년들을 위한 청소년센터 건립의 필요성에 대해 생각해 보게 되었고, 우리 동네에 지역 주민들이 꾸려 가고 있던 조그마한 청소년센터의 가치를 깨달을 수 있었다. 마을과 협력하여 아이를 키우는 일이 왜 필요한지도 체감할 수 있었다.

느리더라도 한눈팔지 않고 우직하게 가다 보면

서울모임은 2002년 첫 참실대회에서 만들어져서 지금까지 이어 오고 있다. 중간중간 사람이 들어오고 나가면서 구성원의 변화가 있었지만, 난 아직까지 남아 있는 초창기 멤버 중의 한 사람이다. 첫 3년간은 역량이 부족해서 딱히 모임에 별 도움을 주지는 못하고, 다만 기죽지 않고 배우는 자세로 선배교사를 따라다녔다. 오랫동안 빠지지 않고 모임에서 활동을 하다 보니 이제는 모임의 운전기사로, 모임의 대표로도 자리잡게 되었다. 이제는 하나둘 교단을 떠나는 선배교사와 새로 들어온 후배교사 사이를 연결하는 다리 역할을 하고 있다.

나는 도서관모임이나 수업 현장에서 선도적으로 시범을 보이고, 사람들을 이끌어 가는 역할을 하지는 못한다. 앞서 나가는 사람을 보며 그 방향으로 나아가기 위해 천천히 주위 사람들과 함께 나아갈 뿐이다. 동료교사와 학생, 학부모, 가족에게 책을 권하고, 내가 경험한 도서관이나 독서문화를 소개하며 예전에 내가 책을 만나 행복한 경험을 시작한 것처럼 그들이 그렇게 기쁨에 눈 뜨는 것을 보는 게 좋다. 느리기는 하지만 다른 데 한눈팔지 않고 우직하게 20년을 도서관과 책과 함께하다 보니 세월이 안겨 준 소중한 유산들이 내게 쌓이는 것을 느낀다. 토끼처럼 빠르지는 않지만, 거북이처럼 느릿느릿 앞서 나간 이들을 따라가며 내 뒤에 오는 사람들을 이끌어 가며 남은 삶도 이리 살고 싶다.

도서관에서 책과 함께
살아온 이야기

:

송경영 | 동작중학교

도서관에 처음 발을 딛던 기억을 더듬다

내가 처음으로 도서관에 발을 디딘 기억은 초등학교 5학년으로 거슬러 올라간다. 시골에서 가난한 농부의 딸로 태어난 나에게 동화책은 귀한 존재였다. 물론 지식인이었던 아버지가 보던 한학책이나 역사책, 문학집이나 철학책은 집에 있었지만, 동화책은 없었다. 처음 입학했던 초등학교는 작은 학교였는데 도서관이 있었는지 기억이 없다. 가 본 적이 없었으니 그럴 만하다. 산을 2개나 넘어서 1시간 50분이

나 걸려 등하교를 해야 했던 학교를 4학년까지 다니다 5학년 때 좀 가까운, 좀 큰 학교로 전학을 했다. 전학해서 난 친구를 사귀지 못했다. 늘 외톨이처럼 혼자 다니던 나는 하굣길에 교실을 나와 복도를 쭉 걸어가다가 보통 교실과 조금 다른 교실을 발견했다. 그 교실엔 운동장가 유리창이 있는 아래 공간까지 온통 벽면에 책이 빼곡히 꽂혀 있었다. 호기심을 이기지 못한 나는 그곳으로 조심스레 발을 디뎠다. 그곳은 신비로운 또 다른 세상이었다. 두근두근 심장이 뛰었다. 조심스레 책 한 권을 빼 들었다. 교실 바닥에 쪼그려 앉아 책을 읽으며 펑펑 소리 내 우는데 누군가 어깨를 흔들었다. 애야, 왜 여기에서 울고 있니? 책을 읽고 있었어요. 그래? 무슨 책인데 그렇게 슬퍼? 내 가슴으로 쿵쾅거리며 들어온 최초의 책, 지금도 제목만 떠올려도 눈물이 날 것 같은, 최초의 동화책 제목은 바로 『플란다스의 개』이다. 선생님은 이웃 반 선생님이셨는데 아마 사서 역할을 맡아 하고 계셨던 것 같다. 선생님은 그날 이후로 나에게 책을 2권씩 빌려주셨다. 난 그렇게 책을 통해 인간과 세상에 대해 이해하며 꿈을 꾸기 시작했다. 암울했던 어린 시절을 이겨 내고 좁은 시골 땅에서 벗어나 서울이라는 넓은 곳을 꿈꾸고 더 나아가 유럽의 네덜란드란 땅을 동경하기 시작했다. 기차 타고 서울 가는 꿈을, 비행기 타고 네덜란드 가는 꿈을 꾸기 시작했다. 그래서 난 지금도 도서관이 나에게 어떤 존재인지를 확인하는 질문을 학생들과 선생님들에게 하기 좋아한다. 나에게 도서관은 '세상을 향해 열린 문'이었다.

학교도서관의 필요성을 절절히 느끼던 순간이 오다

난우중학교는 나에게 세 번째 학교였다. 난우중학교에 발령받은 해가 1997년도였으니 IMF로 서민들의 삶이 무너지면서 아이들의 삶이 어떻게 망가지는지를 지켜봐야 했다. 가정에서 보살핌을 전혀 받지 못하는 아이들은 빈집에 모여 담배와 술에 빠져들거나 학교를 빠지고 우후죽순 생겨나던 피시방으로 몰려가 시간을 보냈다. 한 반에 7~8명이 학교를 오지 않고 그마저도 점심시간이 지나면 또 서너 명이 사라졌다. 교실에서도 아이들은 책상에 엎드려 있다 종례시간을 마치면 빈 가방을 들고 피시방으로 몰려갔다.

교실 붕괴라는 말이 생겨난 것도 그때다. 교사로서 내가 이 아이들을 위해 무슨 일을 할 수 있을 것인가 무력감에 빠져들 때 대토론회를 제안한 사람이 백화현 선생님이다. 백화현 선생님은 나보다 늦게 난우중학교에 발령을 받아 오셨는데 지적 호기심을 잃어버리고 독해력이 바닥인 아이들을 데리고 국어 공부를 어떻게 시켜야 할지 고민하고 계셨다. 같은 고민을 하고 있던 선생님들에게 대토론회를 제안하셨고 대부분이 자발적으로 토론회에 참가해서 치열하게 의견을 모았다. 그때 결정된 것이 도서관을 정비하는 것, 그래서 아이들에게 읽기 능력을 키워 주는 것이 모든 공부의 바탕이라는 데 동의하였다. 창고처럼 구석에 방치되어 있던 도서관을 깨끗하게 단장하고 아이들이 좋아하는 책을 사고 도서관이 빌 때마다 도서관에 아이들을 데려가 책을 읽히자는 데 의견이 모였다. 둘째는 아이들의 요구를 받아들여 무용실에 춤을 출 수 있는 공간을 만들어 주는 것이었다. 당시에 비보이 열풍이 대단했는데 공부에 취미가 없는 아이들은 빈집을 찾아 술 마시고 춤추는 일이 잦았다. 그래서 학교에 공식적으로 아이들의 공간을 만들어 주자고 의견을 모은 것이다. 그 공간에서 오히려 아이들은 꿈을 키우고 훗날 백댄서가 되었다는 제자도 있었다.

도서관을 정비하고 그곳에 서울 중학교로는 최초로 사서를 모시고 학교도서관이 아이들로 와글와글한다는 이야기는 그 학교를 떠나고서 들었다. 그렇게 1년 꾸준히 책을 읽었더니 학생들의 실력이 엄청나게 늘었다는 소식을 전해 들으며 도서관과 독서의 중요성에 대해 깊이 생각하게 되었다. 난우중학교에서 백화현 선생님과의 만남은 나의 생에 큰 이정표가 된다. 시절인연이란 말이 있듯이 그때 난우중학교에서 만나 함께 고민을 나누었던 선생님들과는 지금까지도 인연을 이어 오고 있다.

학교도서관 리모델링 사업을 시작하다

2001년 관악중학교로 발령을 받아 간 첫해에 나는 전교조 본부에 파견근무를 나가게 되었다. 학교 현장을 떠나 기획관리실장이란 직책으로 온갖 집회를 준비하고 각종 회의를 챙기고 회의록을 정리하는 일을 하면서 다른 한편으로는 여성국 선생님들과 함께 여성 차별 문제를 해결하기 위해 여교사 연수를 준비하고 양성평등 자료집을 만들고 여성 할당제 등 제도 개선을 위해 노력하며 여성국이 여성위원회로 발돋움하게 하는 일에 힘을 보탰다. 또 학교 현장에서 실천한 참교육 사례를 발표하고 나누기 위한 제1회 참교육실천대회를 준비하였다. 참교육실천대회에서 학교도서관분과가 꾸려졌고 후에 백화현 선생님 권유로 나도 학교도서관 운동에 발을 담게 된다. 전국학교도 서관모임 서울모임에서는 1,000여 권의 책을 검토하여 읽고 주제별로 권장도서목록을 작성하여 자료집을 만들어 배포하였다. 서울모임은 지금까지도 계속 주제를 바꾸어 가며 한 달에 2번 이상 만나 연구모임을 지속하고 있다.

이듬해 관악중학교로 복직한 후 학교도서관 업무를 신청하였다. 교육부에서는 2003년부터 2008년까지 학교도서관 활성화 사업의 일환으로 학교도서관 리모델링 공모 사업을 실시했는데 나도 사업 공모 계획서를 제출하여 선정되었다. 류주형 선생님이 중앙대 부속중학교에서 학교도서관 리모델링을 진행한 사례가 많은 도움이 됐다. 류주형 선생님은 학교도서관 리모델링 절차를 꼼꼼하게 정리하여 '학교도서관을 살리는 교사들' 카페에 올리셨는데 전국에 도서관 리모델링을 준비하는 학교에 큰 도움이 되었다.

4층 구석에 있던 도서관을 본관 1층 중앙으로 옮기는 것이 제일 큰 과제였다. 도서관이 학교의 중심에 위치해야 접근성이 좋아 학생들이 많이 이용하게 된다고 몇 번을 설득한 끝에 교장선생님의 허락을 받아 냈다. 원래 1층 자리에 있던 보건실과 인쇄실 등을 다른 장소로 옮기고 교실과 교실 사이 벽을 허물고 2칸 반 크기로 새로 도서관을 만들기로 했다. 도서관 리모델링 업체를 선정하고 방학을 반납하다시피 도서관 공사장엘 들락거렸다.

도서관 이름은 학생들에게 공모하여 '지혜의 샘'으로 정했다. 도서관으로 들어서는 복도 입구에 짙은 주황색으로 '지혜의 샘'이라는 도서관 이름을 써서 새로운 공간으로 들어서는 기분을 느끼게 하고 『어린 왕자』의 삽화를 블라인드로 제작하여 창문에 설치했다. 동화 속 공간으로 들어와 책의 세계로 빠져드는 것 같은 느낌을 주기 위해서였다. 연두와 주황이 어울린 밝고 산뜻한 공간으로 도서관이 탄생하자, 아이들의 반응은 뜨거웠다. 가운데 동그랗게 설치된 소파에 앉거나 반쯤 누워서 자유롭게 책을 읽었다. 창가에 설치한 8대의 컴퓨터는 학생들이 자료를 찾거나 과제를 해결하고 도서관 이용 수업을 할 때 모둠별로 자료를 검색하는 데 큰 도움이 되었다. 아름답고 쾌적하게 단장된 도서관은 아이들의 쉼터이자, 문화 공간으로, 과제를 해결하는 장소로 거듭났다.

때마침 백화현 선생님이 관악중으로 부임하셨다. 새롭게 단장된 도서관에서 매월 다양한 독서행사를 준비하여 학생들을 책으로 유혹했다. 김종성 교수, 홍세화 작가, 박기범 작가, 이덕주 사서교사, 김경숙 학부모 독서 운동가 등을 초청하여 매월 독서 강좌를 마련하여 교사와 학부모들에게 도서관의 중요성과 독서교육의 필요성을 깨닫게 이끌고, 학생들에게 매월 도서관 소식지를 만들어 독서행사를 소개하고 학생들의 우수 독후감을 싣고 새 책을 소개하고 독서왕을 뽑아 시상했다.

도서관 개관식 날은 도서관을 찾아오기만 해도 초콜릿을 손에 꼭 쥐여 주었다. 4월엔 책의 날 행사로 책을 빌려 가는 학생들에게 책갈피와 달콤한 사탕을 선물했다. 5월엔 부모님께 추천하고 싶은 책을 골라 대출하는 학생들에게 카드와 선물을 주었다. 6월엔 책 속 구절을 적어 도서실에 전시하고 맨 먼저 그 책의 제목을 맞히는 학생들에게 선물을 나눠 주었다. 7월엔 가 볼 만한 공공도서관을 소개하고 독서캠프를 진행했다. 9월엔 독서의 달 행사와 문학기행을 진행하였다. 10월엔 책과 함께하는 한글날 행사, 11월엔 독서퀴즈대회, 12월엔 책을 대출하는 학생에게 행운권을 나눠 주고 한 달 후에 추첨하여 푸짐한 상품을 나눠 주는 '대출자 행운권 대잔치'를 방과 후 운동장에서 구름처럼 몰려드는 아이들과 함께 진행하였다. 이때 상품은 교사와 학부모님들의 협찬을 받아 다양하게 준비하였다. 중국집을 하는 학부모님은 4인 가족 식사권, 치킨집을 하는 학부모님은 치킨 2마리 상품권 등 학생들의 관심을 끌 만한 상품들을 기증하셨고, 선생님들은 집에 사 두고 쓰지 않은 운동화와 모자, 생활용품, 문구류, 책 등을 바리바리 싸 오셨다. 추첨은 교장선생님을 비롯하여 학교 선생님들과 학부모회장과 학생회장 등이 진행하였는데 자기 이름이 불릴까 봐 귀를 쫑긋하고 설렘 속에 기다리던 아이들의 눈망울을 잊을 수 없다. 그렇게 아이들은 책을 읽으면 좋은 일이 생기고 행운이 찾아온다는 것을 몸으로 느꼈으리라.

그러나 학교도서관을 활성화하기 위해 온갖 아이디어를 내서 학생들을 도서관으로 유혹하기 위한 행사들만으로는 한계가 있었다. 그것이 모든 학생을 책을 읽는 습관으로 이끌지는 못했다. 행사를 벌일 때는 밀물처럼 몰려들던 아이들이 행사가 끝나면 썰물처럼 빠져나갔다. 제아무리 다양하고 특색 있는 행사를 벌여도 그것은 일회성에 그치고 말 뿐 학생들은 여전히 만화 부류의 가벼운 책만을 읽게 된다는 사실도 깨닫게 되었다.

학생들에게 책을 읽는 습관을 길러 주고 독서능력을 향상하며 나

3장 전국학교도서관모임과 함께한 사람들

아가 학력까지 신장시킬 방법을 고민하던 중, 백화현 선생님과 함께 독서교육 중점학교를 신청하여 '도서관이 중심이 되어 벌이는 학력 신장을 위한 학생·학부모·교사가 함께하는 독서교육'을 주제로 독서 운동을 활발하게 진행하였다. 교사와 학생이 함께 아침독서운동을 전개하고 전 교과에서 도서관 활용수업 모형을 만들어 시행하고 그 결과를 공유하였다. 교사의 일방적인 주입식 교육보다 교과서에서 벗어나 학생 스스로 도서관에 있는 자료를 탐색하고 자기 주도적으로 학습할 때 진정한 학력 신장이 이루어진다는 것을 연구 결과 알 수 있었다. 백화현 선생님의 주도로 4명의 교사와 함께 체계적인 독서교육 방법을 연구하고 시행한 결과물을 묶어 『학교 도서관에서 책 읽기』 단행본을 발간하였다.

전국학교도서관모임에서는 방학마다 도서관 운영 및 독서교육 방법에 대한 주제로 직무연수를 준비하여 진행하였는데 서로 자료를 공유하고 나누고 배우며 뜨거운 열기를 내뿜었다. 동작교육청 독서토론논술지원단으로 활동하며 사이버 독후감, 논술 대회 도서 선정 및 독후감 심사, 청소년 독서캠프 운영 등 행사를 기획하고 진행하였으며 현장 학교, 교육청, 공공도서관 등 강의를 통해 도서관의 중요성과 독서교육을 전파하기 위해 애썼다.

또 학교도서관을 지원할 수 있는 연대가 필요하다는 인식 아래 2005년 학교도서관과 밀접한 관련을 가지는 독서 운동가, 문헌정보학과 교수, 작가, 출판인, 교사, 사서 등이 모여 시민단체인 '학교도서관 문화운동 네트워크'를 창립하는 일에도 힘을 보탰다. 나아가 교육부를 상대로 학교도서관에 전문 인력인 사서교사를 배치하라는 요

구를 하고 교육부 앞에서 사서들을 조직하여 대규모 집회를 하기도
했다.

독서행사와 도서관 활용수업의 사례를 만들다

2007년 봉림중학교로 전근해 가니 여전히 도서관은 창고처럼 방치되어 있었다. 다시 도서관 담당 업무를 신청하고 도서관을 고치기 위해 지원신청서를 냈다. 기존 도서관에 있는 자료를 도서부원들과 빈 교실로 옮기는 일이 제일 힘든 일 중 하나였다. 교육부에서 내려보내는 5천만 원에 당시 도서관에 관심이 많았던 제윤호 교장선생님이 여기저기 자투리로 남아 있던 학교 예산 3천만 원 정도를 지원해 주셨다. 그렇지만 도서관 2칸을 재단장하기에도 빠듯한 예산이어서 힘으로 하는 일은 모두 도서부원의 도움을 받아 처리했다. 사서가 없어서 도서 전산화 작업이 어려웠는데 도서분류법을 일일이 배워 가며 밤 10시까지 남아 만 권에 가까운 책을 한 달간 입력하고 도서부원들과 책을 꽂았던 기억이 아직도 새롭다. 더욱이 학교도서관 운동에 관심이 높던 한국출판마케팅 한기호 소장님이 도서관에 새 책을 2,000권 이상 기증해 주셨는데 중학생 눈높이에 맞는 책을 선정하고 분류하는 일까지 더해져서 리모델링이 이루어지는 기간 내내 눈코 뜰 새 없이 바빴다. 결국 대학교에서 문헌정보학을 전공하고 있는 예비 사서 2명의 도움을 받아 도서분류 작업을 끝낼 수 있었다.

지금 같으면 사서가 거뜬히 했을 일을 비전문가인 내가 하려니 시행착오도 많았고 무엇보다도 시간이 오래 걸렸다. 도서관 이름은 학

생 공모를 통해 '글마루 도서관'으로 정해졌고 파란색과 회색이 조화를 이루는 차분한 분위기로 재단장되어 그 공간에서 학생들과 다양한 학교도서관 수업 모형을 개발하고 적용하였다. 특히 별관에 있는 도서관으로 가는 길에 아름다운 꽃들을 심고 가꾸었으며 도서관에도 계절마다 아름다운 꽃을 두어 아이들을 맞았던 것도 기억에 남는다.

봉림중학교에서는 독서 거점학교를 운영하며 다양한 학교도서관 활성화 프로그램을 개발하고 적용하였는데, 특히 부모님과 함께하는 밤샘 캠프가 가장 기억에 남는다. 학부모 독서 회원들과 교사 독서 회원들이 모두 함께 밤을 새우며 든든한 지원자가 되어 주었다. 책에 등장하는 음식 경연대회부터 부모와 함께하는 시낭송, 옥상에서 천체망원경으로 별을 보며 부모님과 대화 나누기, 부모님과 함께 독서신문 만들기 등이 인기였는데 아버지와 함께한 학생은 아버지를 이해하는 시간이 되었다고 소감을 나누는 자리에서 울먹였다. 교육청 지원 사업으로 지역 학교 학생들과 함께 독서캠프를 벌이고 문학기행을 가서 도서부원들끼리 소통하고 연대할 수 있었던 것도 좋았다. 나아가 이성희 선생님의 기획 하에 2008년부터 2009년까지 국립어린이청소년도서관 프로그램으로 전국 도서부 캠프를 기획하여 1박 2일 동안 120명의 도서부원을 대상으로 파주출판단지를 견학하고 책과 관련된 직업에 대해 인터뷰하여 보고서를 쓰는 활동을 지도하기도 했다.

2007년 항상 미래를 예측하고 도서관모임의 방향을 제시하는 등대 역할을 하는 백화현 선생님이 프로젝트를 제안하셨다. 선진국의 도서관 모습과 독서문화를 보고 와서 방향성을 잡아 보자는 계획 하에 우선 서유럽의 문화와 교육 제도를 공부한 후 2008년 8명의 교사와 함께 영국, 프랑스, 독일, 이탈리아, 그리스의 도서관과 학교, 서점을 탐방하고 수많은 토론을 거쳐 2009년『유럽 도서관에서 길을 묻다』를 발간하였다. 이 프로젝트는 2010년 또 1년간 미국과 캐나다의 문화와 교육 제도를 공부한 후 2011년 14명의 교사와 함께 미국과 캐나다의 학교도서관, 공공도서관, 서점을 탐방하고 2012년『북미 학교도서관을 가다』,『북미 도서관에 끌리다』2권의 책을 발간하는 것으로 이어졌다. 마지막으로 2013년 1년 동안 북유럽 국가들의 문화와 교육 제도를 공부한 후 2014년 20명의 교사와 함께 핀란드, 스웨덴, 덴마크, 노르웨이의 공공도서관, 서점, 문화 공간, 학교 등을 탐방하고 2015년『아름다운 삶, 아름다운 도서관』책을 발간하는 것으로 도서관 탐방 프로젝트는 막을 내렸다. 이 프로젝트를 통해 나도 도서관모임도 단단해졌다.

지역과 함께 독서 운동을 전개하다

신림중학교에 전근을 오니 이미 도서관이 아름답게 리모델링이 되어 있었다. 아름다운 도서관에서 도서관 활용수업뿐만이 아니라 4명~6명까지 마음에 맞는 친구들끼리 26개 독서동아리를 꾸려 활동하게 하고 교사 독서동아리, 학부모 독서동아리의 활동 결과물과 함께 자료집을 묶어 배포하고 책 읽는 학교 문화를 만들기 위해 노력했다. 2013년부터 백화현 선생님과 함께 관악 혁신교육지구 독서교육분과 운영위원으로 활동했는데 '꿈 실은 책마을'이라는 사업 이름 아래 지역 독서동아리를 조직하고 컨설팅하는 활동을 했다. 2014년부터는 백화현 선생님 후임으로 관악구청 독서문화진흥위원으로 활동하며 관악구 연간 도서관 운영 및 독서사업 계획을 수립하고, 지역 책축제 운영위원으로 활동하며 한 책 읽기 운동을 전개했다.

2016년부터 2017년까지는 관악구청 혁신교육지구 '마을과 함께 하는 인문학 학당' 사업에 공모하여, 학생·교사·학부모·지역 주민이 함께하는 총 10강의 공개 인문학 강좌를 운영하여 서민, 박하재홍, 홍세화, 김중미, 손택수, 박성우, 김동운 등 작가 강연 및 상황극, 시낭독회, 랩 배우기 등 다양한 활동을 하고 학년 말에 활동 자료집을 묶어 성과를 기록하고 배포하였다. 지역 공공도서관과 함께 '한 도서관 한 책 읽기' 프로그램을 진행하였으며 전교생이 한 책을 읽고 작가 강연을 통해 책을 깊이 이해하는 시간을 마련하여 독서가 체화되도록 힘을 기울였다. 또 국립어린이청소년도서관 프로그램 공모 사업에 선정되어 예산을 지원받아 다채로운 도서관 프로그램을 개발하여 적용하였으며 독서동아리 학생들과 함께 관악구청 북페스티벌에 참가하여 플래시몹, 동아리활동 발표, 독서토론, 체험 부스 운영 등을 통해 지역 주민에게 독서의 중요성을 홍보하였다. 어린이도서문화재단에서 지원하는 '책톡!900독서클럽' 공모 사업에 지원하여 독서 리더 양성 및 독서토론을 이끌기도 했다. 이 모든 일은 함께했던 김경하 사서 선생님의 도움이 컸다. 조용하지만 열정적이었던 사서선생님과 짝을 이루어 맘껏 도서관에서 일을 벌일 수 있었다. 2012년 〈학교도서관 저널〉이라는 월간 잡지를 발간하는 데 기획위원으로 참여하기도 하였다.

나만의 책 만들기, 한 학기 한 권 읽기에 힘을 쏟다

2017년 동작중학교에 발령받아 와서 서울시교육청 '협력적 책쓰기 프로그램'을 개발하고 홍보물을 제작하여 학교에 배포하였다. 또 서울시 교육연수원에서 교직 생애 기록 직무연수를 기획하고 진행하여 교사의 삶을 기록으로 남겨 보존하는 일에 힘을 쏟았다. 백화현 선생님의 주도하에 4명의 교사가 함께 자유학기제 주제선택프로그램 〈관심 주제를 탐색하여 나만의 책 만들기 프로젝트〉 자료집을 썼으며 방학 때마다 교사 직무연수를 진행하고 있다.

2018년부터 2015교육과정 도입으로 인해 '한 학기 한 권 읽기'교육 과정이 국어교과에 적용되었다. 한 학기 한 권 읽기 교육과정을 연구하고 공모사업비를 신청하고 프로그램을 개발하여 다양한 방식으로 수업에 적용하였다. 2018년에는 도서관모임 선생님들과 함께 '국어수업에서 독서교육의 방법 연구 및 도서관 프로그램 개발'을 주제로 학교 간 교원학습공동체를 구성하여 격주로 연구모임을 했으며 2020년에도 연구를 지속하고 있다.

미래 학교도서관 공간을 고민하다

교사가 되면서 내가 꾸었던 꿈은 나를 만난 아이들이 살아갈 미래가 현재보다 좀 더 아름다워지고 평화롭고 평등하고 살기 좋아졌으면 하는 것이었다. 난 그 아름다운 미래를 위해 책이라는 매개체와 도서관 그리고 독서교육을 선택했다. 숨 가쁘게 달려오는 내내 나는 참 행복했다. 사람은 좋아하는 일을 할 때 새로운 아이디어가 나오고 집중하며 기꺼이 그 일에 몸과 마음을 다하는 법이다. 그리고 그 길에 등대처럼 앞서 불을 밝혀 주는 백화현 선생님이 계셨다. 또 류주형 선생님, 이성희 선생님, 이덕주 선생님과 같은 학교도서관에 미친 사람들이 있었다. 먼저 헤치고 간 길을 그대로 따라만 가도 되었기에 난 힘들이지 않고 수월하게 이 길을 걸어왔던 것 같다. 또 어깨 겯고 서로가 서로를 위로하면서 함께 걸어 준 도서관 서울모임 선생님들이 없었다면 외롭고 지쳤을 것이다. 참으로 고마운 인연들이다. 나아가 책을 사랑하고 도서관에 그윽한 눈길을 준 많은 선생님들을 존경한다.

앞으로 내가 하고 싶은 일이 있다면 제2의 도서관 리모델링 사업을 제안하여 학교도서관이라는 공간을 미래 사회에 맞게 탈바꿈시키고 싶다. 북유럽에서 보고 왔던 선진 도서관 모형들을 우리 현실에 맞게 적용해 보고도 싶다. 도서관이 새로운 지식과 정보를 얻고 다른 사람들과 협업하여 창조적인 과제들을 수행하고 3D프린터나 선진적인 기술들을 배울 수 있는 공간이었으면 좋겠다.

또 학교에서 갤러리나 연주 공간 등 쉼터이자 문화센터의 역할뿐만 아니라 독서동아리들의 토론이 가능한 여러 개의 작은 공간이 도서관 안에 마련되어 있었으면 좋겠다. 음악 동아리가 활동하는 공간에는 각종 악기와 함께 작곡이나 연주 또는 음악 관련 책들이 서가에 꽂혀 있고, 요리에 관심이 있는 동아리의 방에는 음식을 만들어 먹을 수 있는 각종 조리 도구와 함께 음식 관련 책들이 꽂혀 있었으면 좋겠다. 시를 좋아하는 동아리 방엔 시집이, 과학 동아리의 방엔

과학 관련 책들과 간단한 실험 도구가 있었으면 좋겠다. 그래서 친구들과 함께 책으로 놀 수 있는 도서관이 있어서 아이들이 학교에 오고 싶었으면 좋겠다. 학교도서관에서 아이들이 책을 읽고 인간을 이해하고 꿈을 꾸고 문화를 만들어 가며 자신의 삶을 꽃으로 활짝 피워 냈으면 좋겠다. 더불어 아이들이 꽃처럼 환하게 피어나길 소망한다.

책을 읽고 친구들과 함께 토론하며 성찰하고 자신들의 문화를 만들어 가며 자란 아이들이 만들어 갈 미래는 분명 현재보다 더 아름답고 평화롭고 평등하고 살기 좋아지리라.

우리는
서로에게 선물

:

박현진 l 인천가좌여자중학교

교직 10년 차, 학도사는 9년 차다. 학도사는 전국학교도서관 인천 지역모임의 이름 '학교도서관을 사랑하는 사람들'의 줄임말이다. 사실 난 기자가 되려고 국문과에 진학했다. 진학해서는 시인이 되고 싶어 4년 내내 시를 썼다. 교사가 되려는 생각은 없었으나 어머니의 권유로 교직이수를 했고, 교육 실습에서 만난 경희중학교 3학년 6반 학생과 보낸 시간 덕에 임용 준비를 하게 되었다. 어쩌면 이 모든 것이 운명이었다고밖에는 설명이 안 된다. 인천과는 아무런 연고도 없는 내가 대한민국 17개 시·도교육청 중 인천을 골라 임용을 봤고, 신규교사 연수에서 이미숙 선생님의 강의를 듣고 눈물을 찔끔 흘렸었다. 처음에는 '계양구에 있는 학교는 한 번 들으면 잊히지 않는 학교들이 많습니다. 서운중학교, 계산중학교, 작전중학교입니다. 그중에서 저는 특별한 작전을 수행하는 작전중학교에 근무합니다.'라는 아재 개그로 강의를 시작하셔서 그리 기대하지 않았는데, 마지막에 아이들과 함께 도서관에서 활동했던 사진과 영상 슬라이드를 보여 주시는데 나도 모르게 눈물이 고였다. 그리고 몇 개월 뒤, 수백 개의 중학교 중 계산중학교에 발령을 받았다. 그곳엔 학도사의 기둥이자 내 인생 멘토인 최현숙 선생님이 근무하고 계셨다.

처음 3개월은 출근길 내내 매일 지하철이 고장 났으면 좋겠다는 생각을 했다. 처음부터 교사를 꿈꾸지도 않았을뿐더러 교육 실습 때 만났던 그 아이들은 더 이상 나와 같은 교실에 없었기 때문이다. 하루하루 모든 걸 쏟아부어도 매일 새로운 사건 사고가 터졌고, 해결하지 못하고 집으로 돌아가는 퇴근길 내내 나는 매일 더 작아지고 있었다. 그래서 대학원 등록금만 모아서 학교는 그만두고 쓰던 시를 계속 써야겠다고 생각하며 간신히 하루하루를 버티고 있었다. 그즈음 최현숙 선생님은 나를 자꾸 어딘가로 데려가셨다. 김용택 선생님과의 문학기행, 혁신학교 연수, 북촌문화기행 등 학교에서 지친 마음을 채워 주고 달래 주고 다독여 주셨다. 그렇게 간신히 학교에 마음을 붙일 때쯤, 인천 YMCA 건물에서 회의를 하던 학도사 모임에 처음으로 가게 되었다. 떡볶이를 놓고 두런두런 세 시간 동안 도서관 이야기, 학교 이야기, 수업 이야기를 했다. 낯가림이 심한 나는 듣기만 했던 첫 모임이었지만 같은 고민을 하고 공감하며 이야기하는 선생님들의 모습이 너무 따뜻했다. 그곳에 계신 학도사의 모든 선생님들이 자꾸 나를 챙겨 주시던 최현숙 선생님 같았다.

학교도서관에서는 모든 것이 가능하다

도서관 담당을 하지 않은 채 모임만 나가던 네 번째 해에 드디어 학교도서관을 맡게 되었다. 처음 참석한 학교도서관 담당교사 신규 연수는 이성희 선생님과 이미숙 선생님이 이끌어 주고 계셨다. 도서관 담당을 하며 1학년 담임을 했는데, 그해 담임 학급 아이들은 쉬는 시간마다 도서관으로 달려왔다. 초등학교와 달리 중학교는 담임이 교실에 없다. 아직 초등학생 티를 못 벗은 아이들은 야단을 맞더라도 담임 앞에서 놀고 싶었던지 쉬는 시간 종이 치면 와다다다다 달려오는 소리가 참 좋았다. 그렇게 와서 책 읽는 아이, 이전 수업 시간에 있었던 일을 소곤소곤 이야기하는 아이, 소파에서 뒹굴며 널브러지는 아이 등 각자 자유롭게 10분의 쉬는 시간을 보내다가 갔다. 매시간 다른 선생님이 들어오고 아직은 어색하고 낯선 친구들이 가득해서 적응하기 힘든 분위기에 눌려 있던 아이들도 도서관이라는 공간이 있어 조금은 숨을 쉴 수 있어서 다행이었다. 또 다른 좋은 점은 국어 수업이 풍성해진다는 것이다. 근무 장소가 학교도서관이다 보니 수업 계획을 할 때 바로바로 책을 찾아볼 수 있고, 도서관 활용 수업을 자유롭게 할 수 있었다. 도서관 활용수업을 하니 타인의 감정을 읽고, 자신의 생각을 정리하고, 그 생각을 자유롭게 말하는 것은 많은 공부가 필요하다는 것을 알았다. 시 한 편을 읽고 자신의 생각을 자유롭게 말해 보는 수업을 교실에서 했을 때는 그 생각이 주어진 시의 시어를 이리저리 꿰어 맞추는 것을 벗어나기 힘들었다. 하지만 도서관에서 시집 한 권을 읽고, 생각을 말해 보는 것으로 수업을 바꿔 보면 표현하는 감정, 생각의 폭과 깊이가 훨씬 넓어진다. 주로 청소년 시집을 많이 활용했는데, 박성우의 『난 빨강』에서 「용서를 받다」라는 시는 화자가 돈을 훔치지도 않았는데 의심을 받고 용서까지 받은 억울한 상황이 나온다. 교과서에서 봤다면 단순히 누명을 쓴 억울함에만 초점이 맞춰졌을 것이다. 너도나도 억울했던 경험을 토로하는 것 정도이다. 하지만 시집 한 권을 읽고 이야기를 하니 억울한 상황을 몰래 지켜보던 친구의 시선이나 실제 그 돈을 훔쳐 간 사람의 사정을 상상하는 내용까지도 학생들은 표현하고 있었다. 책과 만날 시간을 충분히 주는 것. 수업에서 생각할 기회를 주는 것. 그리고 자신의 생각과 감정을 표현할 수 있는 안전하고 따뜻한 공간을 제공하는 것. 학교도서관에서는 이 모든 것이 가능하다.

나는 모임에서 했던 공부를 학교에 가서 고스란히 적용했다. 도서관 환경 개선 사업비를 받아서 리모델링을 했고, 전교생을 대상으로 한 자율독서동아리를 만들어서 책수다 활동을 했으며, 학교 주변 동네 문학지도 만들기를 했다. 입학해서부터 독서동아리를 했던 학생이 어제 졸업을 했다. 3년간 매주 1회 방과 후에 도서관에 남아서 친구들과 같은 책을 읽고 이야기를 나누었고, 저자와 함께하는 비경쟁 독서토론에 참여한 학생이다. 나서서 자기 생각을 말하진 않지만 "민경이는 어떻게 생각해?"라고 물어보면 분명하고 논리적으로 자기 생각을 말하곤 한다. 스스로 생각하고 그 생각을 말해서 상대방의 고개를 끄덕이게 할 수 있는 것- 중학교에서 배울 것은 다 배웠다. 은유 작가를 초청한 비경쟁 독서토론에서 본 아이들은 내 생각보다 훨씬 컸다. 『싸울 때마다 투명해진다』라는 그리 호락호락하지 않은 책이었다. 작가는 책 곳곳에서 고통이 고통을 알아보는 삶의 감수성에 대해 말하고 있었다. 책이 아이들에게 너무 어려울 것이라는 내 걱정과 달리 아이들은 그 행간의 의미를 찾아 읽었고, 책에 나온 남녀차별이나 양성 불평등 사례뿐만 아니라 탈코르셋 운동, 결혼제도에 관한 더 깊은 고민과 질문을 작가와 나누었다. 그 이후 아이들은 책에 나온 문장들을 쪽지에 써서 학교 곳곳에 붙여 두었다. 자발적인 생각 나누기 캠페인이었다. 같은 생각을 하는 친구가 있다는 것이 용기를 주었을 것이다. 화장실 세면대 위, 정수기 앞, 교실 문고리 등 시선이 닿는 곳곳에 붙은 아이들의 용기를 마주할 때마다 나도 같이 힘을 얻곤 했다.

학도사라면 도세권

4, 5년 전 즈음 도서관 환경 개선 사업 예산이 많이 내려왔다. 20년 전에 폐가식을 개가식으로 바꾸고, 도서관다운 모습으로 만들고 나서 15년이 흐른 데다가 이제는 도서관이 책만 읽는 곳이 아니라 책과 사람을 만나고 문화를 나누는 역할을 하다 보니 공간혁신이 필요했던 것이다. 그래서 학도사 선생님들과 여러 도서관을 다니기 시작했다. 인천의 학교도서관과 공공도서관, 그리고 북카페와 독서문화 공간 등을 두루 탐방했다. 학교도서관은 인천 송도의 채드윅국제학

교 도서관을 방문한 것이 인상적이었다. 대부분의 수업이 도서관 활용수업이라 학생들이 삼삼오오 모여서 책과 노트북을 놓고 이야기하며 쓰고 있었다. 책보다 여백이 많은 도서관이었고, 그 공간을 학생들이 채우고 있었다. 근무하는 사서선생님 또한 전문가로서의 자부심을 가지고 있었다. 모든 수업을 협력해서 진행하고 있으며, 학생들과의 상담 시간을 통해 마음 읽기를 하고 일종의 책 처방을 내려 주는 프로젝트를 진행하고 있었다. 공공도서관은 구산동 도서관마을이 충격적으로 다가왔다. 다세대 주택과 빌라가 있는 마을 한가운데 몇 개의 건물을 이어 만든 도서관은 구산동 마을의 중심이었다. 옛 건물들이 간직하고 있는 마을의 이야기와 공간의 특별함이 합쳐져서 그곳은 우리가 꿈꾸는 도서관의 역할을 하기에 더할 나위 없어 보였다. 그 후에 개인적으로 김해와 부평의 기적의도서관을 방문했다. 기적의도서관은 배움을 꿈꾸고 사람을 향하는 방문자라면 누구에게나 열린, 햇빛과 책이 가득한 공간이었다.

여행을 좋아하는 나는 학도사의 도서관 탐방 이후로 여행을 가면 그 지역의 도서관이나 서점을 탐방하는 것을 반드시 일정에 넣는다. 밴쿠버 공공도서관, 토론토 대학교 로바츠도서관, 암스테르담 OBA 도서관, 멜버른 빅토리아 주립도서관 등을 가 보았는데 어떤 도시든 도서관엔 뛰어다니는 아이부터 돋보기 낀 노인까지 연령과 상관없이 그 공간의 주인은 모든 시민이었다. 이렇게 다양한 연령이 함께하는 공공의 공간이 우리에게 또 있을까 싶다. 여행을 다녀와서는 왜 우리나라엔 도시에서 가장 힙한 공간이 도서관이 아닐까 아쉬워했다. 역세권, 숲세권, 학세권 그리고 최근엔 붕세권까지…. 요즘 슬리퍼를 신고 갈 수 있는 생활 반경이 어디냐에 따라서 집값과 삶의 질이 달라진다고 한다. 학도사 선생님들은 하나같이 도세권이 이사 갈 때 가장 먼저 고려하는 점이라고 하셨다. 슬리퍼를 신고 도서관을 갈 수 있는 집이냐 아니냐.

첫째, 셋째 주 월요일은 약속을 잡지 않지

격주 월요일 학도사 정기회의는 참석만 해도 주워 갈 것들이 너무 많다. 그래서 정말 급한 일이 아니면 월요일은 늘 비워 둔다. 우선 6시 모임 전에 도착을 하면 모두 모이기 전까지 선생님들은 각자 2주간 읽은 책 중 좋았던 책이 무엇인지부터 늘어놓기 시작하신다. 애주가이자 애독가이신 김영석 선생님이 만든 회의 자료엔 늘 '단순무식의 책 추천'이 있었다. 그리고 각자 수업을 하며 실패한 이야기, 뿌듯한 이야기를 나눈다. 국어교사가 절반 이상이라 하나씩만 내놓아도 한 학기 수업 설계는 뚝딱 할 수 있다. 본격적으로 회의가 시작되면 도서관 운영 이야기, 진행하고 있는 모임 프로젝트 이야기를 나눈다. 내가 학도사에 나오기 전이었던 전성기엔 도서관 문화제부터 시작해서 문학기행, 시낭송축제 등 굵직한 행사가 있었지만, 2010년 이후에 그 흐름이 끊겨 최근엔 도서관 탐방, 독서동아리 운영, 인천문학지도 만들기를 하고 있다.

학도사의 진짜 회의는 사실 뒤풀이라고 봐야 한다. 나는 교육에 관하여, 책에 관하여, 도서관에 관하여 술을 마시면서 이렇게나 진지하게 이야기하는 놀라운 광경은 처음 보았다. 나는 가르친다는 것에 대해 어떤 사명감이나 대단한 철학을 가지고 학교에 오지 않았다. 그저 흘러가는 대로 어쩌다 보니 학교라는 곳에서 교사라는 이름으로 아이들 앞에 서게 되었는데, 학도사 선생님들을 만나지 못했다면 나는 아마도 시시한 사람이 되었을 것이다. 교과서와 학습 목표에 갇혀 시험의 변별력으로만 나와 학생의 능력을 평가했을지도 모를 일이다. 그러나 삶의 가치와 교육 철학, 그리고 선한 영향력과 선한 연대에 대해 끊임없이 고민하고 노력하는 선생님들 곁에 있음으로써 나 역시 조금은 더 근사한 교사가 될 수도 있을 거라는 기대를 한다.

가장 기억에 남는 뒤풀이는 이미숙 선생님이 교장선생님이 되던 날이다. 그 전해에 매주 주말마다 따로 또 같이 광화문에 가서 촛불을 들었었다. 그해는 이미숙 선생님이 모임의 대표였는데 교장선생님이 되었기 때문에 1년 만에 대표를 바꿔야 하는 신년회 자리였다. 매주 촛불의 기적을 실감하고 벅차오르던 즈음이어서 그런지 그 소식이 마치 촛불이 승리한 것과 같은 기분을 안겨 주었다. 그날만큼은 아무도 지지 않는 밤이었다.

이렇게 학도사와 함께한 지 9년이 되어 버렸다. 나는 더 이상 학교를 그만둬야겠다는 생각은 하지 않는다. 9년간 학도사와 함께 다녔던 수많은 공공도서관과 학교도서관, 그곳에서 만났던 전국에 계신 선생님들과 저자들, 함께 읽은 책들 등 모든 시간과 공간이 나의 학교 생활을 버티게 해 주고 사랑하게 해 주었다. 처음 도서관 담당이 되었을 때, 최현숙 선생님은 usb에 선생님의 모든 자료를 담아서 나에게 선물로 주셨다. 옆 학교에 근무하셨던 이미숙 선생님은 늘 나를 태워

모임을 가졌었다. 오가는 길에 해 주셨던 이야기는 나를 더 좋은 사람이 되고 싶게 만들었다. 두 분뿐만 아니라 학도사의 모든 선생님들은 나에게 선물 같다. 학도사의 20주년과 30주년 또 40주년을 위해 나도 학도사에, 그리고 전국학교도서관모임에 선물 같은 사람이 되고 싶다.

스무 해,
학교도서관에서 폴짝

:

최현숙 | 북인천중학교

아무것도 원하지 않고 아무것도 계산하지 않고

오직 사랑에 대한 순수한 열정과 기쁨만으로 충만해 있는 때가

바로 사랑이 시작될 때입니다.

스무 살의 나이가 된 여러분들은

지금 사랑이 시작되는 순간을 살고 있습니다.

정호승 시인은 스무 살을 사랑이 시작되는 오솔길을 걸어가고 있
으며, 사랑으로 충만한 조약돌 같은 시간을 손에 꼭 쥐고 있는 순간

이라고 하였다. 스무 살이 된 전국학교도서관모임을 생각하니 그 조약돌을 꼭 쥐고 있는 것처럼 마음이 뭉클하고, 함께 다시 새로운 길을 걸으려니 두근두근 설렌다.

정말 오랜만에 가슴이 뛰었다. 이제 학교도서관을 담당하지 않은 지 십 년 가까이 되었고, 그 사이 아이를 낳고 키우느라 학교도 쉬고, 전국학교도서관모임도 쉬고, 내 마음도 일시정지 상태였다. 그러다 우리가 함께한 스무 해를 떠올리니, 가슴이 다시 뛰기 시작했다. 그 스무 해의 시간들이 나를 포근히 안아 주고, 살포시 손잡아 주었다.

봄바람이 불면 학교도서관에 가요

내가 학교도서관을 맡은 건 교직 3년 차일 때였다. 학교도서관을 리모델링하고 아무도 맡으려고 하지 않으니 자연스레 국어과 막내인 내게 행운이 돌아왔다. 처음엔 도서관을 잘 열어 두고 아이들이 책을 많이 빌리도록 행사를 하는 것만으로 벅찼던 것 같다. 학교도서관 업무로 인해 매일 퇴근도 늦고 연애도 잘 안 되던 그때, 학도사를 만났다. 왜 갔는지 기억이 잘 안 나지만, 내가 학도사모임으로 처음 간 곳은 이미숙 선생님께서 계셨던 작전중학교 도서관이었다. 왜 그랬는지 잘 모르겠지만, 그 첫 모임 이후 다음 모임을 기다리고 참석했다.

지금도 기억에 남는 학도사의 첫인상은 내가 학교에서 보지 못했던 특이한 선생님들이었다. 부동산, 승진, 자녀교육 이런 주제가 아니어도 밤새 술잔을 채우며 학교도서관, 아이들, 책 이야기를 끝없이 이어 나갔다. 그런 선생님들의 이야기를 들으면서 나도 모르게 학도사(학교도서관을 사랑하는 사람)가 되어 버렸다.

그때부터였던 것 같다. 쉬는 시간에 종이 치면 와, 하고 소리 지르며 학교도서관에 들어오는 애들이 사랑스러워 보였던 게. 그 전에는 아이들이 뛰는 것, 소리 지르는 것만 보여 야단을 쳤었는데 학도사가 되고 나니 학교도서관에 뛰어 들어오는 아이들의 표정이 보이기 시작했다. 아이들이 웃으며 들어오는 그 모습이 너무나 예뻤다.

그리고 업무분장에 1, 2, 3순위를 모두 학교도서관을 쓰고 다음 해 봄, 다시 학교도서관으로 들어갔다. 봄바람처럼 설레는 마음으로 학교도서관에서 아이들을 맞았다.

뜨거운 여름, 책장 사이에 누워 올려다본 하늘에는 별이 빛나고

학교도서관에서 배운 책 읽기는 깨어 있는 사람의 것이었다. 문자가 만들어 내는 환상에 갇히지 않고 아이들과 함께 온몸으로 책을 읽었다. 책을 통해 만나고, 이야기 나누고, 노래를 부르고, 세상 밖을 향해 끊임없이 떠났다.

학교도서관을 담당하고 맞는 첫 여름날, '학교도서관에서 밤샘 책 읽기' 캠프를 했다. 도서부 아이들과 함께 1박 2일 독서캠프를 기획하면서 얼마나 웃고 설레던지 지금도 생생하다. 독서캠프 날 아이들이 야심 차게 준비한 작가와의 만남, 음식 만들어 먹기, 밤샘 책 읽기, 시 읽는 밤, 봉숭아 꽃물 들이며 무서운 이야기 하기… 서로 눈만 봐도 꺄르르 웃음이 나고, 누가 말만 해도 고개를 절로 끄덕이고 참 즐거운 밤이었다. 그날 아이들과 책장 사이에 돗자리를 펴고 누워 올려다본 밤하늘의 별은 내 마음속에 아직도 반짝이고 있다.

작년 가을, 29살이 된 그때의 도서부 아이들을 만났다. 아이들과 맥주 한잔씩 나누며 학교도서관이야기를 참 재밌게 나눴던 기억이 난다. 아이들 마음속에도 학교도서관에서의 만남이 즐거운 추억으로 남아 있구나 하는 생각에 힘이 났다. 그중 유정이는 교정직공무원이 되었는데 지금도 사내에서 독서동아리를 하고 있다고 했다. 그러면서 책 읽고 이야기 나누는 일이 자신에게 큰 힘이 된다고도 하였다. 몸으로 체득한 것은 쉬이 잊혀지지 않는다고 하는데, 유정이는 아마도 그때 온몸으로 책을 읽었던 것 같다.

깊어 가는 가을처럼, 배가 부른다. 마음이 부른다. 도서관이 부른다

학교도서관에서 사계절을 보내고 다시 봄, 세 번째로 학교도서관을 맡았다. 처음 두 해는 지금도 친동생처럼 가까운 이수현 선생님과 함께해서 더 수월하고 즐겁게 보냈다. 그런 그녀를 다른 학교에 내어주고, 학교도서관 분투기가 시작되었다. 그때, 도서관은 사람 냄새 폴폴 나는 나눔의 공간이어야 한다며 함께 학교도서관으로 들어가자고 손을 내밀어 준 선생님을 만났다. 설연희 선생님과 나는 사람 향기 가득한 우아한 도서관을 만들자며 함께 도서관에 사무공간을 만들어 들어갔다. 누군가와 함께한다는 것이 얼마나 힘이 되고 성장하게 하는지 설연희 선생님을 통해 배웠다. 선생님과 도서관 공간 구성부터 도서관행사까지 이야기를 나누다 보면 어느새 주위가 어두워지고 자연스레 야근으로 이어졌다.

우아한 도서관지기를 꿈꾸며 '설 마담'과 '최 배달'을 자처하며 날마다 원두커피를 내리고, 맛있는 간식을 쌓아 두고 선생님들과 아이들을 기다렸다. 맛있는 먹이에 참새가 방앗간을 못 지나가듯이 아이들이 도서관에 왔으면 하는 마음에서 '참새방앗간' 쿠폰을 발행하기도 하였다. 아이들이 간식을 먹어도 배고프다고 하기에 내가 "선생님, 애들 매일 배고프다는데 도서관에서 밥해 줄까 봐요!"라고 말하면 설연희 선생님은 "그러자, 이참에 밥솥 하나 갖다 두고, 쌀 한 자루 시키자."고 쿵짝을 맞춰 주었다. 그때는 아이들한테 뭘 먹일까 고민하며 이런 주문을 걸었던 것 같다. '배가 부른다. 마음이 부른다. 도서관이 부른다!'

그리고 겨울 지나 학교도서관에서 폴짝!

학교를 옮기고 학교도서관을 맡았을 때, 드디어 나에게도 처음으로 후배교사가 생겼다. 첫 발령으로 우리 학교에 온 풋풋한 새내기 박현진 선생님이다. 신규교사로서 힘들어하던 박현진 선생님에게 내가 선배교사로서 건넨 유일한 위로는 학도사에 함께 가자고 한 것이었다.

그 후에 박현진 선생님이 학교도서관을 맡았다. 내가 학교도서관에서 선생님들께 받았던 격려와 지지를 박현진 선생님께 다 보내지 못해 못내 아쉬움이 남는다. 나는 박현진 선생님에게 학도사에 함께

가자고 한 것 외에는 잘해 준 것이 없는데 그는 언제나 내가 무엇을 부탁해도 콜!을 외쳐 주는 든든한 동료가 되었다.

나는 그 이후로 학교도서관 담당교사가 되지 못했다. 학교도서관에 사서선생님들이 그 자리를 채워 줬기 때문이다. 이는 학교도서관을 사랑하고 오직 그 마음으로 도서관 운동을 해 주신 선생님들 덕분이라고 생각한다.

세 번째 옮긴 학교에서 드디어 사서선생님을 만나 학교도서관 협력수업도 해 보고, 아이들과 책 읽기 활동, 독서동아리활동도 하게 되었다. 그리고 수업시간에 교사가 가르치고 있나 감시하고 다니는 교감선생님의 눈치도 안 보고 아이들과 책 읽기 수업을 당당히 할 수 있게 되었다.

학교도서관은 학교도서관이 어떤 공간이어야 하는지를 고민하는 사람이 늘 때 비로소 변화한다. 누군가가 혼자 만드는 공간이 아니라 그곳을 찾는 사람들이 함께 만드는 모두의 장소이기 때문이다.

사람을 사랑하고 사람을 바라보는 진짜 눈을 뜨게 해 준 학교도서관을 사랑하는 사람들, 책이 좋아서 사람이 좋아서 책 이야기로도 충분히 즐거웠던 권장도서목록모임, 전국학교도서관모임을 통해 만난 평생 인연이다. 한 분 한 분 정말 소중한 인연이기에, 평생 따라가며 닮고 싶은 진짜 어른들이기에 감히 글로 다 마음을 적을 수 없어 글이 여기서 오래 멈춰 있었다. 그저 전국학교도서관모임 선생님들이 좋아서 뒤따라가고 있었는데, 어느새 그 길 위에서 새로운 길을 찾아가는 방법을 나도 모르게 배웠던 것 같다.

작년부터 나는 인천광역시교육청에서 독서인문교육업무를 맡고 있다. 나는 홀로 그 자리에 앉아 있지만 단 한 번도 혼자라고 느껴 본 적이 없다. 전국학교도서관모임의 인천 '학도사'라는 이름으로 함께 자리하고 있기 때문이다.

항상 먼저 안부를 물어봐 주시고 방향성을 잃지 않게 붙잡아 주시는 이성희 선생님, 언제든 전화 드리면 무슨 말을 하지 않아도 '하라는 대로 하겠습니다.' 해 주시는 이미숙 선생님, 언제든 마음 터놓고 말할 수 있도록 편이 되어 주시는 김명순 선생님, 지금은 가끔이지만 '잘하고 있다.'고 과한 격려를 아끼지 않는 짝꿍 김영석 선생님, 그리고 적극적으로 함께해 주시는 학도사 선생님들… 이렇게 든든한 배경이 있어 혼자이지만 외롭지 않게 일하고 있다.

전국학교도서관모임의 스무 해를 돌아보면서 도서관은 어떤 공간이었나 다시금 생각해 본다. 조용히 책을 읽고 공부하는 공간으로 자리매김해 온 도서관이 많이도 변했다. 책을 빌려주는 것을 넘어 문화를 전파하고 다양한 체험활동을 할 수 있는 장소, 책을 중심으로 모인 사람들이 생각을 나누고 경험을 공유하는 자리로 바뀌고 있다.

이제 학교도서관은 지역사회와 함께 독서 운동을 진행하는 장소, 아이들이 질문이 생겼을 때 가장 먼저 떠올리는 곳, 어떤 자료를 어떻게 찾아야 하는지 안내하고 가르쳐 주는 배움의 공간이 되었다. 아이가 어떤 앎을 찾아가려 할 때, 응원하고 격려하며 도움을 주는 따뜻한 품이 되었다. 어떤 아이들이든 누구에게나 열려 있는 공간을 만들고 어떻게 그것을 유지할 수 있는지 고민하는 학교도서관의 세계는 멋진 꿈을 지녔다.

학교도서관에서 우리가 함께한 스무 해가 도약대가 되어 때론 세차게, 때론 가볍게 새로운 날들로 폴짝! 뛰어오르기를 바란다. 전국학교도서관모임의 스무 살을 함께해서 세상 행복하고, 두 번째 스무 살에도 함께하기를… 폴짝!

행복한
도서관지기

:

김종율 I 문태고등학교

운명처럼 책과 도서관을 만나다

학창 시절, 지구과학을 좋아했다. 이과를 선택했고 기상학이나 천문학 관련 일을 하고 싶었다. 하지만 원하는 대학에 실패하고는 엉뚱하게도 관광계열 학과에 들어갔다. 여행이나 하면서 즐겁게 살아 보자는 자포자기의 심정이었다. 학교생활은 별로 즐겁지가 않았다. 뭔가 돌파구가 필요했고 이때 운명처럼 책을 만났다. 이것이 지금의 나의 삶이 되고 직업이 될 줄은 꿈에도 몰랐다. 30년 전쯤의 일이다. 학과 내에 독서 소모임을 꾸리고 도서실을 만들었던 경험이 나를 도서관의 세계로 이끌었다. 나와 도서관의 운명적인 만남이 시작됐다.

공부를 더 해야겠다는 생각에 문헌정보학과에 편입을 했다. 졸업 후에는 공부에 대한 열망이 더 간절했다. 대학원에 가야겠다고 마음 먹고 일반 대학원을 가서 사서의 길을 갈 것인가 아니면 교육대학원을 가서 학교로 갈 것인가를 두고 고민했다. 다시 인생의 갈림길에 섰다. 원래는 서지학이나 고문서에 관심이 많았다. 관련 분야 주제전문사서가 되고 싶었다. 그런데 이상하게도 학교도서관이 끌렸다. 당시 학교도서관은 근무환경도 열악하고 전망도 없었다. 대부분의 전공자들이 기피하는 곳이었다. 수십 년째 사서교사 채용도 거의 없었다. 이상하게도 이런 점이 끌렸다. 나를 필요로 하는 곳이란 생각이 들었다. 교사가 되어야겠다는 생각은 별로 없었다. 그저 도서관이 좋아서 학교도서관에서 꿈을 펼쳐 보자는 생각뿐이었다. 지금 생각해 보면 잘한 선택이었다. 학교도서관은 나에게 꿈을 주었다. 뭔가 사명처럼 그꿈을 하나씩 이뤄 가도록 했다.

학교도서관에서 꿈을 일구다

지금까지 총 4곳의 도서관에서 근무했다. 고등학교 3곳과 초등학교 1곳이다. 가장 기억에 남는 도서관은 아무래도 가장 먼저 근무한 곳이 아닐까 싶다. 처음이란 단어가 가슴 설레고 한편으론 두려운 마음이 든다. 그런 마음으로 갔던 곳이 광주에 있는 대동고 도서관이다. 비정규직 신분이었다. 1999년 5월의 일이다. 도서관은 별관 건물 5층에 있었다. 교감선생님의 안내로 도서관에 올라갔는데 오래된 책들이 산더미처럼 쌓여 있었다. 어디서 가져왔는지 낡은 가구들이 도서관을 가득 채우고 있었다. 나이 지긋하신 도서관 담당선생님이 나를 보고는 너무도 반가워했다.

몇 개월의 시간을 도서관 환경을 정비하는 데 보냈다. 에어컨이 없어 선풍기 한 대에 의지해서 한여름엔 메리야스 바람으로 더위와 맞섰다. 그때 별명이 런닝맨이었다. 수천 권의 도서를 정리하느라 손에는 굳은살이 박이고 매일같이 책 먼지와 사투를 벌였다. 방학 중에는 대학원을 다니며 새로운 것들을 배워 와서 현장에 적용했다. 업무 매뉴얼을 만들고 장서개발정책을 세우고 도서관 이용교육도 했다. '책꽂이'라는 도서관리 프로그램을 구입해서 도서 전산화도 했다. 도서 검색이 가능해졌다. 당시 창고 수준이었던 학교도서관을 감안할 때 가히 혁신적인 일이었다. 달라진 도서관을 보고는 모두들 좋아했다. 학교 관리자들은 말할 것도 없었다. 사서교사를 채용해야 된다는 여론이 들끓었다. 상황이 이렇다 보니 쉬는 날에도 학교에 가는 날이 많았다. 일이 많아서가 아니라 일하는 게 너무 즐거워서였다.

근무하면서 힘든 부분도 있었다. 당시에는 0교시와 야간 자율학습이 성행했다. 그래서 근무시간이 좀 비정상적이었다. 아침 7시 경에 출근해서 방과 후 수업을 마치고 퇴근했다 다시 오후 2시에 출근해서 밤 10시까지 근무를 했다. 당시 아내와 연애 중이었는데 비정상적인 근무시간 때문에 데이트 장소는 항상 이곳 도서관이었다. 직장생활을 하던 아내는 본의 아니게 하루에 두 번 출퇴근을 하는 꼴이 되었다. 돌이켜 보면 그 시절이 꿈만 같다. 많이 힘들었을 법도 한데 그 땐 무엇 때문인지 너무도 즐겁고 행복했다. 내가 좋아서 하는 일이라 그랬던 것 같다.

학교도서관을 살리자!

한 20년 전쯤의 일이다. 학교도서관에 근무하는 비정규직 사서선 생님들이 만든 '광사회(광주학교도서관사서회)'라는 모임이 있었다. 학 교도서관이 거의 불모지나 다름없었던 시절의 이야기다. 현장에는 사 서교사가 전혀 배치되어 있지 않았다. 그 자리를 일용직이나 공공근 로의 형태로 사서선생님들이 대신하고 있었는데 이분들이 학교도서 관을 살려 보자고 모임을 만들었다. 여기에서 한 3년 정도 선생님들 과 함께 모임을 이끌었다.

당시에는 사서교사가 없었기 때문에 주로 이분들이 현장에서 활 동했다. 아마 광주지역 학교도서관 살리기 운동의 시초가 아니었나 싶다. 일용직 신분이라 처우는 매우 열악했다. 그럼에도 학교도서관 을 살리고자 하는 의지는 대단했다. 공식적인 단체는 아니었지만 자 체적으로 조직을 구성하고 정관까지 만들어서 운영했다. 카페를 만 들어서 정보를 공유하고 정기적으로 회보도 만들어서 돌렸다. 모임 로고까지 제작해서 활동했다. 주말이면 변두리에 있는 작은 학교들 을 찾아다니며 도서관 만들어 주기 봉사활동도 했다. '초지단(초등학 교도서관지원단)'이란 이름으로 주로 시골의 작은 학교들을 돌며 도서 분류와 전산화 등을 해 주었다.

회원이 수백 명으로 늘어나면서 모임이 커졌다. 더 이상 비공식 단체로 활동하기엔 한계가 있었다. 노동단체 가입을 결정했다. 2004년 사서교사로 발령을 받을 때까지 한 5년 정도를 이곳에서 활동했다. 아직도 당시에 개설했던 카페에는 그때의 흔적들이 남아 있다. 학교도서관에 대한 사랑과 열정이 가장 넘쳤던 시기였다.

학교도서관에서 사람을 만나다

학교에서 선생님들이 가장 많이 찾는 곳 중의 하나가 학교도서관이다. 어쩔 땐 너무 많은 사람이 찾아서 업무가 마비될 정도다. 그래도 불평하지 않는다. 오히려 고맙고 행복한 마음이 든다. 그중에서도 가장 기억에 남는 사람이 있다. 중학교 교장선생님이다. 선생님과의 인연은 한 15년쯤 된다. 고등학교에 근무하다 얼마 전 중학교 교장이 됐다. 역사과목을 담당했는데 하루에도 몇 번씩 도서관에 찾아오곤 했다. 도서관에 올 때는 항상 입구에서 지기님 하고 정답게 부르며 들어온다. 지기님이란 호칭에는 도서관지기라는 의미가 숨어 있다. 개인적으로 이 호칭을 무척 좋아한다.

선생님과의 인연은 나중에 사우관계로 발전했다. 인생의 스승이자 친구 같은 멘토가 되었다. 도서관을 아지트 삼아 함께 공부도 하고 수시로 이런저런 인생 이야기도 나누었다. 선생님이 도서관을 찾은 뒤로 많은 분들이 그 뒤를 이었다. 마중물이 됐다. 도서관이 학교 사랑방이 됐다.

중학교 교장인 지금도 여전히 일주일에 한 두 번은 도서관을 찾아온다. 도서관을 통해서 가장 오랫동안 연을 맺고 관계를 지속해 온 분이다. 퇴직 후에도 도서관 봉사를 하러 오겠다고 하니 이보다 더한 인연은 없을 것 같다. 항상 넉넉한 웃음과 따뜻한 마음으로 도서관을 찾아오는 친구 같은 분이다.

아이들의 오감을 자극하는 공간, 학교도서관

도서관은 인간의 영혼을 치료하는 공간이란 말이 있다. 도서관이 아이들에게 정서적으로 안정감을 주고 뭔가 영감을 줄 수 있는 공간 이었으면 좋겠다. 아이들이 도서관에 오면 편안함을 느끼고 통제와 억압적인 분위기에서 벗어나 자유를 만끽했으면 한다. 도서관이 교실의 또 다른 모습이어서는 안 된다고 생각한다.

내가 생각하는 이상적인 도서관은 리모델링이 잘된 현대식 도서관은 아니다. 다소 허름하더라도 정감 있고 감성이 넘치는 그런 도서관이다. 개인적으로 식물 기르는 것을 좋아한다. 그래서 항상 식물로 가득 찬 도서관을 꿈꾼다. 자연과 아이들이 하나가 되는 도서관, 아이들이 자연의 모습을 닮은 도서관을 만들고 싶다. 그래서 항상 고민한다. 어떻게 하면 도서관 밖의 자연과 빛을 도서관 안으로 끌어들일 수 있을까… 식물원 같은 도서관, 미술관 같은 도서관, 박물관 같은 도서관을 상상한다.

도서관이 아이들의 오감을 자극할 수 있는 공간이면 좋겠다. 놀이 공원처럼 호기심 어린 물건들로 가득했으면 한다. 도서관 공간이 어떤 색과 모양, 향기, 소리 등으로 구성되어 있느냐에 따라 아이들의 성장에 큰 영향을 미친다고 생각한다. 다양한 공간 경험을 통해 아이들이 풍부한 감성과 영감을 얻을 수 있었으면 한다. 도서관이 천편일률적인 모습에서 벗어나 담당선생님의 개성에 따라 수천수만 가지의 특색을 가진 다양한 모습으로 만들어지고 운영되어지면 좋겠다.

지역사회와 함께하는 독서교육

얼마 전 학교 근처에 독립서점이 생겼다. 오랜 서울살이를 끝낸 부부가 목포에 터를 잡았다. '동네산책', 산책 가듯이 언제든 편하게 들를 수 있는 곳이다. 작년부터 아이들과 번질나게 드나들고 있다. 선생님들도 마찬가지다. 학교 주변에 이렇게 훌륭한 독서 공간이 생기다니, 우리 아이들은 행운아다. 거기다 책방 주인장이 동화작가에 글쓰기에 독서모임 운영에 훌륭한 독서 자원이다.

작년 한 해 동안 세 번에 걸쳐 작가와 함께하는 북토크 시간을 가졌다. 두 번은 학교에서 한 번은 서점에서 아이들에게 독서문화를 경험할 수 있는 기회를 제공했다. 특히 서점을 방문해서 실시한 활동에서 아이들의 만족도가 높았다. 서점에 들어서는 순간 아이들의 입에서 나온 외마디 비명, 와! 지금까지 경험해 보지 못한 독특한 독서 공간을 경험하는 순간이었다. 뭔가 신세계를 발견한 기분이었다. 학교에서는 가르칠 수 없었다. 오직 지역사회만이 할 수 있는 일이었다. '한 아이를 키우기 위해서는 온 마을이 필요하다.'라는 말이 떠올랐다.

지역의 독서자원을 학교의 독서교육과 연결하는 일을 꾸준히 실천해 보고 싶다. 아이들을 평생 독자로 키우기 위해서는 지역사회와의 연대가 매우 중요하다고 생각한다. 지역의 공공도서관, 서점(독립서점), 독서단체, 작가 등 외부의 유용한 자원들을 학교로 끌어들여서 학생들과의 잦은 만남을 주선할 계획이다. 학교를 졸업한 후에도 이러한 단체들과의 관계가 지속될 수만 있다면 아이들이 평생 독자로 성장하는 데 큰 도움이 되리라 생각된다.

우리 모두를 위한 한 권의 책

개인적으로 아끼는 책이 있다면 『논어』다. 평생을 두고 수차례 반복해서 읽어 보기를 권한다. 인간 본연의 모습에 대한 탐구를 통해 자신을 성찰하고 혼탁한 세상으로부터 나를 지켜줄 수 있는 책이라 생각된다. 나의 경우 매일 한두 페이지 정도를 필사하며 하루를 마무리 하곤 한다.

특히나 논어 문구 중 위정편에 나오는 '학이불사즉망 사이불학즉태'를 좋아한다. 배우기만 하고 생각하지 않으면 남는 게 없고 생각만 하고 배우지 않으면 위태로운 사람이 된다. 독서를 하는 사람이라면 마음속에 꼭 새길 만한 문구다. 읽기만 하고 생각하고 토론해서 자기 것으로 소화하지 않으면 얻는 게 없고, 생각만 하고 다양한 분야의 책을 두루 읽지 않으면 독단과 아집에 빠지기 쉽다. 이렇게 바꿔 볼 수도 있겠다. 논어는 답이 없다. 스스로 답을 찾아 많은 생각을 하게 한다. 그래서 어려울 수도 있다. 이것이 논어의 매력이다. 수천 년이 지난 지금도 논어를 찾는 이유다. 읽을 때는 현재적 관점으로 재해석해서 읽어 보길 권한다.

나에게 도서관은 집이다

집처럼 도서관에 근무할 때 편안한 행복감을 느낄 때가 많다. 학교도서관은 나에게 집이라는 생각이 든다. 내가 평생을 지키며 가꾸고 살아야 할 운명 같은 공간이다.

매일 아침 도서관 문을 열고 들어서면 묘한 기분이 든다. 퇴근하고 집에 온 느낌이다. 불을 켜고 들어서면 수많은 책들이 깨어나 일제히 나를 반긴다. 가장 먼저 하는 일은 밤새 잘 있었는지 도서관 구석구석을 살피는 일이다. 책들을 살피고 화초들을 살피고 화장실을 청소한다. 손님 맞을 준비를 한다. 하루 중 이 시간이 가장 설레고 즐거운 시간이다. 오늘은 무슨 일이 일어날지 누가 찾아올지 마음이 두근거린다.

퇴근 시간, 다시 도서관 구석구석을 살핀다. 잠 재울 준비를 한다. 표현이 좀 우습지만 맞는 말이다. 낮 동안 더럽혀진 공간을 청소하고 쓰레기는 내다 버린다. 자기 자리를 찾아서 책을 정리하고 화초들의 수분 상태를 확인하고 위험 요소는 없는지 꼼꼼히 점검한다. 잘 준비가 끝나면 못내 아쉬운 마음으로 불을 끄고 퇴근한다.

매일 반복되는 일상이지만 전혀 지루하지가 않다. 매일 집에 가는 것처럼 아쉬움과 설렘이 교차한다. 이것이 학교도서관의 매력이다.

꿈 너머 꿈 그리고 아름다운 마무리

항상 마음속에 품고 사는 꿈이 있다면 평생을 숲을 가꾸며 사는 일이다. 『나무를 심은 사람』에 나오는 주인공처럼 말이다. 이러한 소망과 더불어 퇴임 후에 작은 도서관을 만들어서 운영해 보고 싶다. 시골의 마을 도서관도 좋고 숲속의 작은 도서관도 좋다. 책을 통해 사람을 만나고 자연과 함께하는 삶을 살고 싶다.

사람은 혼자서는 살아갈 수 없는 동물인가 보다. 항상 주변의 동료들과 소통하고 연대하길 바란다. 주변의 환경에 너무 휘둘리지 말고 묵묵히 자신의 길을 걸어갔으면 한다. 돌이켜 보건대 학교도서관을 만난 것은 내 인생 최고의 행운이다. 학교도서관과 함께하고 있는 여러분은 최고의 행운아다.

모두가 행복한
도서관을 꿈꾸다

⋮

장효경 | 문향고등학교

　중·고등학교를 다닐 때, 국어선생님의 부탁으로 학교도서관 전산화 작업을 했다. 생각해 보니 학교급도, 지역도, 담당선생님도 달랐는데 두 번이나 이 일을 한 것이 신기하긴 하다. 학교도서관의 문을 열었을 때 맡았던 책 냄새, 손바닥으로 쓸어 내던 먼지의 감촉이 아직도 생생하다. 책이 아니라 그 공간 자체가 왠지 편안하고 따뜻했다. 결국 나는 자연계열임에도 불구하고 도서관을 공부하기로 마음먹고, 도서관과 책을 공부하는 대학생이 되었다. 사서교사가 어떻게 될지 알 수 없는 학교도서관의 암울한 미래와 나에게 닥친 여러 가지 문제들 때문에 수차례 포기했다가 맘을 굳게 먹고 다시 일어서기를 반복하면서 드디어 용감한 사서교사가 되었다.

나의 첫 제자들

나의 첫 발령지는 해남이었다. 지역명 때문이었는지, 합격의 기쁨은 잠시였고, 시골에서 살 생각에 막막하고 슬펐다. 내 고향이 섬이면서 이런 마음을 갖게 될 줄은 꿈에도 몰랐다. 그래도 처음이라는 설렘이 없지는 않았다. 처음의 설레는 마음이 실망으로 변하는 데는 그리 오래 걸리지 않았다. 교사로서 준비도 부족했고, 내가 뭐 하는 사람인지 정체성의 혼란을 겪었다. 하지만 오랜 생각과 방황 끝에 내린 결론은 사서교사는 학교도서관과 학생이 처음으로 만나게 해 주는 사람이었다. 스스로 위안을 삼는 것이기도 하지만, 얼마나 가슴 떨리고 책임감을 주는 말인가! '나는 학교도서관을 대표하는 중요한 사람이다.'라고 스스로 되새김질하며 조급함을 떨쳤다. 처음이라 실수투성이지만 나를 옆에서 이끌어 주고 보듬어 준 동료선생님들과 학교도서관 문화를 함께 만들어 간 도서부원이 있었기에 조금씩 성장할 수 있었다. 그리고 삶의 과정에서 최선을 다하는 아이들을 보면서 하루하루를 열정으로 임해야겠다는 생각을 했고, 행복을 느낄 수 있는 여유를 배웠다. 그러면서 앞으로 나아가기 위해 애썼다.

학교도서관워크숍   전국 참실대회 기념사진

　당시 전남 사서선생님들과 여기저기 연수를 받으러 다니고, 공부하면서 마음을 다잡을 수 있었다. 그때 전국학교도서관모임을 만났다. 선배 선생님들의 경험담도 듣고, 함께 공부하는 게 즐거웠다. 신규 때 함께했던 아르떼연구모임도 그해에 진행되었다. KDC 분류 이미지를 연구모임 선생님들이 그려서 전국모임에서 책갈피로 제작해 주기도 했다. 그때의 이미지들을 보면 지금도 반갑고 즐거웠던 그 시절이 떠오른다. 전남 사서선생님들과 매해 참실대회에 가서 뜨거운 열기를 느끼고, 근처 여행도 하고 돌아왔다. 그 시절 인연이 된 이성희 선생님께서 전남모임에 지원도 많이 해 주셨다.

　그 이후로 가까운 지역 선생님들과 함께 여러 가지 공동 연구활동을 했다. 그중 하나가 바로 '꿈꿈'활동이다. '꿈꿈'은 목포, 무안 지역 학교에 근무하던 사서교사 7명이 함께한 모임이다. 각자 학교에서 자기 일을 열심히 하다가, 함께하는 즐거움을 알고 해마다 학교 연합활동을 진행했다. 사실 몇 년을 기획부터 실행까지 혼자서 계속한다는 것이 지치고 재미도 없고 아이디어도 떠오르지 않아 힘들어하던 차에, 외부 단체에서 지원해 주는 사업비를 받아서 학교 연합 문학기행을 준비하고 추진한 게 우리 모임의 시작이었다. 또 각자의 학교에서 토론모임을 운영하며 '나와 너, 우리'를 생각하고자 하는 꿈이 있었다. 그 꿈에 함께하는 마음을 얹어 모임 이름을 꿈 너머 꿈(꿈+꿈)으로 짓게 되었다. 지금도 이 이름이 참 좋다. 돌이켜 생각해 보면 그때 했던 프로젝트가 힘들면서도 가장 빛나던 순간이었다. 오랜 시간 근무해 오면서 미처 알지 못한 목포를 더 깊이 들여다본 계기가 되었다. 두근두근, 목포! 알면 사랑한다 하지 않던가? 꿈꿈활동은 거의 5년간 지속되었다. 내가 목포의 남고에서 근무하던 내내 만났으니까 말이다.

그러고 보니 목포고에서 함께했던 학생들과의 추억이 많다. 여고와 함께 기획한 시낭송축제, 목포연합활동으로 간 1박 2일 시낭송캠프, 문학기행, 파주출판문화캠프, 인문학읽기대회 등등 참으로 많이 쏘다녔다. 엉뚱한 이 녀석들이 여고생들과 놀아 보려고 안달하던 모습도, 작가님 골수팬이 되어 떨어지지 않던 모습도, 캠프에 갖고 오지 말아야 할 물건을 몰래 숨겨 와서 한 번만 봐 달라고 이야기하던 모습도 생생하다. 이제는 청년이 된 제자들이 그때의 활동이 특별했다고 이야기하면서 깔깔거리며 웃을 수 있어서 행복하다.

마냥 행복하지만은 않았다. 위기의 순간이 불쑥 찾아왔기 때문이다. 2015년 3월, 둘째 아이 출산을 한 달 정도 남긴 만삭의 몸으로 새 학교로 옮기게 되었다. 출산휴가를 바로 써야 하나 고민했는데, 이 학교도서관을 둘러보고 나서는 결정을 보류할 수밖에 없었다. 전남 농어촌 학교들의 특성상 통폐합이 많이 진행되고 있었는데, 여기도

3개의 학교가 통폐합되어 새 건물로 이사를 한 상태였다. 흩어진 3개의 학교에서 정리도 되지 않고 그대로 이동해 온 책들과 가구, 집기들이 도서관에 마구잡이 이삿짐처럼 쌓여 있었다. 물론 공간 구성도 전혀 되어 있지 않았다. 누군가는 해야만 했다. 그게 내가 아니었으면 좋겠다는 생각을 잠깐 했지만, 쓸데없이(?) 책임감이 강했던 사람으로서 지나칠 수는 없었다. 많은 책들 중 버릴 책과 남길 책을 선별하여 폐기를 하고, 책장과 책상 의자 등의 자리를 잡고, 주제별로 도서를 구분하는 작업을 시작했다. 집에서 출퇴근하는 것은 포기하고 관사에서 생활하며 밤마다 온몸을 득득 긁어 대며 괴로워했다. 방을 함께 쓰는 선생님은 이러다가 갑자기 관사에서 아이를 낳는 것은 아닌지 걱정했다. 하루하루를 버티며 대략적인 정리를 하고, 부족한 물건들은 학교 곳곳을 뒤져 공수해 오며 교실 6칸 규모의 도서관 껍데기를 완성했다. 그리고 무사히 개관식을 진행했다. 초청된 많은 분들이 와서 학교와 도서관을 훑어보고 갔으며, 만삭의 배를 부여잡고 있는 담당자를 염려스러운 눈빛으로 쳐다봤던 기억이 난다. 결국 자유 시간을 단 하루도 즐기지 못하고 출산 휴가가 시작된 당일에 둘째 아이를 만났다. 내 교직 인생 중 육체적으로 최고 난이도였던 한 달로 학교도서관이 지긋지긋해진 위기의 순간이었다. 그리고 인생 최고의 과업을 위해 학교도서관을 몇 년 떠나 있었다.

다시 학교로 돌아왔을 때도 위기에서 벗어나지 못해 혼란스러웠다. 이번에는 육체적인 문제가 아니었다. 열정이 사라진 영혼 없는 껍데기가 되어, 학생들에게 마음을 주지 못했다. 위기를 자각한 순간 또 다시 공부모임이 필요했다. 한없이 부족한 교사로서의 나를 채워

정리할 책 천지

쥐야 안심이 될 것 같았다. 그렇게 시작된 게 고전읽기모임 '고확행'이다. 함께 고전을 읽고, 토론을 하는 과정을 거듭하면서 사라진 열정과 따뜻한 마음을 채워 갔다. 러시아 문학을 공부하던 해에는 러시아도 함께 다녀왔다. 복직하고서 이성희 선생님을 통해 책놀이를 만나전남 책놀이 소모임도 만들고 그림책과 함께하는 책놀이를 전문적학습공동체로 꾸려 진행하고 있다. 사실 고확행이나 책놀이모임이나 만나는 날짜만 다를 뿐, 참여하는 사람들은 많이 중복된다. 다들 나처럼 목마름을 모임으로 채우고 있는 것은 아닌지 모르겠다. 이 두 개의 모임으로 학생들과의 수업이 더욱 풍성해지고 있다. 여전히 모르는 것도 많고, 두렵지만 지금은 학교도서관에서 책을 매개로 학생들을 만나 이야기를 나누고, 수업을 하는 것이 아주 행복하다.

책놀이 연구 방법 전수

책놀이 전남중부모임

책놀이 연수

    한창훈 작가님의 『행복이라는 말이 없는 나라』라는 책을 읽으며 '어느 누구도 어느 누구보다 높지 않은' 평등한 세상에서 자신에게 주어진 것에 만족하고 좋아하는 일을 하며 더불어 행복하게 살아가는 세상을 꿈꾸게 되었다. 행복은 뭔가 거창할 것 같은데 의외로 소소하다. 사실 익숙해서 소중함을 모르고 그냥 지나치는 것은 아닌지…. 잠깐 멈춰 서서 나의 일상 구석구석에 숨어 있는 행복을 의식적으로 찾아보았다. 그리고 사서교사로서의 행복을 곰곰이 생각해 보았다. 학교도서관에서 사서교사로 일하면서 누군가에게 인정받고, 칭찬받고 싶었다. 그 시선의 주인은 타인이었다. 그래서 스스로를 힘들게 했다. 그때는 그게 행복한 것인 줄 알았다. 하지만 지금은 아니다. 물론 타인의 시선에서 벗어나는 데 많은 시간이 필요했다. 그리고 충분히 잘하고 있음을 믿고 스스로를 지지하면서 학교도서관에서 행복을 찾고 있다. 다른 선생님들도 자신을 믿고 지지하며 소중한 하루하루를 보냈으면 좋겠다.

내가 꿈꾸는 학교도서관은 '편안하고, 따뜻하고, 행복한 기분을 느낄 수 있는 곳'이다. '도서관'에 들어서는 순간 편안하고, 따뜻하고, 행복했으면 좋겠다. 도서관에 들어서서 교사인 '나'를 만나서 더욱 편안하고, 따뜻하고, 행복해지면 좋겠다. '책'을 읽고 함께 나누면서 편안하고, 따뜻하고, 행복해지길 바란다. 편하고 걱정 없이 좋은 상태, 정답고 포근하고 행복한 학교도서관. 그 상상이 현실이 되도록 오늘도 도서관과 나의 온도를 적당히 높여 본다.

학교도서관 :
지적 모험의 땅, 코스모폴리탄의 세계

:

장형진 I 신흥고등학교

과거, 현재, 미래가 만나고 기억과 상상력이 용접되는 곳,

지적 모험의 땅, 돈도 비자도 필요 없는 여행지,

국경과 인종과 계급이 영원히 퇴각한 코스모폴리탄의 세계

거기가 바로 "도서관"이다.

_ 도정일 『비판적 상상력을 위하여』 중에서

도서관, 과거 - 현재 - 미래가 만나는 곳

도서관이 나에게 다가왔는지, 내가 도서관에 다가섰는지, 그 처음은 모호하다. 그러나 그것은 분명하다. 도서관이 있어 오늘에 내가 있다는 것.

어린 시절 주석서와 백과사전이 가득 꽂혀 있던 아버지의 서재가 자연스레 도서관으로 이끌었는지, 용돈을 받으면 서점부터 들르는 습관이 책이 있는 곳으로 이끌었는지, 책이 있는 공간이 낯설지 않았고, 책을 읽으면 함께 이야기를 나누는 것이 십 대의 즐거운 기억으로 남아 있었기에, 나에게 도서관은 필연일 수도 있었겠다. 교직에 들어와서도 그 기억과 습관이 운 좋게도 이어졌다는 것이다.

지금 맡고 있는 도서관은 희현당(希顯堂)*이라고 불린다. 도서관은 단독건물이고 3층의 원형 건물이다. 2, 3층은 자습을 위한 열람실이고, 1층이 도서관으로 3만여 권의 장서와 35종의 잡지가 들어오고 있다. 교장 교감선생님의 적극적인 지원과 지지로 사립학교이지만 사서교사가 따로 있는 학교가 되었다. 해마다 전주시립도서관에서 주관하는 독서 마라톤에 참여하며 독서기록장을 활용해 독서지도를 하고 있다. 1학년은 창체시간 중 1시간을 내어 일주일에 한 번 도서관에

---

* 전주신흥학교는 희현당 터가 있던 곳에 세워졌다. 희현당은 1700년(숙종 26년) 조선시대 도단위 학교인 영학(營學)이 있었던 곳으로, "감영의 학교"를 뜻한다. 희현(希顯)이라는 의미는 '현인과 성인이 되기를 바라며, 자신의 본질을 세상에 드러내는 학당'이란 뜻이다. 지금으로 말하자면 희현당은 당시 전라남도와 제주도를 통틀어 유일무이한 지방거점국립대학 격이었던 학문의 장이었다. 신흥학교가 이 터 위에 1900년부터 자리 잡고 있으며, '희현'이라는 이름을 현재 도서관 '희현당(希顯堂)'으로 명명한 것이다.

3장 전국학교도서관모임과 함께한 사람들

희현당

서 책 읽기를 하고 있다. 감사하게도 그만큼 책 읽기는 학교의 중요한
풍토와 숨겨진 교육과정이 되어 있다.

　그동안 희현당에서는 이덕주, 이성희 선생님을 모시고 전라북도 교
사를 대상으로 한 전북 북스타트 심화연수와 학생들을 대상으로 한
전북대학교 교수님들의 찾아가는 인문학 강좌(20강), 경희대학교 교
수진들의 후마니타스 인문학 강좌(5강), 학교 구성원들을 위한 도서
관 인문학 강좌를 열며 참가자들의 풍요로움을 더하였다. 학교 안에
서의 각종 혁신학교 연수와 현 김승환 교육감님과 대화의 시간을 가
진 것을 도서관은 묵묵히 기억하고 있을 것이다.

　더욱 의미 있는 기억은 도서관에서의 각종 프로그램을 진행한 경
험과 책따세(도서관 운영 봉사동아리)와 호모쿵푸스(인문독서토론동아리)
동아리를 운영한 경험을 바탕으로 2016~2018 학년 부장을 맡아 독

도서관 내부   북맘모임

서 중심 교육과정으로 3년간 학년 운영을 해 본 것이었다. 신입생 OT
를 최초로 학교 밖에서 2박 3일간 독서워크숍 활동과 저자와의 만남
을 중심으로 진행하였다. 학년 모토를 담임선생님들과 함께 "책을 통
해 꿈을 찾고, 성장하며, 도전하는 신흥인 되기"로 정하였다. 3년간 후
마니타스 독서 인문과정으로 아침독서, 독서마라톤, 독서워크숍, 저
자초청강연, 독서기록장 기록, 휴먼북, 휴먼라이브러리, 배움과 성장
교사 독서모임 등 각종 프로그램 등을 진행하였고, 학년 신문 〈희현
신문〉을 발행한 것이 기억에 남는다.

또한 3년간 희망하는 학부모님들과 매달 마지막 주 목요일 북맘독
서모임을 가진 것이 인연이 되어 자녀들이 졸업한 지금까지도 북맘
(Book Mom)이 계속 이어지고 있는 것은 또 하나의 뿌듯함이다. 3년
간 함께 읽은 책은 『진짜 공부』, 『공부 논쟁』, 『여덟 단어』, 『교육감
은 독서 중』, 『호모 쿵푸스』, 『풀꽃도 꽃이다』, 『사소한 물음들에 답
함』, 『스칸디 부모는 자녀에게 시간을 선물한다』, 『공부하는 엄마들』,
『부끄럽지 않은 밥상』, 『운동장 편지』, 『대통령의 글쓰기』, 『밤이 선생

이다』,『마흔 역사를 알아야 할 시간』,『언어의 온도』,『내가 알고 있는 걸 당신도 알게 된다면』,『적막 소리』,『나를 지키며 일하는 법』,『그릿』,『퇴사하겠습니다』,『정해진 미래』,『유에서 유』,『그리스인 조르바』,『동주』,『나는 행복한 불량식품입니다』 등이다. 북맘들은 함께 책을 읽으며 삶을 나누고 학교와 학년의 일에 적극적으로 참여하며, 함께하는 교육을 추구하는 혁신학교의 학부모라는 자의식을 자연스레 공유하였다.

도서관에서 16년간의 경험과 동아리 운영 경험은 학년을 운영하기에 충분한 밑거름과 자양분이 되어 주었다. 다행히도 그해 학생들의 진학 결과도 좋아 독서교육이 진학에도 도움이 된다는 화두를 학교와 선생님들께 던진 것이 성과라면 성과라고 할 것이다. 다만 더욱 바라는 것은 모든 교과에서 도서관과 책과 연계한 수행평가를 기획하고, 미래 세대인 학생들의 창의성과 탐구를 돕는 기능을 위해 도서관이 제대로 활용되기를 바라 볼 뿐이다. 그리하여 "학교도서관이 없다면, 학교에서의 모든 교육이 불가능하다."라는 말이 구성원들로부터 자연스레 나오게 되길 소망해 본다.

동화홀씨로 산다는 것은

도서관을 만나고 나서 사람들을 만났다. 동화홀씨, 2006년 전교조 참실 학교도서관분과에 다녀오신 성희옥 선생님이 우리도 그림책 모임을 가져 보자 만든 동아리였다. 어린 시절 그림책을 접해 보지 못한 세대였기에, 처음에는 그림책이 뭔가 했다. 첫 모임에서 성 선생님이 읽어 주셨던 유리 슐레비츠의 『새벽』이라는 그림책은 진한 감동을 주었다. 그 그림책을 통해 그림책이라는 거대한 호수에 흠뻑 잠길 만하다는 확신을 갖게 되었다. 『새벽』이 인연이 되어 고등학교 교사이지만 2006년 이래 초등 선생님들과 인연을 맺고 올해는 총무로 선생님들의 간식을 책임지는 막중한 일을 행복하게 담당하고 있다. 동화홀씨라는 이름으로 8기까지 이어졌으며, 지금은 1, 5, 6기만 왕성한 책모임을 하고 있다. 동화홀씨 지역모임으로는 전주와 김제, 정읍모임이 별도로 진행되고 있다. 그동안 동화홀씨 동아리모임은 전북에서 초등 선생님들 그림책 공부의 밑동이 되었고, 동화홀씨에서 낸 각종 자료집은 그림책 공부의 기준이 되었다.

동화홀씨에서 만난 그림책은 글보다 그림 위주의 작품으로 그림작가의 이름이 먼저 나온다고 할 만큼 그림을 중심으로 만들어진 책이다. 인생에서 세 번*의 시기에 그림책을 만난다고 하니, 나는 그 두 번째 시기에 운 좋게 그림책을 만난 것이다. 데이비드 위즈너, 시웅량(熊亮), 쑨신위(孫心瑜)와 같은 나름 좋아하는 작가가 생겼고, 중국어를 가르치고 있기에 중국 그림책에도 관심이 절로 뻗었다. 운 좋게 중국 그림책을 만났고, 중국 그림책 작가들을 만나 인터뷰도 하고, 친필 사인북도 받았다. 해외에 가면 그 나라 전통의 그림책과 사연을 갖는 작가의 그림책을 애써 찾는다. 그 땅의 토양에서 나온 그 지역 특색

---

* '생명을 살리는 한 권의 그림책'이라는 부제가 붙은 『마음이 흐린 날엔 그림책을 펴세요』에서 저자는 "그림책은 인생에 세 번"이라는 캐치프레이즈를 주장하며 그림책을 읽는 세 번의 시기가 있다고 말한 바 있다. 첫 번째는 자신이 아이였을 때, 다음에는 자신의 아이를 기를 때, 그리고 세 번째는 인생 후반이 되고 나서, 아이들을 위해서가 아니라 자기 자신을 위해 읽어야 한다는 것이다. (P.165)

의 그림책을 만나는 즐거움은 숨겨진 땅에서 보화를 찾는 그 느낌 그대로이다.

매주 월요일 15년을 함께한 동화홀씨는 그렇게 인생이 되었다. 함께 만나는 선생님들과 책 읽기를 하며, 자녀를 낳아 기르고, 품에 안아 그림책을 읽어 주던 그 어린 자녀들이 지금은 코로나 시대에 대학 생활을 지내는 신입생과 고2가 되었다. 그림책을 공부하면서 그림책 서평도 써 지역 잡지인 문화저널에 실어 보고, 예수처럼 살다 간 존경하는 권정생 선생님의 책『강아지똥』그림책 지도안을 짜 지역 어린이도서관인 책마루도서관과 협력하여 초등학생들 그림책 활동을 지도해 보았으며, 청소년을 위한 그림책 소개의 글도 〈학교도서관저널〉에 연재해 보고, 그림책 수업지도안을 써 '창비' 그림책 수업지도안 공모전에 내 보아 운 좋게도 대상과 오백여 권의 책도 부상으로 받았다. 이러한 경험은 동화홀씨에서 함께 그림책 공부를 진하게 한 결과였다. 그러나 이러한 경험보다 더 큰 즐거움은 사람들을 만나는 즐거움이었다.

중국 그림책 작가 시옹량의 책을 번역한 노경실 작가와 만났고, 작가를 통해 험난한 인생을 다져 주는 신앙과 인문학의 힘으로 세상을 어떻게 바꿔 나가는지를 지금까지도 맛보고 있다는 것이다. 그녀가 번역한 중국작가 시옹량(熊亮)을 북경에서 직접 만나 인터뷰를 한 것은 인생 최대의 즐거움이기도 하다. 또한, 대만 그림책 작가 쑨신위(孫心瑜)의 가정사를 다룬 그림책『뒷모습(背影)』* 을 서점에서 읽고 감

---

* 쑨신위(孫心瑜)의 『뒷모습』(背影, 聯經, 2015. 4.) 그림책은 국내에 아직 번역되지 않았다.

동화홀씨 모임과 공부자료집

동하여 그녀의 페이스북을 찾아 연락해 대만대학 앞에 있는 스타벅스에서 만난 것도 큰 감동이었다. 이제는 "중국 그림책이 내게 말을 걸다"라는 제목으로 중국 그림책 작가의 그림책과 작가들을 소개해 보는 것이 내 작은 꿈이 되었다.

동화홀씨는 이렇게 나에게 세상과 인생이 되었다. 2006년 1기로 함께 만난 동화홀씨의 선생님들 김미영, 남은아, 성희옥, 안지선, 육현우, 이성희, 이은영, 이진숙, 진영란, 차찬란, 최선주, 최은주, 최춘자, 하선화, 황정원 선생님과 2020년 올해 1기로 새로운 인연을 맺고 있는 강현아, 김민자, 김영미, 김현경, 공자영, 윤미란, 한성주 선생님들과 그림책 공부와 세상 공부를 함께한 인연에 감사한 마음뿐이다.

전북모임이 시작되고 2년 만에 전국학교도서관모임 직무연수를 우석대에서 개최했다. 준비 과정 중 주제 정하기와 겉표지 제작만 좀 도와 드리고 중국 연수를 떠났는데 지금도 마음의 빚을 진 듯 죄송한 마음뿐이다. 하지만 모임 2년 만에 이런 전국구 행사를 진행할 만한 저력이 동화홀씨에서 나왔고, 이것이 디딤돌이 되어 동화홀씨는 더 멀리 더 힘 있게 뻗어 나갔다. 또한 전북에서도 고등학생 인문학캠프와 북스타트 연수, 책톡!900독서클럽 등이 시작되었다. 이러한 행사의 마중물 격이 전국학교도서관모임이며, 전북에서는 동화홀씨 모임이라고 말할 수 있다.

전국학교도서관모임과 참실에서 만난 김종성, 류주형, 박영숙, 백화현, 송승훈, 이덕주, 이성희, 조의래, 주상태, 한명숙 선생님과의 인연은 도서관과 책 읽기와 관련한 인식의 지평을 넓혀 주신 열정의 화신들이었다. 이분들이 없었다면 학교도서관이 지금의 위상과 역할을 할 수 있었을까 하는 생각이 든다. 중국 속담에는 "우물물을 마시는 자는 우물을 판 자를 기억해야 한다."는 말이 있는데, 학교도서관 이십 주년을 맞아 이들의 이름을 다시 한 번 기억해 본다.

> 같은 소리는 서로 응하고, 같은 기운은 서로 찾는다. (同聲相應, 同氣相求.)
> _『周易』〈重天乾〉에서

동아리, 함께 월경(越境)을 꿈꾼다는 것

동화홀씨가 되어 살면서 홀씨처럼 퍼뜨린 것이 있다면, 그것은 책모임 '동아리'이다. 동화홀씨 활동을 통해 배우고 믿는 바는 『독서동아리 100개면 학교가 바뀐다』는 책에도 나와 있지만, 학교 안에 제대

로 활동 중인 독서동아리가 다만 열 개라도 있다면 학교가 바뀐다는 것이다. 동화홀씨를 통해 동아리는 책을 만나게 하고, 사람을 이어 주고, 세상을 만나게 한다는 진리를 체험하였다. 동화홀씨로 이어진 독서모임은 책따세(도서관 봉사동아리), 호모쿵푸스(인문독서 토론동아리), 사마재(교사 독서동아리), 북맘(학부모 독서동아리), 배움과 성장 교사 독서동아리, 중국어교사 수업 나눔 독서동아리 등이다.

　　'동아리'와 관련해서 내게 성찰을 준 책이 있다면, 재일교포 강상중 님의 『나를 지키며 일하는 법』이라는 책이다. 4장에 벤저민 프랭클린의 이야기가 나오는데 그를 이끌어 준 동아리인 전토그룹(Junto Group)에 대한 이야기가 나온다. 정리하면 다음과 같다.

- 12명의 구성원으로 제한된 비밀 클럽으로 40여 년을 지속.
- 각각의 구성원이 순서대로 윤리, 정치, 자연과학에 관한 주제로 문제를 제기하고 의견 발표하며 새로운 아이디어를 얻음.
- 프랭클린은 여기에서 대학 설립 등 사회공헌에 대한 아이디어를 토론하고 뒤에 실천적 활동으로 구체화.
- 프랭클린의 다재다능한 활약은 이러한 이종 혼합적 모임, 즉 다른 업종에 종사하는 친구들을 묶는 네트워크가 있었기 때문임.
- 회사 안에서도 함께 배우는 네트워크를 찾아낼 수 있으며, 회사

밖으로는 다른 업종의 친구나 지인으로까지 네트워크를 넓힐 수 있을 것.

- 다만 자신의 '근거지'가 어디에 있는지를 분명히 인식하면서 월경(越境)하는 것이 중요.
- 이런 경험을 가진 사람이 조직의 정상에 오른다면 우수한 인재들을 모아 그 지혜를 활용하고 조직을 순조롭게 운영할 수 있음.

자신의 근거지를 분명히 두고 건너편에 있는 이들과 만나 이른바 학제적인 지식의 존재 방식을 더하는 것이 동아리이자 동아리활동이다. 동아리활동을 통해 내가 서 있는 곳과 관심사를 분명히 하고, 다른 편에 있는 이야기를 경청하고, 내 존재의 영역에 스며들게 하지 않는다면 그것은 개인적인 취미활동의 영역에 머물고 마는 것이다. 앞으로 고민할 것은 바로 스며듦과 넘어섬이다.

월경(越境)을 꿈꾸는 삶, 그리고 감히 경계를 넘어 코스모폴리탄의 삶을 살게 하는 곳, 그곳이 도서관이고 동아리였음을 학교도서관모임 20주년을 맞아 고백해 본다.

꿈꿀 수 있는 공간,
학교도서관

．
．

최성환 | 임실고등학교

인생사 오리무중(五里霧中)

우리가 살다 보면 원하든 원하지 않든, 상황이 그렇게 흘러가는 경우가 있습니다. 저에게 학교도서관과 사서교사는 그런 존재입니다. 제가 대학교 다닐 때 최고의 직장으로 대학도서관 사서를 생각하는 것이 일반적이었습니다. 최소한 제 주변에는 그랬습니다. 저도 한때는 그랬지만, 더 높은(?) 꿈을 꾸고 있었습니다. 대학교수를 하고 싶다는 막연한 생각이 있었습니다. 그것도 가르치는 것보다는 연구하는 교수직에 관심을 가지고 있었죠. 발단은 대학 3학년 때 우연히 학과 후배에게서 한국전산원(한국정보화진흥원 전신)이 주최하는 '정보화 촉진을 위한 논문현상공모'에 대한 얘기를 듣게 된 것입니다. 돈 욕심에 논문현상공모에 도전을 결심하고, 당시 여름방학 때 미친 듯이 밤낮으로 자료를 수집하고 논문을 완성했던 기억이 새록새록 떠오릅니다. 아마 제 인생에서 무엇인가 한 가지에 몰두했던 때가 있었다면 그때가 아닌가 생각합니다. 결과가 제 인생지도를 바꾸었죠. 그렇게 대학교수라는 목표를 향해 여차저차 대학원에 진학하고… 대학도서관에 취업하고… 이렇게 사서교사가 된 것을 보면 참 인생사 알 수 없이 흘러온 것 같습니다. 어떤 인연 어떤 상황을 만나 사서교사가 되었을까요. 궁금하시죠. 너무 얘기가 길어집니다. 분명한 건 모두 제 선택이었습니다. 이제는 학교도서관이 제 삶의 중심에 있습니다.

유명무실(有名無實)한 학교도서관

첫 발령지는 100년의 전통을 자랑하는 군 단위의 자칭 명문 고등학교입니다. 도서관은 본관과 멀리 떨어져 있는 독립 건물에 있었습니다. 누구나 그렇듯 좋은 학교도서관을 만들려고 하죠. 기회가 찾아왔습니다. 부지는 식당 옆, 건축자금은 군과 국비로 충당이 되어 멋지게 지어졌습니다. 건축을 군에서 맡아 하고 3년 후에 학교로 넘겨 주는 조건이었습니다. 그렇게 새로운 도서관을 개관하고, 군립도서관 사서들하고 공동운영을 했습니다. 그러나 예상과 달리 운영자금과 정치적인 문제로 학교에서 넘겨받지 못한 상황이 지속되었습니다. 그러니 학교도서관이 있다고도 없다고도 할 수 없는 애매한 상황이 되고 말았습니다. 그런 상태로 저는 인사발령이 나서 새로운 학교로 가게 되었습니다. 추억도 많고 다양한 일도 하면서 행복한 시간들이었으나, 제 본업인 학교도서관이 유명무실해져 못내 아쉬움이 남습니다. 어쩌면 유관기관과 협력하여 학교도서관을 만들고 프로그램도 운영하는 좋은 롤모델이 될 수도 있겠으나, 온전한 내 것이 되지 못하는 한계가 분명히 존재합니다. 그래도 다행인 건 문화재로 등록되어 있는 구강당을 수선하여, 후배 사서교사가 올해 멋진 학교도서관을 만들고 있다고 하니 마음의 짐을 덜었습니다.

동성상응(同聲相應)

같은 소리는 서로 응한다고 하죠. 전북의 장형진 선생님이 2020 동아리활동 발표를 하면서 하신 말씀입니다. 사서교사가 되었으니 학교도서관과 독서교육에 관심이 많으신 선생님들을 자연히 많이 만나게 된 것 같습니다. 그럼 언제부터 전국학교도서관모임과 인연이 되었을까요. 저는 기억이 나지 않았습니다. 그런데 얼마 전 초창기부터 전북의 학교도서관모임을 이끌었던 성희옥 선생님과 통화를 하면서 알게 되었습니다. 그러니까 제가 사서교사로 임용된 해더군요. 2008년 당시 전국학교도서관모임 여름 직무연수를 전북 우석대에서 했습니다. 그때 제가 연수 자료집을 편집했더라고요. 연수 장소가 전북이라 지역 사서선생님들이 십시일반 이런 저런 일을 많이 도와주었고 참여했었습니다. 그러고 보면, 모든 것은 사람과의 인연으로 시

3장 전국학교도서관모임과 함께한 사람들

작되는 것 같습니다. 초창기부터 전북모임을 이끌어 주셨던 분들에게 감사의 말씀을 전합니다.

교학상장(教學相長)

원해서 하지 않았지만, 하고 보니 배움이 일어나고 도움이 되는 것들이 있습니다. 피와 살이 되는 것이죠. 제게도 그런 것이 있습니다. 창체수업시간에 독서수업을 진행하면서 평소 읽지 않던 소설책을 읽게 되고, 읽어야만 하는 독서가 아닌 읽고 싶은 독서의 중요성을 알게 되었습니다. 또한 지난 6년간 교내에서 인문학 강좌를 운영하면서 학생들과의 더 많은 만남, 저자와의 만남과 대화를 통해 저 또한 성장했습니다. 그리고 학교도서관, 독서교육 그리고 인문학은 불가분리적 관계인데, 도교육청 인문교육지원단 위원으로 활동하면서 세상에 정말 고수들은 많구나 느끼면서 그분들에게 많이 배우고 있습니다.

힘들었지만 기억에 남는 활동이 있습니다. 전주권역 일반고 〈인문학 강좌〉 운영 학교 공동 프로그램을 기획하고 진행한 것입니다. 기억에 남는 이유는 능력은 안 되는데 거점학교로 지정이 되어 힘들게 진행했기 때문입니다. 그래도 역시 그 과정에서 지역 선생님들과 교류하면서 추진하니 저 또한 많이 배우고 성장하게 되었다는 것입니다.

당시 프로그램을 소개하자면, 이전에는 인문학 강좌를 운영하는 도내 학교 전체를 대상으로 다양한 분야의 작가를 초청하고 대화와 토론을 통해 배움의 기회를 갖는 휴먼라이브러리 형태로 이뤄진 반면, 2018년에는 4개의 권역별로 거점학교를 중심으로 공동프로그램

일반고 교육역량 강화 〈인문학 강좌〉 운영 학교 공동프로그..

인문학 BOOK 콘서트 주제: 삶,

날짜: 2018년 8월 29일(수) 18시 | 장소: 전주제9..

행복

○○ 때

돌아갈 집이 있다는 것

○○ 때

마음 속으로 생각할 사람이 있다는 것

○○○ 때

2018 인문학 BOOK 콘서트 주제: 삶, 시와 노래가 되다!

날짜: 2018년 8월 29일(수) 18시 | 장소: 전주제일고등학교

서시

을 운영하는 방식으로 바꿔 진행했습니다. 당시 전주권역에서는 제가 소속된 전주제일고가 거점학교를 타의로 맡게 되었습니다. 이를 계기로 전주권역 17개 고등학교 인문학 강좌 담당교사들이 모여 공동 프로그램의 방향 설정과 운영을 위해 협의회를 구성하였고, 기존의 틀을 깨는 새로운 인문학 강좌를 운영하기 위해 아이디어를 모았습니다. 그 결과 프로그램을 1부와 2부로 구성해, 1부는 학생들이 좋아하는 시인을 직접 만나 강연과 질의응답을 통해 소통하고 공감하는 시간이 되도록 꾸미고, 2부에서는 시와 음악을 결합해 미니 콘서트를 즐기는 경험을 할 수 있도록 해 보자는 의견으로 모아졌습니다.

그래서 '인문학 강좌'를 운영하는 전주권역 내 17개 고등학교 학생 136여 명의 학생들이 각 학교에서 시집을 읽고 사전활동을 하였고, 이들 학생과 함께 8월 29일 '삶, 시와 노래가 되다'를 주제로 황유원, 서대경, 박준, 김민정 씨 등 시인 4명과 북뮤지션 제갈인철 씨, 뮤지컬 배우 강고은 씨를 초청해 '2018 인문학 BOOK 콘서트'를 개최하게 되었습니다. 한편 학생들의 즐거워하는 모습을 보며 인문학이 스펙 쌓기 용도가 아닌, 진정한 소통과 공감 그리고 치유가 되어 우리의 삶과 함께하면 좋겠다는 생각이 마음속 깊이 자리 잡게 되었습니다. 교내에서도 그해는 그림책을 읽고 다양한 활동을 하는 재미있는 인문학 강좌를 많이 기획했던 것으로 기억이 됩니다.

임중도원(任重道遠)

대학교수들이 선정한 2018년 올해의 사자성어입니다. 아직 해결해

1차 책놀이 연수   2차 책놀이 연수

야 할 난제가 많이 남아 있는데, 굳센 의지로 잘 해결해 나가기를 바라는 마음이라고 선정 배경이 나와 있더군요. 마치 2020년 우리 학교도서관이 처해 있는 상황 같습니다. 물론 전국학교도서관모임이 아니었다면 학교도서관이 이만큼 궤도에 오르지 못했을 것입니다. 그래도 역시 해결해야 할 문제들이 산적해 있기에 마음이 더욱 무겁습니다. 결코 짧지 않은 20주년이라니 감회가 새롭습니다. 앞서서 열일해 주시는 선생님들께 감사의 말씀을 전합니다.

이쯤 하고 나니, 작년 책놀이 연수가 기억이 나는군요. 그간 전북 지역에 책놀이연구모임이 지속되지 않아 안타까워하던 차에 기회가 불현듯 찾아왔습니다. 전북 지역 신규 사서선생님이 서울에서 하는 책놀이 연수를 참여하시고, 전북에서도 이런 좋은 연수가 있었으면 좋겠다는 의견과 함께 전국학교도서관모임의 박정해 선생님 전화를 받고 곧바로 연수를 추진하게 되었습니다. 무슨 일이든 도화선이 필요한 것 같습니다. 일사천리로 이성희 선생님과 오향옥 선생님을 모시고 1차는 2019. 11. 15.(금)~11. 16.(토), 2차는 12. 7.(토) 이렇게 2회에 걸쳐 책놀이 연수를 진행했었고, 그 결과 사서선생님들의 전북 책놀이모임이 결성되었습니다. 하지만 코로나19로 인해 1회밖에 아직 모이지 못해 아쉽네요. 그래도 다들 맡은 부분을 충실히 연구하고 계신 것 같습니다. 돌이켜 보건대, 전국학교도서관모임에서 연수진행 비용 일부를 보조받은 것이 또 있었네요. 2012. 6. 6.(수) 이덕주 선생님과 2명의 강사분을 더 모시고, 학교도서관을 활용한 프로젝트 연수를 진행했습니다. 2016년에는 전북 김제청소년농업생명체험센터에서 '책과 함께하는 수업 혁신 직무연수'에도 참여했던 기억도 있습니다. 알게 모르게 많은 도움을 받고 있는 전국학교도서관모임입니다. 그 안에서 헌신하고 있는 고귀한 당신 덕분입니다. 감사합니다.

학교도서관에서
나를 인터뷰하다

:

고을레라 | 노형중학교

저는 2010년 임용된 제주 지역 사서교사 고을레라입니다. 남들 앞에 서는 것을 부끄러워합니다. 이름도 특이하고, 지역도 특이하고, 직업도 특이하여 어느 곳에 가든 주목받는 경우가 많습니다. 사람들을 만나면 늘 이름에 관한 질문을 받습니다. 조지훈 시인의 〈승무〉라는 시에 '나빌레라'라는 구절이 있지요. 제 이름은 성과 함께 붙여 '고을레라', '곱구나!'라는 뜻입니다. 자연을 좋아합니다. 바다와 꽃과 동물들을 보면 행복합니다. 자연이 보호되어야 한다는 생각에 물건을 버리지 못하는 병을 갖고 있습니다.

책에 관심 없던 아이가 전국학교도서관모임을 만나게 되기까지

저는 어릴 때부터 책을 좋아하던 아이는 아니었습니다. 독서광이던 오빠가 빠져 있던 '셜록홈즈'와 '괴도루팡' 같은 추리소설에 조금 관심을 가진 정도였던 것 같습니다. 이렇게 사서교사가 되고 나서, 내가 왜 사서교사가 되었을까 생각해 보니 부모님의 영향이 제일 컸다고 생각합니다. 백화현 선생님처럼 가족독서모임을 하지는 않으셨지만, 두 분께서는 책을 좋아하고 많이 읽으셨습니다. 지금 생각해 보면 아이가 셋이라 정신없었을 그 당시에 책을 읽을 시간을 내셨다는 것만으로도 두 분을 존경합니다.

대학생이 되고 나서야 도서관을 가기 시작했습니다. 과제를 하러 간 것이었지만 저는 어느새 책을 읽고 있었습니다. 막연하게 '책'의 가치를 생각하고 '책을 가까이하는 사람'에 대한 동경이 있었지만 내가 그런 사람이 되어야겠다는 생각은 20대 후반에야 들었습니다. 대학 졸업 후 일하던 회사의 사내도서관에서 자주 만난 사서 덕분입니다. 아마도 그전까지 저는 사서와 질문 이상의 대화를 나눠 본 적이 없던 것 같습니다. 그 직업에 관심을 가지게 되고 사서교사라는 직업을 알게 되었습니다. '이런 직업이 있었구나!' 하며 놀라기도 하고 부럽다고 생각했습니다. 조그마한 일에는 결정을 잘 내리지 못하는 소심한 제가 1년간 해외에 나가서 생활하겠다거나, 회사를 그만두고 편입하겠다는 등, 큰 사건에는 대담하게 결정을 내렸습니다. 지금 생각해 봐도 가족과 친구들이 모두 만류하던 일을 과감하게 실행한 스스로에게 칭찬을 하고 싶습니다.

편입하고 임용준비를 하면서 학교도서관에 대해 알게 되었습니다. 사서교사가 되고 난 후에야 독서교육에 관심을 두게 되었습니다. 아마도 제주도에서 우물 안 개구리처럼 혼자 있었다면 잘 몰랐을 수도 있겠습니다. 발령받고 학교도서관을 어떻게 운영해야 하는지, 독서교육은 어떻게 해야 하는지 막연하고 길이 보이지 않았기에, 관심을 가지고 여러 연수를 찾아다녔습니다. 문헌정보학 전공 공부와 실제 도서관 운영과는 차이가 컸습니다. 그러다가 만난 것이 참실대회 학교도서관분과입니다. 그때의 충격은 아직도 잊지 못합니다. 발표자가 누구였는지 기억나지 않지만, 그들에게서 열정과 아우라가 느껴졌습니다. '아, 학교도서관에서 이렇게 열심히 하는 교사들이 있구나! 심지어 사서교사가 아닌데도 학교도서관의 활성화를 위해 이렇게 활동하는 사람들이 있구나!' 대단한 선생님들을 보며 나의 작은 모습에 위축되기도 했습니다. 하지만 저에게 '도끼'가 되어 준 모임의 선생님들 덕분에 20주년이라는 귀중한 시간에 함께하는 영광을 누리게 되었습니다.

'도끼'가 되어 주신 분이 참 많지만, 백화현 선생님 덕분에 모임에 함께하게 되었습니다. 선생님의 열정적이고 진솔한 강의를 듣고 반했습니다. 학교도서관 운동을 위해 학교도 그만두셨다는 이야기를 듣고 놀랐습니다. 제주에 강의가 있어 내려오셨다가 저와 개인적인 만남을 가졌던 적이 있습니다. 그때 사서교사가 책을 많이 안 읽는다, 많이 읽었으면 좋겠다고 말씀해 주셔서 무척 부끄러웠던 기억이 납니다. 선생님을 떠올릴 때마다 더 열심히 일하고 공부해야겠다는 자극을 받습니다.

전국학교도서관모임 속에서 나의 역할 찾기

이덕주 선생님의 제안으로 전국학교도서관모임에서 연구소 활동을 시작하게 되었습니다. 제주도에서도 조용히 학교생활만 열심히 하다 갑작스레 맡게 된 연수국장의 자리가 부담스럽지 않았다면 거짓말이겠습니다. 하지만 연수국장으로 전국단위 연수를 진행한 경험이, 그 자리가 제 시야를 조금은 넓혀 준 계기가 된 것 같습니다. 도서관에서 혼자서 모든 것을 결정해 왔고 이렇게 하는 게 좋은지, 더 나은 방법이 있는지 의논할 사람이 없었습니다. 하지만 학교도서관을 '살린다.'는 목표를 가지고 활동하는 사람들 사이에 있노라니 마음가짐도 달라졌습니다. 공통의 관심사를 가지고 있는, 물어보고 의견을 구할 사람들을 만났다는 사실이 즐거웠습니다.

전국 여러 지역모임의 상황도 듣고 활동도 지켜보니 책놀이, 그림책, 목록 만들기 등 각 지역만의 색깔이 있는 모임이 운영되고 있었습니다. 저도 제주도만의 특색 있는 지역모임을 만들고 싶어졌습니다. 지역 대표라는 감투를 쓰게 되었기에 남들 앞에 나설 수 있었습니다. 감투가 얼마나 많은 일을 하게 만드는지 놀랄 뿐입니다. 어떤 모임을 하면 좋을까 이런저런 고민 후 '서평'을 쓰는 모임을 만들면 좋겠다고 생각했습니다. 독서모임도 꾸준히 유지하기가 어렵다는 걸 그 당시에는 잘 몰랐고, 호기롭게 '서평글쓰기'모임을 시작했습니다. 서평을 어떻게 써야 하는지 저 또한 잘 몰랐기에, 제주 사서교사연구회와 전국학교도서관모임에서 지원하는 연수비를 받아 김민영 강사님을 제주도로 모시고 '서평글쓰기' 특강을 진행하였습니다. 특강을 어떻게 홍보할까 고민하다가 도내 교육청 메신저로 불특정 다수에게 쪽지를 보냈습니다. 민폐가 되는 건 아닐까? 아무도 신청하지 않으면 어떡하지? 고민했던 기억이 납니다. 하지만 초·중·고 60여 명의 선생님께서 신청해 주셨고 그 열기와 관심에 놀랐던 기억이 납니다. 특강이 무사히 끝나고 본격적으로 모임에 참여할 분들을 모집했고 15여 명의 선생님께서 함께하기로 했습니다. 하지만 처음의 열기를 꾸준히 행동으로 끌고 가는 것은 다른 차원의 문제였습니다. 오기로 했던 선생님께서 몇 시간 전에 못 온다고 연락이 와서 취소된 적도 있고, 참여하겠다고 연락하지도 않고 오시는 분들도 계셨습니다. 개인적인 일이 생겨 참석이 어려운 상황에는 대신해서 운영해 줄 사람 한 명 구하기가 어려워 발을 동동거릴 때도 있었습니다. 3년째 운영하는 지금도 상황이 크게 달라지지는 않은 것 같습니다만 예전보다 욕심을 내려놓고 편안한 마음을 가지려 하고 있습니다. 한 달에 두 권의 책을 읽는 것만으로도 충분히 대단한 일이기에, 읽는 것에서 나아가 서평을 쓰려고 모인 사람들은 얼마나 대단한가요! 늘 시간에 쫓겨 쓴 모자란 글이라도 서로를 격려하며 다독거려 주는 모임을 만들고 싶습니다.

의미 있던 순간 vs 아쉬웠던 순간

도서관에서 일하며 느꼈던 의미 있던 순간들을 생각해 봅니다. 대단한 일들은 아니었습니다. 학생 또는 선생님께 권해 주었던 책을 재미있게 읽었다고 얘기해 주었을 때, 독서모임을 통해 다양한 선생님들과 책을 매개로 이야기 나눌 때, 도서관행사에 많은 학생이 참여하여 즐거워하며 다음에도 또 하자고 이야기해 줄 때, 프로그램을 참여해서 의미 있는 시간이었다는 소감문을 받았을 때, 저도 선생님처럼 사서교사가 되고 싶다는 학생이 찾아왔을 때, 진정한 아군인 도서부 아이들과 재밌게 보낸 일들 등 소소하지만 공들였던 시간에 대한 긍정적인 피드백을 받던 매 순간이 빛났습니다.

참, 특별한 경험이 생각났습니다. 경력 4년째 되던 해 학교의 긴급한 사정으로 1년간 담임을 하게 되었습니다. 그런 역할이 주어질 거라 상상도 못 했을 때 주어진 일이라 아쉬웠던 순간이기도 합니다. 사서교사 역할을 뒤로 미뤄 둘 수밖에 없었습니다. 하지만 아이들과 선생님들과의 관계, 소속감이 참 좋았습니다. 담임을 맡게 될지 알 수는 없지만 늘 준비해 둔다면 좋겠다고 후배님들께 전하고 싶습니다.

반면 아쉬웠던 순간들은 왜 이렇게 많이 생각날까요? 10년 경력 중 대부분을 인문계 고등학교에서 근무를 해 왔습니다. 학생들의 생활기록부에 한 줄이라도 더 적어 주기 위해 많은 행사와 프로그램을 운영해 왔습니다. 나름 내 자리에서 늘 최선을 다해 왔다고 생각하는데 인정을 받지 못할 때가 많아 서운했던 기억이 납니다. 도서관과 독서 외에 창체수업, 교과서, 홍보 등 업무가 많았지만 일 자체가 힘들었다기보다, 다른 형태의 교사라는 것을, '사서교사' 자체로 인정받고 싶다는 생각을 늘 했던 것 같습니다.

아직 제 역량이 학교 구성원들의 인식을 바꿔 놓기에는 부족하지 않았나 싶기도 합니다. 가장 크게 제 부족함을 느낀 것은 수업입니다. 보통 창체수업을 맡아서 하는데 평가가 없기에 수업으로 인정받지 못할 때가 많았습니다. 학생들도 제 수업시간은 쉬는 시간으로 인식하고 있어 동기유발이 가장 어려웠습니다. 평가의 유무에 상관없이 재미있고 유용한 수업을 해야 한다는 생각에 많은 고민을 하고 있고, 그 덕분에 교과 선생님의 고민도 공감하게 됩니다.

마음을 움직이는 것

마음을 움직이는 책 한 권을 소개합니다. 내 인생의 책, 도서관에 꼭 있으면 좋은 책은 아닙니다만, 최근에 읽은 책 중 '동기유발'을 성공적으로 한 책이 있어 소개합니다. 위에서 언급했듯이 수업에 대한 고민을 많이 하고 있습니다. 어떻게 책을 읽게 만들고, 수업을 듣게 만들 것인가? 결국 '어떻게 학생들의 마음을 움직일 것인가?'입니다. 그런 면에서 파워 유튜버 김아란의 책 『1년 만에 교포로 오해받은 김아란의 영어 정복기』는 강한 인상을 남겼습니다. 영어를 어떻게 공부하면 좋을지 방법을 알려 주는 것도 중요하지만, 그보다 다른 재미있는 것들 사이에서 영어를 공부할 수 있게 스스로 선택하도록 만드는 힘에 대해 생각하게 됩니다. 영어공부법 외에도 삶에 대한 태도와 열정을 느낄 수 있어 좋았습니다. 다른 사람들에게 선한 영향력을 미치는 삶에 대해 생각해 보게 됩니다. 우리를 책상 앞에 앉게 만들고, 책을 펼치게 만드는 것은 결국 '마음'의 문제라고 생각합니다. 모든 것이 시시해지고 삶에 활력이 없어 긍정적인 에너지를 받고 싶은 분께 추천해 주고 싶은 책입니다. 롤모델이 없는 청소년에게 추천해 주어도 좋겠습니다.

어떤 도서관을 꿈꾸는가

이론적이 아니라 실제로, 내가 살아가고 있는 현실에서 학교도서관이 배움의 중심이 되는 모습을 꿈꿔 봅니다. 학교도서관 운동을 하는 모든 이가 꿈꾸는 모습이지 않을까 싶습니다. 하지만 저 또한 그런 학교도서관을 경험해 본 적이 없어 어떻게 하면 학교도서관이 배움의 중심이 되게 만들지 막막합니다. 과제와 평가의 유형이 바뀐다면, 대입 평가방법이 바뀐다면 조금은 달라질까, 학교구성원 간의 이해와 소통이 되면 가능할까 고민해 봅니다.

주변의 환경을 바꾸는 것이 어렵다면 제가 시도해 볼 수 있는 일들을 생각해 봅니다. 도서관이 그리고 사서교사가 배움에 직접적으로 도움을 줄 수 있는 장소와 사람이라는 인식을 심어 주고 싶습니다. 그렇게 조금씩 도서관이, 사서교사가 교육의 한가운데로 옮겨 가면 좋겠습니다. 교육공동체와 구성원들의 인식이 변화된다면 조금씩 학교도서관이 교육의 중심이 되고 학생들이 스스로 배움을 찾아가는 장소가 되리라 믿습니다. 그런 인식의 변화에 전국학교도서관모임의 역할도 크다고 생각합니다. 문화를 바꾸는 일을 하고 있으니까요.

나에게 보내는 편지

이 글을 누가 읽게 될까 생각해 봅니다. 선후배 사서교사가 될 수도 있고, 도서관 업무 담당교사, 사서, 도서관계(?)에서 여러 가지 일을 하는 분일 수도 있겠습니다. 전국학교도서관모임의 구성원이 다양하기에 도서관과 책을 연결고리로 가지고 있는 불특정 다수라고 생각합니다. 제 이야기가 어떤 의미가 있을지 모르겠습니다.

처음 20주년을 기념하고자 할 때, 한 꼭지로 여러 지역에서 활동하는 선생님들을 인터뷰하기로 했었습니다. 저처럼 활동한 지 몇 년 되지 않은 분도 계시고 10년이 넘게 활동한 분도 계셨습니다. 다양한 기간에 활동한 선생님들의 이야기를 묶어 낸다면 의미가 있을 것 같았습니다. 그렇지만 코로나가 터지면서 대면 인터뷰는 어려워졌습니다. 대신 인터뷰 형식의 글을 썼습니다. 글을 수집하고 정리하는 과정에서 이 또한 전체적으로 다른 글들과 어우러지지 않았나 봅니다. 글을 다시 다듬어 봅니다. 제주라는 지역적 특성상 타 지역 선생님들을 직접 만나는 시간을 고대했는데 아쉽습니다. 하지만 글을 쓰는 동안 저는 지난 10년의 교직경력을, 전국학교도서관모임에서의 시간을 돌이켜 보게 되었습니다. 그리고 앞으로도 더 '배움'과 '시도'를 즐기는 사서교사가 되자며 다짐하는 시간이었습니다. 저에게 참 좋은 시간이었습니다.

학교도서관에서
성장하다

:

손민영 I 청주중앙여자고등학교

학교도서관과 만나기 전

돌이켜 생각해 보면, 내 학창 시절은 친구 관계도 원만하지 못하고, 공부에도 관심 없는… 요샛말로 하면 '아싸'였다. 그러다 보니 수업시간, 쉬는 시간을 주로 책을 읽으며 보냈는데, 책은 주로 근처 도서관에서 빌려 오곤 했다. 학교 내에 도서관이 생긴 것은 고등학교 1학년 때였는데, 창고 같은 아주 작은 공간에 3면을 책으로 채운 곳이었다. 책도 오래된 책이 대부분이라 읽을 만한 것이 별로 없었고,

관리를 맡은 교과 선생님이 계셨지만 이용은 점심시간에만 가능했으며 그것도 도서위원 학생들이 대출·반납 처리를 하는 폐가제 형식이었던 것으로 기억난다. 다행히 학교 근처에 도서관이 있어 학교가 아니어도 책을 빌릴 수 있었다. 시간이 여의치 않아 저녁식사 시간에 몰래 도서관에 가서 책을 빌려 와 자습시간에 숨겨 읽곤 하던 기억이 내 학창 시절 대부분의 추억이었다.

그런 학창 시절도 시간은 어김없이 지나 수능을 끝마치고 대학교에 입학할 과를 결정해야 했다. 지금처럼 초등학교 때부터 직업을 결정해야 한다 압박하던 때가 아니었으니, 막연하게 평생 책 읽는 일을 할 수 있는 과를 찾다 도서관에서 근무할 수 있다는 문헌정보교육과에 들어가게 됐다. 솔직하게 교생실습을 하고 대학교를 졸업하고 임용시험을 통과하는 그 순간까지도 학교도서관이 초점이 아닌, 책이 있는 도서관에 더 중심이 있던 시간이었다.

학교도서관 서툰 첫 만남

첫 번째 발령지는 하필이면 내가 졸업했던 고등학교였다. 싫어했던 학교, 게다가 아직 나를 기억하는 은사님들이 그대로 있는 곳으로 졸업한 지 4년 만에 돌아가게 됐다. 충북 첫 사서교사. 정확하게는 10여 년 전 선배 사서교사가 계셨지만 전과를 하고 오랫동안 사서교사라는 개념이 없던 곳에서, 처음이란 말은 내가 모든 것을 시작해야 한다는 의미였다. 배운 것이라고는 대학교에서 강의로 듣고, 책으로 읽은 내용이 다인데, 학교에 가서는 바로 전문가가 되어야 했다. 학교

3장 전국학교도서관모임과 함께한 사람들

도서관 지정 연구학교에 맞는 연구자료 만들기, 도서관 리모델링, 논술수업, 거기에 국어수업까지. 사서교사가 무엇을 하는 사람인가에 대한 철학이 바로 서지 않은 채로 일에 휩쓸려 끌려가기만 했다. 동료교사들 중 은사님이 많았고 담당 부서 부장선생님 또한 은사님이었기 때문에 존중보다는 지시가 먼저인 구조였다. 일반적인 것을 지시대로 따르되, 도서관과 관련된 전문적인 부분은 알아서 결정하라는 분위기, 거기에 존중하지 않는 동료교사들까지. 그 당시는 사서교사가 된 것이 속상했다. 다른 과목 교사로 온 동기들은 담임과 수업 등으로 학생들과 면대면으로 만나 저리 즐겁게 학교생활을 하는데, 왜 나만 이렇게 정리 안 된 도서관에서 혼자 모든 것을 떠안아야 하는지 마음속 깊이 움츠러든 시간이었다. 돌이켜 생각해 보니 그때 나는 아이들에게 다가가기보단 도서관 정리가 먼저였으며, 수업 또한 고등학교 때 배워 왔던 진학을 위한 형식적인 독서교육이 다였다. 학생들보단 내 자존심이 먼저였던 가시를 잔뜩 세운 고슴도치 같은 시기였다.

학교도서관 다시 보기

그러다 학교를 옮겨 두 번째로 근무한 곳은 남녀공학 중학교였다. 그 중학교는 지역에서도 힘든 학교로 손꼽히는 곳이었다. 주변이 오래된 임대아파트와 원룸 등이 모여 있는 저소득층 밀집 지역이었고, 교육복지투자우선지역 지원 대상학교였다. 이에 아이들도 거칠고 힘든 아이들이 많았다. 그동안 여고에서 쌓아 왔던 진학을 위한 독서교육 방법이 와르르 무너졌다. 입시에 도움이 된다 사기 치며 가르칠 수도,

교사의 권위를 내세울 수도 없었다. 당시 짓궂었던 남학생 몇 명이 지속적으로 도서관에 몰래 숨어 와 책을 바닥에 쓰러트리고 도망가거나, 독서수업에 참여해 계속 말장난을 걸어 와 수업을 진행하기가 힘든 상황의 연속이었다. 아이들을 이해하고 달래기보다 미워하며, 중학교에서의 첫해를 그렇게 신규로 돌아간 심정으로 보냈다. 그러다 그 아이들의 가정사를 알아 가며 내가 아이들에게 잘못하고 있는 것이 아닐까, 내가 잘못 가르치는 것이 아닐까 생각하게 되었다. 차츰 아이들이 보였다. 아이들에게는 각각의 상황이 있는데 일률적으로 똑같이 끌고 가려고 한 것이 아닐까? 아이들 한 명 한 명의 눈이 보이기 시작하면서 아이들과 가까워지는 방법을 찾기 위해 연수를 쫓아다니고 다시 도서관 공부를 시작하게 되었다. 아이들이 도서관에 와서 "선생님 때문에 책 읽는 게 좋아졌어요.", "도서관행사가 참 재미있어요.", "선생님이 좋아요.", "도서관에 오고 싶어요."라고 하는 말이 그렇게 즐겁고 설레는 말이라는 것을 그때서야 알게 되었다.

마중물이 되어 준 전국학교도서관모임

2009년 전국학교도서관모임 주관으로 파주출판도시 견학이 있었다. 전국학교도서관모임 홈페이지에서 선생님들의 신청을 받아 파주출판도시 일대 견학 및 출판사 방문 등의 프로그램이었는데, 그때가 처음으로 해 보는 외부 연수였다. 그동안 충북 도내에서 아름아름 독서교육을 해 오다가 독서와 도서관이라는 키워드로 그렇게 재미있는 다른 일도 할 수 있다니, 새로운 세계를 접한 기분이었다. 도서관이 단순히 책을 읽는 곳이 아닌 다양한 일을 할 수 있는 곳이구나 생각하게 되었고, 그때부터 적극적으로 이 연수, 저 모임에 참여하게 되었다. 내가 그동안 우물 안의 개구리처럼 내가 아는 게 전부인 양 살았구나! 그때서야 통감했다. 전국학교도서관모임의 자료들, 참실대회, 그리고 전국학교도서관모임 주관으로 하는 연수들까지. 세상에는 정말 다양한 교육 방법이 있었고 아이들을 진심으로 사랑하는 가슴 따뜻한 교사들이 정말 많았다. 그동안 내가 한 것이 무엇일까 부끄러운 마음과 배워서 나도 저렇게 하고 싶다는 생각이 샘솟았다.

그중 기억하는 활동 중 하나가 2010년 한국간행물윤리위원회와 전국학교도서관모임에서 함께 만든 '청소년 출판문화체험캠프'에 참여한 것이다. 사전신청을 한 약 20여 곳의 학교, 각 5명의 학생들이 2박 3일간 참여하는 캠프였다. 그 캠프에서 신나게 놀며 도서관과 독서를 매개로 한 다양한 놀이방법을 알게 되었다. 파주출판도시에서 아이들이 직접 조를 나눠 책 만드는 과정 체험 및 출판사 담당자와의 인터뷰를 하는 모습을 보며 교사의 개입 없이 아이들이 주관하는 것이 더 다채롭고 다양한 결과를 나오게 할 수 있구나! 깨달았다. 저자와의 만남, 대형서점에서 책의 역사를 배우는 강연 및 책 고르기, 뮤지컬 관람, 게임이 있는 문화제, 독서토론 등 2박 3일간 이렇게 다양하고 깊이 있는 독서 프로그램을 즐겁게 할 수 있구나 체험하게 됐다. 캠프를 총 진행하시던 이성희 선생님의 따뜻한 카리스마와 여러 선생님들이 자연스럽게 학생들과 어우러져 활동하는 모습을 보면서 가슴이 뜨거워졌다. 이렇게도 할 수 있구나! 이렇게 말하면 아이들이 더 즐거워하는구나! 사례 중심의 발표와 연수 자료만으로는 몰랐던 실제 체험의 장이었다. 아이들의 즐거워하는 모습을 보며 학교에 돌아가 당장 우리 아이들에게도 해 보고 싶었다.

최근에는 여러 상황 때문에 줄어들고 있지만, 교육활동을 실제 체험할 수 있는 장이 있는 것은 매우 중요하다. 내가 어떤 모습으로 독서교육을 진행하는지 객관적으로 바라볼 수 없을 때, 이런 장을 통해 다른 선생님들의 모습을 배우고 적용할 수 있기 때문이다. 포장된 발표가 아닌, 실제 교육 상황. 그 모습을 보는 게 무엇보다 값진 자료가 된다.

학교도서관 즐기기

연수를 쫓아다니며, 카페에 올라오는 자료를 보며 배운 교육방법을 아이들에게 적용했을 때 아이들의 눈빛이 달라졌다. 그때가 가장 신났을 때였다. 오늘은 아이들과 뭘 할까? 내일은 아이들과 뭘 하지? 도서부 아이들을 데리고 캠프를 갈까? 예산이 적은데 아이들에게 어떤 프로그램을 짜서 어떻게 들어가면 재미있어하고 책 읽기를 좋아하게 될까? 아이들의 눈높이로 새로운 프로그램을 계획하고 실행했다. 또한 아이들뿐만 아니라 선생님들과도 이 즐거움을 함께하고 싶어졌다. 교내 선생님들과 독서모임을 만들고, 충북 도내 선생님들께 편지를 띄워 독서모임을 꾸렸다. 매일 학교 가는 것이 즐겁고, 새로운 것을 배우는 일이 행복했다. 이렇게 즐겁고 재미난 세상이 있다니! 왜 이제야 알았을까 싶었다. 자연스럽게 도서관을 이용하는 학생들이 늘었으며, 교과 선생님들과도 독서프로그램을 함께 만들 친분이 생겼다. 협력수업, 활용수업, 융합수업 방법 등이 자연스럽게 나오며 수업에 녹여 무리 없이 진행할 수 있었다.

또한 출판문화체험캠프에서 배워 온 내용을 바탕으로 교육청과 협의하여 충북에서도 2박 3일간 독서캠프를 진행했다. 예산상의 문제로 1회로 끝난 프로그램이었지만 대도시에 가서 문화 체험을 하기 어려운 충북 소외 지역 아이들과 함께 파주출판도시와 논산 문화예술학교에 다녀온 것은 아이들에게 즐거운 체험의 기회가 되었으며, 아직까지 연락하는 학생들도 그때의 기억을 여전히 말하고는 한다.

'달빛 도서관', '책놀이', '문화체험캠프', '책뽑기', '작가와의 만남' 등 많은 독서 프로그램들을 카페의 자료들을 통해 알게 되고, 더 내실 있게 진행할 수 있는 원동력이 되었다. 또한 도서관 관리에 어려움이 있을 때마다 카페의 자료를 참고하여 문제를 해결하고는 했다. 학교 내 어쩔 수 없이 혼자 결정할 일이 많은 사서교사의 특성상 전국학교도서관모임의 자료들은 항상 좋은 동반자가 되었다.

학교도서관과 함께 성장하기

사서교사로 지내는 17년의 기간 동안 전국학교도서관모임의 자료와 다양한 연수, 그리고 동료교사의 힘을 빌려 조금씩 성장할 수 있었다. 나뿐 아니라 충북의 다른 사서선생님들도 매우 열심히 학생들을 지도하며 다양한 사례를 발표, 공유하고 있다. 지속적으로 아이들과 함께 다양한 독서체험행사를 진행하고 있으며, 학교에서만이 아니라 다른 학교와 연계한 독서캠프 및 인문독서발표대회 등의 프로그램을 진행하고 있다. 또한 연 2회 이상 사서교사협의회 주관으로 워크숍을 진행하며 다른 학교의 운영사례, 책놀이, 고전읽기, 매체읽기 등 다양한 독서교육 방법을 함께 나누고 좀 더 좋은 방법을 찾아 연구하고 있다.

함께 가면 길이 된다. 학교도서관에서 17년 근무하고 이제는 육아로 잠시 쉬며 돌이켜 생각하니 교사로서 또 사람으로서 부족했던 내가 이만큼 성장할 수 있었던 것은 학교도서관과 그곳에서 만난 존경하는 선생님들, 그리고 아름다운 아이들이 있어서였다. 그중 항상 뜨거운 마음으로 후배들을 위해 모든 것을 내어 주시는 이덕주 선생님. 학교도서관이 얼마나 중요한 곳인지, 독서교육의 방법이 얼마나 다양할 수 있는지 알려 주신 이성희 선생님. 그리고 이 모임에서는 아니지만 독서교육의 교육적 역할에 대해 고민할 기회를 주신 송승훈 선생님과 다른 수많은 선생님들까지. 많은 분들이 현장에서 최선을 다하고 계셨다. 그 모습을 보며 조금씩 독서교육의 방법을 바꾸며 나만의 독서교육 철학을 세울 수 있었다.

잠깐 동안에 세상이 너무 크게 바뀌었고, 학교로 돌아가 어떤 방법으로 학생들과 책을 읽고 나와 세상을 존중하는 법을 알릴 수 있을지 걱정이지만, 카페와 단톡방에 올라오는 글들을 보면 방법은 어떻게든 찾을 수 있을 것 같다. 이렇게 열정 어린 선생님들이 세상에 많으니까 말이다.

다만 꼭 잊지 않고 마음에 새기고 있는 건 나 한 사람의 노력이 한 명의 학생이라도 흔들 수 있다면, 그 아이가 지루하고 힘들고 오기 싫은 학교에서 그래도 저곳에서 나를 기다려 주는 한 사람이 있어

간다는 마음이 든다면 조금쯤은 성공한 일이 아닐까 하는 마음이다.

　다시 학교로 돌아가 아이들과 놀 그날을 기다리며, 이 설레는 마음을 다른 선생님들과 함께하고 싶다. 내가 즐거워야 아이들도 즐겁다는걸.

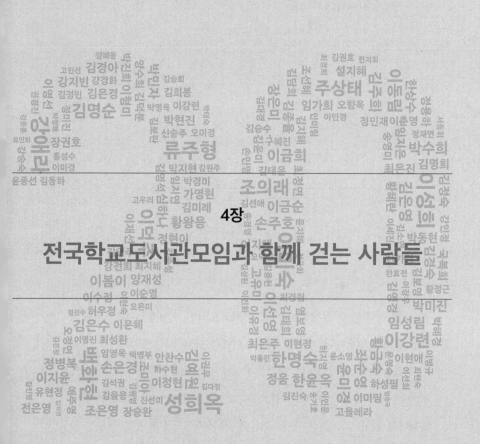

4장
전국학교도서관모임과 함께 걷는 사람들

전국학교도서관모임과 아침독서운동의 아름다운 동행 20년

:

한상수 | (사)행복한아침독서 대표

"아침독서운동을 실시하는 학교의 학교도서관 이용률이 높아졌다는 연구 결과가 있습니다. 이처럼 학교도서관과 아침독서운동은 아주 밀접한 연관을 가지고 있습니다. 학교도서관은 아침독서운동을 지원하는 학교 내의 중요한 공간이자 동반자입니다. 아침독서운동과 학교도서관의 아름다운 만남으로 우리 아이들이 더욱 행복해졌으면 합니다. 행복한 책 읽기, 아이들의 해맑은 웃음꽃이 활짝 피는 그날을 그려 봅니다."

전국학교도서관모임과 아침독서운동이 연결되는 데 가교 역할을 한 교육부 이성희 장학관이 2006년 2월호 〈아침독서신문〉에 기고한 '아침독서운동과 학교도서관의 아름다운 만남'이라는 글에 있는 내용입니다. 선생님께서 언급하신 것처럼 지난 20년 동안 학교도서관과 아침독서운동은 아름다운 동반자였고, 그 과실은 온전히 아이들에게 돌아갈 수 있었습니다.

2020년 올해는 2005년 아침독서운동을 시작한 지 15주년이 되는 해입니다. 아침독서운동의 지난 역사를 돌이켜 보면서 만약 전국학교도서관모임이 없었다면 어땠을까 하는 생각을 해 봅니다. 아침독서운동이 학교에 책 읽는 문화를 만드는 데 작은 기여라도 할 수 있었던 것은 전국학교도서관모임이 함께했기 때문이라고 생각합니다. 전국학교도서관모임의 존재가 아침독서운동에는 실로 큰 행운이었습니다.

20주년을 축하하는 글을 쓰기 위해 오래된 자료들을 들춰 보다가 전국학교도서관모임 창립 10주년을 축하하며 2011년 2월호 〈아침독서신문〉에 쓴 글을 찾았습니다.

아름다운 동행 10년, 학교도서관 희망을 꿈꾸다.

전국학교도서관모임 창립 10주년을 진심으로 축하드립니다. 지금까지 전국학교도서관모임은 아침독서운동의 가장 든든한 후원자이자 가장 믿음직한 동반자였습니다. 2005년 봄 아침독서운동에 대한 확신을 갖고 깃발을 들었지만 어떻게 교사들을 만나야 할지 막막했을 때 이성희 선생님께서 직접 일산의 작은 사무실을 방문해 주셨습니다. 이때 서로가 가진 생각들을 진지하게 나눌 수 있었고, 이 만남이 계기가 되어 지금까지 두

단체가 아름다운 선한 연대를 이어 올 수 있었습니다.

학교 현장을 다니면서 학교도서관 담당교사들이 열악한 환경에서 얼마나 애를 쓰고 있는지 잘 알게 되었습니다. 독서교육이 가진 힘을 믿고 묵묵히 수고하시는 이 땅의 모든 담당선생님들에게 존경과 감사의 박수를 보냅니다. 선생님들의 애씀이 분명 많은 아이들에게 희망이 되고 더 나은 미래를 만들어 주리라 생각합니다.

책과 도서관, 그리고 교사의 열정은 우리 아이들이 가진 무한한 가능성을 활짝 열어 주는 가장 확실한 존재입니다. 지금까지 해 온 것처럼 앞으로도 더 많은 수고를 부탁드립니다. 저희들도 선생님들과 함께 같은 꿈을 꾸고, 그 꿈을 현실로 만들기 위해 손 맞잡고 함께하겠습니다. 다시 한 번 창립 열 돌을 진심으로 축하드리며 더욱 발전하길 기원합니다.

이제 이 글을 쓴 지도 십 년의 세월이 지났다고 생각하니 감회가 새롭습니다. 스무 살 성년이 된 전국학교도서관모임에 뜨거운 축하의 박수와 감사 인사를 같이 보냅니다.

가슴 설레는 첫 만남

저는 아침독서운동을 시작하기 전에 작은 도서관을 운영했습니다. 당시는 지금과는 달리 공공도서관이 절대적으로 부족한 상황이라서 민간에서라도 도서관을 운영하는 게 필요한 시절이었습니다. 직장을 다니면서 사비를 털어 작은 규모의 어린이도서관을 운영했지만 한계를 많이 느꼈습니다. 가장 큰 문제는 책이 꼭 필요한 아이들이 도서관에 오지 못한다는 점이었습니다. 작은 도서관에 오는 아이들은 상대적으로 가정의 독서환경이 좋은 아이들이었고, 독서교육에 대한 관심이나 여력이 부족한 가정의 아이들은 도서관에 오기가 쉽지 않았습니다. 그런데 제가 도서관을 운영한 것은 이런 아이들에게 책을 만나게 해 주고 싶었기 때문입니다. 이 문제를 해결하는 방법은 모든 아이들이 다니는 학교에서 독서교육이 제대로 이뤄지는 것이라고 생각했습니다.

그런 고민을 하다가 아침독서운동에 대해 알게 되어 시작하게 되었습니다. 막상 학교를 대상으로 아침독서운동을 시작하려고 하니 막막했습니다. 평범한 학부모가 학교에 대해 아는 게 거의 없는 것은 당연한 일이었습니다. 학교 현장에 대한 이해도 많이 부족했고, 인맥도 거의 없었습니다. 있는 것은 오직 열정뿐이었습니다. 이런 막막한 현실에 동아줄이 되어 준 곳이 전국학교도서관모임이었고, 그 계기가 된 것이 이성희 선생님과의 첫 만남이었습니다.

선생님과의 첫 만남은 일산에 있는 13평짜리 작은 오피스텔 사무실에서 이루어졌습니다. 아침독서운동을 시작한 지 얼마 안 되었는데, 인천에서 학교도서관 일을 하는 교사라며 만나고 싶다는 연락이 왔습니다. 인천에서 일산으로 한달음에 달려오신 키가 크고 훤칠한 미남 선생님과 오랜 시간 진지하게 얘기를 나눴습니다. 지금 돌이켜 보니 당시 선생님은 30대 중반이었고, 저는 40대 초반이었네요. 참 아름다운 시절이었다는 생각이 듭니다. 선생님은 무척 착해 보였지만 가슴에는 뜨거운 열정이 가득한 분이라는 인상을 받았습니다. 이날 선생님과의 만남은 제 삶을 바꾼 소중한 만남 중 하나입니다.

아마도 선생님은 잘 모르는 사람이 학교를 대상으로 독서 운동을 하겠다고 하니, 어떤 사람인지, 어떤 생각을 가졌는지 궁금했던 모양입니다. 학교의 독서교육과 아이들에 대한 생각부터 지나온 삶에 대한 이야기까지 많은 이야기를 나누면서 마음이 통했고, 책 읽는 학교 문화를 만드는 데 함께 힘을 모으기로 했습니다. 저로서는 천군만마를 얻은 셈이었습니다.

선생님은 전국학교도서관모임에서 중추적인 역할을 담당하고 있었고, 엄청난 열정과 추진력을 갖춘 일꾼이자 마당발이었습니다. 부임하는 학교마다 남들이 꺼리는 학교도서관 업무를 맡으며 도서관을 열어 왔다고 했습니다. 도서관을 열면 도서관이 없는 학교로 자원해서 옮기고, 그 학교에서 다시 도서관을 열었다고 합니다. 도서관을 하나 열기가 얼마나 힘든 일인지 잘 아는 저로서는 놀라운 이야기가 아닐 수 없었습니다. 이런 교사가 있다는 게 참 신기하게 생각했던 기억이 납니다.

선생님은 연대의 중요성을 얘기하고 실천하는 분입니다. 선생님이 아침독서운동에 대해 한 말이 제게 엄청난 힘이 되곤 했습니다.

"아침독서운동은 책 읽기를 통해 아이들과 교사의 삶이 함께 변하고, 학교 현장에서 교육의 희망을 만들어 가는 대안의 책 읽기입니다. 아침독서운동은 아름다운 세상을 만들어 가는 사람들의 선한 연대입니다. 혼자서 꾸는 꿈은 한갓 꿈에 지나지 않지만, 여럿이 함께 꾸는 꿈은 현실이 된다고 합니다. 아침독서운동과 함께 많은 사람이 같은 꿈을 꾸었으면 합니다."

꿈을 꾼다는 것, 그 꿈을 혼자가 아닌 여럿이 함께 꾸면 현실이 된다는 얘기는 운동을 하는 사람들에게 엄청난 힘을 주는 얘기가 아닐 수 없습니다.

〈아침독서신문〉 50호 발간을 축하하며 선생님이 써 주신 글을 아래에 소개합니다.

아침독서운동과 함께해서 행복했습니다

작은 물방울이 모여 물결을 이루고, 물결이 흘러 강을 이루고 바다를 만들어 내듯이, 아침독서운동이 걸어온 길은 이미 작은 물결을 넘어 거스를 수 없는 도도한 강이 되어 우리나라 독서 운동의 큰 흐름을 만들어 내고 있습니다. 아침독서운동이 걸어온 그 길, 친구 되어 옆에서 지켜보았습니다. 때로는 손 맞잡으며 함께 그 길을 걷기도 했습니다. 행복한 여정이었습니다. 함께했기에 즐거운 시간들이었습니다.

설레는 마음으로 받아 들던 〈아침독서신문〉이 어느덧 50호가 되었습니다. 전국학교도서관모임의 이름으로 학교도서관과 독서교육을 주제로 〈아침독서신문〉과 인연을 맺고 지면을 장식한 것이 2006년 2월부터 2009년 12월까지 4년간 이어졌으니 그 인연도 참 소중하지 않을 수 없습니다. 원고 기획부터 필자 섭외까지 궂은일 마다하지 않고 마음 내어 일을 해 주신 이선영, 장은미, 예주영 선생님에게 이 자리를 빌려 감사의 마음을 전합니다. 또한 흔쾌히 소중한 원고를 써 주신 여러 선생님들과 그 원고들을 맛깔스럽게 다듬어 주신 〈아침독서신문〉 편집부 기자분들께도 존경의 마음을 전합니다. 수고하는 여러분들이 계셨기에 아침독서운동과 전국학교도서관모임의 선한 연대가 가능했다고 생각합니다.

학교가 예전 같지 않습니다. 책을 읽는 모습이 점점 사라져 가고 있습니다. 학력신장이라는 명목 하에 아이들은 다른 것을 돌아볼 여유를 빼앗겼습니다. 학교도서관으로 향하던 발걸음이 학원으로 향하고 있습니다. 독서가 빠진 그 자리에 영어와 수학, 그리고 보충수업이 마치 자기 자리인 양 위세를 떨치고 있습니다. 독서인증제가 다시 기승을 부리고 있습니다. 독서가 대학입시를 준비하기 위한 또 하나의 '스펙'이 되어 가고 있습니다. 독서가 더 이상 즐거움이 아닌 시대가 오고 있습니다. 아침독서운동을 비롯한 독서운동단체들이 함께 만들고 지켜 왔던 소중한 가치들이, 귀중한 실천들이 위협받고 있습니다.

다시 시작입니다. 아침독서운동이 추구했던 가치들이, 그리고 실천들이 더욱 필요한 때입니다. 우직한 사람이 산을 옮기고 굽은 소나무가 산을 지킨다고 합니다. 아침독서운동이 처음에 품은 마음을 생각해 봅니다. 참선한 마음입니다. 그 마음 소중히 간직했으면 합니다. 우직한 사람 되어, 굽은 소나무 되어 아이들에게 행복한 책 읽기를 안내하는 아침독서운동이 되었으면 합니다. 아침독서운동 5주년, 〈아침독서신문〉 50호를 진심으로 축하드립니다.

선생님이 준 귀한 조언처럼 행복한아침독서는 앞으로도 쭉 뻗은 멋진 소나무가 아니라 산을 지키는 굽은 소나무를 지향하며 일하겠습니다. 지금은 학교를 떠나 교육부 장학관으로 일하는 선생님이 더 많은 선한 변화들을 학교에 일으킬 것으로 확신합니다. 이성희 선생님과 같은 꿈을 꾸며 함께 달려온 시간은 정말 행복한 시간이었음을 고백합니다.

전국학교도서관모임의 〈아침독서신문〉 연재

전국학교도서관모임과 아침독서운동의 첫 협력은 〈아침독서신문〉 연재였습니다. 연재는 2006년 2월호부터 시작해서 2009년 12월호까지 무려 4년 동안 이어지며 많은 내용들을 담았습니다.

연재를 통해 우리는 학교도서관에 대한 이해를 높일 수 있었고, 전국학교도서관모임에서는 전국에 계신 학교도서관 담당선생님들에게 도서관을 잘 운영할 수 있는 다양하고 깊이 있는 정보를 제공할 수 있었습니다. 4년 동안 연재가 이어지는 게 결코 쉽지 않은 일이었는데 매년 역할을 맡으신 담당선생님들의 헌신과 배려 덕분에 단 한

〈아침독서신문〉에 연재 시작(2006년 2월호)

번의 펑크 없이 잘 진행되었습니다. 본인이 맡은 학교도서관을 운영하면서 시간을 내어 연재가 잘 진행되도록 애써 주신 여러 담당선생님들께 이 자리를 빌어 고마운 인사를 드립니다. 매월 〈초등아침독서〉와 〈중고등아침독서〉의 연재 내용이 달랐으니 전체 게재 횟수는 100회 가까이 된 셈입니다.

전국학교도서관모임에서 글 잘 쓰고 도서관 운영 잘하시는 선생님들이 총망라되어 진행된 연재는 현장의 학교도서관 담당선생님들에게 폭발적인 인기를 끌었고, 신문에서 가장 반응이 뜨거운 꼭지였습니다. 덕분에 저도 많이 배울 수 있었습니다. 지금은 연재가 중단되었는데 내년쯤 기회가 되면 다시 전국학교도서관모임 연재를 재개하면 좋겠다는 희망을 가져 봅니다.

3박 4일간의 전국학교도서관모임 직무연수의 추억

전국학교도서관모임과의 인연을 돌이켜 보면서 가장 인상이 깊었던 추억은 2006년 밀양에서 열린 "전국학교도서관담당교사 여름 직무연수"에 참가한 일입니다. 부산대 밀양캠퍼스에서 3박 4일간 열린 연수에 저와 당시 〈아침독서신문〉 기자였던 김청연, 이인영 기자가 함께 참여했습니다. 저로서는 전국학교도서관모임이 어떤 조직인지 무척 궁금했고, 어떤 분들이 참여하는지도 궁금했습니다. 서로에 대한 이해가 높아야 연대가 잘 이뤄질 수 있다는 생각에 만사 제쳐 놓고 연수에 참가했는데 정말로 많이 배우고, 많은 분들을 만난 귀한 시간이었습니다. 이때 만난 선생님들과 지금까지 동지 의식을 가지고 많

2006년 여름 직무연수 관련 기사(2006년 9월호)

은 일들을 함께 해 왔으니 저로서는 정말 남는 연수였습니다.

모든 연수 프로그램에 같이 참여하며 부족한 식견을 높일 수 있었고, 전국학교도서관모임이 얼마나 깊은 유대와 헌신으로 이뤄진 조직인지를 몸으로 깨달을 수 있었습니다. 특히 행사를 주관한 경남 학생사모(학교도서관을 생각하는 사람들의 모임)의 헌신적인 모습에 감탄하고 많이 배웠습니다. 이때 처음 만난 경남모임의 이동림, 조의래, 최경림 선생님은 이후에 행복한아침독서에 큰 힘을 실어 주고 많은 도움을 주셨습니다. 이날 처음 뵌 백화현 선생님의 열정적인 강의도 무척 인상적이었습니다. 저렇게 멋진 선생님들이 전국학교도서관모임의 중추를 이루고 있다고 생각하니 참 든든했습니다. 한편으로 이렇게 백 명이 넘는 사람들이 한마음으로 조직을 이뤄 일들을 진행하니 무서울 게 없겠구나 하는 부러운 마음을 가졌던 기억도 납니다. 내가 이 조직의 일원이라면 얼마나 좋을까 하는 생각도 했었던 것 같습니다. 평소에 마음 맞는 동지 셋만 있으면 일하는 데 아무런 두려움이 없다고 생각했는데, 전국학교도서관모임은 동지가 수백이니 얼마나 든든할까 하는 부러운 마음이었습니다.

전국학교도서관모임과의 행복한 동행

아침독서운동이 지나온 모든 발걸음에 함께한 전국학교도서관모임은 든든하고도 고마운 길동무였습니다. 학급문고 보내기 사업, 아침독서 사례 공모전, 아침독서 교사 연수 등 행복한아침독서가 진행한 모든 일들은 전국학교도서관모임을 믿고 해 보자는 용기를 낼 수 있었습니다. 전국 각지에서 아침독서운동이 가진 힘을 믿고 함께해 준 전국학교도서관모임의 모든 선생님들께 고마운 인사를 드립니다.

지금까지 그래 왔던 것처럼 앞으로도 우리 아이들과 책을 이어 주는 아름다운 일에 전국학교도서관모임과 행복한아침독서가 함께하면 좋겠습니다. 전국학교도서관모임의 스무 돌을 진심으로 축하드립니다.

나의 학교도서관
이야기

:

김종성 I 계명대 문헌정보학과 교수

학교도서관 연구자의 길로 방향 전환

문헌정보학을 전공하는 학생으로서 학교도서관과 독서교육에 관심을 가지는 것은 당연하다고 할 수 있을 것이다. 하지만 내가 대학에 다니던 1980년대에는 그렇지 않았다. 문헌정보학과 학생들에게 도서관이라면 대학도서관이나 전문도서관이 앞섰다. 당시 취업시장의 규모나 근무여건 등에서 두 종류의 도서관이 단연 선망의 대상이었기 때문이다. 공공도서관은 수효가 많지 않았고 인력 선발도 활발하지 않았기 때문에 전공생들의 관심사에서 뒤로 밀리는 형국이었다. 학교도서관은 더 말할 것도 없었다. 당시 초·중·고 학교도서관은 극단적인 침체기였기 때문에 문헌정보학의 학문 세계에서도 거의 소멸하다시피 한 상황이었다.

1992년에 대학원 석사과정에 진학한 이후 관심을 가지고 공부한 주제 분야는 장서 문제였고, 석사학위논문은 대학도서관 장서평가와 관련한 것이었다. 그런데 석사과정을 마친 직후 나는 학교도서관을 공부하기로 마음먹었다. 전공 주제를 바꾼 배경은 다른 사람들이 관심 가지지 않는 분야를 공부해 보고 싶은 마음, 교육 문제에 대한 평소의 관심 등이 작용하지 않았나 생각한다. 그리고 내 전공 공부를 통해 내가 관심 가지는 사회 문제와 내가 꿈꾸는 세상을 만드는 일에 관여할 수 있는 방법으로 학교도서관을 생각했던 것 같다. 나의 이런 생각에 흔쾌히 동의하시고 격려해 주신 지도교수님의 역할도 큰 힘이 되었다. 첨단과 거리도 멀고 현장 자체가 존재하지 않다시피 한 학교도서관을 공부하겠다는 생각에 좋은 결정이라고 지지해 주신 지도교수님은 내가 학교도서관 연구자의 길을 걷는 과정에서 든든한 버팀목이셨다.

1996년 대학원 박사과정에 진학한 이후 학교도서관에 대한 관심과 공부를 이어 갔다. 박사학위논문의 주제를 학교도서관 운동사로 정하고 자료를 수집했다. 학위논문이나 학술논문으로 발표된 자료는 극히 드물었다. 한국도서관협회의 간행물인 도협월보(현재의 도서관 문화) 등을 통해 학교도서관 관련 자료를 찾았지만 많이 부족했다. 자료의 부족을 학교도서관 분야의 활동가들을 통해 메우기 위해 인터뷰를 했다. 김두홍, 박태신, 이윤근, 조재후, 김경일, 정해숙, 권양원 등 1950~60년대에 학교도서관 활동을 주도한 1세대 운동가들을 찾아가 만나서 증언을 들었다. 이 과정에서 단순히 학교도서관의 역사를 알게 된 것뿐만 아니라 선각자들의 학교도서관과 교육에 대한 열정, 헌신을 느낄 수 있었고 이를 통해 학교도서관을 더욱더 깊이 생각하게 되었다.

전국학교도서관모임에서 만난 동지들

처음에는 학교도서관을 공부하는 사람이 나 혼자뿐이라고 생각했다. 그러다 현장 여기저기에서 묵묵히 학교도서관을 꾸려 가고 독서교육을 실천하는 사람들을 만나게 되면서 동지의식을 느끼게 되고 학교도서관 연구자로서의 외로움에서 벗어날 수 있었다. 내 기억이 정확하다면 1996년 경주에서 있었던 도서관 운동 관련 조그만 모임에서 송곡여고의 사서교사 이덕주 선생을 만난 것 같다. 1세대 선각자들을 제외하고는 처음 만난 사서교사였고, 세상을 보는 관점도 유사했으며 무엇보다 동갑내기여서 무척 반가웠다. 언제나 소년 같은 인상을 앞세워 뿜어져 나오는 부지런함, 헌신, 때로는 과격함(?)까지 모두 학교도서관에 대한 열정의 발로라는 것을 안다. 그때나 지금이나 이덕주 선생이 운영하는 송곡여고 도서관은 내게 늘 살아 있는 학교도서관의 본보기 같은 곳이다. 자주 만나지는 못하지만 언제나 신뢰와 지지를 보내는 동지이다.

1998~9년에 나는 학교도서관 운동사 관련 논문과 1세대 활동가

들과의 인터뷰 자료를 연이어 발표하게 되었다. 이덕주 선생이 연결고리였는지, 이 시기부터 2000년대 전반기까지 전국학교도서관모임의 연수나 참실대회 등에 종종 불려 갔던 것 같다. 거기서 학교도서관과 독서교육을 신봉하는 많은 동족(?)들을 만나게 되었다. 대부분 교과교사로서 학교도서관을 담당하거나 열심히 독서교육을 실천하는 분들이었다. 어쩌면 하지 않아도 될 일을 맡아 열성적으로 하는 모습에서 많은 감동을 받고 학교도서관 연구자로서 자극을 받기도 했다. 큰 누님 같은 백화현 선생, 자원해서 학교를 옮겨 다니면서 도서관을 만들어 운영하기도 한 이성희 선생, 내가 계명대학교에 부임해 온 이후에 종종 같이 일을 하기도 한 대구의 박홍진 선생 등 모두 전국학교도서관모임을 통해 만난 분들이다. 내 기억력이 빈곤하여 다 거명하지 못하지만 척박한 현실에서도 독서교육을 위해 헌신하신 수많은 선생님들은 늘 큰 가르침으로 다가왔다. 지금은 전국학교도서관모임에 사서교사와 사서들도 많이 참여하고 새로운 세대로 자연스럽게 이어지는 것 같아 다행스럽고 기대가 된다.

학도넷과 〈학교도서관저널〉

전국학교도서관모임과 함께한 것으로 가장 기억에 남는 것은 2003년경에 있었던 일련의 활동들이다. 학교도서관문화운동네트워크(이하 학도넷)의 창립과 〈학교도서관저널〉의 창간을 위한 논의와 모임이다. 이 활동에는 교사, 사서, 교육 운동가, 출판계 인사들, 학부모 활동가, 어린이 독서운동단체를 비롯한 시민운동가 등 다양한 사람들이 참여하였지만 핵심적인 역할들은 전국학교도서관모임에서 한 것으로 생각한다. 학교도서관의 발전을 추동할 시민단체를 만드는 일, 그리고 독서와 출판문화를 고양하고 학교도서관 운영의 노하우를 공유할 매체를 만드는 일에 여러 분야 사람들의 아이디어와 에너지를 모았다. 특히 2003년 9월 말에 전북 고창으로 1박 2일 워크숍을 가서 이런 여러 가지를 도모했던 일이 기억에 남는다.

이런 노력의 결과로 2004년 봄에 학도넷이 출범하게 된다. 학교도서관과 독서교육의 중요성을 공유하는 다양한 사람들의 참여와 지원에 힘입어 탄생한 학도넷은 지금까지 나름의 역할을 하면서 학교도서관 운동 시민단체로서 존재하고 있다. 학도넷의 출범과 지속적 운영과 관련하여 이야기하자면 김경숙 선생의 노력과 헌신을 떼어 놓을 수 없다. 안정적인 재정 기반이 없고 조직도 느슨한 단체인데 학교도서관과 관련하여 사회적 발언과 활동을 하면서 역할을 하는 것은 사무국장을 맡고 있는 그의 희생에 전적으로 기대고 있다고 할 수 있다.

학도넷 창립과 같이 준비되었던 가칭 〈학교도서관저널〉의 창간은 당시 일단 보류되었다. 전국국어교사모임의 나라말출판사에서 출판을 시도하였으나 성공하지 못했다. 그 후 2009년에 여러 출판사의 참여로 〈학교도서관저널〉이 창간되었다. 〈학교도서관저널〉 창간과 운영의 공은 전적으로 한국출판마케팅연구소의 한기호 소장에게 돌아가야 할 것이다. 출판 운동가로서 학교도서관 운동과 독서 운동에 참여하여 학도넷 창립에도 동참한 한기호 소장은 결코 쉽지 않은 잡지 창간에 뛰어들었고, 많은 난관을 극복하고 안정적인 수준에 올려 두었다. 나는 개인적으로 〈학교도서관저널〉의 창간은 2000년대 이후 우리나라 학교도서관 발전 과정의 가장 큰 선물이라고 생각한다. 우리 출판 환경에서 잡지의 창간과 지속적인 발간이 얼마나 어렵고 모험적인 일인지 알고 있고, 또한 학교도서관과 독서문화의 진흥을 위해 〈학교도서관저널〉 같은 매체의 효용과 가치가 얼마나 중요한지 알고 있기 때문이다. 학도넷 활동과 〈학교도서관저널〉 발간에는 다양한 부류의 사람들이 관여하였지만 그중에서 학교도서관모임 교사들의 역할은 음으로 양으로 두드러지는 위치에 있었다고 생각한다.

학도넷이나 〈학교도서관저널〉의 사례에서 알 수 있듯이 우리 학교도서관의 발전은 여러 부류의 사람들이 노력하고 헌신한 결과물이라고 할 만하다. 그래서 나는 기회 있을 때마다 학교도서관을 전담하는 사서교사나 사서들이 이런 사정을 깊이 인식해야 한다고 얘기하곤 한다. 주지하다시피 우리 학교도서관이 극도의 침체기에서 벗어난 결정적인 계기는 2003년부터 시행된 교육부의 학교도서관 활성화 종합방안(좋은 학교도서관 만들기 사업)이다. 우리나라 학교도서관의 역사는 2003년을 기점으로 명확하게 구분될 정도로 이 사업의 의미는 크다고 할 만하다. 그런데 이 중앙정부의 학교도서관 사업은 경기도 지역의 시민단체가 1998년부터 시작한 학교도서관 사업이 계기가 되었고 거기에 정치인, 교사, 학부모, 시민활동가, 문헌정보학계, 도서관계, 출판계 등의 많은 사람들이 직간접적으로 참여하고 지지한 결과로 탄생한 것이다. 요컨대 현재의 학교도서관은 학교도서관 밖에 있는 수많은 사람들의 관심과 정성을 먹고 자라 온 것이다. 그러므로 학교도서관을 담당하는 사서교사나 사서들은 학교도서관의 의미를 더욱더 넓고 깊게 생각해야 하고 자신에게 맡겨진 사명을 잊지 말아야 한다는 것이다. 학교도서관을 맡아 운영하는 사람들은 일상의 직무와 경험에 최선을 다하되 거기에 매몰되지 않도록 해야 할 것이다. 특히 일상과 현장의 부정적인 경험 때문에 학교도서관과 독서 문제를 큰 틀에서 인식하지 못한다면 안타까운 일이다. 지금 내가 일하고 있는 이 학교도서관은 어떤 사람들의 노력과 희생으로, 어떤 과정과 경로를 거쳐 변화 발전해 왔는지 이해할 필요가 있다. 또한 그래서 지금 학교도서관을 담당하고 있는 나는 어떤 시대적, 사회적 요구 위에 서 있는지 고민할 필요가 있다.

자율적 사유와 저항을 가르치는 학교도서관

나는 학교도서관과 독서교육은 사유하고 저항하는 인간을 기르는 일에 필수불가결한 요소라고 생각한다. 공교육은 불가피하게 그것이 운영되는 시대와 사회가 요구하는 가치관과 세계관을 제도화되고 통제된 방식으로 가르치게 된다. 공인된 강압성과 획일성이라는 속성을 벗어나기 어려울 수밖에 없다. 공교육의 영향력이 확대될수록 개인의 자율적 사유와 부조리한 세계에 대한 저항력은 감소하게 된다. 물론 인류와 사회는 다양한 기제와 상황을 통해 제도적 억압과 통제를 거부하고 극복하기도 하지만 공교육의 권위가 확실하게 정립된 사회에서 개인의 내면적 자율성과 비판적 사유는 상대적으로 위축될 수밖에 없다.

학교도서관이 공교육기관의 한 요소로 존재하지만 공교육에서 가르치지 않는 것을, 또는 거기서 가르치는 것과 반대되는 것을 알려 주기도 하기 때문에 더욱더 소중하고 가치 있는 것이라고 생각한다. 가령 이런 식이다. 내가 초·중·고교 시절에 학교에서 강조한 것은 반공만이 살길이고, 국가권력만이 참이며 국가 발전을 위해서 개인의 자유는 희생당하는 것이 마땅하다는 것이었다. 하지만 엄혹한 검열도 다 가려 내지 못한 여러 유형의 책(도서관보다는 서점에 더 많이 있었지만)은 다양한 방법으로 그것이 거짓이라는 것을 가르쳐 주었다. 도서관의 책은 도서관을 운영하는 기관이나 거기에 예산을 지원하는 정부가 원하지 않거나 싫어하는 지식, 의견, 생각, 질문, 언어, 이야기 등을 독자에게 전해 줄 준비를 하고 있다. 이것은 기본적으로 도서관(책)이라는 사회적 시스템이 가지고 있는 독특한 성질이라고 생각한다.

알게 모르게 현대 자본주의 사회 학교교육의 지향점이 이윤을 극대화하는 자본주의 인간형 양성에 맞추어져 있다고 하면 학교도서관(책)은 그것에 저항하는 세계관을 제시하기도 하기 때문에 가치가 있다고 생각한다. 독서교육은 교과서를 통해 통제되고 기획된 지식뿐만 아니라 때로는 부정확하고 불완전하더라도 다양한 견해와 주장을 접할 수 있는 기회를 확대할 수 있어 소중하다. 비싼 아파트에 살면서 고급 자동차를 타고, 남들이 선망하는 직업과 직장을 가지는 것이 성공적인 인생이라는 가치관을 배우는 학교, 거기에 있는 도서관에서는 태연하게 그와 다른 인생도 가르친다. 이렇게 내가 사는 세상, 우리가 사는 현실에 저항하는 것도 가르치기 때문에 도서관은 고마운 것이다. 이 즈음에서 나는 학교도서관의 연속간행물 서가에 〈학교도서관저널〉과 함께 〈녹색평론〉처럼 대안적 삶을 깊게 고민하는 잡지도 당연히 놓여 있어야 한다고 생각한다.

학교도서관 운동사 탐험의 과제

교육은 점점 기능형 인간을 만드는 방향으로 달려간다. 첨단 테크놀로지에게 점령당한 일상은 지속적으로 인간의 사유 능력을 밀어낸다. 이런 마당에 교육은 무엇이어야 하며 어떤 방향으로 가야 하는지 묻고 또 묻는다. 더불어 학교도서관과 독서교육은 어떻게 가야 하는지 깊게 고민하게 된다. 이런 맥락에서 학교도서관 연구자로서 나의 과제와 책무를 생각해 본다.

해방 이후 우리나라 학교도서관 운동의 역사를 정리한 박사학위 논문을 단행본으로 간행한 것이 2000년이다. 그 이후 학교도서관의 변화와 과제에 대해서도 짧은 글로 여러 번에 걸쳐 정리하고 논의하였다. 하지만 1990년대 이후의 학교도서관 운동을 연결된 관점으로 정리하고 조명하는 작업이 필요하다는 것을 오래전부터 생각하고 있다. 게으름 때문에 실행하지 못한 이 과업을 완수하는 것이 현재의 최우선 과제라고 생각하고 있다. 지금 이 시점에서 학교도서관 운동은 어떤 의미와 성격을 가지는지, 어떤 전략과 원리를 채택해야 하는지, 어떤 문제와 난관을 극복해야 하는지 등등 탐색하고 고민하는 작업이다. 20년 전보다 훨씬 늘어난 학교도서관 사람들, 그리고 훨씬 풍부해진 학교도서관 경험과 지식을 모으고 다듬는 지혜가 요구되는 작업이다. 지난 20년간 우리 학교도서관이 경험한 상전벽해(桑田碧海)를 생각하면 다가올 미래에 대한 기대를 감출 수 없다. 설레는 마음으로 우리 학교도서관의 미래를 탐험하는 길에 나서고 싶다.

학교도서관에서 함께
행복해지기

:

김경숙 ㅣ 학교도서관문화운동네트워크 상임대표

선생님이 책을 읽는다. 아니 읽어 준다

내게는 마음속에 하늘 같은 선생님이 계시다. 내가 초등학교를 다니던 때는 1960년대 말이었다. 나는 초등학교 4학년이 되도록 교과서 말고 이렇다 할 글자 책을 본 기억이 없다. 그런데도 책 읽는 것이 너무 기다려지고 재미있던 때가 있었다. 서울 변두리에 있던 우리 마을은 한 학급에 100명에 가까운 아이들로 복작거렸다. 그때 우리 선생님은 날마다 책을 읽어 주었다. 교실 앞 교탁 언저리에 서서 책을 읽어 주시던 선생님은 몸집도 단아하고 목소리도 크지 않았다. 그런데도 책 읽어 주는 소리만큼은 맨 뒤에 앉았던 나한테까지 또렷이 들렸다. 우리 마을 아이들이 학습 동기나 성취동기가 높은 아이들도 아니었을텐데 선생님이 책을 읽어 주면 하나같이 빠져들었다. 아무도 그 분위기를 깨뜨리지 않았다. 이야기가 주는 재미나 내용에 상관없이 누군가 책을 읽어 주는 것만으로도 좋았다.

선생님 눈길 한 번 받기도 어려울 만큼 복작거리는 교실에서 서로 선생님이 나를 가장 예뻐한다고 믿게 해 준 책 읽어 주기. 선생님은 그 힘을 알고 계셨던 걸까? 선생님은 책을 읽어 주고는 책갈피를 예쁘게 꽂아 교탁 한쪽에 놓아 두시곤 했다. 요즘 아이들 같으면 달려가 들춰도 보고 궁금해서 도서관이나 서점으로 달려가기도 했을 텐데, 우리는 책상 위에 놓인 책을 그저 바라만 보며 다음 날을 기다리는 즐거움을 누렸다. 즐겨 입으시던 초록색 스웨터며 아직 여드름 자국이 남아 있던 하얀 얼굴하며⋯. 지금도 어제 일처럼 선생님 모습이 눈앞에 선하다. 그동안 수많은 선생님을 만났지만 선생님을 이렇게 또렷하게 기억하고 있는 것을 보면 아마도 책을 읽어 주셨기 때문일 것이다. 그때 그 책 읽기는 내 머리를 곱게 쓰다듬어 주었고 내 등을 따뜻하게 토닥여 주었다. 나에게 스스로 책을 찾아 읽고 싶게 한 우리 선생님은 살아오면서 때때로 나를 바로 세우고 손잡아 주는 행복한 기억을 갖게 해 준 평생 잊을 수 없는 분이다. 나중에 알게 된 일이지만 나처럼 책 읽어 주는 선생님을 만난 운 좋은 아이는 찾아보기 힘들었다. 공교육이 '운'이라니.

저마다 달랐던 독서환경

그다음부터 나는 스스로 읽을거리를 찾아 나섰다. 하지만 마을 친구들 누구 집에도 우리가 읽을 만한 책은 없었다. 그때는 모든 사람이 다 그러려니 했는데 아이를 키우고, 도서관 일을 하면서 만난 독서 운동 하는 사람들과 이야기 나누다 보니 어릴 적 책 환경이 괜찮았던 사람들이 꽤 많다는 걸 알게 되었다. 충격이었다. 전집들을 두루 다 갖고 있었고 그때 출판된 어린이 책 단행본이며 〈어깨동무〉 같은 어린이 잡지들도 보았다고 했다. 부모님 따라 서점 나들이 다닌 이야기들도 인상 깊었다. 어릴 적부터 책 읽기가 좋아서 마을 서점에 붙어살았다는 한 선생님은 아버지가 서점에 외상 장부를 걸었다고도 한다. 우리 아이가 와서 보고 싶어 하는 책은 모두 장부에 적어 두고 가져가게 해 달라고, 책값은 월말에 한꺼번에 계산하셨다니 정말 멋진 아버지 아닌가.

겨레의 희망 어린이에게 좋은 책을

1990년대 초 내 아이에게 책을 골라 주기 시작하면서 아이들 책을 보기 시작했다. 그때부터 어릴 적 못 보던 아이들 책을 한풀이 하듯 읽었다. 창비아동문고와 산하어린이책 시리즈를 두루 살펴보고 현암사, 일과놀이 등 어려운 출판 현실 속에서도 좋은 어린이 책을 내는 출판사 책들을 두루 찾아보았다. 어찌나 재미있던지 이건 아이들보다 내 정서와 독서 수준에 딱 맞는 책들이구나 했다. 1993년 어린이도서연구회(이하 어도연)를 만났다. 그때는 우리 어린이문학의 현실을 신랄한 비평과 반성으로 보게 하는 이오덕 선생님의 『시정신과 유희정신』에 크게 공감하던 때다. 마치 내가 독립군이라도 되어야 할 것 같은 생각이 들었다. 우리 삶 저 바닥에 깔린 알지 못할 열등의식을 우리 책을 읽히며 극복해야 한다고 나도 생각했다. 거기다가 프랑스의 아동 문학가 폴 아자르는 『책·어린이·어른』에서 '아동문학을 무시해도 상관없다. 다만, 민족의 넋이 어떻게 형성되고 유지되어 왔는가를 무시해도 좋다면 말이다.'라고 하지 않았던가. 그 민족의 넋을 형성하고 유지하는 힘이 바로 그 나라 아동문학이라는 말이 가슴에 와 꽂혔다.

그래서 어도연의 우리 창작 동화 고르는 기준이 가슴에 더 와닿았는지 모른다. 어린이를 삶의 주체로 보는가? 일하는 삶을 귀하게 여기는가? 생명을 귀히 여기는가? 우리의 역사적, 문화적 정서에 맞는가? 통일을 지향하는가? 꿈을 심어 주는가? 더불어 사는 삶을 지향하는가? 정확한 지식을 주는가? 우리나라 작가가 쓰고, 우리나라의 생활 문화가 배경인가?

바뀌지 않은 독서환경

1996년 공부방과 인연을 맺으면서 정말 아름다운 청년들을 많이 만났다. 사랑이 무엇인지 헌신이 무엇인지를 보여 주는 공부방 대학생 자원교사들과 실무자들, 정말 멋진 젊은이들이 거기에 다 있는 것 같았다. 1996년부터 3년 정도 여러 단위의 공부방연합들과 공동독서캠프도 꾸리고 자원봉사자, 실무자 독서연수도 계속 열었다. 공부방 현장을 보면서 내 어릴 적이 자꾸 생각났다. 내 초등학교 시절의 독서환경을 그대로 닮은 아이들이 아직도 많다는 것. 아이들 독서환경은 아직도 부모님의 형편에 따라 다 다르게 가고 있는데 내 아이 책 고르기에 만족하던 내가 부끄러워졌다. 내 아이 남의 아이 가리지 않고 모든 아이들에게 차별 없이 평등하게 다가갈 독서환경을 찾아야 했다. 그래 도서관이다. 공공도서관은 그 수(전국 440여 개)도 적고 접근성이 열악하던 때, 학교를 찾았다.

초등학교 도서관 실태조사

1996년 서울 지역 남부(A), 동작(B), 동부(C), 강남(D)교육청 소속의 학교 중 그래도 문을 여는 학교도서관 각각 한 학교씩 4개 학교를 어렵게 찾아내어 찾아갔다.(어린이도서연구회 96년 〈동화읽는어른〉 10월호 참고) 도서소장형태를 살펴보고 담당교사 면담을 하고 시설과 운영형태도 알아보았다. 학생과 학부모들에게 설문으로 인식조사를 했다. 학교도서관 현장은 그야말로 폐허였다고 말하고 싶다. 문을 열지 않는 학교도서관은 말할 것도 없고 다행히 문을 여는 1% 안팎의 학교도서관의 장서상황과 운영실태도 말이 아니었다. 대표적으로 한 학교는 전체 소장도서 중에 단행본이 2,648권(77.3%)인데 모두 57종으로 이루어져 있었다. 보통 1권의 책이 50~60권씩 많게는 2~300권씩 중복 소장되어 있었고 대부분 출판사도 불분명한 충, 효를 강조하기 위한 책들이 많았다. 맞춤법 개정 이전(1989년)의 책이 81.9%에 달했다.

아마도 개교 때부터 갖고 있던 책인 듯했다. 학교도서관은 오래된 자료를 소장해야 할 필요가 있을까?

학교도서관 운영을 어렵게 하는 것에 대해 물으니 전문사서 등 전담인력 부족(47.7%)이 가장 컸다, 학교도서관 역할에 대한 인식 부족(39.1%)을 꼽기도 했다.

이 결과를 가지고 그해 가을 세미나를 열고 대안도 내놓고 목소리를 높였지만 도서관에 대한 이해도 관심도 없는 상태라 어디서부터 풀어 가야 할지 난감한 상태였다. 도서관 문이 열리지 않는 이유가 사람 때문이라 했다. 그렇다면 우리 학부모들이라도 각자 자녀의 학교를 들여다보고 도서관 먼지라도 털어 보자고 용기를 내는 학부모들이 있었지만 권위적이고 폐쇄적인 학교 현장에서 상처받고 물러나기 일쑤였다.

학교도서관 만들기는 축제다

1999학년도 우리 아이가 다니는 서울 난우초등학교 학교운영위원으로 활동하던 때였다. 나는 학교도서관을 만들어 보자고 3월 초 운영위원회에 1998년에 이어 또 안건을 냈다. 바늘 하나 꽂을 곳 없다던 54학급 비좁은 학교에서 뜻밖에 교실 한 칸 반이 마련됐다. 헌 교과서와 쓰지 않는 컴퓨터로 가득한 죽어 있던 공간이었다. 그 전해까지는 절대 없다던 공간이 새로 온 교장선생님 눈에는 도서관이 될 만한 곳으로 보인 것이다.

공간은 마련했는데 이제 예산이 없다. IMF 직후라 학교 예산은 많이 삭감된 상태였다. 예산이 없어도 이번 기회를 놓칠 수는 없었다. 학부모들이 나서기로 했다. 도서관 만들기 일은 명예교사회에서 맡았다. 우리 학부모 준비팀 12명은 그래도 잘 갖추어져 있다는 공공도서관 어린이실을 두루 찾아다녔다. 공간정비를 하는 초등학교 두 군데도 찾아갔다. 우리 학교에 맞게 4천여 만 원으로 도서관 예산안을 짰다. 언제 내려올지 모르는 나라 예산을 기다리기에 우리 학부모 마음은 바쁘기만 했다. 모든 학부모의 뜻을 모으려고 학교 안의 9개 학부모단체들 발의를 얻어 학교운영위원회에서 '도서관 설립을 위한 학교발전기금'이라는 합법적인 모금 방법을 1회적으로 쓰기로 했다. 학교교육에서 학교도서관이 중심이고 학교도서관은 우리 아이들이 누려야 하는 권리임을 밝혀 세부 예산안과 함께 가정통신문을 보냈다.

뜻이 있는 학부모들은 책 한 권 값이라며 오천 원부터 성의껏, 형편껏 기금을 보내오기 시작했다. 우리 지역 종교단체, 은행, 병원, 지역상우회 등에도 협조공문을 보냈다. 다들 앞다퉈 큰 도움을 주었다. 학교에서는 기사님이 맨 먼저 기금을 내놓으셨다. 50명이 넘는 선생님들도 앞다퉈 발전 기금을 냈다. 전학을 간 학부모도 소식을 듣고 기금을 보내왔고, 어느 집은 우리 마을에 살지 않는 친척들도 좋은 일이라며 기금을 보내왔다. 학부모단체들도 한 해 사업을 학교도서관 만들기에 집중하기로 했다. 도서관이 모습을 드러내기 시작하자 도서관에 필요한 물품을 기증하겠다는 전화가 빗발쳤다. 그렇게 모은 기금이 물품을 빼고도 목표액을 넘어섰다. 무엇보다 학부모들이 우리 아이들 책 읽기 환경만큼은 평등하게 지켜 내고자 뜻을 모으는 인식 전환이 가장 큰 성과였다.

도서관의 진정한 주인인 아이들한테 도서관은 저희들 스스로 권리를 찾는 일이라고 꾸준히 알렸다. 도서관 이름 공모에 참여해서 5학년 어린이가 낸 '나누리'라는 이름이 뽑혀서 도서관 이름도 갖게 되었고, 설치해 놓은 벽신문에 우리가 바라는 도서관을 열심히 적어 넣으면서 도서관이 만들어지는 과정에 함께 참여했다. 실제로 우리 학교엔 학교 도서관이 생기기 전까지 도서관을 구경해 본 아이들은 2,200여 명 전교생 중에 대여섯 명에 불과했다. 그때는 많은 지역 어린이들이 그랬을 것이다. 2020년 요즘은 학교를 다니는 아이들이라면 도서관을 한 번도 보지 않은 아이들은 한 명도 없을 것이다. 가히 혁명이다.

도서관 문 열 준비를 하면서 힘든 일보다 즐겁고 신나는 기억이 더 많다. 한 해 전만 해도 이런저런 일을 겪으며 생겼던 학부모들의 학교를 향한 불신과 날 선 마음들이 많이 누그러지는 것을 느꼈다. 마을 사람들도, 학교 선생님들도 입을 모아 도서관이 만들어지는 과정에서 느낀 행복한 경험을 이야기했다. 도서관 만들기는 축제처럼 진행되었다. 과정을 함께한 모든 사람들이 학교를 향한 따뜻한 관심과 도서관에 주인의식을 가졌다. 그 가운데 가장 큰 공로는 모든 결정권을 우리 학부모한테 맡겨 준 교장선생님이다. 관료의 권위를 벗어 버리고 아이들을 중심에 두고 학교를 활짝 열어 지역의 중심이 되게 하는 용기 있는 모습이 요즘도 정말 보기 드문 어른이다. 무엇보다 도서관 활동을 통해 학부모들의 자기변화가 가장 컸다. 학교가 학생들을 넘어서 학부모들을 교육해 내는 순기능이 있음을 알았다. 난우초등학교 도서관 운영 이야기는 이후에 학부모들의 도서관 참여의 좋은 사례로 회자되었다.

도서선정위원회는 아주 좋은 소통 창구

도서관에서 가장 중요한 일이 바로 어떤 책을 마련하느냐이다. 모금이 진행되는 가운데 다른 한쪽에는 도서선정소위원회(13명)를 꾸렸다. 학년마다 선생님 한 분씩 여섯 분과 학부모단체마다 책에 관심이 많은 학부모 일곱 명이 모였다. 맨 처음 한 일은 우리학교 도서선정기준을 정하는 것이었다. 도서선정기준이 정해져야 운영자가 바뀌어도 장서의 질을 지킬 수 있기 때문이다. 회의를 통해 기준이 정해지고 선정목록이 마련되면 학부모위원들은 큰 서점을 돌며 실물 수서를 했다. 좋은 책을 고르는 데 온 힘을 쏟았다. 책에 대한 안목이 없던 학부모들이 서점 현장에서 책을 넘기고 살피며 안목을 키워 냈다. 도서선정위원회 활동을 하면서 학부모 스스로 자신을 교육해 내고 변화하는 모습이 놀라웠다. 도서관 진행 상황은 수시로 동학년회의에서 공유되고 학부모단체들에도 전해지면서 소통을 이루는 아주 중요한 기능을 했다.

처음 예정한 4,000권을 넘어 5,200권 남짓한 책이 도서관에 들어왔고 매(Mae) 프로그램을 이용해서 자세하고 친절한 전산화도 마쳤다. 흩어져 있던 선생님들 자료 1,200여 권과 비디오 영상 자료 550여 개도 목록을 만들어 정리하고 선생님들한테도 필요한 자료가 도서관에 있다고 꾸준히 알렸다. 자기만의 고유번호와 사진이 들어간 대출증을 받아 든 아이들은 처음으로 생긴 신분증을 신기해했다. 우리 학교 학부모들은 매주 요일을 정해 다섯 명씩 나와서 아침 일찍 문을 열고 선생님들보다 늦게 퇴근하는 일이 계속되었다. 아이들에게 책을 잘 만나게 하는 일은 우리가 책을 읽는 것보다 더 재미있었기 때문일 것이다.

도서관 운영 따뜻한 눈길이 먼저다

이제 우리 학부모들 과제는 도서관을 어떻게 운영할 것인가다. 고사리 손으로 검색 컴퓨터에 매달려 자료 검색을 하고, 동네에서 뜀박질하고 놀다가 달려와 그림책 한 권 뚝딱 읽고 가고, 유치원 동생 데리고 와서 예쁘게 책 읽어 주고 징징대면 달래 주고, 빙 둘러앉아 한 쪽씩 돌려 읽으면 수줍어도 따라 읽는 아이들. 나는 우리 학교 아이들이 정말정말 예쁘다. 이렇게 예쁜 우리 아이들한테 어떻게 하면 더 좋은 책 읽기 환경을 줄 수 있을까?

전담자가 있어야겠지만 우리 현실은, 결국 다시 학부모 몫이 됐다. 하루빨리 사서교사가 맡아 주기를 기다리며(사서교사가 있어도 자원활동은 필수다) 그동안 우리 학부모가 전문가가 되어 보기로 했다. 먼저 도서관 자원활동가 25명이 모였다. 토요일마다 다 같이 모여 어린이 책 공부를 하고, 매주 자기가 정한 날에 5명씩 모둠을 이뤄 아이들을 돕는다. 서점을 돌며 책을 고르고, 전산화 작업을 하면서 벌써 반은 전문가가 되었다. 노련미가 느껴진다. 그림책 읽어 주기, 함께 자료 찾기, 여러 가지 상담, 깨끗한 환경 만들기… 아이들이 스스럼없이 마음을 열어 오게 되기를 기다리며 우리 자원활동가 학부모들 다짐은 첫째도, 둘째도, 셋째도, '따뜻한 친절'이다.

엄마들은 독서교실도 기획해서 진행하고, 박물관학교를 열고, 몇 천

명이 참여하는 어린이날 책축제도 준비하고, 인형극도 뚝딱 만들고 선생님들 교과연계수업도 돕고 어린이책도 잘 이해해서 책을 적절히 권하고 모든 일들을 신기할 정도로 뚝딱 잘한다. 처음엔 내 아이 챙기려고 나섰다는데 도서관에서 만나는 우리 아이들과 도서관 공간이 주는 신비로운 힘이 자신을 변화시켰다고들 했다. 학부모들은 어느 지역이든 주도적인 역할이 주어지면 모두 해내는 힘이 있다. 그것이 자발적이고 자율적일 때 더 힘이 있다. 그래서 지금도 유능하고 유연한 교사는 학부모와 협력을 잘한다. 이것이 학교가 지역을 살리는 중요한 지점이다. 학교의 지역연계는 곧 학부모와의 연계이기 때문이다.

학교도서관의 영원한 아군, 시민들의 움직임

2000년에는 문정계와 시민단체들이 힘을 한데로 모아 학교도서관살리기국민연대가 출범해 함께 참여했다. 그 즈음 독서교육을 담당하는 교사들은 교사들대로 사서교사들은 사서교사들대로 아이들 책 환경에 미안하고 가슴 아팠던 학부모들은 학부모대로 각각 할 수 있는 일들을 동원해서 학교도서관 문을 열기 시작했다. 하나둘 먼지를 털어 내고 학교도서관이 모습을 드러내기 시작했고 그 눈물겹고 정성스러운 사례들이 바탕이 되어 2003년 중앙정부의 '학교도서관활성화 종합방안'을 이끌어 낸다. 학교도서관리모델링사업으로 시설을 쾌적하게 정비하는 차원의 것이었지만 정말 반가운 일이었다. 하지만 전문인력에 대한 배려가 없어서 운영 내용이 왜곡될 것을 모두 걱정했다.

학교도서관 활성화의 초석이 된 학교도서관 담당선생님들

학교도서관활동을 하면서 참 좋은 선생님들을 만났다. 학교도서관을 통해 평등교육을 실현하려는 열정적인 학교도서관 담당교사들이다. 도서관 전담 인력이 태부족이던 2000년대 초부터 담당교사들의 뜨거운 헌신이 없었더라면 지금의 학교도서관은 존재하기 어려웠을 것이다. 그분들의 아름다운 협력과 뜨거운 독서교육활동이 도서관문화, 독서문화, 출판문화에까지 선한 영향력으로 이어지고 있다. 학교도서관담당교사모임(현 전국학교도서관모임) 선생님들의 우리 아이들을 향한 눈물겨운 분투를 함께 겪으면서 공교육의 희망을 보았다. 그 건강한 희망이 학도넷 출범으로 이어졌다.

학교도서관을 걱정하는 많은 단위들이 뜻을 모아 학도넷이 출범했다. 2004년! 그동안 각각의 현장에서 학교도서관과 독서교육 활성화를 위한 실천적인 운동이 우리 아이들을 살리는 길이라 믿었던 많은 사람들이 있었다. 이 땅 아이들에게 평등한 독서문화환경을 만들어 자발적이고 자율적인 책 읽기로 함께 행복해지기를 간절히 바랐던 전국학교도서관모임이 주축으로 움직이고 사서(교사), 문정과 학생과 학부모, 도서관의 중요성에 공감하고 책을 사랑하는 문화예술인, 출판인, 일반시민 등이 함께 모여 준비모임을 꾸리고 소통의 장을 만들게 되었다. 각각의 주체가 다른 듯 닮은 목소리를 내며 다듬고 발전하는 이용자 중심의 풍성한 도서관 문화를 만들자고 했다. 전국 각지의 소신 있는 어른들은 물론 초·중·고등학생들까지 1500여 명의 창립

발기인이 참여해서 십시일반 기금을 모으고 학교도서관 활성화의 뜨거운 열망으로 2004년 3월 학교도서관문화운동네트워크(이하 학도넷)가 학교도서관 운동이 평등교육과 문화 운동의 시작이라는 기치를 내걸고 그 문을 열었다.

창립총회가 있던 날 아이들이 선언문을 외쳤다.

"교실에서 공부하다 달려가면 언제나 열려 있는 도서관!
친구들과 뛰놀다가 달려가도 언제나 열려 있는 도서관!
마음이 우울할 때 찾아가도 따뜻하게 맞아 주는 도서관!
우리가 바라는 학교도서관이에요."
"좋은 책, 깨끗한 책으로만 가득한 도서관!
편안하게 책 읽고, 맘 놓고 쉴 수 있는 도서관!
우리 키에 맞는 책꽂이, 우리 몸에 맞는 책걸상, 우리를 생각하고 만든 도서관!
우리가 바라는 학교도서관이에요."
"도서관에 가면 우리를 반갑게 맞이하는 선생님이 계셨으면 좋겠어요!
궁금한 것이 있어 달려가도 우리 궁금증을 다 풀어 줄
우리를 잘 아는 친절한 사서선생님이 있었으면 좋겠어요!"
"도서관에 가면 즐겁고 신나는 일이 많았으면 좋겠어요!
하지만 책 읽기로 우리를 경쟁시키지 말아 주세요!"
"이다음 어른이 되어서도 언제나 다시 가고 싶은 도서관을 만들어요!
이제 학교도서관의 주인이 바로 우리라는 것을 잘 알았어요!

4장 전국학교도서관모임과 함께 걷는 사람들

우리 학교도서관, 우리가 가꾸고 지키겠습니다."

학도넷의 출범 이유이기도 하고 절실한 요구이기도 하고 다짐이기도 했던 아이들의 외침은 결국 준비된 사람에 대한 요구였다. 도서관 문을 열면 반갑게 맞아 주고 아이들 책을 누구보다 잘 알고, 아이들 마음을 잘 이해해서 등 두드려 품어 줄 따뜻한 사람, 그런 준비된 사람을 바라는 것이다. 어린이뿐만 아니라 우리 학부모들도 교사들도 모두 바라는 일이었다.

함께하는 학도넷

학도넷은 도서관, 독서문화, 독서교육 관련 다양한 정책에 목소리를 낸다. 왜곡된 정책을 저지하기도 하고 올바른 방향을 제시하고 추진한다. 학교도서관문화운동단체인 학도넷은 학교도서관 운영자(교사, 사서, 학부모)를 위한 다양한 연수를 한다. 1년에 두 번 정기연수를 하고 사이사이 필요한 연수들을 계획해서 비정기적으로도 연수를 연다. 연수는 사람들마다 '사람책'이 될 수 있도록 돕는 것이 목표다. 도서관에 있는 만 권의 책보다 더 커다란 책으로서의 역할을 운영자들이 할 수 있도록 다양한 문화에 대한 이해와 경험이 되도록 준비한다. 도서관 운영 전반뿐만 아니라 좋은 책 선정, 책놀이, 인형극, 빛그림, 책축제, 독서교실기획, 연극놀이, 박물관학교, 미디어활용, 영화 읽기, 독서치유, 음악치유, 미술치유, 서평, 그림책 연수 등 참여자 중심, 과정중심의 심화연수를 연다.

문화적 접근을 위해 문화, 역사, 문학 답사프로그램인 '만남과 바람'을 진행한다. 참가자들은 답사 참여를 통해 자기 기획력을 기른다. 2007년 '도서관이 우리 학교를 이렇게 바꾸었어요!' 사례 공모를 시작으로 해마다 다양한 실천사례를 공모로 발굴하고 그 사례를 나누면서 사람 냄새가 나는 학교도서관을 찾는다. '아름다운 학교도서관' 명패와 책, '책 읽어 주는 의자' 등을 제작해 전달하며 학교도서관의 활동과 노력을 지지하고 있다. 계절마다 소식지를 발행해서 다양한 필진을 발굴하고 회원들의 현장의 목소리를 찾아 싣는다. 여러 단체와 연대하여 왜곡된 독서정책을 저지하기도 하고 학교도서관에서 외연을 확장해서 아직 도서관에 다가가지 못하고 있는 많은 시민들이 도서관 세상을 만나고 한데 어울려 살 만한 세상을 스스로 가꾸기 위한 일들을 한다.

지금 세상은 책 읽기의 본질을 벗어나 남과 겨루기 위한, 드러내기 위한 책 읽기를 강권하고 있다. 한 방향을 향해 가라 한다. 책 읽기와 절교하게 하는 지름길이다. 사람들은 다 다른 자기 빛깔과 향기가 있다. 그 향기와 빛깔에 우열을 매길 수는 없다. 책 읽기는 자기 빛깔을 더 선명히 하고 아름다운 자기 향내를 지키는 일이다. 그 책과의 따뜻한 화해는 행복한 도서관 경험에서 시작된다. 그 경험은 우리에게 평생을 사는 활력장치를 장착하는 것이다.

학교도서관을
가르침과 배움의 중심에

안찬수 | 시인, 책읽는사회문화재단 상임이사

전국학교도서관모임 20년

전국학교도서관모임 20년, 축하합니다.

편지를 받았습니다. '2020년 전국학교도서관모임 20주년 기념 출간 프로젝트'라는 제목이 붙어 있는 편지였습니다. '전국학교도서관모임'이 만들어진 지 20년을 맞아, 학교도서관을 가르침과 배움의 중심에 놓기 위해 애쓴, 학교도서관에 미친 사람들의 이야기를 모으고자 한다는 내용이었습니다. 학교도서관을 중심으로 함께 고민하고 실천한 연대의 이야기, 다양한 삶의 이야기를 책으로 묶어 내고자 한다는 이야기였습니다.

강산이 두 번이나 바뀔 동안, 우리나라 학교도서관 발전을 위해 지난한 노력을 기울인 분들이 한두 분이 아닐 터인데, 제가 뭐라고 원고청탁을 받게 되었나, 하는 생각이 들었습니다. 저는 학교 현장에 있는 사람이 아닐뿐더러, 학교도서관에 미쳤다고 할 만한 사람도 못 됩니다. 제 글이 이 소중한 지면을 어지럽히지 않기를 바랄 뿐입니다.

책 읽는 사회

저는 본래 시를 공부하고, 원고를 읽고, 책을 편집하던 사람이었습니다. 그런데 어느 날 문학평론가이자 영문학자인 도정일 선생께서 전화를 주셨습니다. 함께 식사를 하면서 이야기를 나누자는 것이었습니다. 선생님은 지금 펼치고 있는 '책읽는사회만들기국민운동'(출범은 2001년 6월 2일)에 힘을 보태어 줄 수 없겠는가 하고 제안해 주셨습니다. 도 선생께서 이끄는 일이라면 마땅히 작은 힘이라도 보태야 한다고 생각했습니다. 그 며칠 후부터 당시 안국동에 있던 사무실에 출근하기 시작하였습니다. 주로 글을 읽고, 쓰고, 편집하던 사람이, 이후, 전혀 뜻밖의 일을 하기 시작하였습니다.

'책읽는사회만들기국민운동'은 '정보, 지식에 접근할 기회의 사회적 평등 확장', '책 읽는 문화로 성숙한 시민사회 실현', '책 읽는 문화공동체로 사람의 사회 만들기'라는 모토를 내걸고 '기적의도서관'으로 대표되는 새로운 모형의 도서관 건립 운동, '북스타트'를 비롯한 여러 독서문화 확산을 위해 애를 쓰고 있는 시민사회단체입니다.

이 단체는 일종의 연대 단체입니다. 한국작가회의와 같은 저작자 그룹, 어린이도서연구회와 같은 독자 단체, 대한출판문화협회와 한국출판인회와 같은 출판 단체, 민주화를위한교수협의회, 전국교직원노동조합과 같은 교수 및 교사 단체, 그리고 오늘 이 글의 주제와 관련이 있는 학교도서관살리기국민연대와 같은 단체가 어깨를 나란히 하고 있었습니다. 매달 운영위원회를 열어서 현안에 대해 논의하고 해야 할 일을 찾아 나가고 있었습니다. 현시점에서는 여러 단체와 긴밀한 연대는 조금 느슨해져 있습니다만, 책과 독서와 도서관과 출판과 관련된 단체가 함께 헤쳐 나가야 할 일을 지금도 적지 않습니다.

운동의 출발 시점으로부터 거의 이십 년이 흐른 지금도 누리집에 머리글처럼 실려 있는, 이 운동의 방향은 여전히 중요하다고 생각합니다. '정보-지식의 기반 시설과 내용을 확충하여 모든 시민이 평등한 지식 접근의 권리와 기회를 누리는 사회, 돈 없는 시민도 원하면 누구나 책을 읽을 수 있는 사회, 정보 격차와 불평등을 해소하여 시민 각자가 자기 삶의 가치를 스스로 창출할 수 있는 사회를 만들기 위해 책 읽기의 문화를 널리, 그리고 깊게 발전시켜 생각하는 사회, 깨어 있는 사회, 성찰하는 사회, 시민이 기만당하지 않는 사회, 아무도 시민을 바보로 만들 수 없는 사회, 시민의 판단력이 살아 숨 쉬는 사회, 평등하고 정의로운 민주시민사회를 키워야 한다.'는 것입니다.

학교도서관을 살리자

2000년 11월 30일 국회의원회관 대회의실에서 '학교도서관학교도서관살리기국민연대' 창립대회 및 심포지엄이 열렸습니다. 이 대회의 취지와 추진 배경은 이러합니다. '학교 교육의 기반 시설로 제공되어야 할 학교도서관이 대부분의 학교에서 자습실이나 먼지 창고 형태를 벗어나지 못한, 비교육적 현실을 바로잡고자 그간 많은 시민사회단체, 도서관계, 학부모 등이 힘써 왔습니다. 우리는 이러한 개별적이고 산발적인 노력을 한데 모아 우리 아이들과 선생님들의 학교 현장에 학교도서관을 뿌리내리도록 하기 위하여 학교도서관살리기국민연대를 추진 결성하려고 합니다.'

한상완 교수(연세대, 당시 학교도서관살리기국민연대 상임대표)가 낭독한 창립선언문을 보면, 그 당시의 학교도서관 현실이 어떠하였는가를 되짚어 볼 수 있습니다. '아직까지 도서관이 없는 초·중등학교가 많고, 도서관이 있는 학교라 하더라도 먼지만 쌓인 책 창고나 도서대여점 그리고 참고서를 가지고 와서 공부하는 자습실로 방치되어 있는 것이 오늘의 현실이다. 지난 50여 년 동안 교육 발전이라는 미명하에 새 교육, 창의성 교육, 인성 교육, 학생 중심 교육, 열린 교육 등 다양한 교육이념이 제기되었고, 여러 차례의 교육개혁 조치를 단행하였으나 지금에 이르러서는 교육 붕괴를 걱정해야 하는 현실에 직면해 있다. 이는 학교교육의 필수요건이요 학습의 장이 되어야 할 학교도서관을 방치한 채 그럴듯한 구호를 입으로만 외쳐 온 결과임을 우리는 확인한다. 21세기를 향한 한국의 교육은 지식과 정보의 보고이며 교육의 전당인 학교도서관에서 시작되어야 하며, 고사 직전에 놓여 있는 학교도서관이 살아날 때 진정으로 열린 교육이나 지식 강국을 건설할 수 있음을 깨닫고, 학교도서관을 살리고 바로 세우는 국민 참여의 실천 운동이 필요할 때임을 절감한다. 이제 '학교도서관살리기 국민연대'는 형식적인 구호나 제도, 의식에서 벗어나 온 시민의 역량을 모아 학교도서관을 살리는 실천 운동을 전개하고자 한다.'

21세기를 맞이한 한국 교육은 학교도서관을 살려 내는 것부터 시작해야 한다는 선언문이었습니다. 한상완 선생은 '책읽는사회만들기 국민운동'을 법적으로 뒷받침하기 위해 만들어진 '책읽는사회문화재단'(2003년 8월)의 이사로도 활동하고 있었습니다. 여러 자리에서 학교도서관의 현실과 중요성에 대해 가르침을 받았습니다. 한상완 선생은 당시 교육인적자원부의 수탁을 받아 〈지식기반사회의 학교도서관 정책방향-학교도서관 기본계획 검토작업단 구성·운영〉이라는 연구를 수행하고 2001년 12월에 교육인적자원부에 제출했습니다. 이는 학교도서관 현황과 문제점과 학교도서관을 활성화하기 위해 10개년 계획을 추진할 때 소요되는 예산을 추정하고, 그러한 투자가 이루어질 때 어떤 경제적 파급효과가 있는지 연구한 것이었습니다.

2002년 7월 교육인적자원부(학교도서관활성화 대책 기획단)는 〈좋은 학교도서관 만들기 – 학교도서관 활성화 종합방안(안)〉을 내놓았습니다. 이 방안은 학교도서관을 활성화하기 위해서는 크게 네 가지 과제를 해결해야 한다고 하였습니다. 첫째 도서관 기본시설 및 장서확충(1학교 1도서관, 학생 1인당 5.5권에서 10권으로), 둘째 도서관 활용 프로그램 강화(도서관 활용수업, 학부모 참여 프로그램), 셋째 전담 관리 인력 배치 및 전문성 제고(다양한 형태의 전담 관리 인력), 넷째 학교도서관 지원 민관협력체제 구축. 이후 교육당국은 2003년부터 2007년까지 5년간 총 3천억 원(특별교부금+지방비)의 예산이 투자된 '학교도서관 활성화 방안(좋은 학교도서관 만들기)' 사업을 펼치게 됩니다.

기적의도서관과 학교도서관

2000년대 초반, '책읽는사회만들기국민운동/책읽는사회문화재단'은 도서관 문화의 발전을 위해 여러 주창 활동을 펼치는 동시에 '기적의도서관'이라는 새로운 모형의 도서관 건립 운동을 펼치고 있었습니다. 어린이와 청소년들이 가고 싶어 하는 도서관, 매력적인 도서관, 지역사회의 문화 중심이 되는 도서관, 문화의 소비가 아니라 창조의 기지가 되는 도서관… 그런 도서관을 만들기 위해 밤낮으로 애쓰던 시간이 이어지고 있었습니다. 그럴 때 마침 〈한겨레신문〉의 권복기 기자가 어느 날 전화를 주었습니다. 〈한겨레신문〉과 함께 책 읽기와 도서관 문화 발전을 위해 공동 캠페인을 전개하자는 것이었습니다. 2005년의 일이었습니다. 후원은 삼성사회봉사단이 맡기로 하였습니다.

여러 논의와 탐구와 조사 끝에 2006년 6월 말 '2006 학교도서관 지원사업' 공고를 내놓고 '희망의 학교도서관 만들기 사업'을 펼치기 시작했습니다. 이 공고문은 이렇게 시작합니다. '초등학교 도서관은 어린이들에게 좋은 교육환경을 제공하고, 자라나는 세대가 폭넓은 독서경험을 통해 가치의 세계를 체험하게 하여 사람과 사회와 자연에

대한 이해력을 키우게 하는 필수적인 시설입니다.'

7월 20일에 접수를 마감한 뒤, 8월에 직접 학교를 탐방하여 지원의 적실성과 필요성을 파악하여, 지원을 신청한 총 125개교 가운데 모두 58개교를 지원 대상 학교로 선정하였습니다. 당시 학교도서관 현장을 조사해 보니, 교육부가 펼치고 있던 '학교도서관 활성화 사업'의 1교 1도서관 정책이 주로 학생 수가 많은 중심학교(예를 들어 군일 경우 읍에 있는 학교)부터 해 내려가고 있던 상황이었습니다. 그런데 폐교 대상은 아니지만 소인수 학교인 경우에는 2007년 5개년 사업이 모두 끝나도 학교도서관을 가질 수 없을 상황이었습니다. 그래서 민간 영역의 활동으로 학교도서관을 지원한다면, 밑에서부터 올라가자고 생각했습니다. 학교도서관 지원 사업 공고에도 이를 분명하게 밝혔습니다. 또한 교육부와 교육청으로부터 학교도서관 활성화 사업의 대상이 된 학교라면 중복을 피하기 위해 지원 대상이 될 수 없음을 밝혔습니다. 당시 특별교부금과 지방비로 전개되고 있던 '학교도서관 활성화 사업'은 1개교당 5천만 원의 예산을 상한으로 두고 있었습니다. 그러나 학교도서관을 기적의도서관처럼 만들고 싶었기 때문에 기적의도서관 수준의 자재를 사용하는 것을 전제로 견적을 내보니 모두 교실 2칸 기준 1억 5천만 원 정도가 필요했습니다. 이를 '희망의 학교도서관 만들기 사업'의 운영위원회에서 논의를 했습니다. 당시한 운영위원께서 정부에서 5천만 원을 기준으로 하고 있는데, 민간에서 한다고 1억 5천만 원으로 하는 것은 조금 과한 느낌이 있다, 시골에서는 1억 5천만 원이면 집을 한 채 구입할 수 있을 정도의 재원이라는 지적을 해 주셨습니다. 1개교, 교실 2칸, 5천만 원이라는 예산은

2002년 '학교도서관 기본계획 검토작업단'의 기준이었습니다. 이미 물가가 올랐을 뿐만 아니라, 학교도서관의 수준을 끌어올리기 위해서는 좀 더 과감한 재원의 투자가 필요하다고 설득하였습니다만, 논의 끝에 1개교 1억 원을 기준으로 사업을 전개하기로 하였습니다.

희망의 학교도서관 만들기 사업

2006년 9월 25일 '희망의 학교도서관' 1호관으로 경기도 가평의 상면초등학교 청우도서관 재단장 기념식을 열었습니다. 2007년 2월 14일에는 충청남도 당진의 고산초등학교 산마루 도서관을 제57호관으로 개관하였습니다. (지원 대상이었던 1개교는 학교 건물을 전면 신축하기로 하였기에 지원 대상에서 제외할 수밖에 없었습니다.) 거의 1년 가까운 시간 동안 학교도서관 만들기에 몰입했던 시간이었습니다. 당시 현장 실사와 아이디어 회의 등에 참여하셨던 분이 김경숙(학도넷), 류주형(전국학교도서관모임), 서길원(당시 작은학교교육연대 대표), 이성희(전국학교도서관모임) 등이 기억에 남아 있습니다. 한곳에서는 학교 선생님들과 회의, 디자인 협의, 개관 준비, 개관식 등등 동시다발로 전국적으로 학교도서관을 만들기 위해 저와 '책읽는사회' 간사들은 조금 과장해서 당시 16박 17일을 출장을 다닌다고 할 정도였습니다.

가평의 상면초등학교 청우도서관을 1호관으로 정했던 이유가 있었습니다. 농촌의 가난한 제자들이 책으로 미래의 희망을 싹틔우길 바랐던 한 교사의 꿈이 있었기 때문이었습니다. 현장 실사를 위해 상면초등학교를 방문하니 최명환 교장선생님께서 말씀하시길, 이 학교의 학교도서관에는 자랑스러운 역사가 있다 하셨습니다. 그것은 이 학교에서 처음 교단에 섰던 이인순이라는 선생님께서 세상을 떠나시면서 자신의 퇴직금을 기탁해 1984년에 처음 학교도서관을 만들었다는 것이었습니다. 그런 아름다운 역사에 새로운 학교도서관의 역사를 이어 가자고 생각하였습니다. 도서관 재개관 기념식에는 어렵사리 연락이 닿은, 이인순 선생의 따님인 최나리 씨가 참석해 주셨습니다.

   학교도서관의 현장을 답사해 보니, 단지 실내공간만이 아니라 학교의 건물을 전체로 보고 디자인하여야 할 곳이 적지 않았습니다. 양상현 교수(순천향대학교 건축학과, 민족건축인협의회 대표)에게 연락을 취하였습니다. 젊은 건축가들이 새로운 학교도서관 만들기에 동참해 달라고 부탁하였습니다. 그렇게 해서 모두 열 분의 건축가가 조직이 되었습니다. 젊은 건축가들은 학교도서관에 대한 새로운 아이디어를 제안해 주었습니다. 양상현 교수는 자신이 재직하던 순천향대학교와 가까운 충남 아산의 송남초등학교 솔향글누리도서관을 맡아서 작업을 했습니다. 솔향글누리도서관은 특별했습니다. 양 교수도 마을주민들과 함께 학교도서관으로 들어오는 서쪽 햇빛을 막아 줄 흙담을 밤을 새워 다지기도 했습니다. "어루 액이야 어루 액이야 어기 영차 액이로구나, 정월 이월에 드는 액은 삼월 사월에 막고…" 액맥이타령을 부르며 학교도서관을 만드는 그 모습은 지금도 유튜브에 남아 있습니다. 또한 양 교수 팀이 학교도서관 만들기에 참여했던 것은 〈월간 건축문화〉 2007년 4월호에 특집으로 남아 있습니다.

당시 '책읽는사회'가 학교도서관에 제안하고자 했던 혁신 요소는 모두 여덟 가지였습니다.

1. 좌식+입식: 좌식공간과 입식공간을 결합함으로써 어린이들이 집 안에서처럼 편안하게 도서관을 접근하도록 하였습니다.

2. 온돌공간: 온돌공간을 도입하여 공간의 확장성을 기하여 동시에 편안한 독서공간을 유도하였습니다.

3. 다목적공간: 하나의 공간이 연행시설, 전시시설, 강당, 극장, 강의실, 좌식 열람공간, 영화관, 학예발표장 등으로도 사용될 수 있도록 다기능 복합공간으로 도서관을 만들고자 하였습니다.

4. 복층과 다락과 계단: 높낮이를 달리하는 공간을 마련하거나 공적인 공간과 사적인 공간을 융합함으로써 다차원적인 공간을 구성하고자 하였습니다.

5. 혁신적인 가구: 이전의 학교도서관에서는 볼 수 없었던 혁신적인 가구를 도입하고자 하였습니다. 서가를 벽부형으로 제작하고 중앙에 배치되는 가구는 이동이 가능하도록 하였습니다.

6. 소파 도입: 소파를 도입하였습니다. 딱딱한 의자가 아니라 푹신한 소파를 도입한다는 것은 이전의 학교도서관에서는 어려운 일이었습니다.

7. 주민 결합형: 각 학년이 1학급으로 이루어져 있는 소인수 작은 학교의 경우 학교도서관 운영에는 교사뿐만 아니라 지역 주민의 적극적인 참여가 필요하다고 판단하였습니다. 또한 대부분의 지역은 주민들이 도서관 문화를 누릴 기회가 없었습니다. 교사와 주민이 함께 대화를 나누며 아이들을 키워나 갈 수 있도록 별도

의 공간을 만들었습니다. 그래서 학교도서관이 교사들의 쉼터이
자 연구센터, 마을 주민들의 사랑방 구실을 할 수 있도록 하였습
니다.

8. 유희적 요소: 복충다락과 그네, 터널, 미끄럼틀 등 유희적인 요소를
도입하여 학교도서관이 학습의 공간만이 아니라 아이들이 놀고,
쉬며, 자연스럽게 책과 만날 수 있기를 기대하였습니다.

이러한 혁신은 최근에 전개되고 있는 교육공간의 혁신 활동과 맥
이 이어지고 있다고 할 수 있으리라 생각하여, 학교도서관 공간의 혁
신에 대한 이야기가 길어진 듯합니다. '희망의 학교도서관 만들기'사
업 이후, 2007년 하반기부터는 'LG화학'의 사회공헌 재원을 후원받
아 매년 2~3개의 학교 및 청소년 문화시설, 복지관 등에 '희망 가득
한 도서관 만들기'사업을 전개하였습니다. 서울 영등포의 돈보스코직
업훈련원의 '별마음방'도 그 가운데 하나입니다.

학교도서관 문제의 핵심은 '사람'

시간을 건너뛰어야 하겠습니다. 2017년 9월 14일, 국회의원회관
2층 제2세미나실에서 전국학교도서관사서협회가 개최한 토론회가
있었습니다. '학교도서관의 역할과 사서의 위상 정립-학교사서 정규
직화, 어떻게 할 것인가?'가 주제였습니다. 저는 이날 토론자로 참석했
습니다. 참으로 만감이 오고 가는 자리였습니다. 왜냐면 지난 십여 년
동안 학교도서관을 논의하는 자리에서 거듭해서 똑같은 주장을 반
복해야 했기 때문입니다. 여느 때처럼 저의 토론은 일관되게, 학교도

서관의 전문 인력 배치는 교육 현장의 숙원이라는 점을 강조하는 것이었습니다. 저의 토론 요지는 이러합니다.

교육부(당시 교육인적자원부)가 학교도서관 활성화 사업의 준비 단계에서 2002년에 실시한 현장의 요구 분석에 따르면, 단위 학교 현장에서 학교도서관 활성화 저해 요인으로 가장 많이 지적된 것이 바로 전문 인력 부족(47.7%)이었습니다. 우리나라 학교도서관의 설치율이 거의 100%에 육박한다고 하지만, 사실이 아닙니다. 교육통계에서 전국 학교도서관 현황을 도서관 수와 직원 수를 나누어 표시하는 것은 통계 착시일 뿐입니다. 전문 인력이 없는 도서관은 도서관이 아닙니다. 도서관=공간(시설)+장서+사람(전문 인력)입니다. 이에 따르면, 우리나라에는 학교도서관은 36.8%(4316곳)만 설치되어 있는 것입니다. 교육부가 제공한 '학교도서관 전담인력 조사'를 보면 4월 현재 전국 초·중·고교 1만 1700여 곳 중 정규직 사서교사가 배치된 곳은 6.3%(736곳)뿐입니다. 기간제 사서교사와 공무직 사서 등 관련 인력을 다 합해도 학교 중 36.8%(4316곳)에만 전문 인력이 있습니다. 이마저도 초·중학교에 비해 고교 사서 배치율은 더 낮습니다. 학교도서관진흥법상 시·도교육청별로 학생 1,500명당 사서 1명을 고용하게 돼 있는데 고용된 인력을 초·중학교 위주로 배치하기 때문입니다.(고1부터 '입시 모드'… 책도 사서도 없는 고교도서관, 〈서울신문〉 2017년 7월 30일 참고) 대한민국 국회는 〈학교도서관진흥법〉(시행 2016년 12월 20일, 법률 제14401호)을 하루 빨리 개정해야 합니다. 〈학교도서관진흥법〉(법률 제8677호)은 2007년 12월 14일에 우리나라에서 처음으로 제정되어 2008년 6월 15일부터 시행되었습니다. 제정 당시 많은 논의가 있었습니다만, 〈학교도서관진흥법〉은 학교도서관을 진흥하는 법이 아니라, 학교도서관의 발전을 가로막는 걸림돌이 되고 있습니다. 2003년부터 전개된 '학교도서관 활성화 사업(2003~2007)'을 통해 전국의 학교는 빠르게 학교도서관의 공간과 시설과 장비와 장서를 갖추었습니다. 〈학교도서관진흥법〉의 제정은 '학교도서관 활성화 사업'을 바탕으로 한 것으로, 법적 규율을 통해서 사람(전문 인력)을 확충할 수 있도록 뒷받침했어야 했습니다. 하지만 잘 아시다시피 〈학교도서관진흥법〉 제12조②항은 "학교도서관에는 사서교사·실기교사나 사서(이하 '사서교사 등'이라 한다)를 둘 수 있다."고 전문 인력 배치를 의무 조항이 아니라 임의 조항으로 규정하였습니다. 〈학교도서관진흥법시행령〉 제7조①항은 "법 제12조②항에 따라 학교에 두는 사서교사·실기교사나 사서(이하 "사서교사 등"이라 한다)의 총 정원은 학생 1,500명마다 1명을 기준으로 산정한다."고 하여, 학교도서관 전문 인력의 배치 기준을 최대 기준이 아니라 최소 기준으로 정했습니다. 다시 말해, 학교도서관의 공간과 시설과 장비와 장서는 갖추었으나, 사람(전문 인력)은 배치하지 않아도 되도록 함으로써, 사실상 학교도서관을 방치하도록 했을 뿐만 아니라, 이후 지난 9년 동안 각 시·도교육청이 기형적으로 학교도서관의 전문 인력을 배치하도록 만들었던 것입니다. 다시 한번 말씀드리지만, 대한민국 국회는 하루 빨리 〈학교도서관진흥법〉을 개정해야 합니다. 학교도서관에서 좋은 책을 마음껏 읽고 싶다는, 전국의 학생, 교사, 학부모의 목소리에 대한민국 국회는 응답해야 합니다.

결국 〈학교도서관진흥법〉은 지난 20대 국회 끝자락인 2018년 2월 21일 일부 개정(시행 2018년 8월 22일)되어 제12조 2항이 임의조항에서 의무조항으로 바뀌게 되었습니다. 참으로 많은 분들이 애쓴 결과라고 할 것입니다.

여러 자리가 기억에 남습니다. 2004년 10월 학교도서관 전문 인력에 대한 논의가 한창 뜨거웠을 때 '도메리' 등에서 여러 사람의 논의를 펼쳤던 것을 일일이 프린트해서 읽어 보았던 자료가 지금도 저의 서류 캐비닛에 남아 있습니다. 그 무렵 교육부(당시 교육인적자원부)의 책임자와 함께 학교도서관 전문 인력 배치와 소요되는 교육재정을 계산한 표를 놓고 논의했던 적이 있었습니다. 그때 학교도서관에 관심 있는 분들과 더욱 힘을 모아 실효성 있게 전문 인력 배치 문제를 해결했어야 했습니다. 그렇지 못했기에 학교도서관 전문 인력 문제는 더딘 해결 과정을 겪어야 했다는 생각이 듭니다.

2005년 9월 30일의 일이던가요? 그날은 비가 오는 날이었습니다. 교육인적자원부가 사서교사를 438명 증원하겠다고 하였지만 행정자치부가 예산상의 이유로 전원 삭감한 데 대하여 관련 단체들이 연합하여 광화문 정부종합청사 앞에서 시위를 벌였습니다. 저도 잠깐 마이크를 잡을 기회가 있어서 일본의 학교도서관 이야기를 했습니다. 일본 학교도서관이 겪었던 '어리석음'을 우리가 겪을 이유가 없다는 것이었습니다.

일본에서 〈학교도서관법(学校図書館法)〉이 제정된 것은 1953년 8월 8일(법률 제185호)의 일이었습니다. 이 법 제5조에서는 '학교는 학교도서관의 전문적 직무를 담당하기 위해 사서교사를 두어야 한다.'고 규정하고 있었습니다. 그러나 당시 일본은 그들이 말하는 '패전' 이후여서 교육재정이 충분하지 않기 때문에 부칙 조항에 '당분간 제5조

4장 전국학교도서관모임과 함께 걷는 사람들

1항의 규정에도 불구하고 사서교사를 두지 아니할 수 있다.'고 하였습니다. 말하자면 법에서는 학교도서관의 전문 인력 배치 의무 조항을 두고서도 부칙에서 이 의무를 회피할 수 있도록 해 놓았던 것입니다. 학교도서관 업무를 담당하는 사무직원은 법 성립 시에도 이미 수천 명이 현장에 존재하고 있었고, 〈학교도서관법〉이 성립된 이후에도 담임 등의 업무를 가진 사서교사가 학교도서관의 직무를 완수하는 것은 어려운 현실이었기에 사무직원이 학교사서로서 실질적으로 학교도서관 업무를 담당하는 경우도 적지 않았습니다. 과연 학교도서관을 누가 감당해야 할 것인가, 이에 대해 일본에서도 사서교사와 그것을 보조하는 학교사서, 2가지 직종 제도를 주장하는 그룹과 사서교사와 학교사서가 대등한 교육직이라고 주장하는 그룹이 1960년대부터 1970년대에 걸쳐 법안 제출을 시도하였지만, 법 개정에는 이르지 못했습니다. 그런 가운데서도 학교도서관 문제를 해결하기 위한 실천은 계속되어 1980년대부터 집회활동과 간행물 등을 통해 학교도서관의 현실이 널리 알려지게 되었습니다. 또한 '학교도서관문제연구회'(약칭 학도연)와 함께 일본 전국 각지에서 학교도서관을 생각하는 시민들의 목소리가 분출되었습니다. 이에 따라 일본 정부(문부과학성)도 1993년 〈학교도서관 도서 정비 5개년 계획〉 등 국가 차원의 학교도서관 관련 시책을 펼치기 시작하였고, 마침내 1997년 〈학교도서관법〉 개정을 통해 부칙의 사서교사의 배치 유예 규정을 고쳐서 12학급 이상의 학교는 2003년 3월말까지 전문 인력을 배치하도록 하였습니다. 법 조항 하나 때문에 무려 50년 동안(1953년~2003년) 일본의 학교도서관은 발전하지 못 했습니다. 우리가 일본의 이런 어리석음을 되풀이해야 하는 것이냐는 것이, 당시 제가 마이크를 잡고 드렸던 이야기였습니다.

9·30시위는 이후 학교도서관 정상화를 위한 집회와 시위의 하나의 전형이 된 듯합니다. 2007년 10월 29일 '학교도서관 정상화를 위한 공동대책위원회' 주관으로 열린 '학교도서관 정상화를 위한 투쟁집회'나 2011년 9월 8일 전국학교도서관모임 회원과 사서교사를 희망하는 대학생들이 '학교도서관 정상화 및 사서교사 배치 촉구 집회' 등을 펼쳤을 때가 기억납니다.

학교도서관 문제 해결에 교사, 학생, 학부모, 시민단체가 힘을 모아야

이 지면에 지난 20년간 펼쳐졌던, 학교도서관을 학교도서관답게 만들고자 했던 숱한 노력을 일일이 다 기록할 수는 없을 것입니다. 그러나 분명한 것은 학교도서관의 발전을 위해 교사, 학생, 학부모, 시민단체가 모두 힘을 모아야 한다는 것입니다.

20년 전과 비교했을 때, 학교도서관이 적지 않게 발전했습니다. 그러나 여전히 우리는 나아가야 합니다. 지금도 학교도서관은 많은 문제점을 안고 있습니다. 전문 인력이 배치되지 않은 학교가 있을뿐더러, 전문 인력이 배치되어 있더라도, 여러 가지 어려움을 겪고 있습니다. 또한 각 시도 교육청에 따라 다른 고용정책과 재원정책으로 정책의 변화에 따른 부침이 우려되는 상황입니다.

1999년에 발표된, 〈IFLA/유네스코 학교도서관 선언〉은 '교육 및 학습을 위한 만인의 학교도서관'으로 번역되고 있습니다. 저는 이것을 '학교도서관은 가르침과 배움의 중심'이라고 말하고 있습니다. 자라나는 학생들에게 어떻게 정보와 지식을 활용할 능력을 기르게 할 것인가, 어떻게 자기 스스로 질문을 구성하고 해답을 찾을 수 있도록 도울 것인가, 어떻게 학생들이 지속적으로 배우고, 그 배움을 바탕으로 창의력과 문제해결력, 사고력을 키워 낼 수 있도록 할 것인가. 이런 질문은 코로나19 시대를 맞아 더욱 중요해지고 있다고 생각합니다. 학생들이 책읽기의 즐거움을 누리면서, 생각하고, 판단하고, 성찰하는 능력을 갖춘 민주 시민으로 성장하는 데 학교도서관은 꼭 필요하다고 생각합니다. 학교도서관의 발전에 작게나마 힘을 보탤 기회를 주신 분들에게 고마움을 느끼며, 앞으로도 힘껏 학교도서관 문제 해결에 애를 쓰도록 하겠습니다. 고맙습니다.

'학교도서관을 사랑한 사람들'을 마치며

．
．
．

오향옥 | 인천효성고등학교

지금은 소설 읽기를 더 좋아하는 국어교사이지만, 한때는 소설 쓰기를 더 좋아하여 작가를 꿈꾸던 풋풋한 시절도 있었다. 풋풋한 꿈 으로 더없이 푸르던 그 한때에 나는 대학에서 조교를 하고 있었는데, 때마침 우리 대학에 국문학과가 생긴 지 20년이 되는 해였다. 기념행 사의 일환으로 학과의 20년 역사를 한눈에 볼 수 있도록 의미 있는 자료들을 발굴하고 정리하여 작은 책자를 만드는 일이 막내 조교인 나에게 맡겨졌다. 그 시절 나는 소설가 지망생답게 사람 사는 이야기 에 쉽게 감동하고 그 이야기에 담긴 인생의 모순만이 최고의 진실인 양 탐닉하던 때라, 한 학과의 케케묵은 역사 따위는 먼지에 덮인 그대 로 묵혀 두고만 싶었다. 일의 진행 과정은 지루했고, 작업을 끝낸 후 의 성취감도 그리 크지는 않았다. 특별한 감동도 없이 그 일을 끝내고, 나는 나름 비장하게 한 가지 결심을 한다.

"어디에 가더라도 한 모임의 역사를 정리하는 일에는 절대 나서지 말자!"

기억과 망각, 그리고 그 둘 사이를 무수히 넘나드는 많은 시간, 아니 세월이 흘렀다. 이제는 망각되고 남은 기억들만이 순서 없이 뒤죽 박죽인 지금, 나는 그 푸르던 시절의 비장한 결심을 잊었던가. 시나브로 나는 연구소 출판국장이 되어 전국학교도서관모임 20주년을 기념하는 단행본 작업에 두 팔 걷어붙이고 그 누구보다도 열성이다. 왜나는 그때의 결심을 잊었던가. 2019년 6월 8일, 전국학교도서관모임 연구소 일꾼들이 처음으로 모였던 대방동에서 1박 2일을 보낸 후에 남긴 기록을 찾아본다.

"전국학교도서관모임 연구소 일꾼들이 모인 첫날! 20년 역사를 정리하고, 새로운 길을 여는 일에 동참할 수 있어서 고맙고 행복하다. 앞으로 2년 동안은 책놀이와 출판국 일에만 집중하자. 20년 동안 한결같은 마음으로 걸어오신 선배님들의 외길 역사를 잘 정리하고 배우면서, 앞으로도 함께 걸어갈 '가치 있는 새길'의 물꼬를 트고 싶다!"

한 단체의 역사를 정리하는 일이 갖는 무게감과 고단함은 어쩌다 망각하고 이런 생각까지 하게 되었을까. 곰곰이 기억을 되짚어 본다.

시간을 거슬러 망각의 지점들을 복원하고 복원한 최초의 순간에 신규교사 연수를 받던 그해 겨울, 끝자락에 한 사람이 서 있다. 그 순간을 떠올리면 '각인'이라는 단어로만 설명 가능한 특별함이 존재한다.

각인(刻印): 태어난 지 얼마 안 되는 한정된 시기에 습득하여 영속성을 가지게 되는 행동. 동물이 본능적으로 가지는 학습 양식의 하나.

톤이 낮고 허스키한 목소리이신데도, 마이크를 사용하지 않고, 신규교사들을 하나로 집중시키던 카리스마, 수백 명의 신규교사와 일대일로 가위바위보를 하시던 여유. 그 사이로 들려오던 '전교조', '한문교사', '꾸러기', '학교도서관' 같은 단어들이 공중으로 그냥 흩어지지 않고 내 마음에 들어와 쏙쏙 박히던 순간들! 그 많고 많았던 신규교사 연수 프로그램은 어느새 다 잊히고… 아주 잠깐 전교조 가입 신청을 권유하러 오셨던 이성희 선생님의 실루엣만이 '올곧은 참교사'의 이미지로 마음에 남아 나를 학교도서관으로 유혹하셨다. 더 정확하게 표현하자면, 신규교사였던 나에게 '학교도서관'을 각인시키셨다. 임용된 지 얼마 안 되는 한정된 시기에 '학교도서관에 대한 애정'을 습득하여 영속성을 가지게 되고, 학교도서관을 중심으로 교육활동을 하게 하는 행동. 신규교사가 본능적으로 가지는 학습 양식의 하나. 각인(刻印)! 학교도서관은 이렇게 내게 왔다.

국어교사라면 아니 참된 교사라면 학교도서관을 사랑해야 한다고 각인은 되었지만, 발령 첫해에는 담임과 교무 행정 부서에 배정되어 학교도서관을 기웃거리기만 했다. 불행인지 다행인지 발령받았던 첫 학교의 도서관 업무는 교지 편찬, 교과서 선정 및 배부 등 부담스러운 각종 업무가 풀옵션(?)으로 장착되어 누구에게나 기피 대상 1호였다. 모두에게 기피 대상 1호라 할지라도 내 마음속 영 순위인 학교도서관 업무를 맡기 위해, 나는 업무 분장 희망원에 이 일을 내가 담당해야만 하는 이유를 소설을 쓸 때처럼 정성껏 써 내려갔다. 다행히 간절함이 통하여 발령 2년 차에는 학교도서관을 담당할 수 있었다. 기쁜 마음에 전국학교도서관모임 카페에 가입하여 정회원 신청도 하고, 송곡여고 이덕주 선생님께서 주관하시는 학교도서관 담당교사 연수에도 참석하면서 신규 연수 때 각인되었던 '학교도서관에 대한 무한 애정'을 쏟아 낼 수 있었다.

『학교도서관, 희망을 꿈꾸다』를 정석 삼아 할 수 있는 행사들은 다 해 본 학교도서관 첫해! 서울 집에서 영종도에 있는 학교까지 출퇴근하는 일이 버겁기는 했지만, 생각해 보면 서울과 영종도를 오가며, 교실과 도서관 사이를 바쁘게 누비며 더 재미난 행사를 궁리하던 그때가 참 신나고 행복했다. 그렇게 학교도서관에서 보낸 '애정의 나날'도 잠시, 육아휴직 등 개인사로 내 사랑 학교도서관을 남겨 두고 학교를 떠나게 된다. 복직 후에도 신규 때 각인된 '학교도서관에 대한 애정'은 완전히 사라지지 않아 매번 학교도서관 업무를 자청했지만 맡을 수 없는 해가 거듭되었다. 그래도 한 번 각인된 애정은 변함이 없어 학교도서관을 마음의 중심에 두고 교과 운영이나 독서교육 활동을 계획하는 등 나름대로는 열심히 살아가려고 노력했다. 그러다

가도 어떤 날에는 '나 하나 이런다고 뭐가 달라지나?' 하는 생각이 찾아들어 '그해 겨울의 각인'이 희미해지기도 했는데, 이렇게 슬럼프에 빠질 때면 신기하게도 전국학교도서관모임의 이덕주 선생님께서 연수 안내 문자를 보내 주셨다. 이덕주 선생님께 문자를 받는 날에는 전국학교도서관모임 다음카페에 들어가 이런저런 글들을 읽곤 했는데, 그럴 때면 타임머신을 탄 듯 '학교도서관에 대한 애정이 각인되던 신규교사' 시절로 돌아갈 수 있었다. 비록 글 하나 남기지 않는 유령 회원이었지만, 내가 전국학교도서관모임 카페에 소속된 정회원임에 감사했다. 방향을 잃고 헤맬 때 그냥 흘러가는 대로 느슨하게 살고 싶어지다가도 학교도서관 관련 안내 문자를 받는 날에는 다시 학교도서관에 대한 무한 애정이 되살아났기 때문이다.

2017년의 가을도 끝나가던 어느 날, 이덕주 선생님께서 인천 구산중학교에서 실시하는 '책놀이 연수' 안내 문자를 보내 주신다. 그 당시에 나는 혼자서 도서관 활용수업을 3~4년 정도 하고 있었는데 겉으로는 별문제 없이 잘 굴러가는 듯 보였지만, 사실 마음속으로는 더 좋은 방법이 없을까 답답해하고 있었다. 책과 놀이의 결합이라니? 독서교육을 즐거운 놀이처럼 할 수 있다면! 아이들도 나도 더 행복할 수 있겠다는 생각에 이르자 '책놀이' 연수 소식은 그 이름 하나만으로도 나를 설레게 했다. 항상 꿍짝이 잘 맞는 단짝 선생님에게 책놀이 연수에 함께 가자고 꼬드겼는데(?) 고맙게도 단번에 오케이 해 주었다. 책도 좋아하고, 노는 것도 좋아하는 우리를 위한 '딱' 맞춤 연수라며 같이 신나 해 주는 단짝이 없었다면 낯가림이 심한 나는… 어쩌면 그 연수를 포기했을지도 모르겠다. 지금 생각해 보면, 얼마나 천만다행인지!

2017년 12월 9일, 기다리고 기다리던 '책놀이'의 날! 연수에 대한 구체적인 정보도 없이 그저 연수 제목, 장소, 시간만 알고 책놀이에 대한 호기심 하나로 찾아갔던 구산중학교. 설레는 마음으로 연수장에 들어간 순간, 학교도서관을 나에게 각인시킨 주인공 이성희 선생님을, 아니 이성희 장학관님을, 처음으로 가까이서 뵙게 된다. 신규 때 교직 인생의 방향을 잡아 주셨기에 사실 나에게는 엄청나게 중요한 분이었지만, 이렇게 가까이에서 뵌 것은 그날이 처음이었다. 그저 풍문으로만 인천 학교도서관의 중심이던 이성희 선생님께서 교육청으로 가셨다는 것을 알게 되었고, 그 소식을 들었을 때 '이제는 학교도서관 운동은 못 하시겠구나.' 생각하며 아쉬워했었다. 그리고 닮고 싶은 롤모델, 교직에서의 첫 우상이 깨지면서 비로소 그해 겨울 강렬하게 찍혔던 나만의 각인도 완전히 사라지는 느낌이었다. 그런데 이성희 선생님은 여전히 학교도서관의 중심에서 더 재미있는 일들을 하고 계셨다. '진심으로 좋아하는 일을 한다는 건 이런 거구나! 어디에 가든, 무슨 일을 맡든, 어떻게 해서라도 좋아하는 일의 끝을 놓지 않는 거구나!' 나도 모르게 감동한 순간, 깨어졌던 우상의 조각들이 복원되고 다시 한번 그해 겨울처럼 각인되었다. 그날 책놀이 연수에서 이성희 선생님은 주로 초등 쪽 선생님들과 함께하셔서 선생님을 많이 뵙지는 못했지만… 그해 겨울 각인의 주인공을 기대하지 않았던 곳에서 '처음 그대로의 모습으로' 다시 만나게 된 것은 내 교직 인생에서 전환점이 될 만큼 중요한 사건이었다.

교직 인생의 전환점. 이렇게 써 놓고 보니 거창해 보이지만, 다른 사람의 입장에선 별것이 아닐 수도 있겠다. 나에게 찾아온 '교직 인생의 전환점'을 제대로 설명하기 위해서는… 부끄럽지만, 내 성격에 대한 커밍아웃(?)이 필요하다. 친한 사람들도 잘 눈치 채지 못할 만큼 불편한 감정은 거의 표현하지 않기 때문에, 내가 낯을 가리는 소심한 성격이라고 하면 다들 말도 안 되는 소리라고 한다. 하지만 사실 나는 낯가림이 매우 심하다. 이런 성격 때문에 학교에서 나는 내가 맡은 학급, 내가 속한 교무실 밖으로는 잘 나가지 않는다. 나는 내게 주어진 업무와 사람에게만 집중하고 살뜰하게 챙기려 노력하기 때문에 내가 속한 작은 울타리에서는 책임감 있고 따뜻한 사람이지만, 울타리 밖으로만 나가면 마음의 안전지대가 생기기 전까지는 의도하지 않아도 몸과 마음이 먼저 얼어 버린다. 그래서 정말 어쩔 수 없이 주어진 경우가 아니면 학교 외부 활동을 거의 한 적이 없다. 나 같은 성격의 사람에게 그런 일은 '필사적(必死的)에 가까운' 용기를 내야만 가능하기 때문이다. 이렇게 소심한 내가 책놀이 연수가 끝난 후, 책놀이 연구를 같이 하고 싶은 사람들은 연락처를 남기고 가라는 안내에 누구보다 먼저 나설 수 있었던 것은 '그해 겨울의 각인' 효과 덕분에 발휘할 수 있었던 최초의 용기였고, 나의 교직 인생에 찾아온 행운이자 의미심장한 전환점이었던 것이다.

2018년, 한 달에 두 번씩 이성희 선생님과 함께 '인천 책친구 2' 팀

에서 책놀이 연구모임을 시작한다. 모든 것이 신기하고 재미있는 특별한 시간이 이어진다. 세상 모든 놀이가 책놀이로 연결되는 아이디어들이 수시로 떠올라 머릿속을 환하게 열어 주었다. 학교도서관을 맡았던 첫해처럼, 책놀이에 대한 무한 애정이 샘솟는다. 이성희 선생님은 교육청 일로 바쁘신 중에도 모임에 나와 우리가 만든 책놀이를 함께해 주시고, 우리가 놓친 지점들을 콕콕 짚어 주신다. 책놀이 '열혈' 과외 선생님으로 빡빡한 과제를 내 주시면서도, 잘 놀아야 책놀이를 더 잘 만들 수 있다며 '노는 시간'도 틈틈이 만들어 주셨다. 2018년 4월의 어느 날, 동인천 자유공원에서 책놀이 대신 벚꽃 놀이를 마치고 남긴 흑백 사진 한 장 덕분에 우리는 이날을 좀 더 애틋하게 기억하고 서로에게 더 끈끈해지고 싶었던 것도 같다. 이날 이후, 나는 얼었던 마음의 문이 열리면서 우리 모임 사람들에게 '책친구'뿐만 아니

라 오랜 시간 함께하는 '인생의 친구'도 되고 싶다는 생각을 했기 때
문이다.

　바짝 마른 스펀지가 물을 흡수하듯 이성희 선생님께서 해 주시는
말씀들을 흠뻑 흡수하던 2018년이 지나고, 2019년 갑작스럽게 홀로
서기의 시간이 찾아온다. 이성희 선생님께서 이제는 교육청이 아니
라 더 멀리 교육부로 가시게 된 것이다. 선생님의 올곧은 교육 철학을
더 큰 곳에서 펼칠 수 있도록 교육부 발령을 기꺼이 축하드려야 했지
만, 아직 준비가 덜 된 우리로서는 아쉬운 마음이 앞섰다. 그런데 그
것은 기우였다. 학교에서 교육청으로 가셨을 때 학교도서관을 떠나지
않으셨던 것처럼, 이성희 선생님은 교육청에서 교육부로 가셔서도 책
놀이에 대한 끈을 놓지 않으셨다. 그 바쁘신 중에도 전국에 책놀이모
임을 만드시겠다며 책놀이 연구모임이 없는 지역, 모임은 있지만 활동
이 뜸한 지역과 연계하여 틈틈이 책놀이 연수를 진행하셨다. 그 덕분
에 기회가 될 때마다 '인천 책친구 2'팀에서 연구한 책놀이를 여러 지
역의 선생님들과 공유할 수 있었고, 이 과정에서 혼자가 아니라 여럿
이 하는 일의 즐거움과 가치를 온몸으로 느끼며 한 뼘 더 성장할 수
있었다.

　'소나무 언덕 잠실본동 작은 도서관'을 시작으로 고양, 대구, 제주,
서울, 포항, 전주, 김해 등 여러 지역을 다니며 책놀이 연수를 돕고 진
행하는 과정에서 많은 것을 배웠다. 연수 장소로 오가는 길에는 고수
에게 가르침을 받는 제자처럼 궁금한 것들을 메모해 두었다가 이런저

런 말도 안 되는 질문들을 하여 성가시게 해 드릴 적도 많았다. 그러던 어느 날에는 연수를 마치고 돌아오던 길인데도 조금은 덜 피곤하셨는지 전국학교도서관모임에서 활동하고 계신 여러 선생님들과의 첫 만남부터 현재까지의 이야기를 '물방울이 모여 바다에 이르는 긴 여정'에 빗대어 들려주신 적이 있다. 나는 그 이야기에 완전히 매료되었다. 각지에 물방울처럼 흩어져 계셨던 분들이 '학교도서관과 독서교육'이라는 한뜻으로 모여 강을 이루고 20년의 긴 여정을 통해 바다에 이르는 감동의 대서사시. 이 대서사시의 주인공들이 너무나 단단하고 멋있게 느껴졌다. 여기저기 기웃대지 않고 한 우물을 판다는 것이 얼마나 어려운 일인지를 너무도 잘 알기에 20년 외길 인생을 사셨던 분들의 삶이 담긴 그 이야기가 어떤 소설보다도 감동적으로 다가온 것이다. 더불어 이성희 선생님 같은 분이 무더기(?)로 계신 전국학교도서관모임의 실체가 궁금해지기 시작했다. 그 후로 전국학교도서관모임 관련 글들을 찾아보며 그해 겨울 '각인의 뿌리'를 찾아가는 내 나름의 공부를 시작하게 된다.

2019년, 책놀이 연구모임 2년 차. 연구모임을 위해 최소 3년, 권장 5년까지의 약정(?) 기간에는 책놀이 하나에만 집중하라시던 '열혈' 책놀이 전도사 이성희 선생님은 어느 날 전국학교도서관모임 산하 연구소 일꾼 활동을 제안하신다. 전국학교도서관모임의 20년을 기념하는 사업들을 진행하기 위해 연구소 일꾼들을 새로 조직한다고 하셨다. 기존의 울타리 밖으로 나가야 한다는 낯가림을 가진 자의 부담감, 기대에 부응하지 못하면 어쩌나 하는 쓸데없는 걱정 때문에 약간

의 망설임도 있었지만, 모든 노하우를 전수해 주시겠다는 감언이설(?)과 전국학교도서관모임에 계신 감동 서사시의 그 주인공들을 직접 뵙고 배우고 싶은 마음에 제안을 과감하게 받아들인다. 이제, 2019년 6월 8일 대방동 서울여성프라자 회의실로 다시 돌아가야 한다. 20주년 기념사업을 위해 꾸려진 전국학교도서관모임 연구소의 새 일꾼들이 처음으로 모였던 그 현장으로 말이다.

이성희 선생님이 학교도서관을 나에게 각인시키시던 그해 겨울보다 더 낮고 허스키한 목소리로 회의를 진행하신다. 일이 많은 건 하나도 무섭지 않으시다던 천하의 이성희 선생님도 교육부에서는 힘이 드시는 모양이다. 그래도 전국학교도서관모임 20주년이 갖는 의미에 대해서, 각 국에서 맡을 일의 성격과 취지에 대해서 차근차근 설명해 주신다. 고개가 저절로 끄덕여진다. 아무리 들어 봐도 내가 의미를 찾을 수 있고, 그나마 잘할 수 있는 일은 출판국 일밖에 없는 것 같다. 하지만 출판국에 가면 20년 역사를 정리하는 단행본 출간 일을 해야 한다. 그러면 연수국에 가야 하나? 사무국에 가야 하나? 책놀이 분과에 가야 하나? 도무지 감을 못 잡는다. 고민에 고민을 거듭하다가 출판국으로 마음을 정한다. 다행히 단행본 출판 경험이 있으신 고수(?)가 계시다기에 마음을 놓는다. 나는 어려울 때 조금씩 조용히 도와드리고 소식지 발행하는 일을 하면 되겠다 마음을 놓는다. 마음을 놓았던 것이 실수였을까. 어느 사이에 나는 출판국장이 되어 있었다. 그래 이왕 하는 거 나잇값은 해야지. 현실을 받아들인다. 출판국장이라도 단행본 출판은 그 고수 선생님께서 하시면 되고, 나는 필요하실 때 도와 드리면 되겠지. 다시 마음을 놓는다. 그런데 그 선생님께서 건강상의 문제로 연구소 일 자체를 하시기 어려운 상황이 되어 버린다. 괜찮다, 괜찮다, 괜찮다… 나를 다독여 본다.

『학교도서관을 사랑하는 사람들』이 나오기까지 난관이 많았다. 출판국에 출판 고수가 없게 된 돌발 상황부터가 '출판국 분투'의 시작이었다. 온갖 노하우를 전수해 주시겠던 이성희 선생님은 너무 바쁘시고, 멀리 계셔서 제때 조언을 구하기 어려웠다. 갑자기 찾아온 코로나 때문에 처음의 계획들이 변경에 변경을 거듭했다. 출판학교 연수, 소식지 발행, 단행본 출간이라는 출판국의 3가지 주요 업무 중 유일하게 남은 하나가 좌초 위기에 빠진다. 3가지 모두 중요했지만, 반드시 이루고 싶은 하나를 골라야 한다면 단연코 단행본 출간이었다.

이 일을 통해 전국학교도서관모임의 아름다운 역사를 잘 정리해 두고 싶었다. 학교도서관이라는 '소중한 공간'에서 '특별한 사랑'을 '뜨거운 실천'으로 20년 동안 일관해 오신 선배님들의 길고 긴 여정을 기록한다면, 그 길을 함께 걷고 싶은 후배들에겐 이 세상 무엇보다 귀하고 생생한 배움이 될 것이기 때문이다. 이성희 선생님께서 '물방울이 모여 바다에 이르는 긴 여정'에 빗대어 들려주셨던 선배님들의 이야기가 내게 그랬던 것처럼 말이다.

2020년 6월 27일, 혜화동에서 진행된 운영위원회. 전국학교도서관모임의 대모 백화현 선생님께서 출판국 단행본 팀의 구원 투수로 등판하신다. 류주형 선생님과 주상태 선생님도 함께 나서 주신다. 갑자기 엄청난 빽(?)이 생긴 것처럼 든든해진다. 일의 진행 속도가 빨라진다. 어려워서 전하지 못했던 말들을 속 시원하게 대신해 주신다. 다만, 아쉬운 것은 처음의 출판 계획과 달리 책의 내용이 너무 가벼워져 선배님들의 삶을 충실히 담아내지 못하는 죄송함뿐이다. 내가 만약 출판의 고수였다면 선배님들이 살아오신 삶의 격에 맞게 더 근사한 책을 만들어 드릴 수 있었을 텐데…. 실은 능력의 한계 때문이지만 코로나를 핑계 삼을 수 있어 그나마 위안이 된다. 이 책이 나오기까지 출판국 단행본 팀에서 부산의 임가희 선생님과 인천의 박현진 선생님이 함께해 주셨다. 얼마나 큰 힘이 되었는지 모른다. 코로나 상황에서 학교 일도 바쁘고 힘들 때가 참 많으셨을 텐데 한 번도 싫은 내색 없이 한마음, 한뜻으로 함께해 주셨다. 그 덕분에 우리도 동지애 같은 것으로 끈끈해진 기분이다. 두 분이 없었다면… 상상조차 두렵다! 우리의 소박한 꿈 중 하나는 임가희 선생님이 계신 부산에 가서 셋이 오프라인으로 '찐' 뒤풀이를 하는 것이다. 코로나야 물럿거라!

『학교도서관을 사랑하는 사람들』 교정본을 다시 찬찬히 읽어 본다. 20년 외길 인생을 살아오신 선배님들의 '피·땀·눈물' 어린 사랑이 없었다면, 묵묵히 자신의 자리를 지키며 변치 않는 사랑을 실천해 주신 더 많은 선배님들이 없었다면, 지금 나는 학교도서관에서 아이들과 책을 갖고 놀 궁리를 할 수 있었을까. 아직도 사서교사가 배치된 학교에 근무해 본 적은 없지만, 그래서 앞으로도 가야 할 우리의 길이 멀지만… 방치되어 귀신이 나올 것 같은 학교도서관에서 청소년기를 보낸 세대인 나는 현재의 모습만으로도 감사함이 앞선다. 그리고 내가 감사해하는 현재의 모습이 되기까지 선배님들께서 어떤 사랑을 하셨는지 이 책을 통해 더 생생히 알게 된 지금… 조선 시대 어느 문인이 남겼다는 한 문장이 떠오른다.

"사랑하면 알게 되고, 알면 보이나니, 그때 보이는 것은 전과 같지 않으리라."

학교도서관에 대한 무한 애정이 각인되던 그해 겨울로부터 많은 시간이 흘렀다. 학교도서관을 서툴게 사랑만 하던 신규 시절과 달리, 내가 사랑하는 공간의 역사와 그 공간을 지키고 발전시키기 위해 노력하신 분들의 사랑을 알게 된 지금은 학교도서관이 더 각별하게 다가온다. 이제는 내가 가야 할 길, 우리가 걸어가야 할 길에 대해 더 진지하게 고민해야겠다. 그리고 전국학교도서관모임의 선배님들이 소중한 공간을 더욱 소중하게, 특별한 사랑을 더욱 특별하게, 오래오래 실천하셨던 것처럼 나도 학교도서관 외길 인생의 첫걸음을 오늘부터라도 시작해야겠다!

오늘 우리 출판국의 노력이 내일 우리 전국학교도서관모임이 가야 할 길에, 다시 10년 혹은 20년 후 되돌아볼 학교도서관 운동사에 작은 도움이라도 되길 바라며 이 글을 마친다.『학교도서관을 사랑한 사람들』이 나오기까지 자신의 마음과 시간을 기꺼이 나누며 애써 주신 모든 분들께 진심으로 감사드린다. 세상에 혼자 힘만으로 온전히 이뤄지는 것이 없음을 다시 한번 배웠다. 저절로 고개가 숙여진다.